经全国高等学校体育教学指导委员会审定

# 大学体育与健康教程

## NEW COLLEGE PHYSICAL & HEALTH EDUCATION

主　编　陈　平
副主编　黄永良　孙传宁　叶新钢
编　委　陈　平　黄永良　孙传宁　叶新钢　王　晓
　　　　许冠忠　毛　璞　程　伟　王　伟　朱俊英

中国海洋大学出版社
·青岛·

图书在版编目（CIP）数据

新编大学体育与健康教程/陈平主编.
-- 青岛：中国海洋大学出版社，2011.7（2013.7重印）
ISBN 978-7-81125-289-7

Ⅰ.①新… Ⅱ.①陈… Ⅲ.①体育－高等学校－教材
Ⅳ.①G807.4

中国版本图书馆CIP数据核字(2011)第132856号

| | |
|---|---|
| 出版发行 | 中国海洋大学出版社 |
| 社　　址 | 青岛市香港东路23号　　　邮政编码　266071 |
| 出版人 | 杨立敏 |
| 网　　址 | http://www.ouc-press.com |
| 电子信箱 | bingyueye@tom.com |
| 订购电话 | 0532-82032573（传真） |
| 策　　划 | 李夕聪 |
| 责任编辑 | 毕玲玲　　　　　　　　　电　话　0532-85901040 |
| 责任校对 | 张永洁 |
| 插图绘制 | 张　琨 |
| 装帧设计 | 乐道视觉创意设计有限公司 |
| 印　　制 | 日照报业印刷有限公司 |
| 版　　次 | 2011年7月第1版 |
| 印　　次 | 2013年7月第3次印刷 |
| 成品尺寸 | 185 mm × 260 mm |
| 印　　张 | 26 |
| 字　　数 | 410千字 |
| 定　　价 | 39.50元 |

## 写在前面
## Preface

　　现代体育，从实质上来说，是促进人的生命存续和生命活动的过程，也是促进人的人格自我生成、自我实现与自我完善的过程。作为体育教学，教育者既要重视体育知识的传授和技术技能的提高，更要运用体育的功能和手段引导学生体会人与世界之间各种关系的丰富而深刻的意义，感悟生活的真谛，享受体育的快乐。这是当今时代的召唤，也是现代教育的要求。目前各高校正在大力实施着眼于学生身心全面发展的现代体育，在这种形势下，《新编大学体育与健康教程》应运而生。

　　由中国海洋大学体育系联合国内各沿海高等院校认真编写、中国海洋大学出版社倾心打造的《新编大学体育与健康教程》，现代气息浓厚，海洋情趣盎然，富有知识性、科学性、创新性、实用性、娱乐性和时尚性。

　　现代体育需要继承传统，更需要改革创新；在传统的大学体育教材中，海洋体育项目没有一席之地，在当今全球关注海洋、开发海洋的时代大背景下，填补这一空白已是大势所趋。因此，《新编大学体育与健康教程》除了涵盖篮球、足球、排球、乒乓球、网球、羽毛球、田径、武术、跆拳道、拳击等传统的体育运动项目外，特别增加了帆船帆板、游泳、潜水、跳水、花样游泳等水上运动项目，海洋的浪漫柔情与陆地的内敛沉稳交相辉映，共同勾勒出多姿多彩的体育运动图景。

《新编大学体育与健康教程》十分注重以先进的体育理论和方法来增强学生的体育意识、培养学生的体育能力和增进学生的身心健康，除了阐述有关体育与健康的基础知识、重要理论和基本技能外，特别强调体育与人文的关系，介绍了许多体育项目的训练技巧、体育故事、人物介绍等贴近学生生活的知识，情趣结合，开拓视野；还选取了定向运动、拓展训练、毽球等最新的体育运动项目，以及极限、轮滑、健美操、形体、瑜伽、舍宾等体育艺术和休闲体育项目，与时俱进，动感时尚。

《新编大学体育与健康教程》在编写体例上以"精彩案例"为导入，将运动项目置于一定的情境之中，引领学生走进相应的体育项目，使体育教学变得亲切、自然、轻松、愉悦。不仅如此，在每个运动项目最后，还通过"运动采风"介绍了该项目的竞赛规则、赏析方法等读者感兴趣的内容。

《新编大学体育与健康教程》一书既是一本编排科学、好教好学的体育教材，又是一本领略运动项目风采、增进身心健康的通俗读物，并于今年7月通过了"全国高等学校教学指导委员会的审定"。愿每一位热爱体育、关心体育的朋友都能从本书中获得知识，体验快乐，收获健康！

在本书编写过程中，参阅了相关教材和著作，采用了部分图片，在此向有关的作者和出版者表示衷心的感谢。本书虽经过细心编写，仍难免有不足之处，恳请各位专家与读者指正。

2012年8月

# 目录
## Contents

## 基础理论篇

**第1章 大学体育概论** ... 3
    第1节 大学生与体育 ... 4
    第2节 高等院校体育教育的目的和任务 ... 5

**第2章 奥林匹克运动** ... 8
    第1节 奥林匹克运动的历史与发展 ... 9
    第2节 奥林匹克运动会的思想内涵、组织结构与仪式 ... 11
    第3节 中国与奥林匹克运动 ... 15

## 体适能与健康篇

**第3章 健康与体适能** ... 21
    第1节 现代健康观 ... 22
    第2节 健康体适能 ... 27
    第3节 健康体适能与身体锻炼 ... 31

**第4章 体育锻炼与保健** ... 39
    第1节 锻炼环境与保健 ... 40
    第2节 体育锻炼与实时防护 ... 45

# 水上运动篇

### 第5章 游泳 ................................................. 63
- 第1节 游泳运动简介 ................................................. 64
- 第2节 不同游泳姿势的技术 ................................................. 65
- 第3节 游泳运动采风 ................................................. 69

### 第6章 帆船帆板 ................................................. 72
- 第1节 帆船帆板运动简介 ................................................. 73
- 第2节 帆船运动常用的基本技术与练习方法 ................................................. 74
- 第3节 帆船帆板运动采风 ................................................. 81

### 第7章 浮潜 ................................................. 84
- 第1节 潜水运动简介 ................................................. 85
- 第2节 浮潜的基本技术 ................................................. 86
- 第3节 潜水运动采风 ................................................. 91

### 第8章 其他水上运动 ................................................. 95
- 第1节 冲浪运动简介 ................................................. 96
- 第2节 跳水 ................................................. 99
- 第3节 花样游泳 ................................................. 104

# 大球运动篇

### 第9章 足球 ................................................. 109
- 第1节 足球运动简介 ................................................. 110
- 第2节 足球的基本技术 ................................................. 112
- 第3节 足球运动采风 ................................................. 122

### 第10章 篮球 ................................................. 126
- 第1节 篮球运动简介 ................................................. 127
- 第2节 篮球运动的基本技术 ................................................. 129

| | | |
|---|---|---|
| 第3节 | 篮球运动采风 | 138 |

## 第11章 排球 ... 141

| | | |
|---|---|---|
| 第1节 | 排球运动简介 | 142 |
| 第2节 | 排球运动的基本技术 | 144 |
| 第3节 | 排球运动采风 | 151 |

# 小球运动篇

## 第12章 乒乓球 ... 157

| | | |
|---|---|---|
| 第1节 | 乒乓球运动简介 | 158 |
| 第2节 | 乒乓球的基本技术 | 161 |
| 第3节 | 乒乓球运动采风 | 168 |

## 第13章 网球 ... 171

| | | |
|---|---|---|
| 第1节 | 网球运动简介 | 172 |
| 第2节 | 网球的基本技术 | 173 |
| 第3节 | 网球运动采风 | 182 |

## 第14章 羽毛球 ... 185

| | | |
|---|---|---|
| 第1节 | 羽毛球运动简介 | 186 |
| 第2节 | 羽毛球的基本技术 | 187 |
| 第3节 | 羽毛球运动采风 | 199 |

## 第15章 毽球 ... 203

| | | |
|---|---|---|
| 第1节 | 毽球运动简介 | 204 |
| 第2节 | 毽球的基本技术 | 205 |
| 第3节 | 毽球运动采风 | 206 |

# 田径运动篇

## 第16章 跑类运动 ... 211

| | | |
|---|---|---|
| 第1节 | 跑类运动简介 | 212 |

  第2节　跑类各项运动的基本技术 ................ 213

  第3节　跑类运动采风 ................ 220

## 第17章　投掷类运动 ................ 223

  第1节　投掷类运动简介 ................ 224

  第2节　投掷类各项运动的基本技术 ................ 226

  第3节　投掷类运动采风 ................ 230

## 第18章　跳跃类运动 ................ 233

  第1节　跳跃类运动简介 ................ 234

  第2节　跳跃类各项运动的基本技术 ................ 235

  第3节　跳跃类运动采风 ................ 240

# 搏击运动篇

## 第19章　武术 ................ 245

  第1节　武术简介 ................ 246

  第2节　武术基本功 ................ 247

  第3节　初级长拳（第三路） ................ 249

  第4节　太极拳运动 ................ 256

  第5节　初级剑术 ................ 264

  第6节　武术采风 ................ 270

## 第20章　跆拳道 ................ 273

  第1节　跆拳道简介 ................ 274

  第2节　跆拳道的基本技术 ................ 275

  第3节　跆拳道采风 ................ 282

## 第21章　拳击 ................ 286

  第1节　拳击简介 ................ 287

  第2节　拳击的基本技术 ................ 288

  第3节　拳击采风 ................ 292

# 体育艺术篇

## 第22章 形体 ... 297
### 第1节 形体训练简介 ... 298
### 第2节 形体训练的基本动作和练习方法 ... 300
### 第3节 形体训练采风 ... 305

## 第23章 健美操 ... 308
### 第1节 健美操运动简介 ... 309
### 第2节 健美操的基本动作和练习方法 ... 311
### 第3节 健美操运动采风 ... 317

## 第24章 瑜伽 ... 320
### 第1节 瑜伽简介 ... 321
### 第2节 瑜伽的体式 ... 323
### 第3节 瑜伽采风 ... 329

## 第25章 体育舞蹈 ... 331
### 第1节 体育舞蹈简介 ... 332
### 第2节 体育舞蹈的基本动作及技巧 ... 338
### 第3节 体育舞蹈采风 ... 341

# 休闲运动篇

## 第26章 定向运动 ... 345
### 第1节 定向运动简介 ... 346
### 第2节 定向运动的基本技能与练习方法 ... 351
### 第3节 定向运动采风 ... 355

## 第27章 拓展训练 ... 358
### 第1节 拓展训练简介 ... 359
### 第2节 拓展训练项目 ... 362

　　第3节　拓展训练采风 ................................................... 365

## 第28章　极限运动 ................................................... 367

　　第1节　极限运动简介 ................................................... 368

　　第2节　攀岩 ................................................... 371

　　第3节　跑酷 ................................................... 375

## 第29章　轮滑类运动 ................................................... 380

　　第1节　轮滑 ................................................... 381

　　第2节　滑板 ................................................... 387

**附录1　大学生体质测试评分标准及评分办法** ................................................... 394

**附录2　标准中文定向运动地图图例** ................................................... 403

# 基础理论篇
## BASIC THEORY

> 生命在于运动。
>
> ——伏尔泰（法国启蒙思想家、文学家、哲学家）

# 第1章 大学体育概论

青春万岁，朝气蓬勃，充满希望，璀璨的大学生活承载着关于成长、关于青春的诗行。我们在大学中学习、生活、跳跃、奔跑，用热血的体育运动证明身上释放的活力和光芒。本章将介绍大学生与体育的相关知识，明确高等学校体育教育的目的和任务等，使同学们对大学生体育有一个基本理论知识的认识，为更好地开展后续的学习做好准备。

**精彩案例**

### 钱伟长的体育情结

钱伟长，世界著名科学家和教育家，曾这样说："学校进行体育教育不是为了拿金牌，目的是为了培养有团队精神和拼搏精神、健康的体魄、能进行长期工作的人才。"

钱伟长幼时家境贫寒，1.49米的身高使他成为"清华大学历史上首位身高不达标的学生"。后来，他在恩师、我国著名体育教育家马约翰的热情鼓励和悉心指导下，坚持锻炼，不断超越自我，曾先后入选清华大学田径队、越野跑运动队、班级足球队，还曾作为中国代表团成员之一，参加了在菲律宾举行的远东奥林匹克运动会。体育练就了钱伟长健康的体魄和灵活的大脑，锤炼了他坚强的意志，塑造了他自强不息的人格。

钱伟长教导着他的学生："自强不息"、"锻炼身体，争取为祖国健康工作五十年"。自1994年担任上海大学校长以来，钱伟长非常重视学校体育的发展，他果断地决定把学校投资的1/6用于体育健身设施。截至2002年，上海大学体育场馆与设施总资产已超过2亿元。这不是一个简单的资产价值，数字背后表明的是钱伟长对学校体育事业的积极支持和对体育在高校教育中的价值认识。他还创意主办上海市"钱伟长杯"大学生足球联赛，发起上海市大学生丙组排球赛等赛事。他对体育怀着诚挚的热爱，发自肺腑地关心大学生体育教育，他的教育思想现在仍然影响着中国体育教育事业。

# 第1节 大学生与体育

**问题导引**

大学生与体育有什么样的缘分?我们从大学体育中可以得到些什么?

你做不做运动?有没有每天大笑三次?你有没有深呼吸?吃得够不够营养?睡眠是好还是不好?以上几点,决定50%的你——快乐不快乐。运动者强,怠惰者弱,身在大学象牙塔,为身体充电,你有没有坚持运动?

在倡导素质教育的今天,我们所受的大学教育也成为为人生做准备的公民教育,学会做人,学会学习,学会生活。无论学会什么,将自己的身体和精神状态打理好,是非常重要的。体育课与我们相伴多年,那么,我们可以从大学体育中得到什么呢?"健康第一"是体育的指导思想,培养适应现代化生产和生活的人是体育的目标,我们应该大力倡导大学体育与社会体育接轨。总起来讲,大学体育的目的是以运动和身体练习为基本手段,对大学生机体进行科学的培育,在提高人的生物潜能、心理潜能的过程中促进大学生德、智、体、美全面发展,达到身心健康、全面发展的教育总目的。

大学体育不仅是大学生终身体育的基础,还能极大地丰富我们的校园课余文化生活。体育运动早已成为一种文化,终身运动的理念也在慢慢深入我们的内心。

我们所熟悉的一些颇有成就的人,在大学时代往往也是体育运动的佼佼者。袁隆平,中国杂交水稻之父,在大学期间还差点成了专业游泳运动员。他回忆说:"上大学时,我始终喜欢运动,游泳技术是一流的,可说在西南农学院也是首屈一指的,没有哪个能游得赢我。不吹牛,在游泳方面我读高中时就有段'光荣史',拿过武汉市第一名、湖北省第二名。但打球只是三流候补队员的水平。"我们前面提到的科学家钱伟长,他18岁考入清华大学那年,身高仅1.49米,是清华大学史上首位身高不达标的学生。从那天起,钱伟长

> 体育承担着人体完美、增强体质的重任,并与德育、智育、美育相配合,共同实现培养全面发展人才的任务。

**蔡元培的"完全人格,首在体育"教育思想**

1917年1月,蔡元培主持北大校务后,在"思想自由、兼容并包"的总方针下,体育被排在"德育、知育、美育"的前面,提出了"完全人格、首在体育"的教育思想。蔡元培先生曾对学生提出殷切希望:要有"狮子样的体力,猴子样的敏捷,骆驼样的精神",这是他认为现代学生必须具备的基本条件。他呼吁:"外人以我国家庞大而不自振作,特赠以'睡狮'的怪号。青年们!醒来罢!赶快回复你狮子样的体力!"

开始体育锻炼，每天晨跑。第二学年，他一鸣惊人入选清华越野代表队，两年后夺得全国大学生对抗赛跨栏季军，曾代表国家队参加远东运动会，还是清华足球队的球星。乔丹，篮球传奇，在大二到大四期间，就已经带领球队取得NCAA篮球三连冠了。运动，是他们生活的一部分，不管是大学期间，还是之后的生活，都是他们保持活力和创造力的源泉。

**世界大学生运动会**

世界大学生运动会，素有"小奥运会"之称，由"国际大学生体育联合会"（英语：International University Sports Federation；法语：Federation Internationale du Sport Universitaire）主办，只限在校大学生和毕业不超过两年的大学生（年龄限制为17~28岁）参加的世界大型综合性运动会。始办于1959年，其前身为国际大学生运动会。截至2009年3月，世界大学生运动会已举办过25届。第二十六届世界大学生运动会将于2011年8月12日至8月23日在中国深圳举行。

## 第2节 高等院校体育教育的目的和任务

**问题导引**

我国高等院校体育的目的和任务是什么？体育在高等学校中的地位和作用又是什么？

### 一、体育在高等院校中的地位和作用

高等院校体育是我国培养身心健康发展的高级专门人才的需要；既是国民体育的基础，又是发展我国体育事业的需要；既是丰富大学生课余文化生活、建设校园精神文明的需要，又是高等教育的重要组成部分。在高等院校里主要通过德育、智育、体育、美育和劳动技术教育等方面对大学生进行教育。"德智皆寄于体，无体是无德智也。"没有健康的体魄，难以完成在校期间的学习任务，也难以在现代化建设中发挥更大的作用，这说明体育在高等教育中占有重要地位，并发挥着积极作用。体育的主要作用有：

（1）完善大学生的身体发育，提高身体素质，保持并增进健康，顺利完成繁重的学习任务。

（2）体育教育能使大学生获得体育和卫生保健方面的知识及锻炼身体的技巧和方法，提高运动能力。

（3）体育教育有助于大学生个性的全面发展，塑造良好的心理品质，对大学生世界

观的形成以及个人的良好道德品质的培养都起着积极的作用。

（4）高校体育可以为国家培养体育骨干和优秀人才。

## 二、高等院校体育的目的与任务

高等院校是培养人才的摇篮，是造就大批社会主义事业建设人才的重要基地。有理想，有道德，有文化，守纪律，在德、智、体诸方面都得到发展，并勇于面向现代化、面向世界、面向未来，这是当代大学生成才的方向。随着当今形势的发展，高校体育的改革也在不断深入，新时期、新形势赋予了高校体育新的任务，促使高校体育的目的与任务更为具体、更为完善。

### （一）高校体育的目的

从系统论观点来讲，高校体育属教育大系统中的一个子系统，又属体育大系统中的一个子系统。因此，高校体育担负着双重的任务。在隶属于教育大系统中，高校体育担负着教与育的任务。在具体实施过程中，向大学生传授知识、技术、技能，发展大学生的体能，增进大学生的体质与健康，并渗透思想品德教育。在隶属于体育大系统中，还担负着培养体育优秀人才的重担。当今，随着国家经济的繁荣与发展，高校体育已逐步走入社会，走向世界。许多精彩的表演，多出自高校体育培养出的优秀人才。在促进社会发展、人类文明与进步方面，高校体育作出了新的贡献。因此，高校体育教育又隶属于精神文明这个大系统中。从系统论观点来看，我们确立大学体育的目的是促进大学生身心的全面发展，有效地增强大学生的体质，促进大学生德、智、体全面发展，使其成为有理想、有道德、有文化、守纪律的专业建设人才。为此，应使学生掌握几种终身受益的锻炼身体的方法及原理，提高运动技术水平，形成科学的世界观，以便能更好地为社会主义建设事业服务。

### （二）高校体育的任务

**1. 促进身心发展，增进体质健康**

锻炼大学生的身体，增强大学生的体质，这是高校体育的首要任务。高校体育必须以增强大学生体质作为出发点，这是历史的使命，也是由体育的特殊作用决定的，是大学教育其他方面所不能替代的。体质的强壮具有遗传性，但在后天的环境及一定的条件下，体质是可以变化的，如有计划地改变生活条件、加强身体锻炼就可以增强体质。在生长发育的高峰期，可塑性极大，科学合理地安排身体锻炼十分重要。但作为大学生，形态、机能、素质及心理等各项指标基本上趋于平稳，为促进身心发展、增强体质健康所采用的方法、手段应有别于中小学生。特别是在心理方面。注重中小学生的全面发展是因为他们正处于生长发育期，而大学生生长发育已基本成熟，因此应着重在兴趣、特长方面进行挖掘和培养。

**2. 开阔视野，增长知识，掌握几种终身受益的锻炼身体的方法**

正处在高等教育阶段的大学生们，知识面广，求知欲强，除了必须掌握本专业的知识以外，对体育充满了浓厚的兴趣。他们希望对体育的真谛有更进一步的了解，以便在将来能够运用体育手段，强身健体、常葆青春。展望未来，体育将更加广泛、深入地走进社会，走进千家万户，走进每个人的生活，成为人们生活中不可缺少的内容，成为衡量人们生活质量重要标准，因此，大学生们应注重体育知识的学习，开阔视野，使参与体育活动成为自觉的行动。

大学生学会和掌握几种锻炼身体的方法，了解锻炼的机理，会终生受益。简便易行、实效性强的内容应作为首选项目进行学习，如健美操、跑步、太极拳、气功等。这些运动，也是当今正风靡全社会的运动项目，符合当代教育提出的"终身化"、"社会化"的宗旨。

**3. 开展竞技项目，提高运动竞技水平**

高等院校开展竞技项目，培养高水平的优秀体育人才，是当今形势发展的必然趋势。当前，世界各国都把发展学校体育作为战略重点。小学是基础，中学是关键，大学出人才，这是一些体育发达国家发展体育的共同经验。我国20世纪50年代及60年代前期的实践已经证明了高等院校是培养优秀运动员的一处重要基地。在第一届和第二届全国运动会上，北京高校的十多名运动员获得了金牌，有的还是田径项目全国纪录的保持者，有相当一部分运动员达到了运动健将标准。一些发达国家培养优秀运动员大部分都在大学。在美国59所大学的80多万名学生中，有1万多名优秀运动员享受体育奖学金。美国的田径、篮球等高水平的运动员都来源于大学，企业俱乐部的职业运动员也主要来源于大学。参加第21届奥运会的美国国家队中大学生占60%。第23届奥运会的三块金牌获得者、1983年世界田径十佳之冠的刘易斯，原是美国休斯敦大学经济系的学生。

大学体育是学校体育的最高层次和最后阶段，是学生学习重要的一站，是学校到社会的转折点和学与用的衔接点，因此，大学体育教学要顺应现代教育思潮，要培养学生终身体育的意识和习惯，使体育活动成为他们最基本的生活需要，将学生作为学习和发展的主体，使学生逐渐养成良好的体育锻炼习惯，为终身体育打下坚实的基础。

奥运会重要的不是胜利，而是参与；生活的本质不是索取，而是奋斗。

——顾拜旦（现代奥林匹克运动创始人）

# 第2章 奥林匹克运动

北京奥运会高级顾问魏纪中说过："更快、更高、更强"是概括了的奥林匹克口号，它通俗易懂，但是不能涵盖奥林匹克主义的全部意义。根据奥林匹克宪章中所列的准则，奥林匹克主义是一种人生的生活哲学。它提倡人们在乐于奋斗、勇于奋斗的过程中提高自我。它最终追求的是人的身体、精神和意志的全面发展，并要求具有奥林匹克精神的人争取成为社会的榜样。

奥林匹克运动现在已经成为全世界体育的盛会，四海子民来自不同国家、不同种族，欢聚一堂，为荣誉更为参与。全民运动、终生运动的理念也慢慢渗透到每一个人的心里。

## 精彩案例

### 皮埃尔·德·顾拜旦的奥林匹克人生

法国的皮埃尔·德·顾拜旦是现代奥林匹克之父，他不仅是国际体育活动家，同时也是卓有成就的教育学家和历史学家。

顾拜旦出身于法国贵族家庭，从小就喜欢贵族运动，如击剑、赛艇、骑马，也喜欢拳击。他在英国留学时曾撰写过有关18世纪英国儿童教育家汤姆士·阿诺特的教育思想的学术论文。阿诺特曾经说过：运动是青年自我教育的一种活动，顾拜旦牢牢记住了这句话，并不遗余力倡导青年人进行体育运动。1889年5月，顾拜旦利用万国博览会召开体育会议和学生运动会。1892年，他呼吁复兴奥林匹克运动。1894年6月成立了奥林匹克委员会，并于1896年在雅典召开了第一届奥林匹克运动会。现在奥林匹克已成为世界规模的体育盛会，顾拜旦倡导的奥林匹克精神传遍了全球。1896~1925年，顾拜旦曾任国际奥林匹克委员会主席，并设计了奥运会会徽、奥运会会旗。

1937年9月2日顾拜旦逝世，他为奥林匹克运动整整奋斗了54年。他的功绩是不朽的。

# 第1节 奥林匹克运动的历史与发展

> **问题导引**
>
> 古代奥林匹克运动的起源有哪几种说法？橄榄枝与奥林匹克的关系是什么？现代奥林匹克运动是怎样发展起来的？

奥林匹克山上的火焰燃烧了几十个世纪，伟大的竞技场等待着无数健与美的宠儿一决高下，遥远的地方有个神奇的故事，讲过了岁月，讲过了历史，依然精彩，这就是奥林匹克运动的故事。

要讲奥林匹克运动的历史，当然要从那个交织着战与火的古希腊说起。

奥运会的起源与古希腊的社会情况有着密切的关系。公元前9~8世纪，希腊氏族社会逐步瓦解，城邦制的奴隶社会逐渐形成，建立了200多个城邦。城邦各自为政，无统一君主，城邦之间战争不断。为了应付战争，各城邦都积极训练士兵。斯巴达城邦儿童从7岁起就由国家抚养，并从事体育、军事训练，过着军事生活。战争需要士兵，士兵需要强壮的身体，而体育则是培养能征善战士兵的有力手段。战争促进了希腊体育运动的开展，古奥运会的比赛项目也带有明显的军事烙印。连续不断的战事使人民感到厌恶，普遍渴望能有一个赖以休养生息的和平环境。后来斯巴达王和伊利斯王签订了"神圣休战月"条约，于是，为准备兵源的军事训练和体育竞技，逐渐变为和平与友谊的运动会。

**古代奥林匹克的奖品**

从第7届奥林匹克运动会开始，对优胜者奖励橄榄枝编成的花冠，编花冠的橄榄枝条必须由父母双全的儿童用纯金的刀子从宙斯神庙旁边的橄榄林中割取。优胜者在黄金和象牙制成的台上接受花冠。到了后来，优胜者也获得了相当的物质奖励，甚至享受到了相当的特权。

古代奥运会主要竞赛项目有赛跑、五项竞技、摔跤、拳击、混斗、赛马和赛战车等10余项。各项比赛的冠军均被视为英雄，有的甚至被当做神灵受到崇拜。

古奥运圣典期间，各城邦政治使节们在奥林匹亚缔结条约，雄辩家发表演说，诗人吟颂赞美诗篇，商人展销商品……其盛况大大超出了体育竞赛的范畴。为了保证这个全希腊最盛大的民族宗教节日的举行，奥运会期间，希腊实行"神圣休战"，从而使古代奥运会没有间断地举行了293届。在战火连绵的古希腊奴隶制社会中，为了举办奥运会而能停止正在进行的战争，也是人类文明史上的一个奇迹。

古代奥运会给人类社会留下了宝贵的文化财富。它所创立的竞技赛会模式、1000多年持续不断的竞技传统以及奥林匹克理想和精神，对现代体育产生了深远的影响并成为奥林匹克运动兴起的驱动因素。

现代奥林匹克运动兴起于欧洲资本主义工业化时代，是人类进入工业文明以后开始的一项伟大的社会实践，是14世纪以来勃然而起的文艺复兴、宗教改革、启蒙运动的产物，也是体育国际化的需要，而一个伟大的人物——法国教育家顾拜旦（Pierre de Coubertin，1863—1937）的努力则使奥林匹克运动在19世纪末登上了历史舞台。

顾拜旦是公认的现代奥林匹克运动的创始人。1892年，他正式提出了复兴奥运会的具体构想。顾拜旦阐明：现代奥林匹克运动会应该像古代奥运会那样，以团结、和平和友谊为宗旨，但应该比古代奥运会有所发展和创新，采用的应是以英国竞技运动为主的现代体育内容和形式，还应该向一切国家、一切地区和一切民族开放，并在世界各地轮流举办。顾拜旦的倡议，使现代奥林匹克运动会从一开始就成为带有古典传统色彩的、具有现代思想内涵的国际体育盛会。

1894年6月16日至24日，在顾拜旦的组织和积极推动下，"国际体育运动代表大会"在巴黎举行，来自美国、英国、俄国、瑞士、西班牙、意大利、比利时、荷兰和希腊等12个国家的49个体育组织的79名与会代表一致同意顾拜旦的主张，决定复兴奥运会。6月23日，大会又通过了成立国际奥委会的决议。

1896年4月6日至15日，第1届现代奥运会终于如期在雅典举行。13个国家的295名运动员参加了田径、游泳、跳水、举重、摔跤、体操、自行车、射击、击剑等项目的比赛。虽然组织尚不正规，但它却是奥林匹克运动正式诞生的重要标志，为未来奥运会建立了一个基本的框架。

奥运会因第一次世界大战的爆发而中断了8年，于1920年重新举行。经过第一阶段的

### 古奥林匹克运动起源与神话

古希腊是一个神话王国，优美动人的神话故事和曲折离奇的民间传说为古奥运会的起源蒙上一层神秘的色彩。有关古代奥运会的起源的传说有很多，最主要的有以下两种：一是古代奥林匹克运动会是为祭祀宙斯而定期举行的体育竞技活动；另一种传说与宙斯的儿子赫拉克勒斯有关。赫拉克勒斯因力大无比获"大力神"的美称。他在伊利斯城邦不到半天功夫便扫干净了国王堆满牛粪的牛棚，完成了常人无法完成的任务，但国王不想履行赠送300头牛的许诺，赫拉克勒斯一气之下赶走了国王。为了庆祝胜利，他在奥林匹亚举行了运动会。

关于古奥运会起源流传最广的故事则是佩洛普斯娶亲的故事。古希腊伊利斯国王为了给自己的女儿挑选一个文武双全的驸马，提出应选者必须和自己比赛战车。比赛中，先后有13个青年丧生于国王的长矛之下，而第14个青年正是宙斯的孙子和公主的心上人佩洛普斯。在爱情的鼓舞下，他勇敢地接受了国王的挑战，终于以智取胜。为了庆贺这一胜利，佩洛普斯与公主在奥林匹亚的宙斯庙前举行盛大的婚礼，会上安排了战车、角斗等项比赛，这就是最初的古奥运会，佩洛普斯成了古奥运会传说中的创始人。

实践，奥林匹克运动的组织者意识到奥运会规范化的重要性。在原有的框架基础上，逐步健全奥运会的各种制度，使其在组织化、规模化方面大大前进了一步。奥运会的基本框架、运行机制和基本特征逐渐形成。

进入20世纪80年代，奥林匹克运动进入了一个崭新的改革发展时期。在萨马兰奇（图2-1）的领导下，对奥林匹克运动所面临的困难与问题进行了全面的改革，通过举办奥林匹克艺术节、奥林匹克日、奥林匹克体育科学大会等活动，以及建立奥林匹克博物馆，推动了奥林匹克运动的发展与传播。

图2-1 国际奥委会终身名誉主席胡安·安东尼奥·萨马兰奇

## 第2节 奥林匹克运动会的思想内涵、组织结构与仪式

**问题导引**

奥林匹克运动的思想内涵包括哪些方面？奥林匹克青年营是什么？奥林匹克组织机构有哪些？奥林匹克运动有哪些重要的仪式？

现代奥运会创始人顾拜旦说过：竞技的核心不是斗争，而是光明磊落的比赛，正是铭记了这种精神，才能更加强盛，更加雄壮，更加有勇气，从而陶冶人性。奥林匹克的意义不仅仅是一场体育盛会，它更容纳了厚重的思想内涵。它组织严谨、仪式多样，承载了内涵更丰富的奥林匹克精神。

### 一、奥林匹克运动的思想内涵

奥林匹克运动为什么长盛不衰？其重要原因之一就是它在发展过程中逐渐形成了以奥林匹克主义为核心的思想体系。这一体系，主要由奥林匹克主义、奥林匹克宗旨、奥林匹克精神、奥林匹克格言、奥林匹克名言所组成。

#### 1. 奥林匹克主义

《奥林匹克宪章》指出："奥林匹克主义是将身、心和精神方面的各种品质均衡地结合起来，并使之得到提高的一种人生哲学。它将体育运动与文化和教育融为一体。奥林匹克主义所要建立的生活方式是以奋斗中所体验到的乐趣、优秀榜样的教育价值和对一般伦理基本原则的推崇为基础的。"

奥林匹克运动不同于一般的体育运动，它是人类社会为了实现某种理想在一定哲学思

想指导下进行的社会运动,这个哲学思想就是奥林匹克主义。它使奥林匹克运动担负着崇高的历史使命,赋予它极强的教育价值和文化价值,从而使这一运动有了坚实的思想基础和长期的奋斗目标。

### 2. 奥林匹克宗旨

《奥林匹克宪章》指出,奥林匹克运动的宗旨是"使体育活动为人的和谐发展服务,以促进一个维护人的尊严的和平社会的发展"。

奥林匹克运动力图通过体育运动增进世界各国人民之间的相互了解,达到减少战争、促进和平的目的。其宗旨在一定程度上满足了当代国际社会的需要,对进入现代社会以来的人类有直接的现实意义。奥林匹克运动的宗旨使奥林匹克运动的目的并不仅限于促进这一运动的参与者个人的发展与完善,还要承担起更大的历史使命和社会责任,这就是促进不同国家、不同文化之间的相互交流和了解,从而促进和维护世界和平。

### 3. 奥林匹克精神

《奥林匹克宪章》指出,奥林匹克精神就是相互理解、友谊、团结和公平竞争的精神。

奥林匹克精神强调友谊、团结、互相了解,其目的就是促进世界各国人民之间的交流,建立和谐的文化氛围。在这种氛围中,人们才有可能摆脱各自文化带来的种种偏见,使奥林匹克运动所提倡的国际交流、互相帮助、互相学习真正得以实现。

### 4. 奥林匹克格言

奥林匹克格言(Olympic Motto)亦称奥林匹克口号。奥林匹克运动有一句著名的格言:"更快、更高、更强"。这一格言是顾拜旦的好友、巴黎阿奎埃尔修道院院长迪东(Henri Didon)在他的学生举行的一次户外运动会上,鼓励学生们时说过的一句话,他说:"在这里,你们的口号是:更快、更高、更强。"顾拜旦借用过来,将这句话用于奥林匹克运动。1920年国际奥委会将其正式确认为奥林匹克格言,在安特卫普奥运会上首次使用。此后,奥林匹克格言的拉丁语 "Citius, Altius, Fortius" 出现在国际奥委会的各种出版物上。奥林匹克格言充分表达了奥林匹克运动所倡导的不断进取、永不满足的奋斗精神。虽然其

---

**奥林匹克青年营**

1912年瑞典斯德哥尔摩奥运会期间,瑞典国王古斯塔夫五世为了扩大奥林匹克的影响,邀请了来自欧洲的1500名青少年,在奥林匹克赛场周围搭起帐篷进行各种活动,这就是奥林匹克青年营的发端。

从1964年东京奥运会开始,青年营成为奥林匹克文化活动的组成部分。这项活动的目的是使来自世界各地的年轻人在奥林匹克的氛围里,互相交流,互相学习,以深刻了解奥林匹克运动的理念。青年营的营员由各国家和地区奥委会根据参加者的体育成绩和从事体育运动的态度加以选择,由国家或地区奥委会推荐,年龄规定为18至22岁之间。

奥林匹克大家庭视奥林匹克青年营为奥林匹克区域,严禁任何政治、宗教、种族的宣传活动和示威。奥林匹克青年营的营期最长不得超过25天,人数一般在500~1500人之间,活动内容包括体育、文化和民俗活动。

汉译只有短短的六个字，但其含义却非常丰富，它不仅表示在竞技运动中要不畏强手、敢于斗争、敢于胜利，而且鼓励人们在自己的生活和工作中不甘于平庸，要朝气蓬勃、永远进取、超越自我，将自己的潜能发挥到极限。

- 但是为了"更快、更高、更强"，有的运动员不惜服用兴奋剂来提高比赛成绩，这违反了体育运动的公平原则，让反兴奋剂成为每一届奥运会都会着重部署的任务。

**兴奋剂**

"兴奋剂"英文为Dope，一说原为南非黑人方言中一种有强壮功能的酒，一说起源于荷兰语Dop。兴奋剂原指能刺激人体神经系统，使人产生兴奋从而提高机能状态的药物。后泛指能作用于人体机能、有助于运动员提高成绩的药物，分为以下几类：刺激剂、麻醉止痛剂、合成类固醇类、利尿剂、β-阻断剂、内源性肽类激素。

**5. 奥林匹克名言**

"参与比取胜更重要"是奥林匹克运动广为流传的名言。正是由于"参与"意识和"参与"精神所起的作用，奥林匹克运动才能发展到今天这样的规模，其意义才能大大超出竞技体育的范畴。正是因为有众多国家、地区运动员的参加，才推动了奥林匹克运动自身的成长和壮大，而且通过各国运动员的友谊和交往，对全世界的和平以及全人类的进步事业作出了难能可贵的贡献。

## 二、国际奥林匹克委员会的组织结构

国际奥林匹克委员会（简称国际奥委会，IOC）、国际单项体育联合会（IFS）与国家奥林匹克委员会（NOCS）是奥林匹克组织体系的三大支柱，也是奥林匹克组织的基本成员。它们以《奥林匹克宪章》为指导，各司其职，密切配合，形成了既独立又统一的组织结构关系。在这种关系结构中，国际奥委会是指挥首脑，国际单项体育联合会进行技术辅助，国家奥委会是开展各种活动的基本单位，三者缺一不可。它们团结合作形成了互相配合又互相制约的合作关系。这种合作关系的特点是在权力高度集中于国际奥委会的前提下，各司其职，协商互惠。奥林匹克运动就是在这三大支柱的协调合作中正常运行的。

国际奥委会成立于1894年6月23日，按照《奥林匹克宪章》领导奥林匹克运动，是奥林匹克运动的最高权力机构，是一个国际性的、非政府的、非营利的组织。国际奥委会的组织机构包括国际奥委会全体会议、执行委员会、行政机构（总部设在瑞士洛桑）和专门委员会。

**国际奥委会选择委员的"逆向代表"制**

"逆向代表"制是指国际奥委会委员不是一个国家或地区在国际奥委会的代表，而是国际奥委会在该国或地区的代表。因此，国际奥委会委员是由国际奥委会自选的，而不是由各个国家和地区委派的。这一制度是由顾拜旦设计的，其目的在于避免各国政府或其他因素的干扰，确保国际奥委会的独立性，使国际奥委会成为一个不依附于任何政治力量的组织。国际奥委会从它认为合格的人员中挑选自己的成员，任何政府和组织无权撤换这些委员。

国际单项体育联合会是在世界范围内管辖一项或者几项运动项目,并接纳若干管辖这些项目的国家和地区级团体的非官方的国际性组织,主要任务是负责它所管辖的运动项目的技术和行政管理方面的工作。

国家(地区)奥委会是按照《奥林匹克宪章》的规定建立起来的,并得到国际奥委会承认的负责在一个国家(地区)发展和维护奥林匹克运动的重大任务,也是唯一有权选派代表队参加奥运会的机构。

### 三、奥林匹克仪式

奥林匹克仪式是指围绕奥运会而举行的一系列礼仪性的活动,主要有圣火传递仪式、奥运会开幕式和闭幕式、发奖仪式等。它们集中体现了奥林匹克运动的各种文化特征,是奥林匹克文化中最引人注目的部分。这些仪式庄严、神圣,不仅给奥运会以浓烈的节日气氛,而且大大提高了奥运会的境界,具有强烈的感染力,以此净化人们的心灵,弘扬奥林匹克崇高的理想。

#### 1. 奥林匹克圣火传递与点燃仪式

奥林匹克圣火是经国际奥委会授权在希腊奥林匹亚点燃的火焰。它代表着奥林匹克崇高的理想,象征着光明、团结、友谊、和平和正义。

图2-2 北京2008年奥运会圣火传递

从1936年柏林奥运会开始,每届奥运会前,在奥林匹亚的赫拉神庙遗址前都要举行庄重的点火仪式。身着古装的希腊少女用聚光镜采得火种,然后用火炬传到雅典,再由雅典传到主办城市,开幕式举行时由一人手持火炬,在人们的欢呼声中点燃位于主体育场醒目位置的"奥林匹克圣火"。有幸承担这个使命的多是一些著名的运动员。

2008年3月31日,北京2008年奥运会圣火欢迎仪式暨火炬接力启动仪式在天安门广场隆重举行。胡锦涛主席在仪式上亲手点燃圣火盆,并宣布北京2008年奥运会火炬接力开始(图2-2)。从北京出发的火炬接力,克服了境外传递遇到干扰、四川汶川发生特大地震灾害的影响,从奥林匹亚山,途经人类古老的文明发源地——希腊、罗马、埃及、拜占庭、美索不达尼亚、波斯、阿拉伯、印度和中国,以"共享和平,共享奥运"为主题,奥运永恒不息的火焰穿越喜马拉雅山脉,到达世界最高峰——珠穆朗玛峰,从而引领奥运圣火到达一个前所未有的高度;历时130天,总行程15万千米,运行火炬手21880名,是奥运史上传递路线最长、传递范围最广、参与人数最多的一次火炬接力活动。

#### 2. 开幕式

开幕式是奥运会最隆重的仪式,也是奥林匹克运动奉献给全世界的最绚丽的文明之花,它是体育与艺术最完美的结合,有极强的艺术魅力和感染力。作为一届奥运会的破题之笔,开幕式通过综合运用多种艺术手段,塑造一种庄严、隆重、充满激情的景象,为即将开始的奥运会定下基调，制造适宜的氛围。北京2008年奥运会开幕式上的五环如图2-3所示。

**奥林匹克奖牌**

国际奥委会为了促进奥林匹克运动的发展，激励更多的人献身于奥林匹克运动，设立了奥林匹克奖牌（金、银、铜牌），以表彰为奥林匹克运动作出突出贡献的团体和个人。奥林匹克奖牌是每个运动员在运动生涯中追求的最高荣誉，是运动员在奥运会上出色表现的标志。

图 2-3  北京奥运会开幕式上华丽的五环

### 3. 颁奖仪式

无论对获奖的运动员，还是对观众来说，颁奖仪式都是奥运会上最令人激动的时刻之一。

### 4. 闭幕式

开幕式给了奥运会一个辉煌的开始，闭幕式使其有一个完满的结束。与开幕式庄严而隆重的仪式不同，闭幕式营造的是轻松欢乐的气氛，它把奥运会参加者及世界观众的情绪推向欢庆的高潮。

## 第3节  中国与奥林匹克运动

**问题导引**

中国与奥林匹克运动有哪些故事？北京奥运会的口号、理念是什么？我国第一位参加奥运会的是谁，第一位夺得奥运奖牌的是谁？

### 一、中国与奥林匹克

历史的车轮滚滚而来，让我们回到20世纪初，我国最早提出参加奥运会的人是教育家、体育家张伯苓。他在1907年10月24日，在天津青年会第五届学校运动会的演说中，建议中国加紧准备，争取早日参加奥运会。从张伯苓的一声呐喊到中国人第一次站在奥林匹克赛场上，经过了25年，在1932年"短跑怪杰"刘长春只身一人参加第10届奥运会，成为中华奥运第一人。从站上舞台到拿到第一块金牌，我们整整盼了半个世纪，1984年我国派出225名运动员参加了在美国洛杉矶举办的第23届奥运会，我国台湾省也派出67名运动员参加了比赛。这是海峡两岸运动员首次在奥运盛会上相逢。在这届比赛中，射击运动员许

海峰以566环的优异成绩摘取了洛杉矶奥运会的第一枚金牌,实现了我国奥运史上"零"的突破。正如美国奥委会主席威廉·西蒙在那届奥运会开幕之初所言:"中国从神秘的帷幕之后走出来,以一个长期睡梦觉醒的巨人的姿态突然出现在奥运会上……"这次奥运会,中国不仅在奥运历史上第一次获得金牌,而且奖牌总数列140个国家和地区的第4位。2000年悉尼奥运会,中国又实现了历史上的突破,金牌总数列所有参赛国家和地区的第3位,达到28枚。2002年,中国体育代表团又在盐湖城冬奥会上获得了2枚金牌,实现了冬奥会上金牌"零"的突破。2008年北京奥运会,更是超越美国,夺得金牌榜第1位。

## 二、北京奥运会

奥运选择北京,世界看好中国。正如国际奥委会在评估报告中指出的:北京2008年奥运会将给中国和世界体育留下独一无二的宝贵遗产。在占世界人口1/5的中国举办奥运会,是有史以来的第一次,奥林匹克运动将更大规模地普及,奥林匹克精神将更广泛地弘扬,中国将为国际奥林匹克运动作出更大的贡献,奥林匹克史册也将翻开新的一页。北京2008年奥运会是中国的机会,也是世界的机会。

### 1. 目标

北京奥运会组委会筹办工作的总体目标是举办一届"有特色、高水平"的奥运会和残奥会,实现"新北京、新奥运"的战略构想,为中国和世界体育留下独特的遗产。、

### 2. 理念

"绿色奥运、科技奥运、人文奥运"是北京2008年奥运会的三大理念。

"绿色奥运"——把环境保护作为奥运设施规划和建设的首要条件,制定严格的生态环境标准和系统的保障制度;广泛采用环保技术和手段,大规模多方位地推进环境治理、城乡绿化美化和环保产业发展;增强全社会的环保意识,鼓励公众自觉选择绿色消费,积极参与各项改善生态环境的活动,大幅度提高首都环境质量,建设宜居城市。

"科技奥运"——紧密结合国内外科技最新进展,集成全国科技创新成果,举办一届高科技含量的体育盛会;提高北京科技创新能力,推进高新技术成果的产业化和在人民生活中的广泛应用,使北京奥运会成为展示新技术成果和创新实力的窗口。

"人文奥运"——传播现代奥林匹克思想,展示中华民族的灿烂文化,展现北京历史文化名城风貌和市民的良好精神风貌,推动中外文化的交流,加深各国人民之间的了解与友谊;促进人与自然、个人与社会、人的精神与体魄之间的和谐发展;突出"以人为本"的思想,以运动员为中心,提供优质服务,努力建设使奥运会参与者满意的自然和人文环境。

### 3. 分会场

北京是第29届奥运会的主办城市,北京之外还有其他6个城市作为分会场,分别是上海、沈阳、天津、香港、青岛、秦皇岛。

青岛协办帆船项目,在2008年9月的那个星期里,世界各地的帆船爱好者把目光投向青岛。白帆点点、千帆竞发的美丽青岛也给世界观众留下了深刻印象。

### 4. 口号

北京2008年奥运会的口号是"同一个世界 同一个梦想（One World One Dream）"。这一主题口号凝聚着成千上万人的智慧，集中体现了奥林匹克精神的实质和普遍价值观——团结、友谊、进步、和谐、参与和梦想，表达了全世界在奥林匹克精神的感召下，追求人类美好未来的共同愿望。英文口号"One World One Dream"句法结构具有鲜明特色，简洁、响亮，寓意深远，既易记上口，又便于传播。

中文口号"同一个世界 同一个梦想"中将"One"用"同一"表达，使"全人类同属一个世界，全人类共同追求美好梦想"的主题更加突出。

### 5. 奖牌

北京2008年奥运会奖牌直径为70毫米，厚6毫米。奖牌正面为国际奥委会统一规定的图案——插上翅膀站立的希腊胜利女神和希腊潘纳辛纳科竞技场。奖牌背面镶嵌着取自我国古代龙纹玉璧造型的玉璧，背面正中的金属图形上镌刻着北京奥运会会徽。奖牌挂钩由我国传统玉双龙蒲纹璜演变而成，如图2-4所示。整个奖牌尊贵典雅、特色浓郁，既体现了对获胜者的礼赞，也形象地诠释了中华民族自古以来以"玉"比"德"的价值观，是中华文明与奥林匹克精神在北京奥运会形象景观工程中的又一次"中西合璧"。

图2-4 北京奥运会奖牌

从一个人到13亿人共同参与的盛会，中国与奥林匹克运动的缘分历程，就是中国发展壮大的历程，民族的骄傲和不放弃在这个故事中蔓延……

# 体适能与健康篇
## FITNESS AND HEALTH

健康是自然所能给我们准备的最公平、最珍贵的礼物。

——蒙 田（法国人文主义思想家）

# 第3章 健康与体适能

　　健康是现代人最关注的问题之一，然而，何为真正的健康，影响健康的因素有哪些？健康与体适能关系又是怎样的？什么又是健康的体适能呢？这些，都是人们在生活中了解甚少的。简言之，健康离不开日常科学合理的锻炼，离不开科学的营养补充，离不开良好的内外环境。健康体适能主要包括心肺耐力、肌肉力量、肌肉耐力、柔韧性和身体成分五个方面。因此，为了身心健康，以及能够有良好健康的体适能，我们就需了解身体锻炼、营养饮食、身型体重、环境因素等对健康及体适能的影响。

### 精彩案例

**健康与体适能**

　　已是八旬老人的肯尼思·库珀博士是美国著名的"有氧运动之父"，他在1968年首推"有氧运动"概念，从此开创了全世界范围的有氧运动革命。

　　库珀上大学时是个运动健将，毕业后由于工作比较忙，疏于运动，体重从168斤飙升至204斤。29岁那年，库珀在一次滑雪中突然感到胸闷、呼吸困难，医生的检查结果是他的心脏没太大问题，只是脂肪太多了。从那时起，库珀下决心减肥，每天长跑，经过一年的努力，他不仅恢复了健康，还参加了波士顿的马拉松比赛。从此以后，库珀每周都坚持慢跑。

　　库珀用行动诠释了"生命在于运动"的含义。库珀认为，适量的运动是为了提高生活质量。他给自己制定的"个人健身处方"中，把"力量训练"放在了非常重要的位置。虽为耄耋老人，但他还是坚持每周四到五次的举重训练。"很多老年人都有这样的误区，老年人的肌肉逐渐萎缩，没有力量，害怕跌倒，所以对于力量训练就显得有些轻视。其实，越怕力量训练，肌肉萎缩得越快，导致恶性循环。"库珀解释说，适量的哑铃训练和力量训练器上的训练不仅不会加重老年人的负担，反而会让老年人的生活质量更高。

# 第1节 现代健康观

**问题导引**

健康的标准是什么？影响健康的因素有哪些？不同体型的人应如何选择锻炼内容？女性体育卫生包含哪些内容？为了保持健康，应如何科学进食？

## 一、健康的含义

何谓健康？亘古至今，人们对其有不同的解释。随着社会的发展和科技的进步，世界卫生组织对健康提出了一个明确而全面的定义："健康是指在身体、心理和社会各个方面都完美的状态，而不仅是没有疾病和虚弱。"因此，对健康的评价不仅基于医学生物学的范畴，而且扩大到心理和社会学的领域。由此可见，一个人只有在身体和心理上保持健康的状态，并具有良好的社会适应能力，才算得上真正的健康。

2000年，世界卫生组织根据健康的新含义，提出了健康的10条标准：

（1）有充沛的精力，能从容不迫地应付日常生活和工作压力而不感到紧张。
（2）处事乐观，态度积极，乐于承担责任，事无巨细，不挑剔。
（3）善于休息，睡眠良好。
（4）应变能力强，能适应外界环境的各种变化。
（5）能抵抗一般性的感冒和传染病。
（6）体重适当，身体匀称，站立时头、肩、臀的位置协调。
（7）反应敏锐，眼睛明亮，眼睑不发炎。
（8）头发有光泽，无头屑。
（9）牙齿清洁，无空洞，无痛感，无出血现象，齿龈颜色正常。
（10）肌肉和皮肤富有弹性，行走轻松自如。

## 二、影响健康的因素

随着人类社会的发展和科学技术的进步，人们的物质生活水平日益提高，体力工作强度大幅度降低，活动越来越少。新的生活方式在给人们的生活带来更多便捷的同时，也使人类的健康面临着各种挑战。

### 1. 生活方式

生活方式是社会健康的基石，与人们的健康息息相关。生活方式的变化包括生活内容、生活领域、生活节奏的改变，这些都会引起个人乃至社会的健康问题。

随着生活方式的改变，在内容上丰富或贫乏，在领域里开阔或狭窄，在质量上提高或降低，在节奏上加快或减慢，都可能给健康带来正面或反面的影响。

## 2. 时尚病

在这个瞬息万变的时代，观念的时尚、身体的时尚等各种时尚，无时无刻不充斥着我们的生活。时下，最流行的时尚当属瘦身，如今许多人借助药物来达到迅速瘦身的目的。其实这种盲目追求瘦身是一种心理病态的表现。

美国著名的杂志New York曾对时尚下过这样的定义："时尚是一种无意改变却有意跟随的东西。"可见，时尚有着极大的吸引力和号召力。但是，盲目地追求时尚，做时尚的奴隶，就免不了要患上"时尚病"了。

## 3. 生态失衡

人类为了自身利益以史无前例的规模征服着地球，但同时也在不断地毁灭地球及其生物。预言家所许诺的没有饥饿、疾病和贫苦的人间天堂，经过几代人的"奋斗"，将会变成充满恐惧和火难的场所。

## 4. 营养过剩

食物结构的变化是造成现代人营养过剩的主要原因。营养过剩导致的肥胖并由此引发的慢性病严重地威胁着人类的健康，如糖尿病、心脑血管疾病等。

## 5. 缺乏运动

美国疾病防治中心的数据表明，18～44岁的美国人中有55%的人、35～44岁的人中有59%的人都是整天坐着不动的，仅有少部分人为保持健康和身材适中，全身心地投入跑步、游泳、徒步旅行等运动中，"少动"、"不动"已经成为危害健康的重要因素。

## 6. 生活危险

工业化、都市化与信息化是现代化社会的三个重要标志，它们在给我们带来高质量生活的同时，也在时时威胁着人们的健康。

现代社会生活中，人们必须面对与防范的危险包括：

（1）工业化大生产使人依附于机器，身体活动越来越少；机器的高速运转危及人身安全；工业生产形成"三废"等。

（2）都市生活使人们住进了人口密度很大的高楼大厦，楼房倒塌、电梯失控、高层失火、煤气爆炸、高压水管断裂给人们平添危机感和恐惧感等。

（3）在知识经济时代，信息爆炸使人们陷入高度的精神紧张状态。

（4）洪水、地震、森林大火等天灾由于人类的活动而变得更加肆虐。

## 7. 身心压力

世界著名的精神科学家、美国康乃狄格医科大学的F·查尔斯博士，对面临身心压力而深受困扰的现代人进行了大量的研究，归纳出了人们所

---

**保持健康的行为规范**

早在1972年，美国学者就通过研究证实了个人行为对健康状况的重要作用，并总结出7条个人行为规范，认为它们是身体健康的基础：①每星期进行2~3次中等强度的身体锻炼；②每日三餐的时间要有规律，不吃零食；③每天要吃早餐；④保证每晚7~8小时的睡眠；⑤不吸烟；⑥不饮酒或少量饮酒；⑦保持适当的体重。

以上这些在生活中做起来并不困难，但许多人不能持之以恒。不难看出，所有这些行为都包含一个重要的基本元素——自我负责的态度。

面临的各种压力，如工作上的竞争（失业的威胁）、家庭成员的精神负担、升学择业的压力、日常生活快节奏的紧张感、情感上的错综复杂心理以及各种各样的患得患失心理等。名利地位、物质文化、失业、意外灾害等各种激烈的矛盾与竞争形成的压力，都会造成人们的紧张情绪，导致"现代流行病"，成为诱发各种身心疾病不可忽视的原因。临床医学研究表明，因身心压力引起的紧张可导致偏头痛、便秘、腹泻、溃疡性结肠炎、妇女月经失调、男性阳痿、糖尿病、癌症、高血压、心脏病以及神经过敏、神经衰弱、精神分裂、狂躁忧郁等精神性疾病。日益紧张的生活环境，以及愈演愈烈的竞争环境，迫使人们付出巨大的健康代价，以适应生存的需要。

## 三、体型与健康

一般来说，体型可分为以下三类：外胚型、中胚型和内胚型，如图3-1所示。外胚型身型纤瘦，肌肉代谢率高；中胚型又称肌肉型，身体肌肉明显发达，脂肪含量通常较少，是训练或健美的好材料；内胚型身体较肥胖，个子较矮小。

事实上，我们的体型很少是纯粹的单一类型，而多是其中的某一类型或某两种类型的百分比重较大而已。以上的各类体型与遗传因素有关，也与生活方式及运动习惯有关。因此，可从这两方面努力来改善自己的体型至理想状态。

外胚型（即瘦弱型）的人士可多做重量训练来增加肌肉重量（瘦体重部分），以达到更健康的状态。中胚型的人士除了维持适量的肌

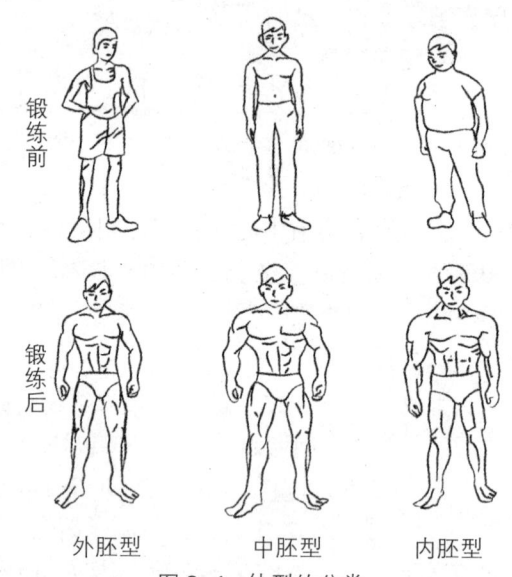

图3-1 体型的分类

力及肌耐力练习外，更需注意多参加一些有氧运动，如步行、慢跑等来提高心肺耐力以达到更佳的体适能效果；此外，柔韧性练习也不可忽略。因为肌肉型人士肌肉较多，如果肌肉缺乏柔韧性，会比其他体型的人士更受限于活动的幅度。内胚型人士因脂肪含量过高，更应在运动和饮食两方面同时下工夫，才可达到健康体适能的目的。

## 四、女性体育卫生

女性参加适量的体育锻炼不仅可以促进身体发育，增进健康，使身体各部协调发展，而且对女性的妊娠、分娩均有利。女性与男性相比，有性别的差异，因此在体育教学和训练时应考虑到女性的生理解剖特点及其运动能力。

（一）生理特点与体育运动

**1. 体型特点**

女性骨盆较宽，皮下脂肪较厚（相当于男性的2.73倍）而致臀部较大，加之女性的躯

干相对较长，使其身体重心较低，有利于进行艺术体操、平衡木等项目；女性下肢相对较短，肩部较窄，臂力较弱，会影响跑跳的高度，易疲劳。

2. 运动系统特点

（1）骨骼：女性的骨骼比男性短且细，骨密质较薄，坚固度低，重量亦轻（约比男性轻25%），抗压和抗弯的力量较差。女性从30岁开始骨中矿物质开始丢失，而绝经后，女性的钙质流失更加明显，极易产生骨质疏松，增加骨折的危险，因此更年期女性应多进行有氧运动并结合抗阻力量练习，维持雌激素水平，预防骨质疏松。

（2）肌肉力量：在青春发育期，女孩的肌肉发育慢于男孩，肌肉体积及重量均低于男孩。有人统计，女性肌肉重量相当于男性的90%左右，而力量为男性的70%~80%。女性肌肉生理横断面小，动力及静力性力量均低于男性，易疲劳且消除疲劳的时间延长。但是，通过科学的锻炼，女性的肌肉力量会明显增加，缩小与男性的差距。

（3）关节：关节囊、韧带较薄，弹性及柔韧性好，关节活动范围大；脊柱椎间软骨相对地较男性厚，腰部活动范围大，弯腰动作如"弓腰"、"下桥"动作较男性优越。

3. 氧运输系统特点

少年时期男女间的差异常不明显，青春期后差异逐渐明显。女性的心脏体积、每分输出量及每搏输出量均小于男性，常以增加心跳频率来弥补，所以安静时女性心率稍快于男性。又由于女性心肌收缩力较男性弱，所以血压一般稍低于男性。在运动时血压的增高也不如男性明显，而且恢复期延长。

女性的血液总量占体重的百分比较男性低，红细胞数量及血红蛋白含量均低于男性，女性血红蛋白值一般为110~150克/升。

由于女性的胸廓、胸围及呼吸差均较小，呼吸肌较弱，因此女运动员以胸式呼吸为主。女性肺活量、最大通气量、最大吸氧量、最大氧债值均较男性低，会影响女性运动能力的提高。

4. 身体成分特点

女性体脂主要分布在胸、腹、臀和大腿等部位的皮下，皮下脂肪约为男性的2倍，限制了女性的运动能力，但较厚的皮下脂肪有较好的保温及保护作用并可增加机体的浮力，有利于女性参加冰雪类及游泳运动。

（二）女性月经期的体育卫生

女性的月经周期可分为卵泡期、排卵期、黄体期、经前期和月经期。在不同的月经周期中，人体的运动能力也有所不同。大多数运动对月经周期没有影响，但是大强度、长时间的剧烈运动则易引起月经失调。对于参加健身运动的女性说，即使在月经期亦可参加适当的体育运动，这是因为通过体育运动改善人体机能状态，改善盆腔生殖器官的血液供应，有利于经血的排除，对子宫起到按摩作用，可以适度缓解痛经现象。

由于经期子宫内膜脱落出血，盆腔充血，生殖器官抗感染力下降，全身神经体液方面也有较大的变化。此时，进行训练或比赛时应注意下列卫生要求：

（1）经期应避免过冷、过热的刺激，特别是下腹部不宜受凉，以免引起经期痛经或月经失调。

（2）月经期的第一、二天应减小运动量及强度，运动时间也不宜太长，特别是月经初潮不久，周期尚不稳定的女少年运动员更应注意，否则易造成月经失调。

（3）经期不宜从事剧烈运动，尤其是震动强烈、增加腹压的动作，如疾跑、跳跃、高抬腿跑等负荷过大的力量性训练，以免造成经血量过多或影响子宫的正常位置。

（4）经期一般不宜下水游泳，以免在生殖器自洁作用降低时病菌侵入造成感染。

（5）有痛经、月经过多或月经失调者，经期应减少运动量、强度及训练时间，甚至停止体育活动。

### 五、营养与健康

著名营养学家、诺贝尔奖获得者莱纳斯·波林斯说过：合理营养可使人的寿命延长20年。合理营养不仅能增进健康，而且可作为防治疾病的手段。

我们日常摄取的食物中包含的营养素可分为以下七种：碳水化合物、脂类、蛋白质、矿物质、维生素、水和食物纤维。

碳水化合物、脂类、蛋白质是人体的能源物质，按重量计算，一般人的膳食中，蛋白质、脂肪和糖三种营养素的适宜重量比例为1∶1∶4。

维生素分为脂溶性维生素和水溶性维生素。脂溶性维生素有维生素A、D、E、K，水溶性维生素有维生素$B_1$、$B_2$、$B_6$、C、PP、叶酸等。若缺乏维生素A会导致夜盲症；缺乏维生素D，儿童可致佝偻病，成人则容易骨质疏松或患软骨病；缺乏维生素$B_1$会出现多发性神经炎和脚气病（非脚癣）；如果您贫血了，很有可能是缺铁了，要及时补铁，如果同时补充维生素C效果会更好；碘缺乏会使甲状腺功能亢进，俗称"大脖子"病；缺锌会导致发育迟缓，出现第二性征发育不全现象。各种营养素缺乏都会导致身体机能状况异常，因此我们在日常生活中要合理营养、均衡膳食，全面摄取各种营养素，同时建立良好的膳食制度。

在日常饮食中要注意：

（1）在日常三餐正餐中，应按图3-2金字塔中各类食物所占的比例来进食，即五谷类食物最多（如米、麦、粉、面等），其次是蔬菜及水果类，较少摄取的是奶类及肉类，而最少摄取的是油、盐及糖类。

（2）因不含身体所需的营养，非食物金字塔中的食物可以不吃。

（3）养成良好的饮食习惯：饮食要尽可能定时定量；正餐前10分钟与餐中及餐后2小时，不可饮大量开水，因为会稀释胃酸，影响消化；运动后1小时内不宜进食，以免影响消化。

图3-2 食物金字塔

体适能与健康篇

## 第2节 健康体适能

**问题导引**

什么是健康体适能？健康体适能的五大要素是什么？对体适能如何进行测量与评价？什么是运动强度的靶心率？如何控制运动时间及运动频率？

### 一、体适能的含义

世界卫生组织将体适能（physical fitness）定义为"指身体有足够的活力和精神进行日常事务，而不会感到过度疲劳；并且还有足够的精力享受休闲活动和应对突发事件的能力"。我国港、台学者将其定义为：体适能是指一个人的身体适应生活、运动和环境（如温度、气候变化或病毒等因素）的综合能力。

体适能分为健康体适能和竞技体适能。健康体适能主要包括心肺耐力、肌肉力量、肌肉耐力、柔韧性和身体成分五个方面，这是一般人为了提高学习和工作效率、预防疾病所需要的。竞技体适能主要包括速度、爆发力、协调性和灵敏性等素质。运动员为了获得竞技运动的优胜，除了应具备健康体适能外，还必须获得竞技体适能。健康体适能与竞技体适能的比较如表3-1所示。

> **体适能与体能的区别**
>
> 体适能从英文Physical Fitness翻译而来，也有译成体能（或体质）。"体适能"一般作为行政及学术用语，而"体能"多为实用及实际操作用语。"体能"是运动训练用语，而"体适能"可以说是身体适应外界环境能力的简称。

表3-1 健康体适能与竞技体适能的比较

| 类别 | 健康体适能 | 竞技（运动）体适能 |
| --- | --- | --- |
| 目标 | 健康 | 胜利 |
| 对象 | 全民 | 运动员 |
| 属性 | 一般 | 特殊 |
| 要求 | 适度 | 高度 |
| 时间 | 终身 | 阶段性 |
| 结果 | 与努力成正比 | 不一定会成功 |

### 二、健康体适能的五要素

#### （一）心肺耐力

心肺耐力（aerobic capacity）又称心肺适能、有氧适能，是指一个人持续活动的能力，它与心脏、血液、肺和细胞代谢等的功能有关。研究发现，儿童时期心肺耐力随年龄增长逐步提高，到16岁开始逐渐衰退，25岁以后呈现每年平均约1%的衰退现象，但通过运动可以减慢其衰退的速度。心肺耐力与我们

> 愈高水平的竞赛，对体能锻炼的要求愈高，但有时候不一定合乎健康原则。

的健康密切相关，从日常的学习和生活来说，有好的心肺耐力，就不会因为要追赶一辆公共汽车而气喘吁吁；从健康的角度来看，拥有良好的心肺耐力，就可以减少各种心血管病患的发生。因此，心肺耐力是健康体适能组成中一个重要的因素，在体适能评价中是最重要的评价指标。

（二）肌肉力量

肌肉力量（muscle strength）又称肌肉适能。肌肉力量是指一块肌肉或肌肉群竭尽全力收缩产生的最大力量。研究发现，肌肉力量在20~30岁时达到一生中的最高峰，30岁以后逐渐降低，65岁时的平均肌力为20~30岁时的80%。从运动的角度出发，具备适当的肌肉力量是绝对需要的。如果没有一定的肌力，有些活动就会感到吃力，进而使肌肉产生疲劳；这时工作效率就会降低，在运动中易出现损伤，长此下去，会导致肌肉劳损等慢性疾患。因此，肌力是维持健康的基本要素。

（三）肌肉耐力

肌肉耐力（muscle endurance）是指一块肌肉或肌肉群在一段时间内重复进行肌肉收缩或维持某一固定用力状态的持久能力。

肌肉力量与肌肉耐力虽然是两种不同的能力，但它们有密切关系。随着年龄的增长，肌肉组织功能退化，肌肉力量和肌肉耐力都会逐渐消退。为此，要不断地加强体育锻炼，以保持肌肉力量和肌肉耐力，减缓其随年龄增长而自然消退的速度。

（四）柔韧性

柔韧性（flexibility）是指身体各个关节的活动幅度及肌肉、肌腱、韧带、皮肤和其他组织的弹性及伸展能力。柔韧性与关节的解剖结构特点、关节周围组织的体积以及肌肉、韧带、肌腱和皮肤的伸展性等有关。年龄越小，柔韧性越好；随着年龄的增长，柔韧性消退的速度也自然加快。一般来说，具有良好的柔韧性的人活动自如、体态优美，可以使运动时更有效率，在运动过程中避免运动伤害的发生。

因此，培养良好的柔韧性，是健康体适能中十分重要的一项内容。由于柔韧性自然消退的速度较快，因此在少年和青年时期加强柔韧性锻炼对老年阶段能够保持较好的柔韧性有重要作用。

（五）身体成分

身体成分是指身体的脂肪与瘦体重的组合比例等。身体组成所强调的是体重中拥有多少百分比的脂肪量。肥胖即是指体内脂肪过多的现象。人体内含有较多百分比的脂肪量，会造成骨骼、肌肉与关节病变的可能性，也会增加罹患心脏病与高血压的机会。

## 三、体适能的测量与评价

（一）心肺耐力

心肺功能的评量通常以特定距离的跑步时间或特定时间（如9或12分钟）的跑步距离来评量，即以800米或1500米来进行心肺功能评量。此外，台阶实验也是经常被采用的心肺功能评量方式。但是近年来的研究表明，以特定距离的跑步时间或特定时间的跑步距离来评量，可以更好地反映心肺功能。

正常的安静心率为60～100次/分，经常进行足够体能锻炼的人，安静心率会有所下降，这是一个好现象。

（二）肌力及肌耐力

一般来说，握力、腿肌力、背肌力以及特定肌群的力量评量等，都是常见的肌力评量方式。测定肌肉力量最容易和最方便的方法是1RM测验。1RM是指恰能举起一次（仅一次重复）的最大重量。1RM最大负荷是通过测验和修正而决定的。例如，开始时采用很轻松地举起的质量，以后增加负重直至只能举起一次为止。这一测验可用通用体育器械或杠铃完成。在训练开始时，不论用哪种装置来测验力量，在以后的所有测验中就必须用它。1RM力量测验应包括被评定的每一肌群：①硬推，用于测验胸肌和上臂肌群；②颈后推，用于测验肩带肌和上臂后面肌肉；③弯举，用于测验上臂前群肌肉；④直腿硬推，用于测验人腿和髋部肌肉。

引体向上、曲臂悬垂、俯卧撑、屈膝仰卧起坐等，都是常见的肌耐力评量方式。通常对女生进行1分钟仰卧起坐测试，对男生进行引体向上、屈臂悬垂测试。

**1. 1分钟仰卧起坐测试**

要求受试者仰卧于垫子上，屈膝约90°，受试者双臂交叉平放胸前，手掌放在双肩上，以此仰卧姿势开始。卷腹团身至肘部触及大腿，然后还原至仰卧姿势（肩胛骨触垫）一次。进行过程中双臂须紧贴上身。

在1分钟内的完成次数越多，腹肌耐力便越高、越持久，便更容易维持身体正确的坐、立、行姿势，也可降低患腰背痛及脊椎变形的风险。

**2. 引体向上/屈臂悬垂测试（测量上肢肌力/肌耐力）**

（1）两人一组，同伴帮助受试者以正手握稳单杠，双臂伸直才开始。

（2）受试者屈肘提升身体，直至下颚超越横杠，如图3-3（a）所示，然后慢慢下降至原来位置，再重新做下一次，直至不能再做而下杠停止。

（3）若是屈臂悬垂，其一同伴可帮助上杠维持在屈臂状态，下颚超过横杠（但不可触杠），如图3-3（b）所示，受试者准备好后，示意同伴放手，同伴放手时便按动秒表，受试者努力维持，直至其下颚低于横杠，同伴便停止秒表，把读数报给受试者。

引体向上的次数越多或维持屈臂悬垂的时间越长，表示上肢肌肉的力量及耐力越好，应付日常工作也会觉得轻松。

图3-3 引体向上/屈臂悬垂测试

（三）柔韧性

对于柔韧性的测试一般使用坐位体前屈测试，主要是测量腰背及大腿后肌的柔韧性。一般采用坐位体前屈计测量，测试读数越高，表示其腰背及大腿后肌的柔韧性越好，也可更好地预防腰背痛及运动受伤。

## （四）身体成分

常见的身体成分测定和估算体脂百分比的方法有水下称重法、生物电阻抗法、皮褶厚度估算法。

一般而言，男性体内脂肪量占体重10%~20%，女性为15%~25%。若男性超过25%，女性超过30%，则可称为肥胖。

## 四、体育锻炼者应注意的问题

### 1. 运动的强度

最大心率（$HR_{max}$）= 220-年龄。

靶心率区=最大心率×强度百分比（55%~85%）。

运动强度一般用运动心率来监测，运动要想达到预期效果，运动时心率一定要达到靶心率。

### 2. 运动的时间

运动时间是指运动者达到靶心率范围后的维持时间，所以不包括热身及整理运动。要达到心肺耐力锻炼及体重控制的效果，最好能够从事剧烈运动并维持在靶心率范围20~30分钟。若要消耗脂肪，便要从事中等强度的运动并维持靶心率范围30~40分钟。此外，也有一些运动者希望练到超乎常人的心肺耐力，他们会在靶心率区维持超过1小时之久。反过来说，对于一些初学者或年长者，开始计划时，可分多次5~10分钟的练习，每次之间可稍作休息，总时间合计是30分钟。待练习一些时日，再向持续30分钟的目标进发，便可达到心肺耐力的基本要求。

### 3. 运动频率

运动频率是指每周"运动的次数"。一般人的运动频率是每周3次，经练习一段时间（如2个月）便可按需要和运动目标至5次。若是运动剧烈的话，每周3次已足够。对于初学者或体弱者，可做每天多次短时间运动，如早、午、晚皆做10分钟中等程度运动（如步行），每周3~5天，这也会对体弱者有很大的帮助。

### 4. 运动进度

运动计划的进度要视个人能力、健康状况、年龄、个人运动爱好及目标等而定。以年轻的健康者为例，美国运动医学会（ACSM）的心肺耐力练习计划建议见表3-2（分三个阶段）。

表3-2 心肺耐力练习计划建议

| 阶段 \ 计划 | 星期 | 运动次数（次/星期） | 运动强度（% $VO_{2max}/HR_{res}$） | 运动时间（min） |
|---|---|---|---|---|
| 初级阶段 | 1 | 3 | 40~50 | 15~20 |
| | 2 | 3~4 | 40~50 | 20~25 |
| | 3 | 3~4 | 50~60 | 20~25 |
| | 4 | 3~4 | 50~60 | 25~30 |
| 提高阶段 | 5~7 | 3~4 | 60~70 | 25~30 |
| | 8~10 | 3~4 | 60~70 | 30~35 |
| | 11~13 | 3~4 | 65~75 | 30~35 |
| | 14~16 | 3~5 | 65~75 | 30~35 |
| | 17~20 | 3~5 | 70~85 | 35~40 |
| | 21~24 | 3~5 | 70~85 | 35~40 |
| 维持阶段 | >24 | 3~5 | 70~85 | 20~60 |

当达到维持阶段时,进步自然很少,此时应另定目标,找一些感兴趣、令自己享受且投入的运动,配合以同样运动量或能量消耗的强度来继续,效果更佳。

## 第3节　健康体适能与身体锻炼

**问题导引**

如何进行体重控制?影响肥胖的因素有哪些?减肥的理论基础是什么?如何制定运动处方?过瘦的危害有哪些?如何进行力量训练?如何进行柔韧训练?如何进行耐力训练?

### 一、体重控制（Weight Control）

流行病学的大量研究表明,成年人肥胖,尤其是腹部脂肪积累过多的肥胖与心血管疾病、高血压、脑血管意外、糖尿病、脂肪肝及某些肿瘤有重要的发病关系。另外,肥胖也会带来心理健康的问题,从而影响寿命。目前全球肥胖者正在以每5年1倍的速度增加,全球2~5亿的肥胖者中,1/3是中年肥胖,特别是向心性肥胖,会发展为糖尿病。欧、美洲和澳大利亚等发达国家肥胖率很高,如美国肥胖率达35%,欧洲有15%的男性、22%的女性肥胖。我国的肥胖率只有百分之几,但是却呈逐年增长趋势。因此,不只是运动员需要控制体重,在现代少活动与多饮食的社会环境中,一般人也需要适当地控制自己的体重。

（一）肥胖的诊断

除了体脂百分比的几种测量方法外,还有身高标准体重法、体质指数法、围度法。

**1. 身高标准体重法**

体重标准公式:

男士:标准体重（千克）=[身高（厘米）−80]×0.7。

女士:标准体重（千克）=[身高（厘米）−70]×0.6。

肥胖度=（实际体重/标准体重−1）×100%。

肥胖度的标准见表3-3。

表3-3　肥胖度标准

|  | 超重 | 轻度肥胖 | 中度肥胖 | 重度肥胖 |
| --- | --- | --- | --- | --- |
| 肥胖度 | 10%~20% | 20%~29% | 30%~50% | > 50% |

**2. 体质指数法**

身体质量指数（BMI）=体重（千克）/身高$^2$（米$^2$）。

成年人正常的BMI范围为20~25,较理想的区间是21~22.5。若你的BMI大于27,则属超重;大于30,便属严重超重了。相反来说,若你的BMI小于20,便属于过瘦了。

### 3. 围度法

可采用"腰臀比"的简易方法来大概了解自己是否脂肪过多。具体方法是用腰围（肚脐上方两指处）除以臀围（臀部最大处）所得的结果，用以判断腹部的脂肪是否过多，并以此来进一步判断你全身是否处于肥胖状态。此种方法适于80％人群。

男性：标准为0.85左右，不超过0.9。

女性：标准为0.75左右，不超过0.8。

如果超过了标准值，就代表腹部脂肪多，也就预示着你整个身体可能肥胖。如果比例≥1，那么患脂肪肝、心血管等疾病的几率就会大大提高。

以上各种方法，都是以身高与体重的比例来衡量体重是否过瘦或超重的，但有些人却不适用，如经常运动的人，可能肌肉的比例较多，脂肪量很少，也可超重，但是健康的；有些人的BMI或体重很理想，并无超重，但也有可能是肌肉量远少于正常，而脂肪量却远超过应有水平，虽体重理想，却是肥胖。所以，在一般脂肪与肌肉正常分布的情况下，理想体重对照表或BMI都可应用。一个人的体重并不是用来评价是否肥胖的标准，应以体内所含脂肪的百分比来加以判断。

### （二）影响肥胖的因素

#### 1. 生理因素

下丘脑的中枢体重"调定点"高低，以及体内瘦素的含量都会影响体重的高低，代谢紊乱如内分泌失调也会导致肥胖。

#### 2. 遗传因素

在人类肥胖中，遗传因素表现在两个方面：第一，罕见的畸形肥胖由基因改变所致；第二，遗传基质与环境相互作用导致肥胖发生。研究认为，体脂量和体脂百分比差别受遗传决定约为55％，其中单纯基因（决定代谢和食欲的基因）作用较小。若你的父母、祖父母、兄弟、姐妹等近亲大多是肥胖型时，你也可能拥有肥胖的遗传因子。在这种情况下，切勿放弃减肥，否则会更肥胖

#### 3. 环境及行为因素

在决定身体总脂肪量方面，遗传因素不如环境及行为重要。由不良生活习惯而引发的儿童肥胖，约有80％会延续成为成年人肥胖。缺乏运动、不良的饮食习惯、暴饮暴食、爱吃甜或肥腻的食物和零食及不定时不定量的进食等都会使人体的热量摄入太多。

### （三）减肥的理论基础

我们人体能量在转换过程中，既不增加，也不减少，遵循能量守恒定律，所以人体最终储存的脂肪量取决于摄入的能量和消耗的能量的比例。人体每天所需热能包括维持基础代谢和身体活动所需的热能。

基础代谢率是在基础状态下，身体维持最基本生命活动所需要的最低限度的能量消耗量。体型越大，基础代谢率（BMR）越高，年龄越大，基础代谢率（BMR）越低，瘦体重含量越高基础代谢率越高。要想减肥必须从减少能量摄入和增加能量消耗入手，根本上就是要控制饮食、增加运动和改变行为习惯，使能量代谢处于负平衡状态。

美国运动医学会提出了理想的体重控制的指导原则：

（1）摄取的能量要低于所消耗的能量，即达到能量负平衡。但为了补充人体足够的营养素，成年人每日摄取的能量不得少于5.04兆焦（1200千卡），以免引起健康并发症。

（2）提供的食物要让减肥者能接受，要考虑文化背景、一般习惯、味道、价钱、食物来源等因素。

（3）配合行为改变法，辨认和去掉那些导致肥胖的不良饮食习惯。

（4）从事有规律的有氧运动，如快走、游泳、慢跑、登山、骑车或骑脚踏车等。每周至少运动3次（最好天天运动），每次持续时间30分钟以上，每次运动要消耗1.26兆焦（300千卡）以上的热量。

（5）每周减少的体重最多不能超过1千克，要逐渐地减轻体重。

（6）提供的饮食和运动计划，要使从事减肥者一辈子都能够持续不断地实施，使他们的身材能维持在理想的体重当中。

运动是减肥或控制体重最有效的方法之一。减肥的运动方式应以有氧运动为主，应该选择全身性的运动，如长距离步行或慢跑、自行车、有氧舞蹈、健身操、游泳、登山、跳绳等；以中、低运动强度为宜，运动的时间为30~60分钟，每次运动都要做准备活动和整理运动。

实施运动减肥前，首先应做医学检查，判定身体现状，如有无心血管疾病、高血压等。在此基础上，制定切实可行的减肥或控制体重目标和计划，之后制定运动处方并实施。

在实施运动减肥计划的过程中，务必做好饮食控制，在满足机体营养需要的基础上，尽量减少热量的过多摄入，同时注意养成良好的生活行为，多吃蔬菜，不可吃太饱，不吃零食和太甜或太油腻的食物，睡前不吃东西等。只要坚持运动、饮食与行为改变三方面结合，并持之以恒，就容易做到良好的减肥或控制体重的效果。运动与节食减肥的差异性见表3-4。

表3-4 运动与节食减肥的差异性

| 运动减肥 | 饮食减肥 |
| --- | --- |
| 增加能量消耗 | 减少能量摄取 |
| 短时间内不会有减肥效果 | 短时间内有减肥效果 |
| 减少脂肪，维持或增加肌肉 | 减少脂肪和肌肉质量 |
| 促进健康、增进体能 | 无法增进体能或健康 |
| 积极鼓励 | 消极限制 |
| 增加基础代谢率 | 降低基础代谢率 |
| 改善心理压力、焦虑、沮丧自尊 | 无法改善心理压力、焦虑、沮丧和自尊 |

表3-5列出了各种体力活动的强度。

表 3-5　各种体力活动的强度

| 强度\水平 | 男士 | | 女士 | | 运动类别 |
|---|---|---|---|---|---|
| | （kcal/min） | （METS） | （kcal/min） | （METS） | |
| 低强度 | 2.0~4.9 | 1.6~3.9 | 1.5~3.4 | 1.2~2.7 | 步行、驾驶、阅读、购物、高尔夫、垂钓 |
| 中等强度 | 5.0~7.4 | 4.0~5.9 | 3.5~5.4 | 2.8~4.3 | 踏单车、舞蹈、排球、羽毛球（休闲性质） |
| 大强度 | 7.5~9.9 | 6.0~7.9 | 5.5~7.4 | 4.4~5.9 | 滑冰、比赛性质的网球、缓步跑 |
| 剧烈 | 10.0~12.4 | 8.0~9.9 | 7.5~9.4 | 6.0~7.5 | 击剑、篮球、游泳（各式） |
| 非常剧烈 | 12.5或以上 | 10.0或以上 | 9.5或以上 | 7.6或以上 | 手球、壁球、越野跑、跑步 |

### 健身减肥食谱

| 时间\食谱 | 名　称 | 用料（g） | 总热量（kcal） |
|---|---|---|---|
| 早　餐 | 牛奶<br>面包或馒头<br>冷盘 | 鲜牛奶 180<br>面包或馒头 45<br>苹果 80、莴笋 60 | 1357 |
| 午　餐 | 什锦面条<br>糖煮红薯<br>水果 | 面条 60、鸡肉 40、菜 100、胡萝卜 20<br>红薯 50、白糖 6<br>时令水果 130 | |
| 晚　餐 | 煮肉加萝卜条<br>凉拌萝卜丝<br>鱼肉山芋饼<br>米饭 | 瘦猪肉 60、萝卜 90<br>胡萝卜 70<br>鱼肉山芋饼 40、大葱 10<br>米饭 80 | |

## （四）运动方面

减肥的运动处方FITT：

F（Frequency 频率）：5~7次/星期。

I（Intensity 强度）：最大心率的60%~70%（初学或太肥胖者可由50%开始或自己感到有少许辛苦便可以）。

T（Time 持续时间）：最少30分钟。（初学或太肥胖者可以间歇多次进行，累积30分钟，间歇休息时间尽量缩短）。

T（Type 运动类别）：步行最佳，其次水中运动、踏单车、脚踏机、划船机……动用大肌肉群且能避免足部撞击地面的持续性全身运动。

### 步行减肥与肌肉锻炼

步行减肥运动的目的是为了减少脂肪含量；此外，还要配合结实肌肉练习来增强肌肉力量及耐力，防止肌肉纤维（即瘦体重部分）流失。所以减肥人士需每天进行30分钟至1小时的步行锻炼以减少脂肪，同时亦需隔天进行肌肉锻炼。

## （五）过瘦的危害

身体过度消瘦会产生许多负面影响，如从事水中运动（如游泳、水球、水中体操等）时感到吃力、较难浮水；身体较怕冷，天气稍凉便觉冷；内脏的防震及保护较少，容易下垂；能够运送脂溶性维生素的脂肪较少，会导致该维生素的不足；内分泌系统失调而导致食欲过低或脂肪在身体储存出现问题，甚至可能患上神经性厌食症而威胁生命。

### 减肥的错误观念及行为

● 人体内的食欲中枢有些时候会高估能量与营养的需求因而感到饥饿，而摄取过多热量，又不适当地运动，便会致肥。食欲控制中枢通常在低血糖、天气寒冷、胃部空虚、脂肪细胞未充盈时把错误的营养需求讯息传到食欲中枢，使我们食欲大增，此时要小心控制。此外，一些心理因素（如情绪低落）、行为习惯、嗅觉或视觉（来自食物）的刺激也有同样的效果。所以进食时，要留意自己的实际营养需要。

● 脱水现象（Dehydration）：市面上有一些减肥茶其实是一些缓泻剂或利尿剂，服用后会因脱水而体重暂降。

此外，焗汗或桑拿浴也是减去体内水分而已。这只能使血液循环加快，而不能减去脂肪。此时应尽快补充水分，以免出现脱水现象，否则问题更多。

● 局部减肥（Spot Reduction）：局部运动只能锻炼结实该部分的肌肉，而不能使该部分的皮下脂肪减少。要消耗多余的脂肪一定要靠低运动强度的长时间运动来作全身均匀的脂肪消耗。

最先积聚的脂肪，通常最后才能减掉；相反，愈是近期积聚的，愈可以最早减掉。所以，保持理想体重最好的方法是防患于未然！

● 药物减肥：市面上的减肥药物很多，缓泻剂、利尿剂是靠脱水来减重；食欲抑制剂（如安非他明）会有药物依赖的情况出现，并使身体营养不良；增加代谢类药（如甲状腺素）会损害循环系统及代谢系统，并出现很多不良的副作用，使身体状况变差。

## 二、力量训练与肌肉增长

20世纪90年代以后，美国运动医学会倡导均衡发展"健康体适能"，建议除了提高心肺耐力以外，还要重视肌肉力量的提高，并指出：肌力和肌肉耐力是"健康体适能"的重要组成部分，从事规律的负重练习对增强体质具有十分重要的意义。具体表现在以下几个方面：

（1）将有助于提高或维持骨密度，避免骨质疏松（osteoporosis）的发生；

（2）改善神经对肌肉的控制能力，促进肌肉发达，维持肌肉质量；

（3）优化身体成分，促进瘦体重（fat-free mass）增加；

（4）强化软组织（如肌腱）的强度，对于老年人群来说，还可以缓减腰背疼痛和行动迟缓等；

（5）改善自我意识，强化自我信心，并增强完成日常工作的能力。

但是，还没有证据发现，负重练习可以明显地降低慢性疾病的发生率和提高有氧能力。

总之，经常从事负重训练对维持理想体重、保持优美身材、预防运动损伤和提高生活质量具有重要的作用。

改善肌肉适能的原则，包括超载原则（肌肉的肌力与肌耐力必须在一段时期的最大肌力与肌耐力活动时才能增加）、渐增负荷原则（随着肌肉训练时间的增加，肌肉的能力亦会提高，训练的负荷也必须随着训练时间的增加而提高）、特殊性原则（肌肉训练的计划与过程应依据实际的运动参与方式来进行），以及训练部位与顺序原则（身体主要肌肉群训练的顺序为大腿、臀部、胸部、上臂、背部、大腿后部、小腿、踝部、肩部、上臂后侧、腹部、上臂前侧）等。

等张肌力训练的最大反复（repetition maximum，简称RM），是指肌肉在不疲劳的情况下所能完成的最大反复次数。例如，10RM即代表肌肉只能举起10次的最大负荷，是肌肉训练时的强度设定指标。一般来说，最适当的肌肉等张训练内容为强度为3~9RM、每次3组训练、每周3~5天。低反复高负荷的重量训练主要训练肌力，高反复低负荷的重量训练主要在训练肌耐力。

重量训练对于肌力的效果可以维持六周以上。如果训练后每周再进行一次训练，则训练效果可以进一步提高。重量训练对于肌耐力的效果，在刚停止训练的几周内下降得很快，在停止训练12周后，肌耐力的消失呈现稳定并保有70%的训练效果。也就是说，肌力与肌耐力的训练效果维持是相当容易的工作，肌肉训练的主要问题在于如何增进肌力与肌耐力。重量训练的强度与频率受到训练项目的影响，而有明显的差异，如表3-6所示。

表3-6　肌适能训练方法表

| 项目 | 肌力 | 肌肉量及收缩速度 | 肌耐力 |
| --- | --- | --- | --- |
| 最大肌力 | 80%~100% | 50%~80% | 25%~50% |
| 反复次数 | 3~6 | 8~12 | 20以上 |
| 回合 | 1~3 | 1~4 | 1~5 |
| 频率 | 最少每周一次 | 最少每周一次 | 最少每周一次 |

训练时应注意：
（1）训练过程不要闭气，上举施力时吐气，下放回原来位置时吸气。
（2）训练要兼顾所有大肌肉群，使全身肌肉均衡发展。
（3）相同肌群之训练项目勿排在一起，使训练过的肌肉有充分时间休息恢复。
（4）做杠铃推举或训练时，需有人在旁保护以策安全。
（5）不要过度训练，过度训练易造成伤害。

### 三、柔韧训练

提高柔韧性的运动分为静态与动态（或弹性）的伸展运动：静态伸展是指不发生上下或来回急动用力的伸展，而在最后伸展位置维持一段时间，如压腿、肩上拉；动态伸展是指上下或来回急动或主动的运动，而且在最后伸展位置时不做停留，如摇摆踢脚。静态伸展没有组织伤害的危险，能量的消耗较少，具有避免或消除肌肉紧张或酸痛的效果，但是静态伸展后做剧烈运动也容易发生损伤。

运动的特殊性亦会形成柔软度的特殊性。铅球与铁饼选手的手腕关节柔软度优于一般人。但是，过度的柔软度亦容易发生伤害，如肩关节的习惯性脱臼。

> **停止进行重量训练后，肌肉会变成脂肪。错！**
>
> 这个观念生理学上是不能接受的。肌肉与脂肪是两种完全不同的身体组织。
>
> 当停止进行重量训练后，肌肉会出现萎缩，同时运动量减少及高热量的摄取，会令脂肪增加，这才是事实。

伸展运动与柔软度的关系密切，透过身体不同部位的伸展运动，可以增进身体各部位的柔软度。身体不同部位的伸展运动包括肩部伸展、坐姿扭转、立姿旋转、体侧伸展、仰卧侧摆腿、头部伸展、下背伸展、手臂伸展、前分腿与侧分腿伸展、直立式与单抬腿式腿后肌伸展、小腿伸展、股四头肌伸展等。

伸展运动注意要点：
（1）伸展不能有疼痛的感觉，伸展到有一点紧即可。
（2）伸展关节应缓慢伸展，并在自己控制的范围内伸展。
（3）避免过度伸展，也就是尽量不要使伸展的强度太强。
（4）对于那些很紧且柔软度较差的肌肉群，尽量多提供伸展机会。
（5）尽量以静态伸展方式来伸展关节，每次伸展时间在20~30秒之间，每个关节动作反复2~3次。
（6）每周至少实施三次伸展对柔软度的增进有良好效果，若要使伸展效果显著，则每周要伸展5~6次。
（7）伸展关节要依实际需要来实施，如身体柔软度较差的部份多加伸展，而参与运动时使用较多的关节，也应该在热身运动时提供较多伸展的机会。

### 四、耐力训练与心肺功能

心肺适能较佳，可以使我们运动持续较久且不至于很快疲倦，也可以使我们平日工作时间更久、更有效率。心肺适能较差，不仅容易疲劳、精神萎靡不振，而且较容易患有心血管疾病。提高心肺耐力的锻炼以有氧运动为主。有氧运动是指有大肌肉群参与、有一定节奏、持续时间较长、易于坚持的运动，如走路、慢跑、游泳、骑自行车、健身操、有氧舞蹈、跳绳、越野滑雪等。在整个运动过程中，人体吸入的氧气与需要的氧气大致相等。要获得理想的锻炼效果，进行心肺耐力锻炼，应首先考虑锻炼者的体能起始水平，在这个基础上，再考虑以下四个方面的因素：运动的强度、运动的种类、运动的持续时间、运动的频率。心肺适能评量表、心肺适能评量与类别如表3-7、表3-8所示。

表3-7 心肺适能评量表

| 项 目 | 分 数 | | | | |
|---|---|---|---|---|---|
| | 5 | 4 | 3 | 2 | 1 |
| 运动强度 | 持续激烈运动 | 间断激烈运动 | 有点激烈的运动 | 适度活动 | 轻度活动 |
| 持续时间 | 超过30分钟 | 20~30分钟 | 10~20分钟 | 10分钟以下 | |
| 运动频率 | 几乎每天 | 每周3~5次 | 每周1~2次 | 一个月几次 | 一个月少于一次 |

表3-8 心肺适能评量与类别（分数=强度×持续时间×频率）

| 分数 | 评量 | 类别 |
|---|---|---|
| 100以上 | 非常活跃的生活方式 | 非常好 |
| 80~100 | 活跃和健康 | 好 |
| 40~80 | 可接受但可以再更好 | 普通 |
| 20~40 | 运动量不足 | 不好 |
| 20以下 | 静态（坐式）生活方式 | 非常不好 |

**改善心肺适能应考虑的因素**

● 运动方式：透过有氧运动可以使运动者维持最佳的心肺适能，凡是有节奏、全身性、长时间且强度不太高的运动都是理想的有氧运动，如快走、慢跑、有氧舞蹈、跳绳、上下台阶、游泳、骑脚踏车等运动都有助于心肺适能的提升。

● 运动频率：每周进行3~5次有氧运动。

● 运动强度：进行有氧运动时的强度，以最大心率的60%~80%为较佳，也就是以运动时有点喘但还可以说话的感觉为运动强度的依据。

● 运动持续时间：在适当运动强度下，每次运动20~50分钟。

● 渐进原则：开始进行有氧运动来改善心肺适能时，应依据自己的健康和体能状况从事适当运动，而后逐渐增加运动的时间与强度，但是应避免运动量太大，或负荷增加太多。

健全的精神往往寓于健全的身体。

——洛 克（英国教育家）

# 第4章 体育锻炼与保健

生命在于运动，身心健康离不开正确科学的体育锻炼与保健。科学的锻炼与保健能够改善和提高人体机能，使人心情舒畅、精神愉悦；反之，不科学的锻炼会对人体造成一定的伤害，达不到强身健体的效果。因此，要想做到科学的锻炼与保健，就必须了解正确的锻炼环境、温度对人体锻炼的影响、锻炼后的主客观感觉、运动后的生理反应及对人体的影响、运动损伤及其护理等。只有对科学的锻炼与健身的各个方面有充分的了解，才会使我们的锻炼事半功倍。

## 精彩案例

如今运动损伤已经不是运动员的"专利"，不少年轻白领在健身过程中由于操作不当或者缺乏热身运动遭受损伤的情况日益严重。除了运动造成的伤害外，至少有30%的患者，属于缺少对运动损伤的认识，采取了不恰当的治疗方式，从而导致伤病更加严重。17岁的朱玲是一名高中生。一次跳绳活动中，她在用力起跳落地后，当场感觉膝关节剧痛不已。回家后，母亲带她到附近的一位推拿师那里治疗，结果做了一个礼拜的推拿之后，朱玲的双膝弯曲更加不方便了，连三楼都爬不上去。

后来到医院检查，才发现其膝关节前十字交叉韧带受到了严重的损伤，外侧半月板也有撕裂，医生断定应进行前交叉韧带损伤关节镜下重建手术。手术后症状很快就消失了。"当时如果继续做推拿，关节软骨损伤以后跳跃都要成问题。"她母亲有些自责。

就目前情况来看，人们在运动损伤的治疗上存在着不少误区，需要及时进行纠正，否则容易造成诸多不良后果。如果能够增强自我防护意识，坚持科学健身，很多运动损伤是完全可以避免的。因此在锻炼身体的同时，同学们要掌握预防、处理运动性疾病和损伤的知识，科学运动，让损伤尽量远离。

# 第1节 锻炼环境与保健

> **问题导引**
>
> 如何在热环境、冷环境中更好地锻炼？什么叫热习服？什么叫冷习服？在热环境中锻炼时应如何选择服装？在冷环境中锻炼时如何选择服装？

人类的体内始终保持着恒定的温度。人体进行的生理活动要求体温维持在37℃左右，太大的体温变化会直接导致对身体的严重伤害。体温过高或过低不仅会使运动能力降低，而且还会使体温调节中枢的机能失调，给机体带来严重的伤害，甚至引起机体死亡。身体必须维持对体温的精确调节，以避免过高或过低的体温变化对生命所造成的威胁。

但是，人对自身的温度调节能力是有限度的，在体育锻炼期间，热量是肌肉收缩所产生的副产品，产热过多将会引起体温升高；热量散发过多将会导致体温过低或冻伤，因此机体必须运用自身的调节能力维持体温恒定。那么，在热、冷环境中锻炼时需要注意些什么呢？

## 一、热环境中的体育锻炼

### （一）体育锻炼期间热量的散发

机体产热、散热过程受到人体体温调节中枢的控制和支配。散热的方式有传导、辐射和蒸发三种；其中，45%靠辐射，30%靠传导，25%由蒸发散热以保持体温恒定。但是，体温调节是有限度的，当外界温度超过皮肤温度（32℃~34℃），由传导和辐射的散热方式将受阻，仅靠蒸发散热。蒸发散热受空气湿度和流通性的影响，身体周围的空气和水流动得越快，热量散发得越多。有限的空气流动，将导致体育锻炼中发生最低限度的对流冷却过程。相比较而言，在冷天骑自行车或在冷水中游泳将导致大量的对流冷却过程，因为身体周围的空气和水流动得越快，散发的热量也就越多。

身体排汗蒸发热量受气温和湿度的影响，即使气温比体温高，只要空气保持干燥，对流的空气足以使体表的汗液迅速蒸发。假如湿度过高，蒸发将受到阻碍，热量的散发将大大降低。在这种情况下，由于肌肉收缩产生的热量被滞留，体温将由于体育锻炼的进行而逐渐增高。在湿度大而通风状况又差的热环境中，延长体育锻炼时间将会导致体温的增加超过正常范围，在此情况下要注意防暑降温。

### （二）热环境中体育锻炼的原则

人体在热环境中进行体育锻炼会造成正的热平衡，机体内积蓄的热量过多，机体会产生一系列的反应——热刺激。在热环境中锻炼时，血管扩张和张力降低，肌肉工作及皮肤毛细血管血流量增加会使机体散热加强；为代偿肌肉工作和皮肤的血流量的增加，内脏血管收缩，最大吸氧量下降，肌肉的耐力降低；甲状腺素分泌会受到抑制，使能量代谢水平有所降低，有助于提高机体对炎热的耐受性；排汗加快了体内热量的散发，钠流失相应增加；由于内脏血流量的减少，尿量也明显减少。

热刺激是由热量和湿度两者共同引起的。湿度越高,身体的"实际的"温度也就越高。所谓"实际的"温度是指身体实际所感受到得温度。在高湿度环境中,蒸发将受到阻碍,机体不能通过蒸发过程使正常情况下应散发的热量散发掉,这样体温便会增高。在高温时,当相对湿度增加后,人体真正感受到的温度会超过实际温度,也就是体感温度(Apparent temperature)。这种体感温度称为热指数。热指数对人们的影响见表4-1。

表4-1 热指数对人们的影响

| 序号 | 热指数 | 热指数对人们的影响 |
| --- | --- | --- |
| 1 | 55℃或更高 | 中暑,很可能是由于长时间暴露在热环境中的缘故 |
| 2 | 41℃~55℃ | 中暑、热痉挛或热衰竭,中暑可能是由于长时间暴露在热环境中进行体育活动或者仅由于进行体育活动而形成 |
| 3 | 32℃~41℃ | 中暑、热痉挛和热衰竭,中暑可能是由于长时间暴露在热环境中进行体育活动或者仅由于进行体育活动而形成 |
| 4 | 27℃~32℃ | 疲劳,可能是由于长时间暴露在热环境中进行体育活动或者单单由于进行体育活动而形成 |

显而易见,在55℃高温下进行体育锻炼是非常危险的;然而,对于大多数人来说,在环境温度为29.5℃且湿度高的情况下进行锻炼,同样具有危险。后一种情况,身体在中等程度高的环境温度和高湿度情况下,实际感觉的温度要比环境温度高。在热环境中进行体育锻炼引起的体温增加大大超过冷环境中进行同样锻炼所引起的体温增加。

考虑到热量和湿度相结合会对身体造成一定的危害,因此在热环境中锻炼必须遵循以下几点原则,争取把危险降到最低限度。

(1)开始进行体育锻炼时,速度不宜太快,应逐渐增加速度。锻炼时间不宜太长,保持在15~20分钟之内。

(2)锻炼强度不宜大,应经常检查自己的心率,以便控制心率在目标心率之内。

(3)穿着合适的服装。

(4)适度地补充盐分。通过补充含有适当盐分的液体,可以很好地缓解运动疲劳和由热刺激而导致的机体缺水,而且补水效果要比单纯服用白开水的效果更好。

(5)在锻炼之前、期间、之后,喝足够量的凉的饮料。

(6)在一天之中最凉爽的时候进行锻炼。早晨进行锻炼是最好的,因为大量地从地面辐射的热量经过一夜已经散发掉了,这时的气温可能是一天之中最低的。日落之后,又是一个比较好的锻炼时间,可以避免太阳的直接辐射。如果你不得不在一天中最热的时候锻炼,必须寻找阴凉处进行,以避免阳光的直接照射。

(三)热环境中的体育锻炼的服装

有许多的方法和手段能够减少热辐射伤害,穿着合适的服装就是其中一个重要的方法,它能使身体吸收热量降低到最小。

(1)穿着的服装应尽可能少,以便最大限度地增大身体与外界环境接触的表面积,这有利于热量蒸发。

(2)穿着的服装应当是轻便的,原料应当是透气性和吸水力强的轻质棉、亚麻制品，这将促进对流和蒸发的冷却过程。笨重的服装和由橡胶或塑料所制成的服装透气性差，会阻碍身体热量的蒸发。

（3）同样材料的服装，浸湿的比干燥的更不利于热量的交换。

（4）由于深色的衣服较易吸收太阳辐射的热量，在户外锻炼应当穿浅色服装。

（5）在太阳直接照射的地方锻炼，要戴遮阳帽以防中暑的发生。

（四）体育锻炼中的热习服和热伤害

在热环境中进行体育锻炼，身体会逐渐适应环境温度的变化，同时生理上发生相应的变化以协助身体更好地散发热量并提高对炎热的耐受力，导致一种热适应状态，称为热习服。热习服发生得非常迅速，短期（10~12天）暴露在热环境中，生理状况会发生巨大的变化，如排汗阈值下降、排汗明显增加、排汗率提高、血容量增加、皮肤热导能力增强、心率降低等，最终导致心率和体温降低。最重要的是，热习服降低了锻炼期间受热伤害威胁的可能性。

热伤害是指在体育锻炼时，热负荷超过了身体调节体温的能力并对身体造成了伤害。它能对神经系统产生重要的损害，甚至会导致死亡。

最常见的热伤害有以下几种：

（1）热痉挛。其特征是肌肉产生痉挛或肢体发生抽搐，经常发生在不适应热环境的人群当中。热痉挛往往是由于体育锻炼中出汗多，造成人体脱水及盐分失去，特别是由于出汗所引起的细胞内外钠钾比例失调所造成的。伴有这种症状的人应当被及时送到通风良好的阴凉处仰卧，并及时给患者喝两杯含有盐分的凉水（每杯水中含半汤匙的盐分）。

（2）热衰竭。这是由于循环血量不能满足皮肤血管的舒张而引起低血压和虚弱。热衰竭能造成视觉的模糊、偶尔的意识丧失、苍白的脸色、黏湿的皮肤等症状。热衰竭也能发生在一个已经热习服的个体身上。伴有这种症状的人应被及时送到阴凉处仰卧，解开衣服，用冷水或冰袋降温，在1小时当中每隔15分钟喂患者半杯水（每杯水中包括1汤匙的盐分）。

（3）中暑。这是一种严重危及生命的紧急状态，发病时体温可高达41℃。其症状为流汗停止、发热、干燥的皮肤、软弱无力的肌肉、肢体不由自主地抽动、腹泻、呕吐、急促

**运动后切忌直接冲凉**

由于停止运动后，机体恢复到安静心率还需要一段时间，一般身体状况越好的人所需恢复到安静心率的时间越短。在机体恢复的这段时间，皮肤的毛细血管还是处于舒张的状态，如果此时冲凉水澡或引用过凉的饮料，就会破坏自身的自我调节能力。这个时间段就是运动医学里常提及的"开窗期"。在开窗期，全身处于一个开放的状态，很容易受外界刺激的影响，如果在这个时间段给予机体一个强冷刺激，易引发心脏疾病或者是降低机体的抵抗力。一方面，毛细血管收缩，使储存在毛细血管里的血容量减少，增多了心脏的回心血量；在运动立即停止后，心脏还未恢复到安静心率；这样就等于给心脏施加了双重压力，从而易引发心脏疾病。另一方面，在热环境的情况下突然给自身施加一个冷刺激，毛细血管就会收缩，但机体内的热量还未完全散发，就形成了一种"内热外凉"的状况，这种情况将刺激饮用大量冰水或增长冲凉水的时间，造成恶性循环降低机体抵抗力，从而易引发感冒等疾病。

而强烈的心脏搏动、幻觉、精神错乱及昏迷等。应认真对待任何一种症状并采取相应的措施。把患者移到阴凉的地方，使患者仰卧解开衣服，头部垫高并冷敷，尽可能快地降低体温（如使用水、冰、软饮料、风扇等），并立即把患者送往医院。

上述这些症状都是由于身体暴露在热环境中所造成的，中暑者身体内丢失了大量必需的水分和电解质，热量的贮存量增加导致体温升高，其中最重要的是水分的丢失。为了补充丢失的水分，可以通过饮用适量的液体饮料来解决。总之，不注意任何引起热辐射疾病的先兆，将会导致症状的进一步加重。

## 二、冷环境中的体育锻炼

在冷环境中进行体育锻炼，严寒会给机体带来一些不利影响，如骨骼肌的黏滞性增大、伸展性和弹性降低、工作效率下降、运动能力受到影响；保温的服装使动作不便，增加了额外重量，等等。如何克服这些不利影响，以尽快适应环境的变化呢？

（一）冷环境中体育锻炼期间热量的维持

在实际气温26.7℃以下进行体育锻炼时，散热能力增强，患热辐射疾病的概率大大缩减。在15.6℃以下进行体育锻炼时，为防止身体热量的过多散发，穿着合适的保暖服装是必要的。人体在冷环境中锻炼，机体的反应可归纳为产热和保温两个方面：在冷刺激的作用下，机体内分泌系统有关激素、交感神经末梢释放的去甲肾上腺素使体内产热；同时在冷刺激作用下，皮下血管收缩，皮肤和皮下组织血流量减少，皮肤表面与环境之间的温度差偏小，导致散热减少，从而保持体温在正常范围。

> 人们常常会问："在冷环境中锻炼，呼吸冷空气，会对身体造成伤害吗？"其实不用担心，因为吸入的冷空气会通过鼻腔和呼吸道被加温和湿润而很快升温。到达肺部时，气体的温度已经接近体温，不会损害肺组织。

在冷环境中进行长时间锻炼（1~4小时）或在冷水中游泳，会导致身体热量过度散发，超过机体对体温的调节控制能力，引起过低的体温。体温过低会损害中枢神经系统，造成精神迟钝和判断能力下降，将会增加冷伤害的危险性。

为了避免体温过低对身体造成的危险，可以通过缩短冷环境中锻炼的持续时间、穿着合适的服装及避免在水温过低的冷水中游泳来维持体温恒定。

（二）冷环境中体育锻炼的注意事项

正确的冬练"三九"，对提高人体的适应能力是有益的。坚持在冷环境中进行体育锻炼的人与一般人相比，抗寒能力可增加8~12倍，并可增强对疾病的抵抗力，防止感冒、贫血、肺炎等疾病的发生。

在冷环境中血液循环缓慢，肌肉和韧带弹性、伸展性降低，关节灵活性变差，很容易造成肌肉损伤和关节扭伤。因此，在冷环境中锻炼应注意以下几点：

（1）在冷环境中锻炼要因时、因地、因人制宜。一般来说，南方冬季气候较温和，可做强度较大的运动，如足球、篮球等都是很好的锻炼项目；北方比较寒冷，户外可进行滑冰、长跑等项目，室内可以练习举重等。个人可根据自己的能力和喜欢选择合适的项目，强度和时间要安排适当、量力而行。

（2）在体育锻炼前一定要充分地做准备活动。充分的准备活动对在冷环境中进行锻炼至关重要。由于冷环境中气温低，人体的肌肉和韧带的弹性、伸展性及关节的灵活性都较差，肌肉的黏滞性较大，而做准备活动可使体温升高、参加活动的肌肉得到充分伸展、肌肉和韧带的弹性增强、肌肉的黏滞性降低、关节活动的幅度增大等，这有助于防止锻炼时肌肉、关节和韧带的损伤。同时，做准备活动还可以提高神经中枢的兴奋性，增强内分泌活动，克服内脏器官的惰性，加快血液循环和新陈代谢，以便更好地满足体育锻炼时的需要。

（3）体育锻炼时要注意呼吸的方法。在冷环境中进行体育锻炼，主要用鼻子呼吸，不要张大嘴巴呼吸。因为鼻黏膜的血管丰富，腔道弯曲，对吸入的冷空气有加温和湿润的作用，可以避免冷空气直接刺激咽喉而引起呼吸道感染、喉痛和咳嗽等。

（4）在体育锻炼中要注意预防冻伤和感冒。户外锻炼时间不宜太长，锻炼后要及时穿戴保暖。在特别寒冷的时候，注意对手、脚、耳郭、鼻尖和面颊等处的保护，因为这些地方最容易冻伤。锻炼结束后，要把汗及时擦干并换上干衣服，以防感冒。

（三）在冷环境中体育锻炼的服装

在冷环境中进行体育锻炼，合适的服装是一个关键问题。理想的服装应当具有保温、防寒作用，同时又能保证汗液的蒸发，使锻炼期间所产生的过剩热量能够散发，以维持正常体温。在冷环境中锻炼维持正常体温的服装应当是多层服装，可以通过层与层之间滞留的空气达到防止热量散发的目的。空气是一种很好的绝缘体，多层服装能够非常有效地滞留空气，接近身体被滞留的空气区域越厚，绝缘的实际效果就会越好，因此多层的轻质服装比一个单单只有厚度和体积的服装更有绝缘效果。制造多层服装的最好材料应当是羊毛或者是诸如聚丙烯之类的合成材料。

太臃肿的服装不仅会限制你行动的自由，而且还会导致体热不宜散出，体热的增加将导致流汗，被汗浸湿的服装将失去绝缘性能。实际上，湿衣服促进身体热量的散发，在特别冷的天气状况下会导致体温的降低，这往往是十分有害的。在锻炼期间所穿的服装，随着温度、风速、运动、强度和运动持续时间变化而变化。

帽子与人体热量平衡关系十分密切，所以要选择大小合适的帽子，使头部保暖。因为头部皮肤毛细血管丰富，血液循环旺盛，所以头部散热能力较高，头部散发的热量占人体总产热的30%~40%。有研究表明，处于静止状态不戴帽子的人在气温为15℃时，从头部散发的热量占人体总热量的1/3，4℃时为2/3，-15℃使为3/4。由此可见，在冷环境中戴帽子对保持正常体温至关重要。

（四）冷习服

人体经过在冷环境中有规律地体育锻炼，可对环境温度逐渐产生适应，耐寒力增强，维持身体正常生理状态，产生冷习服。具体表现为在低温环境中体温不易降低、基础代谢率较高、皮肤血管紧张度较高、皮肤温度较一般人低。

评定人体对冷的习服有三种基本方法：

（1）测定产生寒战的皮肤温度阈值，习服者寒战发生推迟；

（2）测量手和足的温度，习服者手、足温度保持正常，而未习服者温度下降；

（3）观察在寒冷中入睡的能力，未经习服的人会因为打寒战太厉害而不能入睡，习服者入睡能力提高,可以在寒冷中入睡。

**天冷锻炼六不宜**

- 锻炼不宜骤然进行。冬季锻炼前应首先做些简单的四肢运动,以防韧带和肌肉扭伤。
- 雾天不宜进行锻炼。雾是由无数微小的水珠组成的,这些雾珠中含有大量的尘埃、病原微生物等有害物质,锻炼时由于呼吸量增加,肺内势必会吸进更多的有害物质。
- 锻炼时不宜用嘴呼吸。冬季锻炼应养成用鼻子呼吸的习惯,因鼻子里有很多毛,它能滤清空气,使气管和肺部不受尘埃、病菌的侵害。另外,寒冬气温低,冷空气进入鼻孔后即可得到加温。
- 锻炼时不宜忽视保暖。开始锻炼时不应立即脱掉外衣,等身体微热后再逐渐减衣;锻炼结束时,应擦净身上的汗液,立即穿上衣服,以防着凉感冒。
- 不宜空腹进行锻炼。近年来的研究表明,清晨除了血糖偏低外,人体血液黏滞,加上气温低、血管收缩等因素,若空腹锻炼就可能因低血糖和心脏疾患而猝死,故中老年人早晨起床要舒缓,适当进餐、饮水后再进行锻炼。
- 不宜早起外出锻炼。近年科学证实,凌晨空气并不新鲜,只有下午4时左右的空气才富含氧气负离子,那种"闻鸡起舞"的观念应予以更新。

## 第2节 体育锻炼与实时防护

**问题导引**

体育锻炼过程中的自我监督主观感觉有哪些?自我监督的客观感觉有哪些?运动中腹痛、晕厥、痉挛等运动性疾病发生的原因、征象、处理及预防措施是怎样的?肌肉、韧带等闭合性软组织损伤以及骨折的原因、征象、处理及预防措施是怎样的?人工呼吸和胸外心脏按压是如何进行的?

在体育锻炼中,人体的生理平衡会受到暂时性破坏并出现某些生理反应,造成人体的不适感,如果不了解各种生理反应的原因和处理方法,很容易导致人们对体育锻炼产生厌倦感甚至导致机体的损伤。

### 一、安全锻炼与自我监督

(一)主观感觉

**1. 一般感觉**

一般感觉是人体功能状态尤其是中枢神经系统功能状况的反映。身体健康的人就会精力充沛、活泼愉快;若患病或过度疲劳就会精神不振、软弱无力、疲倦、易激动。

### 2. 锻炼心情

心情与精神状况有关。在锻炼过程中，若出现对体育运动不感兴趣，甚至厌倦，可能是锻炼方法不当或疲劳的表现，也可能是过度疲劳的早期征象。

### 3. 不良感觉

在健身活动时出现肌肉酸痛是正常的，适当减少运动量酸痛就会消失。若锻炼后出现头痛、头晕、胸痛、胸闷、恶心、呕吐或其他部位的疼痛，说明运动量过大或健康状态不佳。经常进行健身运动的人，应满足入睡快、睡得好。

### 4. 食欲情况

一般由于运动锻炼消耗能量较多，所以食欲往往很好，但有时由于运动量过大或出现过度训练或健康不佳时，也会出现食欲下降的情况。

### 5. 排汗量

训练或比赛时，由于能量代谢水平较高，产热量多，所以排汗成为散热的一种重要方式，但排汗量受很多因素影响，如运动量、训练水平、气温、湿度以及神经系统的状况等。

### 6. 体征

锻炼时的外部体征，一般可从以下两方面去观察：精神（锻炼者的精神、表情、言语、眼神、注意力等）、躯体（面色、呼吸、嘴唇、排汗等）、动作（动作质量、准确性、步态等）。运动量适宜时，锻炼者一般表现为精神良好、面色稍红、步态轻快等。运动量大时，锻炼者一般表现为面色红、气喘、满脸流汗、精神差、眼神无光、反应迟钝、动作不稳等，此时必须减量运动。

### 7. 其他情况

在过度运动后，由于疲劳男性可能会出现遗精，女性也可能在一段时间内出现月经不调、痛经等情况。

运动量过小的表现：运动后身体无微汗、无发热感，脉搏也无大的变化，在运动后2~3分钟即可恢复至安静状态，说明运动量过小。

运动量适宜的表现：锻炼后有微汗、轻松愉快、感觉良好、睡眠、食欲良好，或虽然稍感疲乏、肌肉酸痛，但休息后会很快消失，次日体力充沛、渴望锻炼，表明运动量适中。

运动量过大的表现：锻炼后大汗淋漓、头晕眼花、胸闷、身体疲倦、睡眠差、食欲下降，15分钟尚不能恢复，次日仍觉乏力、不想锻炼，这些表明运功量过大，此时应注意减少运动量。

## （二）客观检查

### 1. 安静时脉搏

每天早晨醒后，先不起床而立即仰卧测1分钟的脉搏数，这就是安静时脉搏，也有人把它称为"晨脉"。用这个脉搏来检查身体机能状态十分必要。若安静时脉搏比平时高12次以上，可能和过度训练有关，应立即改变锻炼方法和减少运动量；若比平时高6~8次，说明运动量大了，应当进行调整；若比平时高4~5次，就不要再增加运动量了。

### 2. 体重

刚进行健身活动锻炼，体重会逐渐减轻，尤其身体肥胖者，这是由于机体的水分和脂肪减少的缘故，随后体重应逐渐趋于稳定。若出现体重不断减轻并有其他异常感觉时，可能与过度训练或患有慢性消耗性疾病有关，应减小运动量并到医院检查。体重每周测1~2次，测体重应在每天的同一时间进行，穿的衣服也应一致。

### 3. 血压、肺活量、心电图

健身运动爱好者的血压应趋于稳定。锻炼后收缩压上升20~25毫米汞柱，舒张压下降5~10毫米汞柱应视为正常。测肺活量时应连续5次，每次测的结果是逐渐上升的，说明呼吸机能良好；若逐渐下降或前后显著下降，说明呼吸肌耐力差，是反应不良的表现。若血压突然升高，肺活量明显下降、心电图异常，则应减小运动量并到医院进行检查。

## 二、常见的运动生理反应及其处理

### （一）肌肉酸痛

#### 1. 原因和症状

运动后肌肉酸痛的原因是运动时肌肉活动量过大，引起局部肌纤维及结缔组织的细微损伤，以及部分肌纤维的痉挛所致。这种酸痛不是发生在运动结束后即刻，而是发生在运动结束后1~2天，因此也称为延迟性疼痛。由于这种酸痛现象只是局部肌纤维的细微损伤和痉挛，不影响整块肌肉的运动功能，所以痛后经过肌肉内部对细微损伤的修复，肌肉组织会变得更加强壮，以后同样负荷将不易再发生酸痛。

#### 2. 处理和预防

当已经出现肌肉酸痛后，可采用以下方法减轻和缓解：对酸痛的局部肌肉进行热敷；对酸痛局部进行静力拉伸练习，保持伸展状态2分钟，休息1分钟，重复进行；按摩酸痛肌肉，缓解肌肉痉挛；口服维生素C、针灸等也有一定作用。

锻炼时，应根据自身的身体状况安排锻炼负荷，尽量避免局部肌肉负担过重；要充分做好运动前的准备活动和运动后的整理活动，运动中遵循循序渐进的原则。

### （二）运动中腹痛

#### 1. 原因和症状

运动中腹痛多数在中长跑时产生。主要是因为准备活动不充分，开始运动过于剧烈，或者跑得过快，内脏器官功能尚未达到运动状态，致使脏腑功能失调，引起腹痛；也有的是因为运动前吃得过饱、饮水过多，以及腹部受凉引起肠胃痉挛；少数因运动时间过长或过于剧烈，使下腔静脉压力上升，引起血液回流受阻，或者因肝脾淤血，膈肌运动异常，致使两肋部胀痛或是呼吸肌痉挛导致。

#### 2. 处理和预防

如果没有器质性病变迹象，一般可采用减慢跑速、加深呼吸、按压疼痛部位或弯腰跑等方法处理，疼痛常可减轻或消失。如疼痛仍不减轻甚至加重，就应停止运动，并口服十滴水或溴丙胺太林（每次一片），或揉按内关、足三里、大肠俞等穴位。如仍不见效，应送医院做进一步检查。

饭后1小时方可进行运动，运动前不要饮太多汤水，要做好准备活动，运动量要循序渐进并注意呼吸节奏。对于各种慢性疾病引起的腹痛应就医检查，病愈之前应在医生和体育教师指导下进行锻炼。

### （三）晕厥

**1. 原因和症状**

在运动中，由于脑部突然血液供给不足而发生的暂时性知觉丧失现象，叫做晕厥。原因是由于剧烈运动或长时间运动突然停止后，使大量血液积聚在下肢，回心血量减少所致，也叫做重力性休克；或者由于过度紧张，见到别人出血受惊吓；或长时间站立不动，久蹲后突然站立，使血压下降，从而导致脑部血液循环不足；也与吸气后憋气使胸膜腔内压和肺内压增加，以及剧烈运动后引起的低血糖有关。

晕厥表现为全身无力、头昏耳鸣、眼前发黑、面色苍白、失去知觉、突然昏倒、手足发凉、脉搏慢而弱、血压降低、呼吸缓慢等。

**2. 处理和预防**

应立即使患者平卧，足略高于头部，并进行由小腿向大腿心脏方向推摩或拍击；同时，用手指点压人中、合谷等穴位，必要时给氨水闻嗅。如有呕吐，应将患者头偏向一侧；如停止呼吸，应立即进行人工呼吸。轻度休克者，应由同伴搀扶走一段时间，帮助进行深呼吸，即可消除症状。

平时要经常坚持体育锻炼，以增强体质；久蹲后不要突然起立；不要带病参加剧烈运动；疾跑后不要立即停下来；不要在饥饿情况下参加剧烈运动。如果遵循上述要求，晕厥是可以避免的。

### （四）肌肉痉挛

**1. 原因与症状**

肌肉痉挛，俗称抽筋，是肌肉持续不自主的强直收缩。在体育运动中最易发生痉挛的肌肉是小腿腓肠肌，其次是足底的屈拇肌和屈趾肌。肌肉痉挛原因有以下几个：①体育活动中大量排汗使体内电解质丢失，使肌肉兴奋性增高，发生痉挛。这种情况多见于天气炎热或进行长时间剧烈活动时。②运动时肌肉快速的连续收缩，放松的时间太短，导致肌肉收缩与放松的协调关系遭到破坏，从而发生肌肉痉挛。③在寒冷的环境中若未做准备活动或准备活动不充分就进行体育活动，肌肉会受到寒冷的刺激而引起肌肉痉挛。④局部肌肉疲劳或

---

**体育锻炼后如何放松肌肉**

放松，首先是心境上的放松。轻松、愉悦的心情会对身体产生良好的促进作用，而疲惫、抑郁的心情会让身体感到"累"。同时还可以做做下列活动：

静态拉伸：拉伸运动中活动较多的肌肉，直到感到它完全绷紧，保持15~30秒。静态拉伸能放松肌肉，有助于缓解身体的僵硬和疼痛感。

整理活动：一般可以甩动胳膊、转转腰、抖抖腿等，促进血液的回流，使肌肉主动放松。

推拿按摩：一般应在锻炼后20~30分钟后进行。开始可先做轻推摩、擦摩、揉捏、按压和叩打，同时配以局部抖动和被动活动。

温水浸泡：在30℃~40℃的温水中浸泡洗浴，对心脏活动和神经系统有镇静作用。

需要注意的是，一般程度的肌肉酸痛和疲劳，其实是有益的——这证明运动取得了效果，通过休息恢复、整理放松，体能将会比以前有所提高。

有微细损伤时，也可引起肌肉痉挛。肌肉发生痉挛时，局部肌肉坚硬或隆起，剧烈疼痛且一时不易缓解。

### 2. 处置和预防

常用方法是牵引痉挛肌肉，使它伸长和松弛。用力要缓慢而持续，不可使用暴力。痉挛缓解后应适当按摩肌肉，如重推、揉、揉捏、按压，以促使痉挛解除。例如，腓肠肌痉挛时先让患者平坐或仰卧，伸直膝关节，牵引者双手握住患者足部并抵于牵引者的腹部，利用牵引者躯干前倾的适度力量，将患者的脚掌和脚趾缓慢地向上扳；若屈拇肌、屈趾肌痉挛，用力将脚趾向上扳，但切忌使用暴力。如在游泳中发生小腿抽筋，应吸气、仰泳，抽筋的对侧手扳住足趾向上扳，同侧手按住膝盖使其伸直。

为了预防肌肉痉挛，锻炼前应做充分的准备活动，对容易发生痉挛的肌肉可事先做适当按摩。冬季户外锻炼要注意保暖。夏季锻炼时要注意适当补充淡盐水及维生素$B_1$等。此外，疲劳和饥饿时，最好不要进行锻炼；游泳下水前应先用冷水淋浴，游泳时不要在水中停留时间过长。

（五）"极点"和"第二次呼吸"

### 1. "极点"

在剧烈运动时，特别在中长跑时，能量消耗大，下肢回流血量减少，氧债不断积累，并达到一定的程度，就会出现呼吸急促、胸闷难忍、下肢沉重、动作不协调甚至有恶心现象，这在运动生理学上称为"极点"。

### 2. "第二次呼吸"

"极点"出现后，先适当地减慢运动速度，并注意加深呼吸，坚持下去，上述生理反应将逐渐缓解与消失。随后机能得到重新改善，氧供应增加，运动能力将得到提高，动作变得协调有力。这种现象，标志着"极点"已经有所克服，生理过程出现新的平衡，运动生理学上称之为"第二次呼吸"。"第二次呼吸"出现以后，循环机能将稳定在较高的水平上。

"极点"与"第二次呼吸"是长跑运动中常见的生理现象，无须疑虑和恐惧，只要坚持经常锻炼和处理得当，"极点"现象是可以延缓和减轻的。

## 三、运动损伤的防治

体育锻炼可以增进健康、防治疾病、延年益寿，但体育锻炼也常有运动性损伤、运动性疾病甚至运动猝死的发生。因此，从某种意义上讲，体育锻炼本身是一把双刃剑，运用得好，人们受益匪浅；运用不当，适得其反。

（一）运动损伤的预防

参加体育锻炼的目的是为了增强体能、促进身心健康，而运动损伤的发生往往会使锻炼者的身心都受到一定的损害，因此防患于未然就显得特别重要。锻炼者应采取一些运动损伤的预防措施，从而使体育锻炼健康安全而富有成效。

### 1. 运动损伤的预防重点

在一般的学校体育运动中，锻炼者小损伤、急性损伤者多，严重者、慢性损伤者少。

这些慢性的小损伤者中，有的是一次急性损伤后尚未完全康复就训练而变成慢性损伤或劳损，因此，要特别注意急性损伤的预防。此外，锻炼时关节扭伤的发生率也较高，尤其以掌指关节及踝关节、膝关节扭伤最为多见。因此，在从事球类和跑类运动项目时应注意手指及足踝、膝关节的扭伤。

**2. 运动损伤预防的基本方法**

（1）锻炼前应做好充分的准备活动。

准备活动不但能使基础体温升高、肌肉深部的血液循环增加、肌肉的应激性提高、关节柔软性增强等，也能减少锻炼前的紧张感和压力感，这在很大程度上可以预防损伤的发生。

（2）锻炼后应注意放松活动。

放松活动是指在锻炼后通过放松方法使体温、心率、呼吸、肌肉的应激反应恢复到锻炼前的正常水平。

从预防损伤的角度来看，这同锻炼前的准备活动一样重要。根据不同的运动项目进行针对性的放松，可以防止锻炼后出现的肌肉酸痛，这有助于解除精神压力。

（3）自我保护。

锻炼者要了解和懂得初步处理锻炼后肌肉酸痛、关节不适的方法，同时锻炼中应密切注意自己的身体反应，及早发现运动损伤的早期症状，以便于早发现、早治疗、早康复。

（4）创造锻炼的安全环境。

体育器具、设备、场地等在锻炼前都应进行严格的安全检查，如参加网球锻炼时球拍的重量、捏柄的粗细、网拍绳子的弹力应该适合锻炼者个人的情况；女性的项链、耳环等锐利物品在锻炼时应暂时不佩戴；锻炼者应根据运动的项目、脚的大小、足弓的高低选择一双弹性好的鞋子。

**开放性损伤与闭合性损伤**

在体育锻炼中常见的开放性损伤有擦伤、裂伤、切伤和刺伤，开放性骨折也可以归在此类。对于伤口较脏的擦伤可以先用生理盐水冲洗伤口，然后再消毒杀菌、包扎伤口。在关节部位发生较大面积的擦伤时，注意不要用紫药水；对于大的裂伤和切伤要进行缝合处理，小的裂伤和切伤可用创可贴做简易固定；刺伤的伤口如果较深、较脏时，除了进行伤口的彻底清创、止血消炎、包扎外，还要记住去医院打破伤风血清抗毒素，以防破伤风；对于开放性骨折，在没有进行严格的消毒处理前，绝不能将骨折断端送回体内，防止骨髓炎。

闭合性损伤包括挫伤、肌肉筋膜拉伤、关节囊和韧带扭伤、肌腱腱鞘和滑囊损伤等，其特点是皮肤、黏膜完整，由一次性暴力而引起，损伤局部有组织的撕裂、血管损伤等，引起出血、渗出、肿胀等。在闭合性损伤发生后，首先要注意检查有无合并伤，如腹部挫伤后是否合并有内脏破裂、头部挫伤后有无脑震荡等，先要处理合并伤，然后处理软组织损伤。在确定没有严重的合并伤后，在闭合性软组织损伤后的24~48小时内，要进行冷敷、加压包扎、制动和抬高患肢，伤后24~48小时后可以开始在局部做热敷、理疗、按摩等。当损伤基本恢复后，要开始适当地进行力量训练和肌肉、韧带的伸展练习。

（二）常见的运动损伤

### 1. 肌肉拉伤

（1）原因：肌肉拉伤可分成主动拉伤和被动拉伤两种。前者是由于肌肉做主动的猛烈收缩时，其力量超过了肌肉本身所能承担的能力；后者主要是肌肉用力牵伸时超过了肌肉本身特有的伸展程度，从而引起拉伤。

（2）处理：肌肉抗阻力试验是检查肌肉拉伤的一种简便方法。其做法是患者做受伤肌肉的主动收缩活动，检查者对该活动施加一定阻力，在对抗过程中出现疼痛的部位，即为拉伤肌肉的损伤处。

肌肉拉伤的治疗要根据具体情况而定。少量肌纤维断裂者，应立即给予冷敷，局部加压包扎并抬高患肢，外敷中草药。肌肉大部分或完全断裂者，在加压包扎后应立即去医院进行手术缝合。

（3）预防：主要是针对发生的原因进行的。例如，大强度运动前要做好准备活动，尤其是易拉伤部位的准备活动；体质较弱者练习时要量力而行，防止过度疲劳和负荷太重；要提高动作技能的协调性，不要用力过猛；改善锻炼条件，注意练习场所的温度。冬季在野外锻炼时要注意保暖，不可穿得太薄；要注意观察肌肉的反应，如肌肉的硬度、韧性、弹力、疲劳程度等。肌肉拉伤后重新参加锻炼时要循序渐进，切勿操之过急，并要加强局部保护，防止再度拉伤。

### 2. 肌肉挫伤

（1）原因：肌肉挫伤是足球、篮球运动中最常见的损伤。伤后引起疼痛与暂时性功能丧失，需要较长时间康复治疗。典型挫伤发生于下肢，最常见的是股四头肌与胫前肌。

（2）处理：肌肉挫伤发生后要马上停止锻炼，根据情况及时处理。如果皮肤出血，先用酒精或碘酒将伤口消毒，然后撒些磺胺结晶粉（外用消炎粉），用干净布包扎起来。如果受伤部位红肿疼痛，可先用冷水毛巾冷敷局部，防止继续出血。24小时后改用热水毛巾敷在局部，以活血、消肿、止疼；也可对受伤部位进行按摩，有条件的还可在受伤处涂上酒精或松节油。经过治疗伤势减轻以后要及时活动受伤的关节或肌肉，借以恢复功能，如慢慢练习走路、下蹲、弯腰、举胳膊等，免得以后伤好了关节

---

**在体育活动中发生踝关节扭伤怎么办**

踝关节扭伤是体育活动中最常见的一种关节韧带损伤，多发生在篮球、足球、跳远、跳高、赛跑、滑雪和滑冰等运动项目中。其发生的原因是踝关节的准备活动未充分做开、跑跳时用力过猛、脚落地的姿势不当、地面不平等。

踝关节受伤后几分钟局部便疼痛、肿胀起来，伤后几天会出现青紫色的淤血斑，疼痛逐渐减轻。

踝关节扭伤后应立即停止锻炼，适当抬高患肢，12小时内要冷敷，24~36小时后需热敷。扭伤两天后，患者应及早活动下肢，练习缓慢走路并进行按摩、理疗等措施，及早恢复脚部的功能。

为了预防踝关节受伤，要加强踝关节周围肌肉的力量和柔韧性锻炼，提高足踝部的肌肉力量和踝关节的稳定性、协调性，如提踵站立练习。对易伤者，训练和比赛时应戴保护支持带；锻炼前要做好准备活动，特别是踝关节要充分活动开；运动中要讲究正确的动作姿势。

活动不灵,甚至肌肉发生萎缩。

（3）预防：肌肉挫伤往往在接触性的运动（如橄榄球、棒球、足球或篮球运动等）中发生,因此可以通过穿戴保护设备来预防肌肉挫伤,如从事足球运动时可戴护胫等。另外,锻炼前应做好充分的准备活动；练习时不要用力过猛,以防超过肌肉、关节、韧带的负荷限度。

**常见的几种肌肉拉伤**

● 股四头肌：股直肌是四头肌中唯一跨越两个关节的肌肉,是四头肌中常被拉伤的肌肉。常在跳跃或劲踢时,因突然偏心收缩而引起拉伤。拉伤者可感到大腿前部有撕裂感并发生局部肿胀与压痛。

● 腘绳肌：该组肌肉（即半腱半膜与股二头肌）亦跨两个关节。当快跑与劲踢时,小腿于减速时易发生偏心拉伤。短跑、足球运动者与关节较紧张者三条腘绳肌均有可能损伤,其中以股二头肌常见。

● 腓肠肌：拉伤或断裂多发于内侧头,锻炼者会感到小腿"啪"一声或像被人打了一下。

● 内收肌群：常在足球运动时由于用力内收而引起短内收肌、股薄肌、缝匠肌和髂腰肌等拉伤,可在大腿上部内侧摸到肿块。

● 肩袖：由肩胛下肌、冈上肌、冈下肌及小圆肌等四块肌肉组成,多见于棒球、排球、网球运动者中。肩袖部位常发生持续肩痛或肩脱位现象。拉伤多位于远侧肌腱或肌与腱的连接处,尤以冈上肌拉伤为多见。发生后常经久不愈,影响继续锻炼。

**3. 韧带损伤**

（1）原因和征象：韧带损伤是指用力过大、过度牵伸而导致不同程度的韧带纤维或其附着处的断裂。韧带有较强的抗张能力,可保护关节在正常范围内活动,防止关节出现异常活动。如果外力使关节异常活动超越韧带所能承受的范围时,就会发生韧带损伤。韧带损伤多发生在受力较强而组织较脆弱的部位,其损伤的程度则取决于所受到作用力的强弱与时间的长短；如果所受外力较小、作用时间较短,往往没有明显的功能丧失,因为只有少量韧带纤维断裂,即所谓的韧带扭伤。如损伤程度较重,则有更多的韧带纤维断裂,表现为一定的功能丧失。如损伤严重,则韧带完全断裂,该韧带的功能也丧失,关节的稳定性会受到影响。韧带损伤时一般都有局部水肿,严重时有明显的出血血肿形成。韧带损伤愈合较慢且不完全,如得不到积极治疗,韧带会被拉长或松弛,丧失正常的韧带张力,并容易引起再度损伤,造成关节不稳定而导致关节的退行性病变或创伤性关节炎。

（2）处理：对于轻度韧带损伤,治疗方法主要是止痛与加快消肿。韧带损伤发生后,应进行局部冷敷、加压包扎、抬高伤肢,24~48小时后对伤部周围热敷或按摩,3天后对伤部热敷或按摩；中度损伤的治疗关键是制动,使韧带处在避免牵拉的位置,以便加速愈合,可用弹性绷带固定受伤处；对于重度损伤,则应在损伤早期将韧带断端进行良好的对合。

（3）预防：韧带损伤易发生的部位是踝关节、腕关节和膝关节,所以锻炼时可在这些部位加一些支持保护带。例如，在足球运动中运用护膝，在篮球、网球运动时运用护腕；避免在不平整的场地上锻炼；减少篮球、足球运动中的一些冲撞动作；平常多做加强关节周围肌肉力量和伸展性的练习，以增大肌肉对关节的支持力。

### 4. 腰扭伤

（1）原因与征象：腰扭伤在篮球、排球等运动中最容易发生。由于腰部用力超过腰部软组织（肌肉、筋膜、韧带等）的生理负荷量所造成程度不同的纤维断裂或小关节微动错缝，称为急性腰扭伤。

急性腰扭伤者严重受伤时有撕裂感。伤后腰部有不同程度的肿胀、疼痛和皮下淤斑。轻者需要双手叉腰慢行，重者需他人搀扶行走。

（2）处理：发生腰扭伤后，要停止活动，立即休息。如果不休息、不及时治疗，容易反复发作留下病根，变成慢性腰腿痛。

急性疼痛期应卧床休息，腰部垫一薄枕以便放松腰肌；也可与俯卧位相间交替，避免任何使受伤组织再受牵扯，以利修复。轻度扭伤需休息2~3天，较重扭伤需休息1周左右。

按摩对腰扭伤效果较好。用舒活酒擦摩，用掌根作揉、推压、按压等手法，力量逐渐由轻到重，然后在压痛部位进行按压、叩打，或者点压痛点、环跳、委中、肾俞等穴。此外，外贴活络止痛膏、内服活络止痛药、火罐疗法、理疗及局部封闭均有较好疗效。

（3）伤后锻炼：急性腰扭伤后，一般应卧床休息至疼痛减轻，然后逐渐开始进行肌肉锻炼：仰卧，踝背伸、直膝举腿（屈髋）内收；仰卧，屈膝"拱桥"（将腰臀部抬起）；踝跖屈，腰腿后伸引体向上；仰卧，抱膝压腹和站立位左右旋腰等。受伤两周左右可开始参加非对抗性的一般体育活动，但应当是在无痛情况下进行活动或者活动以后不使疼痛加重。损伤组织通常需要3~4周方能愈合，损伤组织完全愈合后才可参加正规锻炼。

（4）预防：第一，在剧烈运动前要做好充分的准备活动，特别是要做好腰部的准备活动，如前后弯腰、左右转身、上跳下蹲等，待腰部的血液流通、局部发热后再参加剧烈活动；第二，要注意体育活动时的姿势正确，用力得当。腰部用力要逐渐加强，动作要协调平衡，不要过猛；第三，加强腰部肌肉的锻炼，尤其是以腰部活动为主的练习项目，能够使脊椎骨的活动度增加、韧带的弹性和伸展性增强、肌肉更加发达有力，即使在担负较大力量的情况下，也不容易发生撕裂扭伤现象。

### 5. 腰肌劳损

慢性腰肌劳损是指腰部肌肉与韧带经常地、反复地受到牵扯或持续处于紧张状态，使其组织结构产生微细变化，并逐渐积累形成的慢性损伤，或急性腰扭伤后未获得及时有效的治疗而转为慢性者。

（1）原因和征象：常见原因为腰部长期过度负重或长期腰部姿势不良，使腰部肌肉、韧带持久地处于紧张姿态，如自行车运动中的持续弯腰、长时间伏案学习和工作等。长期积累性劳损，可导致肌肉韧带组织缺血、代谢障碍以及组织慢性撕裂，出现炎症反应，以致腰痛持久难愈。腰部急性扭伤后，局部肌肉、韧带等组织受损，未及时治疗或治疗不当，损伤未能恢复，会变成为慢性腰肌劳损。腰椎先天性解剖缺陷，如腰椎骶化、骶椎腰化、椎弓根裂等，以及后天性损伤，如腰椎压缩性骨折、脱位和腰椎间盘突出、腰椎滑脱等，都可造成腰部肌肉、韧带的平衡失调，而引起慢性腰肌劳损。

腰肌劳损患者无明显的外伤，腰部酸痛或胀痛，弯腰有时较困难，持久弯腰时疼痛加剧，但休息后可缓解，适当活动或经常变换体位后腰痛也可减轻，坐位或卧位时用小枕垫于腰部能减轻症状。

单纯性腰肌劳损的压痛点，常位于棘突两旁的竖脊肌处，或髂嵴后部或骶骨后面的竖脊肌附着点处。若伴有棘间、韧带损伤，压痛点则位于棘间、棘突上。腰部活动功能多无障碍，严重者可稍有受限。

（2）处理：按摩和体疗对腰肌劳损有较好的疗效。对腰肌劳损者的训练，应区别对待，运动后腰痛无明显加重者可按原计划进行锻炼活动；运动后疼痛加重，休息一夜后疼痛不能完全消除者，应减少运动量，练治结合；不运动疼痛者，应停止训练进行治疗。

（3）预防：从事静力性工作的人，要经常坚持做腰、腹部运动，加强腰肌力量锻炼。在练习中要注意向心收缩锻炼与离心收缩锻炼相结合。疲劳未消除时腰部负荷要适当控制。在每次体育运动训练后应作腰部肌肉的牵伸动作，放松紧张的肌肉。腰部损伤应及时治愈。

（4）腰背肌肉力量、耐力练习：

①力量和耐力练习：

仰卧屈膝伸腰（双手加压顶腰）：臀部着垫，腰部上顶离垫，双手同时向腹部加压增加负荷，如图4-1所示。

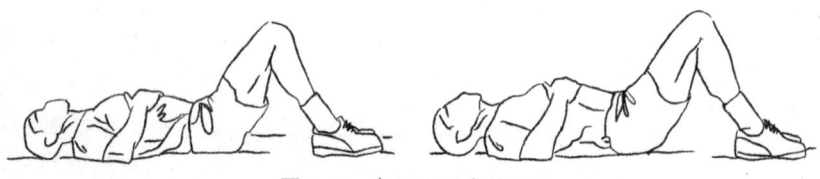

图4-1　力量和耐力练习

②腰背耐力强化运动：

半仰卧起坐：双手交叉于肩部仰卧，腿屈曲约90°，上体保持正直，上起至与地面夹角30°～40°之间，缓慢下落还原至起始动作，如图4-2（a）所示。

单脚上提：双臂胸前平屈交叠俯卧，单腿伸直绷脚尖上提，有控制地下落，两腿交替进行，如图4-2（b）所示。

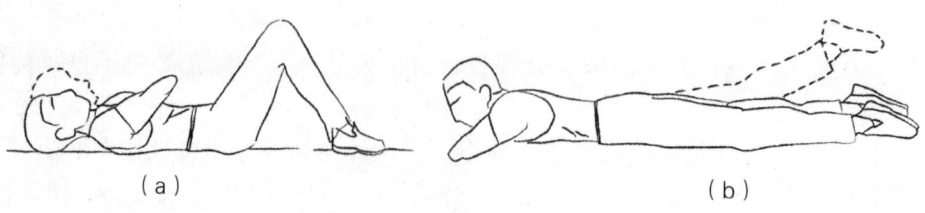

图4-2　腰背耐力强化运动

### 6. 膝关节损伤

（1）膝关节侧副韧带损伤。

①原因和征象：在运动损伤中较为常见，尤其是足球、篮球、排球等项目。

内侧副韧带损伤：膝关节无论是伸直位或屈曲位，强迫小腿外展的暴力，使膝关节突然外翻，即可引起膝内侧副韧带损伤。

外侧副韧带损伤：膝关节屈伸时，小腿突然内收、内旋或大腿外展、外旋，即可引起膝外侧副韧损伤。

膝内侧或外侧韧带损伤时会出现撕裂样剧痛、肿胀、皮下淤斑。患者膝关节活动会受限、跛行，膝关节有不稳感。合并有关节囊或交叉韧带损伤者，有不同程度的关节积血、积液。韧带损伤局部有明显而固定的压痛。

②处理：膝关节侧副韧带捩伤：局部可外敷消肿止痛的中药（如新伤药），内服七厘散。肿痛减轻后，伤部可采用推摩、擦摩、揉、揉捏、理筋等手法进行按摩，加强股四头肌和腘绳肌的力量练习。

韧带部分断裂：在受伤现场进行及时的局部制动、冷（冰）敷、加压包扎并抬高患肢于微屈位2~3天后，解开固定，顺着韧带由远至近向损伤方向作推摩等轻柔和缓的按摩。外敷或内服活血散瘀、消肿止痛的药物。伤后1周可在腋杖帮助下，患肢不负重，以健肢下地行走。去除固定后应在粘膏支持带、弹力绷带或特定的膝关节支持装置固定下练习走路。按摩、理疗、中药熏洗对帮助恢复膝关节功能都有较好效果。

韧带完全断裂：对疑有韧带完全断裂时，应立即加压包扎，固定制动，并转送到有条件的医院作进一步诊治。如确诊为完全断裂，应尽早手术缝合，否则会影响愈合和关节稳定性。

（2）膝半月板损伤。

膝半月板损伤是最常见的膝关节损伤之一，多见于足球、篮球、排球、跳跃、举重等项目的运动员及矿工、搬运工等。

①原因和征象：当膝关节伸直时，半月板被股骨髁推挤向前；屈曲时，半月板则向后移动。膝关节半屈曲作小腿外展外旋或内收内旋时，两侧半月板位于一前一后，若动作突然，半月板来不及滑移，就会使半月板在股骨髁和胫骨平台之间发生剧烈的研磨，即可引起各种类型的损伤。

半月板损伤往往是膝关节突然旋转扭伤或跳起落地时扭伤，往往疼痛、关节肿胀。患者在活动中突然发生伸直障碍，但常可屈曲，经自己或他人协助将患肢旋转摇摆后突然弹响或弹跳，然后即可恢复正常，股四头肌萎缩：74%以上的患者可以见到，多出现于慢性期或有症状的病例，以股内侧肌最明显。膝关节间隙压痛，压痛点固定而局限，多次检查位置不变。压痛恒定在伤侧，是诊断半月板损伤的重要依据之一。

②处理：急性期单纯半月板损伤有交锁症状，应先理筋"解锁"。"解锁"后，如急性创伤性滑膜炎症状加重，积血明显，可在无菌条件下抽出积血，加压包扎。最好用大棉垫和铁丝托板将膝关节固定在伸直位2~3周，同时局部外敷活血、消肿、止痛的中药。

慢性期在膝关节周围可作按摩手法和刺激足三里、阳陵泉、血海、梁丘等穴位，但切忌作膝关节的强力被动活动。局部外敷活血生新、续筋强筋的中药，也可选用理疗，如超短波、超声波等，并根据症状的轻重，进行功能训练和肌肉力量训练，但应严格避免重复受伤动作，以免再次损伤，影响愈合。

### 7. 胫腓骨疲劳性骨膜炎

疲劳性骨膜炎又称为应力性骨膜炎，是一种过度使用性损伤，在体育运动参加者中非常多见。胫腓骨疲劳性骨膜炎常见于胫、腓骨和跖骨，也可见于尺、桡骨。

（1）原因和征象：运动者训练水平差，动作不正确，以及运动量突然加大，或运动场地太硬等原因，均可导致本病的发生。例如，田径运动员、体操运动员等在一段时间内过多的跑、跳过程中，足用力后蹬或蹬跳起，小腿的肌肉长期处于紧张状态，产生疲劳；或场地过硬，使小腿受到较大的反作用力，增加了局部的负荷等，均会使胫骨、腓骨或跖骨发生疲劳性骨膜炎。

疲劳性骨膜炎在急性炎症阶段，如能调整运动量、减少局部负荷并给予适当治疗，就可使炎症消退，组织修复；否则，有可能使病情进一步发展，甚至产生疲劳性骨折。

胫腓骨疲劳性骨膜炎常在运动后发生，多为局部钝痛或刺痛，有的在训练后可出现搏动样疼痛。腓骨骨膜炎疼痛多在离下端10厘米附近；胫骨骨膜炎的疼痛常位于中下1/3内侧缘及前骨面。局部多有凹陷性水肿。早期肿胀面积较大。在骨面上能摸到压痛点，有的较局限，有的较分散。其压痛部常可触及单或串珠样结节。胫腓骨骨膜炎和跖骨骨膜炎患者常有后蹬痛。局部灼热，早期可有局部皮肤发红，触之有灼热感，有的患者夜间灼热感更明显。X线检查早期骨膜无明显改变，以后逐步出现骨膜增生，骨皮质边缘粗糙、增厚、骨质疏松、骨纹理紊乱等。

（2）处理：早期或症状轻者，应适当减少局部运动量，调整训练课内容。伤肢局部用弹性绷带包扎。随着运动力的提高，经3~4周后症状可自行消失。症状严重者，除减少局部负荷外，可先用冰敷，然后外敷新伤药并加压包扎。1周后，改用温水浸浴配合按摩治疗，点压阿是穴和附近的穴位。亦可用紫外线照射患处，以加速异位骨化。待症状缓解后，逐步增加局部负荷，但仍应避免作单一的、长时间的跳跃或支撑动作。

经以上处理后，如局部症状极无改善甚而加剧者，应考虑是否有疲劳性骨折，需作X线摄片加以确诊。如系疲劳骨折，按骨折的处理原则处理。

（3）预防：训练中遵守循序渐进的原则，防止突然连续的加大运动量，避免长时间过分集中的跑、跳、后蹬、支撑等练习。训练前充分做好准备活动，训练后可采取自我按摩或其他放松练习，使肌肉放松，减少对骨膜的牵扯。避免在过硬的场地上做过多的跑、跳练习。

### 8. 骨折

（1）原因和征象：骨折可分为完全性骨折（骨完全断裂为两块，如横断骨折、螺旋骨折）和不完全性骨折（骨未完全断裂，如裂缝骨折）。锻炼时发生骨折的原因有：第一种是直接暴力，如踢足球时小腿被踢伤发生的胫骨骨折，跌倒在地面引起的膑骨骨折；第二种是间接暴力，如自单杠上摔下，用手扶地时发生的前臂骨折，足球守门员扑球时摔倒引起的锁骨骨折等；第三种是牵拉力，因肌肉强烈收缩时引起，如举重时提起杠铃突然进行翻腕动作，前臂屈肌附着在肱骨内上髁处可因肌肉突然收缩而产生的撕脱骨折；第四种是积累性暴力，因劳损的积累导致疲劳性骨折（如胫骨疲劳性骨折）。

骨折后的症状一般都比较严重，主要表现为疼痛、肿胀、皮下淤血、功能丧失、出现畸形和假关节、有压痛和震痛感等。

（2）处理：骨折发生后要立即停止伤肢的活动并进行急救。如果病人有休克的症状，首先做抗休克处理；如有出血，应先止血，然后进行包扎。固定包扎时，动作要轻巧、缓慢，不要乱拉乱拖，以免造成严重的错位，影响整复。包扎固定后，应去医院接受进一步的治疗。

### 如何预防运动损伤性疼痛

在健身运动过程中，由于机械性和物理性伤害所导致的疼痛，称为运动损伤性疼痛。预防运动疼痛，需要注意下面的事项：

◎ 选择合适自己的运动计划。应根据不同的年龄、身体素质进行不同的体育运动，如慢跑、游泳、打球、登山、跳绳、舞蹈等，不合适自己身体状况的运动计划只能带来副作用。健康人群一般每次运动时间应为30~60分钟，运动频度每周进行3~5次为宜。50岁以上没有心脏病的人群，应该在专业人员的指导下进行运动，运动频度每周1~2次。老年人应该以柔韧性和平衡力锻炼为主。

运动要循序渐进，持之以恒。坚决避免"周末锻炼集中营"式的运动方式。

◎ 做好防护，科学锻炼。运动前的准备活动是对神经系统和内脏器官机能的充分动员，提高肌肉、肌腱弹力和各关节的活动范围，能防止运动损伤。

要注意科学运动，了解运动原理，都能够大大减少运动损伤的发生率。运动后当避免受寒，休息30分钟左右后用温水沐浴。对于超过平常运动量的部位，可以自行按摩，加快乳酸循环，避免疼痛发作。

（3）预防：在剧烈运动中，尽量减少冲撞性的动作，尤其是作用时间短、强度大的动作是骨折发生的最危险因素。比如，足球运动中腿部受到冲撞，胫腓骨极易发生骨折；进行体操动作练习时，腕部舟状骨折容易发生。总之，避免剧烈运动中的碰撞，骨折的发生率将大大降低。

9. 溺水

溺水者可因呼吸道阻塞窒息等危及生命，因此应及时有效地进行急救。溺水者救出水面后，应立即清除口鼻中的泥沙、分泌物等异物，如有活动假牙也应取出。如果溺水者牙关紧闭，救护者可从其后面，用两手大拇指由后向前顶住溺水者的下颌关节，并用力向前推；同时用两手食指与中指向下扳颌骨，即可扳开溺水者牙关，随后立即进行控水。控水方法很多，一般采取单脚跪立法：急救者一腿跪地，另一腿屈膝将溺水者腹卧位置于膝上，头及下肢悬垂，一手扶着溺水者的头，使其头部下垂，嘴向下；另一手有节律地挤压背部，使饮入或吸入胃或肺中的水排出。也可采用图4-3和图4-4中的方法控

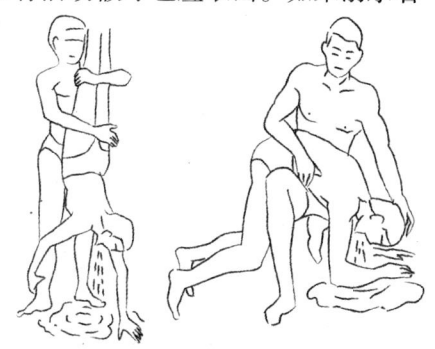

图4-3 肩背倒立倒水法　图4-4 伏膝倒水法

水，但控水时间不宜过长，以免延误抢救时间。

倒水后如果溺水者心跳、呼吸停止，应立即进行人工呼吸和胸外心脏按压术，并设法将溺水者送到就近的医院救治。

（三）人工呼吸和胸外心脏按压

当人体受到意外的严重损伤，如外伤性休克，溺水等，均可能导致呼吸和心跳骤然停止，这是临床死亡的开端，需要及时、快速、果断而正确地进行抢救，即复苏术。复苏术的具体措施和步骤是在呼吸和心搏骤停后必须立即同时建立有效果的人工循环和人工呼吸，使心、脑尽快得到较充分的供氧。

1. 心脏骤停的早期诊断

一般只要意识丧失，大动脉（颈或股动脉）搏动消失，诊断即可确立。心音消失可列为第二位依据。心电图诊断准确率最高，且可区分心搏骤停的类型，但绝不应过分强调、等待，以免耽误抢救过程中最关键的时刻。

2. 胸外心脏按压

（1）方法：置病人于仰卧位，背部必须有坚实物体（木板、地板、水泥地等）的支持。操作者立（或跪）于病人一侧，又或骑跪于病人髋部，两手掌伸开并彼此交叉重叠，以掌根部按在伤员胸骨中下1/3交界处（非剑突部），肘关节伸直借体重将胸骨下段压向脊柱，使胸骨下段及其相连的肋软骨下陷4~5厘米，然后迅速将手放松，使胸骨自行弹回原位，如此反复操作（按压和放松的时间比为1∶1时心排血量为最大。按压频率以每分钟以60~80次为宜，儿童可稍快，可增至每分钟100次左右，如图4-5和图4-6所示。

（2）注意事项：压迫部位必须在胸骨中下1/3处（不可压剑突），过高过低、偏左偏右都不行。用力方向应垂直对准脊柱，不可偏斜。按压力量以能扪及大动脉搏动力度，不宜过轻或过猛，以免造成无效按压或发生肋骨骨折、气胸、内脏损伤等并发症，影响复苏效果。

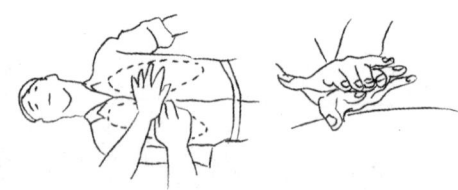

图4-5 确定按压部位的方法及手掌手根与胸壁按压示意图

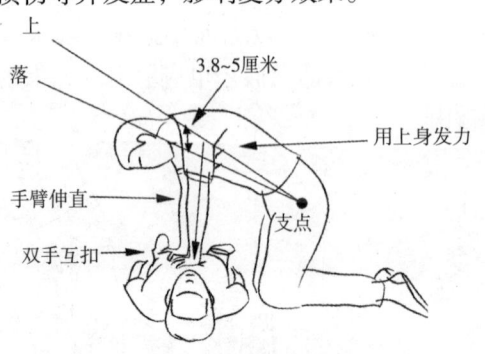

图4-6 胸外以及按压的作用力方向

> **真死和假死的判断**
>
> 病人死亡具有如下特征：
> ○ 呼吸停止；
> ○ 心跳停止；
> ○ 瞳孔扩大，对光反射消失；
> ○ 角膜反射消失，若只出现上述1~2个征象，为假死。若四个征象齐备，并且用手捏眼球时，瞳孔变形，即为真死。

（3）有效指标：①按压时在颈，颈动脉处应摸到搏动，听到收缩压在90毫米汞柱以上；②面色、口唇、指甲床及皮肤等色泽转红；③扩大的瞳孔再度缩小；④呼吸改善或出现自主呼吸。只要有前1~2项有效指标出现，心脏按压就应坚持下去。

胸外心脏按压的常见并发症是肋骨骨折。肋骨骨折可损伤内脏，引起内脏的穿孔、破裂及出血等，应尽量避免。老年人由于骨质较脆而胸廓又缺乏弹性，更易发生肋骨骨折，应加倍小心。

### 3. 人工呼吸

任何能使空气（氧）输入肺叶的措施，都能基本上起到人工呼吸的作用。而适应于受伤现场采用的人工呼吸方法中，口对口人工呼吸法最好。它可借助人工方法来维持机体的气体交换，以改善缺氧状态，并排出二氧化碳，为恢复自主呼吸创造条件。其缺点是操作者易感疲乏。

（1）方法：伤员仰卧位，松开其领口，裤带和胸腹部衣服，头部尽量后仰，将口打开，尽快清除其口腔内的异物或分泌物，如有义齿应取出，有舌后坠，则将其拉出。急救者一手虎口托起病人下颌，另一手将病人鼻孔捏闭，以免漏气，然后深吸一口气，紧贴病人口部用力吹入，使其胸部上抬。吹毕立即松开鼻孔，让胸廓及肺部自行回缩而将气排出。如此反复进行，每分钟吹气16~18次（儿童20~24次），如图4-7、图4-8和图4-9所示。

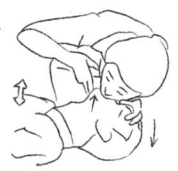 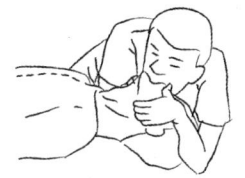 

图4-7 仰头—抬颌体位时的口对口人工吹气　　图4-8 仰头—托颌体位时的口对口人工吹气　　图4-9 仰头—抬颈体位时的口对口人工吹气

（2）注意事项：施行的要领是开始每次吸气时必须尽量多吸入，吹出时必须用力，10~20次后可逐渐减小。此法因操作者易疲劳，人宜以两人或多人轮流施行较好。在进行口对口人工呼吸时，应注意与胸外心脏按压的正确配合，应每按压心脏4~5次后吹气一口，吹气应在放松按压的间歇中进行。抢救一经开始就要连续进行，不能间断，一直做到伤员恢复呼吸或确定死亡为止。

（3）有效指示：①吹气时胸廓扩张上抬；②在吹气过程中听到肺泡呼吸音。

# 水上运动篇
WATER SPORTS

> 我是蓄势待发的猛兽。
>
> ——罗雪娟

# 第5章 游 泳

人生如水，变换出千姿百态，仍不改其柔韧本性。闲暇时光，你是否也在向往着那一片澄澈？如今，游泳已不再是一项简单的体育运动，它因游泳选手的出色表现而被赋予了更深层次的内涵。让我们一起走进这个闪耀着迷人光芒的世界吧！

## 精彩案例

### 游泳奇才——菲尔普斯

迈克尔·菲尔普斯是当今泳坛最出色的全能型游泳选手。他15岁时成为入选美国奥运游泳队最年轻的选手，并在悉尼奥运会上获得200米蝶泳的第五名。2008北京一役，使菲尔普斯迅速成名，一口气夺得8枚奥运会金牌，也使他成为了名副其实的"八金王"。2011年上海世锦赛，菲尔普斯收获了3枚金牌。他的成功成了人们关注的焦点，而天赋加努力是人们给予他的评价。

身高1.93米、体重79千克的菲尔普斯，肩宽腰窄，是典型的游泳选手的体格。不仅如此，因为他的上肢特别长，而腿特别短，使他在水中仿佛是一架又细又长的帆船，而且菲尔普斯天生拥有水性。当然，仅有天赋而没有后天的努力是不会变成天才的，这一点菲尔普斯给出了最好的诠释。"如果你休息一天，实力就会倒退两天。"这是菲尔普斯的座右铭，也是他的教练送给他的至理名言。他一直深信："如果浪费两天的话，也许就再也追不回来了。"

一直以来，他都坚持早上5点钟起床训练的习惯，从未间断。他就是这样近乎偏执地坚持着，以至于在美国游泳队被戏称为"启明星"。

北京奥运会后，菲尔普斯成为了单届奥运会上夺得金牌最多的人。"有时候我都以为这是梦境，甚至要掐一下自己才能确定这是现实生活。"他说，"我的教练就告诉我，'只要有远大理想，什么事情都可能发生'。"

## 第1节　游泳运动简介

**问题导引**

游泳运动何时起源于哪些地区？游泳运动是如何发展的？

游泳是人们凭借自身肢体的动作在水中进行运动的技能，是在人类与大自然斗争的过程中产生和发展而来的。关于古代的游泳，根据现有史料的考证，国内外较一致的看法是始于居住在江、河、湖、海一带的古代人。他们为了生存，必然要在水中捕捉水鸟和鱼类作为食物，因此通过观察和模仿鱼类、青蛙等动物在水中游动的动作，逐渐学会了游泳。早在5000年前远古时代陶器的雕绘图案上，就可以看到我们的祖先潜在水中猎取水鸟的泳姿。随着社会的发展，游泳慢慢成为人们增强体质以及生产、生活、军事的需要，并逐渐发展为体育运动的比赛项目。

现代游泳运动起源于英国。早在17世纪60年代，英国不少地区的游泳活动就开展得相当活跃。1828年，英国在利物浦乔治码头修造了第一个室内游泳池；到19世纪30年代，这种泳池相继出现在英国各大城市。1837年，在英国伦敦成立了第一个游泳组织，同时举办了英国最早的游泳比赛。1869年1月，在伦敦成立了大城市游泳俱乐部联合会（现英国业余游泳协会前身），并把游泳作为一个专门的运动项目正式固定下来。游泳运动随之传入各英殖民地，继而传遍全世界。

### 游泳的益处

游泳是一种全身性运动，不但可以减肥，还可以提高心肺功能，而且能锻炼几乎所有的肌肉，尤其是坚持有规律的强化训练，几个月的功夫就能使你"脱胎换骨"。对于正在长身体的青少年，经常坚持游泳锻炼可以让你长成一个"高个子"。

游泳还可以塑形。各种泳姿的塑形有效部位是不同的，可根据自己的需求进行选择：

**蝶　泳　腰部：** 蝶泳是以腰部来牵动身体，长期下来可消除腰部的赘肉，使腰部纤细、柔软、有力，达到优美的线条。

**蛙　泳　大腿：** 因为大腿在游水时需充分展开及收缩，所以蛙泳可使大腿内侧的赘肉消除。

**自由泳　手臂：** 让手臂的线条匀称、结实且美丽柔软。

　　　　**臀部：** 使臀部肌肉变得结实有弹性，有效防止臀部下垂。

　　　　**双腿：** 修饰双腿的线条让腿部看起来均匀优美且修长。

**仰　泳　腹部：** 对消除腹部多余的赘肉很有效，亦能锻炼脚与腰部的弹性，使其更加结实。

　　　　**胸部：** 能使胸部保持坚挺，不易下垂。

此外，游泳时由于水对皮肤的摩擦和按摩作用，还可使其光滑亮泽。

随着游泳运动的发展，游泳被分为实用游泳和竞技游泳两大类。实用游泳分为侧泳、潜泳、反蛙泳、踩水、救护、武装泅渡；竞技游泳分为蛙泳、爬泳、仰泳、蝶泳。

竞技游泳：在1896年雅典第1届奥运会上，男子游泳被列为9个比赛项目之一（包括100米、500米和1200米自由泳）。在1908年伦敦第4届奥运会上，成立了国际业余游泳联合会，并审定了当时的世界纪录、制定了国际游泳规则。在1912年的第5届奥运会上，正式设立了女子比赛项目。第二次世界大战后，游泳在全世界得到了飞速的发展。1952年，国际规则正式将蛙泳和蝶泳分成两个姿势进行比赛。从此，竞技游泳形成了蝶泳、仰泳、蛙泳和自由泳4种姿势。现在游泳已成为奥运会上令人瞩目的大项之一。国际泳联每四年举行一次世界游泳锦标赛，每两年举行一次世界杯。

当今世界，欧美体育强国的游泳水平仍处于领先地位。我国泳坛健儿吴传玉早在1953年布加勒斯特第一届国际青年友谊运动会上就取得过100米仰泳的冠军。而中国女将在20世纪90年代初创造的一系列优异成绩，才真正使中国游泳引起国际泳坛的注意。巴塞罗那奥运会上，庄泳、林莉、钱红、杨文意和王晓红"五朵金花"创造了我国游泳史上的新纪录是历史上的一个里程碑。

近些年来，继"蛙后"罗雪娟之后，中国泳坛又涌现了一批优秀的游泳小将，2011年世锦赛上中国小将孙杨打破沉寂10年的1500米自由泳世界纪录，勇夺金牌。他们在国际上的表现越来越值得称道。我国的游泳运动进入了一个新的发展时期，刘子歌、孙杨等游泳健将为我们的游泳事业绘上了彩色的一笔。

# 第2节　不同游泳姿势的技术

**问题导引**

游泳一般分为哪几类？不同的游泳姿势在技术特点上有何不同？

## 一、蛙泳

蛙泳是模仿青蛙游水的姿势，是一种最古老的游泳项目。蛙泳时，呼吸方便、省力、持久、声音小、易观察且能负重，实用性强。

### 1. 身体姿势

当手臂和腿完成有效的动作后，身体几乎是水平地俯卧在水面上，呈流线型，身体纵轴与前进方向成5°～10°角，眼看前下方，游进中身体有一定程度的起伏，如图5-1所示。

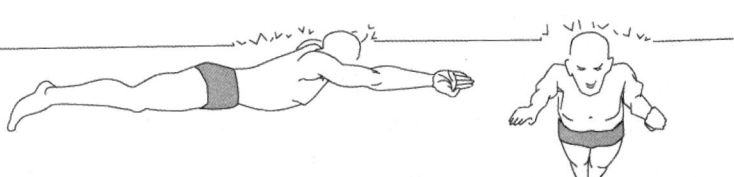

图5-1　蛙泳身体姿势

## 2. 腿部动作

腿部动作是蛙泳推进力的主要来源之一，可分为收腿、翻脚和蹬夹腿三部分，这三个腿部连续动作均要求对称，如图5-2所示。

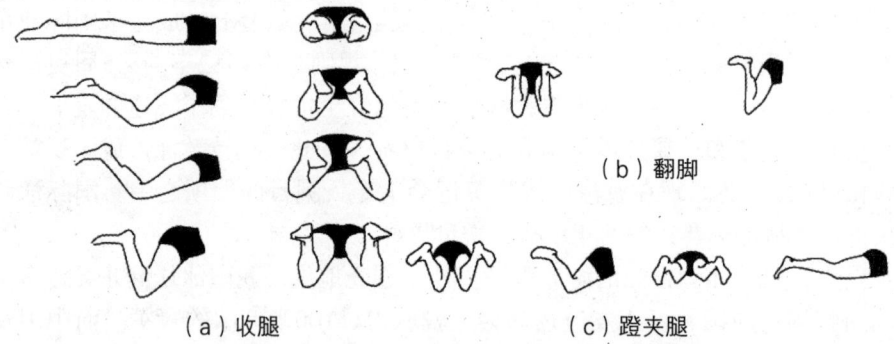

图5-2 蛙泳腿部动作

蹬夹腿结束后，应使两腿保持在较高位置，身体呈流线型，进行适度的滑行后，再作下一个循环动作。

**蛙泳口诀**

蛙泳配合需注意，腿臂呼吸要适宜；
两臂划水腿放松，收手同时要收腿；
两臂前伸腿蹬水，臂腿伸直滑一会；
划水头部慢抬起，伸手滑行慢呼吸。

## 3. 臂部动作

臂部动作一般分为划水、收手、伸臂三个连贯的部分，如图5-3所示。

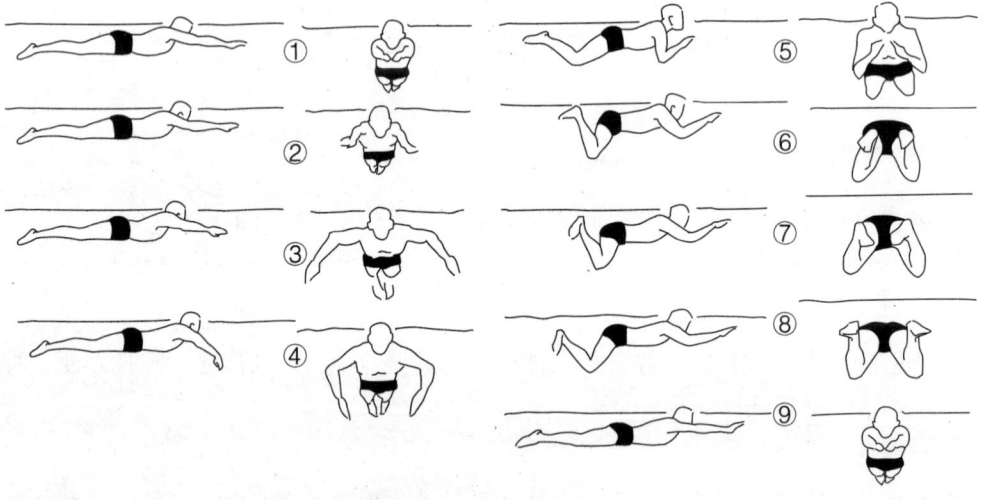

图5-3 蛙泳臂部动作

## 4. 配合技术

配合技术一般指一个动作周期呼吸一次的配合。

从滑行开始，两臂划水时，口露出水面做及时有力的先呼后吸，紧接着收手，臂前伸（同时快速蹬腿），低头闭气，当两臂开始滑下时逐渐呼气，即抬头滑臂吸气，夹肘手前移闭气——呼气，臂向前伸直——蹬腿，腿臂伸直滑行，然后开始下一个循环动作。

## 二、自由泳

自由泳是一个不限姿势的比赛项目。近代游泳比赛自爬泳一出现就垄断了自由泳比赛,久而久之,常把爬泳称为自由泳。

### 1. 身体姿势

俯卧呈水平姿势,身体纵轴与水平面成3°~5°角。游进时,因臂划水和转头吸气,身体有自然的转动(35°~45°角),如图5-4所示。

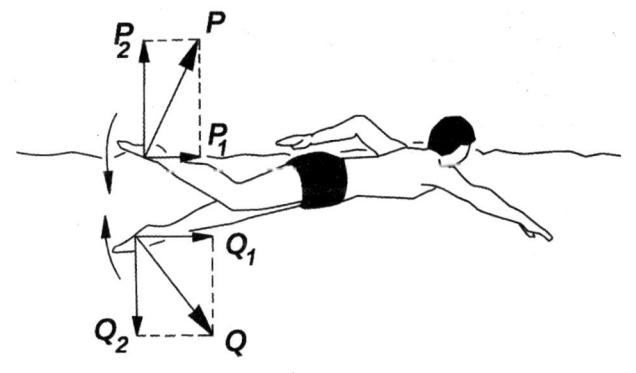

图5-4 自由泳身体姿势

**自由泳口诀**

爬泳如在水中爬,两臂交替把水划;
身体俯卧流线型,胸部稍挺肩高身;
大腿发力带小腿,两腿交替鞭打水;
打水要浅频率快,脚腕放松稍内转;
肩前手掌先入水,手臂滑下抱住水;
曲臂划水动力大,前抱后推力渐加;
划至肩下慢吐气,推水提肘转头吸。

### 2. 腿部动作

打水的主要作用是维持身体平衡,使下肢不致下沉和产生推进力。

在打水过程中,两腿应做到协调而有节奏的鞭打,向上时放松,向下时用力。学会踝关节放松是打水技术的关键,正确的打水动作是掌握爬泳技术的前提条件。

### 3. 臂部动作

两臂轮换划水是推进身体游进的主要动力。臂部动作的每一个周期分为入水、抱水、划水、出水和空中移臂,如图5-5所示。

(1)入水。空中移臂时,肩关节内旋,手掌稍倾斜(掌心稍向外),肘关节略弯,使肘高于手。手掌入水时,拇指与食指先插入水,手掌、前臂、上臂依次入水。

(2)抱水。完成臂入水后,伸送臂,肘关节通过肩关节的内旋稍微外转,在头前形成前臂与手掌高肘向下抱水的姿势。

(3)划水。划水的最有效部位是手臂在前方与水面成约40°角(抱水角度),至臂划向后方与水面成15°~20°角之间(臂出水前)。

(4)出水。在划水结束后,掌心应逐渐转向大腿,借助三角肌的收缩,耸肩提肘,以大臂带动小臂迅速将小臂、手掌提出水面,掌心向后上方。

(5)空中移臂。臂出水后,肩带肌应向上、向前拉开,肩靠近耳旁,同时转肩。当臂移至肩外侧时,手和小臂迅速前伸,准备入水。

图5-5 自由泳臂部动作

### 4. 臂、腿和呼吸配合

一般采用6：2：1的形式，即打腿6次，两臂各划水2次，呼吸1次，如图5-6所示。

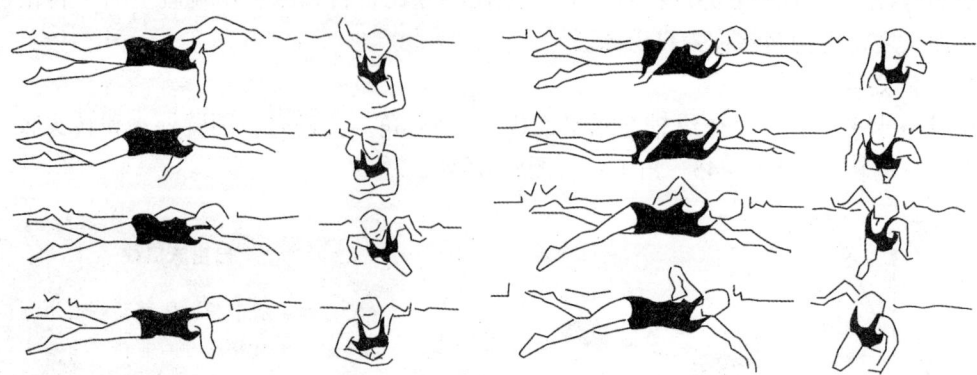

图5-6 自由泳臂、腿和呼吸配合

## 三、仰泳

仰泳，顾名思义，即成仰卧姿势的游泳，包括反蛙泳和爬式仰泳。由于爬式仰泳动作结构近似于反爬泳，而且游起来速度较快，多为运动员所采用。这里主要介绍爬式仰泳。

**仰泳口诀**

肩延线上手入水，展肩伸臂抱住水；
掌心对水屈臂划，手掌前臂后推水；
转肩提臂带动手，空中移臂要放松；
一次呼吸两划水，吸气一定要用嘴；
推水同时快吐气，转肩移臂挺胸吸；
三次腿来一次吸，再踢三次吐出气。

### 1. 身体姿势

身体平直地仰卧于水中，稍低头收下颌，使头和肩略高于手臂，身体纵轴与水平面构成一个不大的迎角，腰部肌肉要保持适度的紧张，下肢上提，不要含胸。整个身体处于较高的位置，如图5-7所示。

### 2. 腿部动作

仰泳的腿部动作分为向上踢水和向下压水，膝关节的弯曲程度约为135°，打水幅度约为45厘米（比爬泳大），如图5-8所示。腿部动作是保证身体水平姿势和控制身体过分摆动的主要因素，正确的腿部动作能产生一定的推进力。

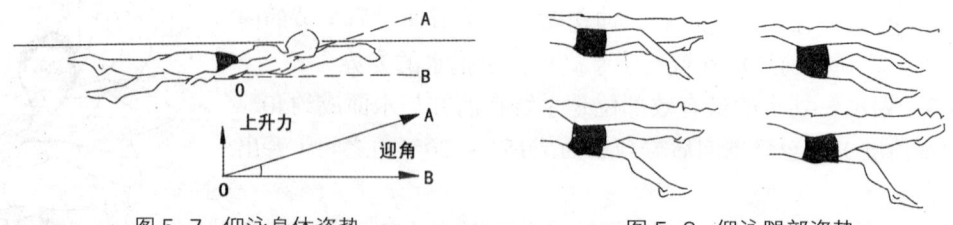

图5-7 仰泳身体姿势　　　　图5-8 仰泳腿部姿势

### 3. 臂部动作

两臂的划水是推进身体前进的重要因素。臂部动作可分为入水、抱水、划水、出水和空中移臂。当前仰泳都采用两臂在体侧交替屈臂划水技术，其优点是加长了有效划水路线，使推进力的方向指向前方，划水效果好。

**4. 腿臂呼吸配合**

现代仰泳技术多采用6∶2∶1的配合形式,即两腿交替踢水6次,两臂划水各2次,呼吸1次。

## 四、蝶泳

蝶泳是由蛙泳演变而来的。比赛中人们多采用两臂划水到大腿后提出水面,再从空中前移入水的技术,外形很像蝴蝶,所以称为"蝶泳",如图5-9所示。在蝶泳游进时,躯干和腿模仿了海豚的波浪动作,因此蝶泳又称海豚泳。

现代蝶泳的技术特点是以两臂加速划水,身体姿势高平,采用小波浪、快频率、平移臂和晚呼吸配合技术。

蝶泳技术分为躯干和腿部动作、臂部动作、臂腿和呼吸的配合。正确的蝶泳技术是以腰为轴,躯干和腿做有节奏的摆动,发力点在腰部,以大腿带动小腿,做上下的鞭水动作。这些动作与头部和臂部动作紧密联系在一起,形成海豚所特有的波浪动作。

图5-9 蝶泳

**蝶泳口诀**

蝶泳打腿像海豚,腰带双腿鞭打水;
打水双腿要并拢,臀部发力要记清;
双腿内旋踝放松,收腿提臀腰腹挺;
蝶泳移臂像蝴蝶,低头送肩臂前移;
入水展肩抓住水,高肘划水臂内屈;
双手同时对准水,两臂推水要用力;
推水之后快提肘,双臂出水展翅起;
双臂推水头抬起,吸气要快头放低;
推水同时双足打,两脚并拢腰发力;
入水鞭打二回腿,双脚内旋莫忘记;
手臂入水慢呼气,身如波浪向前移。

**1. 躯干和腿部动作**

由于身体各部分不断地改变彼此间的相对位置,所以腰、臂、腿和脚都积极参与波浪状打水动作,推进身体前进。

**2. 臂部动作**

划臂动作是蝶泳推进身体前进的动力。其动作与爬泳相似,但两臂是同时划水。臂部动作由入水、抱水、划水、出水和空中移臂组成。

**3. 臂腿和呼吸的配合**

目前蝶泳的完整配合都采用划臂1次、打水2次、呼吸1次的方法。

# 第3节 游泳运动采风

## 一、比赛规则采撷

(1)运动员必须在自己的泳道内比赛完毕,否则即算犯规。

(2)游出本泳道,或用其他方式干扰、阻碍其他运动员者应取消其比赛资格。

(3)由于某运动员犯规而影响了被干扰、阻碍的运动员获得优良成绩时,则应准许受干扰阻碍的运动员补测成绩,或直接参加决赛。如在决赛中发生上述情况,应令该组重

**泳衣泳帽选购小常识**

　　选购泳衣时，首先应注意其接缝处是否平坦。可在接缝处试拉，检查其是否坚固、内里弹性和外层布是否同等，可在内里及外层布料上试拉，外张力及回缩力同等即可。选择鲜艳色系泳衣，检视三点是否加内里，否则下水后即成半透明状。

　　选择泳帽时，应选大小、松紧适中，戴起来舒适不易脱落。专业用泳帽，均采用矽胶制成，不易进水，且平滑无阻力。

新决赛（犯规运动员除外）。

　　（4）比赛中运动员转身时必须使身体某一部分触及池壁。转身必须从池壁完成，否则即算犯规。

　　（5）在比赛中除自由泳可在池底站立外，其他泳式（包括自由泳）均不得跨越或行走，否则即算犯规。

　　（6）在比赛中，运动员不得使用或穿戴任何有利于其速度、浮力的器具（如手、脚蹼等，但可戴护目镜），否则即算犯规。

## 二、海洋、湖泊游泳注意事项

　　（1）首先就是要选好时间。在海边游泳不像游泳池，潮涨潮退的时候要很谨慎，涨潮的时候建议不要下海游泳，一般傍晚5~7点退潮的时候下海游泳比较合适。再晚一点太阳落山后，没有灯光，游泳则不安全。

　　（2）不要单独一人，要选择人多的沙滩，不要去偏僻的水域。如果初到一个海滩，对地形不熟悉，暗礁和岩石都可能在涨潮的时候被淹没在海水中，不小心游得太远或是太偏僻，求救都很困难。初学者尽量别去水深超过身高的地方，安全起见也可以租用游泳圈等。

　　（3）注意选择海滩。良好的浴场沙子质地较细，而且干净。游泳的时候在海边要注意脚下的石子、玻璃等，小心脚部受伤。

　　（4）注意海里的生物。在海边游泳自然会碰到一些海底生物，有时候会被海蜇或者其他生物蛰到。若有不良反应，需上岸休息，保持镇定。

　　（5）不要尝试在不清楚水域状况的湖泊或海边游泳戏水。

　　（6）天气状况不稳定时，要避免到海边戏水或从事水上活动。

　　（7）爱护皮肤。游泳常见的皮肤问题，包括游泳者痒疹、海泳者皮肤疹、水母咬伤、海胆刺伤、移行性幼虫疹等。

　　（8）小心水母与海胆。在海泳及潜水活动中，需特别小心被海胆或水母刺到，在国外曾出现因为被水母咬伤而死亡的案例。

## 三、游泳时抽筋怎么办

　　游泳中发生抽筋现象时务请保持镇静，以免因慌乱致呛水最后导致抽筋加剧。发生抽筋现象时应大声呼救并主动配合前来救援人员，以期安全出水。

　　游泳时抽筋也可主动进行自救。抽筋的自救一般采用拉长痉挛肌肉的方法，当痉挛的肌肉被外力牵拉伸长到一定程度后抽筋一般即可解除。如小腿、足趾或腿后群肌抽筋时，游泳者可先吸一口气，使身体仰浮水面，用抽筋肢体对侧的手握住抽筋肢体的脚趾，用力向身体方向拉，同时用同侧的手掌压在抽筋肢体的膝盖上，帮助抽筋腿伸直，一般即可缓解；反之，大腿前部的肌群抽筋时，则应用手握紧踝关节向臀部方向拉，使膝关节前部肌群拉长而缓解。如手指抽筋，可先用力握拳，再用力张开，迅速反复几次后一般即可解除。

　　游泳时如发生抽筋现象，缓解后也不要再继续游泳，否则易再次抽筋出现意外；应立即上岸擦干身体休息，并且注意保暖，对仍觉疼痛的部位可做适当的按摩使之进一步缓解。

> 我一直非常享受我所做的事情。
> ——圣地亚哥·兰赫（阿根廷帆船名将）

# 第6章 帆船帆板

本章内容包括帆船帆板运动的沿革，帆船的构造、分类和级别，航海运动常识，帆船航行基本原理，帆船装备，奥帆赛及其竞赛规则，帆船直线驶操作技术，以及帆船改变航向操作技术。在掌握帆船基本技术的前提下，本章重点对帆船运动学习进行指导，提高同学们的实际操作能力；使同学们了解帆船文化和规则，会欣赏高水平的帆船比赛；使同学们初步掌握帆船运动的理论知识与文化、基本技术和竞赛规则；指导同学们增强体质，开阔视野，培养勇敢的意志品质和"博风斗浪"的精神。

## 精彩案例

### 中国帆船帆板第一人——殷 剑

1978年12月25日，殷剑出生于四川西昌海南乡岗瑶村，从小就显示出良好的水性。1992年，邛海水校的教练贵成忠到西昌招生，1.65米的身高、瘦长的身材以及良好的水性使殷剑具有帆船帆板运动的优势条件，因此很顺利地就被水校录取了。在邛海水校，殷剑表现出了极好的帆板天赋，但是飞快地进步让她有些飘飘然，言行举止间处处透着傲气。教练组见此情况，认为她难成大器，一年后决定开除她。这次人生的小波折让殷剑的训练态度发生了脱胎换骨的变化。重新入队后，她在训练中严格要求自己，力争做到最好。她在一篇训练日记中这样说道："我今天是一次次被摔下去，可我就是不相信，我征服不了它！"

凭着这股精神，2001年殷剑终于成功敲开了国家队的大门，成为女子帆船帆板国家队的一员。2000年她夺得了自己的首个全国冠军；2001年的亚锦赛上，她在帆板场地赛上获得了首个洲际冠军；2004年的雅典奥运会，她达到了职业生涯的巅峰，若不是最后阶段的意外，她本来甚至可以问鼎金牌，但一块银牌也足够精彩；2008年北京奥运会，殷剑忍着腰腿部的伤病，为中国夺得女子帆板的奥运金牌，这也是中国帆船帆板在奥运会历史上的第一金。

# 第1节 帆船帆板运动简介

> **问题导引**
>
> 帆船、帆板运动是如何起源与发展的？如何观赏帆船、帆板比赛？帆船、帆板分别可以分为哪几类？

## 一、帆船运动

帆船运动是一项集竞技、娱乐、观赏、探险于一体的体育运动项目，现代帆船运动已经成为世界沿海国家和地区最为普及且喜闻乐见的体育活动之一，也是各国人民进行体育文化交流的重要内容。经常从事帆船运动，能增强体质，锻炼意志。特别是在风云莫测，海浪、气象、水文条件的不断变化的情况下迎风斗浪，能培养战胜自然、挑战自我的拼搏精神。

帆船是利用风力前进的船，起源于欧洲，其历史可以追溯到远古时代。帆船作为一种比赛项目，最早的文字记载见于1900多年以前古罗马诗人味吉尔的作品中。到了13世纪，威尼斯开始定期举行帆船比赛，当时比赛船只没有统一的规格和级别。现代帆船运动兴起于荷兰。荷兰境内有很多运河，人们普遍用小帆船来运输、捕鱼、征税和作为交通工具，不少贵族则制造帆船进行娱乐及体育活动。15世纪英王查理二世避难于此，靠帆船运动打发漫长而无聊的岁月，逐渐成了这方面的能手。重掌政权后，他仍热衷于帆船运动，时常驾着荷兰阿姆斯特丹市市长送给他的"玛丽"号帆船在海上扬帆疾驰。后来，他还亲自设计了设施完善、装备良好的新帆船，并将其命名为"约翰"号。1662年的一天，查理二世在泰晤士河畔举行了一次"约翰"号和"玛丽"号的帆船比赛，引起了观众的极大兴趣。同年，查理二世还举办了一次英国与荷兰之间的帆船比赛。此后，许多有游艇的英国人竞相仿效，帆船比赛乃风靡英伦，并逐渐流传到其他各国。

18世纪，帆船俱乐部和帆船协会相继诞生。1720年前后，英国、美国、瑞典、德国、法国、俄国等国家先后成立了帆船俱乐部或帆船竞赛协会，各国之间经常进行大规模的帆船比赛。1907年，世界第一个国际帆船组织——国际帆船联合会（International Sailing Federation，简称"ISAF"）正式成立，成为世界上最大的单项体育联合会之一，现有122个会员国（或地区），管辖了81个帆船级别，下设国际残疾人帆船运动联合会（IFDS），从事残疾人帆船运动。

## 二、帆板运动

帆板运动是介于帆船和冲浪之间的新兴水上运动项目，又称风力冲浪板或滑浪风帆。帆板由带有稳向板的板体、有万向节的桅杆、帆和帆杆组成。帆板的鲜明特征是操帆者站在一块滑行板上航行，没有舵，只有尾鳍。运动员利用吹到帆上的自然风力，站到板上，通过帆杆操纵帆使帆板产生速度在水面上行驶，靠改变帆的受风中心和板体的重心位置在水上转向。1970年6月,美国冲浪爱好者、电脑技师修万斯设计制造出世界第一条带有万向节的帆板,受到青少年的青睐,不久便流传到欧洲、澳洲和东南亚一带,继而在全球兴起了帆板热。

1970年1月,马里布帆船俱乐部举行了帆板冬季邀请赛,这是世界上第一次帆板比赛。1974年举行了首届世界帆板锦标赛,1981年帆板作为"世界上最简单的一种小帆船",成为帆船运动的一个新级别加入奥运会。1984年洛杉矶奥运会第一次把帆板列为正式比赛项目。帆板运动的开展也隶属于国际联合会(ISAF),国际帆联每年举行多次国际比赛,奥运会、亚运会、全运会也都有帆板比赛,每年世界各地还举行经常性的职业选手系列赛。

# 第2节　帆船运动常用的基本技术与练习方法

### 问题导引

帆船运动有哪些基本技术?针对不同的技术应如何有效地进行练习?海上航行的着装有何要求?海上航行时的饮食如何搭配?海上航行时的基本手语如何识别?

## 一、帆船结构

### (一)船体

帆船主要有两种船体:单体和多体。一般而言,多体船的速度要比单体船快。船体的前部称作船艏,一般较尖,而小于10英尺长的帆船可能用方形的船艏。船体的后部称作船艉,一般较宽,并有一个平而垂直的面,叫做艉舷。帆船的左舷一般用红色标志,右舷用绿色标志。初学者往往用红色和绿色胶带分别贴在帆船左右舷的显著位置。

帆船的重量又称作"排水量",水与船体的接触线被称作"吃水线"或"水线",一般有明显的标志。为了防止被风吹离航线,多数帆船船体都配备有龙骨或者稳向板。稳向板可以通过枢轴升起或降下,也可以抽起或者降下;龙骨是固定的,并且具有一定重量,可以作为压舱物来平衡风的偏移推力。在具有稳向板的帆船上,船员的体重可以被用来作为平衡船体的压舱物。船舵可以用来保持和改变航向。舵手以操纵舵柄和延伸杆来控制航向。帆船的实际航行方向与推拉舵柄的方向相反。

### (二)帆船器材

在帆船船体之上的器材(图6-1)主

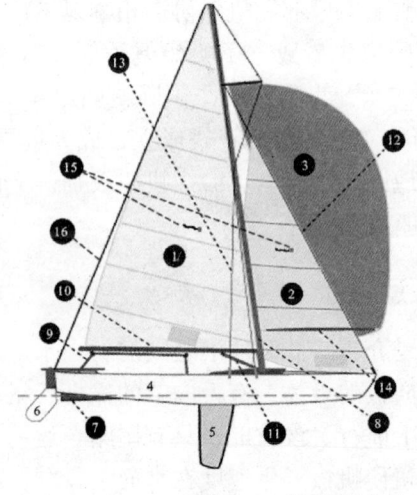

1主帆
2前三角帆
3球型帆(大三角帆)
4吃水线
5稳向板
6舵
7导流尾鳍
8桅杆
9主缭绳
10帆杆(主帆)
11斜拉器
12前桅支索
13侧桅支索
14球帆杆
15帆线
16后桅支索

图6-1　帆船器材图

要包括帆、桅杆和索具。桅杆用于支撑船帆。桅杆与船体的连接索称作支索。桅杆与船艏的连接索称作前支索，桅杆与船艉的连接索称作后支索。

## 二、帆船的分类

帆船主要分为龙骨船、稳向板船、多体船、帆板及古帆船五大类。龙骨船有单桅、多桅之分。一般来说，龙骨船排水量大、构造复杂、价格昂贵、需要多人操纵，适合于较长距离海上竞赛和远海探险。稳向板船的特点是水下稳向部分是可调的，具有小巧、灵活、造价低、便于操纵、易于普及等特点，北京奥运会的11个帆船项目中有6个用的是这种船。多体船中有双体船与三体船之分。帆板的鲜明特征是操帆者站在一块滑行板上航行，没有舵，只有尾鳍。古帆船是完全仿古设计的帆船，通常为多桅布局，装饰华丽，以进行娱乐性比赛和训练水手海上操作为主。

## 三、帆船的航行原理

### （一）风对帆的作用

**1. 拉**

"拉"又称为"吸"。帆船航行时帆面弯曲如翼，当风从弯曲的帆面的弧（背风面）与弦（迎风面）的两侧滑过，会对帆面产生拉力。由于稳向板或龙骨抵消了风力向帆船正侧方向的分力，所余的向前分力就能推动在迎风状态下的帆船以一个相对迎风的角度向前。

**2. 推**

帆船在顺风航行时，帆阻碍了风的流动，从而风"推着"帆船向前运动。

### （二）风与帆的相对关系

当风平稳地从帆的迎风面和背风面顺利流动时，帆船可以获得最大的动力。船员和舵手需要保持帆与风处于最佳的角度。有两种方式可供选择：第一种是以帆船索具调整帆与风向间的角度（迎风角），第二种是以帆船航向调整帆与风向间的角度（迎风角）。

### （三）气流线（帆线）

气流线（帆线）是用轻质材料制成的系在帆上的一根线，用来显示气流在帆面上的运行状态，通常被安置在前帆的1/3处、主帆一半高度的位置或主帆后缘。当迎风帆面上的气流线松弛，而背风帆面上的气流线平滑时，说明主帆向船体外打开的角度过大；当迎风帆面上的气流线平滑，而背风帆面上的气流线松弛时，说明主帆船向船体内收的角度过大；当迎风面与背风面上的气流线都运行平滑时，说明帆处于良好工作状态，如图6-2所示。

## 四、航行技术

### （一）登船

小步走到船的中央，以免船体过度颠簸。登船时，需要抓牢船上的某个固定物。如果已经有人先行登船，应该待在船的中央。应降低稳向板以保持船身平衡。首次航行时，应始终放低稳向板。

图6-2 气流线（帆线）的应用

（二）启动和停止帆船

**1. 启动帆船**

放下稳向板，把舵柄放在中间，然后将帆收得足够紧以便使空气在帆两边均匀地流过。如果帆收得准确，那么上风和下风的风标就会平稳地向后摆动。这样，就可以开始驾驶了。

**2. 停止帆船**

停止帆船一般有两种方法可以使用。第一种是松帆直到帆迎风失去动力，使帆完全迎风将使你处于安全的位置。一旦处于安全位置，就可以进行替换船员、调整装备，或者停下来休息。第二种方式就是掉转船头，让船头直接朝向风。在码头，这种方式应被优先考虑采用。

（三）出航与返航

出航与返航是帆船运动中很具有挑战性的操作。出发和返回码头需要掌握时机、判断速度和距离并根据需要利用风力保持或降低船速。

**1. 出航**

（1）下风出航：从帆船所停靠的码头下风侧出航较为容易。出航前，降下稳向板，升帆使帆船船艏顶风，然后轻推船头使之离开码头，在帆船顶风缓缓倒退的状况下推舵，船艏偏向，帆开始受风产生前进动力，然后将舵回正，保持侧风或侧顺风航向驶离码头。

（2）上风出航：驾驶帆船自码头的上风侧出航需要掌握适当的时机，一旦出航立即实行迎风航行；否则，帆船将被风吹回码头或遭风紧压码头而不能动弹。

**2. 返航**

返回码头的操控重点为如何使船安全地滑行到停泊处。帆船滑到停泊处的距离称为滑行带，滑行带的长短与船速、船重和风速都有关系。船速快、船重大将需要较长的滑行距离。强风会使船迅速停止，滑行带就较短。判断帆船在不同环境条件下滑行带是系泊作业成败的关键。

抵达停泊水域后，最佳的航法就是转入顶风无法航行的航向，失去帆动力的船体依惯性滑向停泊点，并因顶风阻力而使船速渐减，在抵达停泊点时完全停下。每次停靠操作时都要先计划好一条脱离路线，以预防风向突然改变或误判滑行带的距离。慢速靠岸优于快速靠岸。如果迫近码头的速度太快，可利用主帆反面受风的阻力可以迅速降低船速，甚至将帆船向后推行。

（四）驾驶

### 1. 船员

舵手驾驶帆船、操控主帆并帮助保持船体平衡，应优先坐在上风舷，面向帆，坐在舵柄的最前端，以便更好地观察帆、风向和波浪。舵手应保证船上的每个人都穿着救生衣并遵守安全程序。其他船员负责帮助帆船保持平衡，调整帆的迎风角度，观察其他船只和障碍物，坐在船中央以免船舷或船艉过低。船员在船上移动时，应尽量保持船身的平稳。

帆船如果有前帆，应交由舵手以外的船员来操作。如有必要，船员应调整主帆斜拉器、下拉索和后拉索。如果是单人帆船，驾驶者需要担任对帆、中央板、船体平衡等所有的工作。

### 2. 控船

让帆船向某个方向航行，即往相反的方向推拉舵柄，船上更常使用"推舵柄使船艏转向上风"或"拉舵柄使船艏转向下风"的术语。转向风的方向有时称为向上风或顶风，转离风的方向有时称为向下风或顺风。

### 3. 航行

航行时，舵手随时观察帆和船前波浪和风的情况，同时从帆桁下观察从下风方向的船只动态。

（1）仅靠帆和体重驾驶帆船：在首次航行中，不需要经常这样做，但有必要了解帆船倾角和帆角对帆船平衡的影响。可尝试将舵固定在艏艉中心线上，然后将身体向上风倾斜，或向下风缩，以此来改变帆船航行的方向，如图6-3所示。

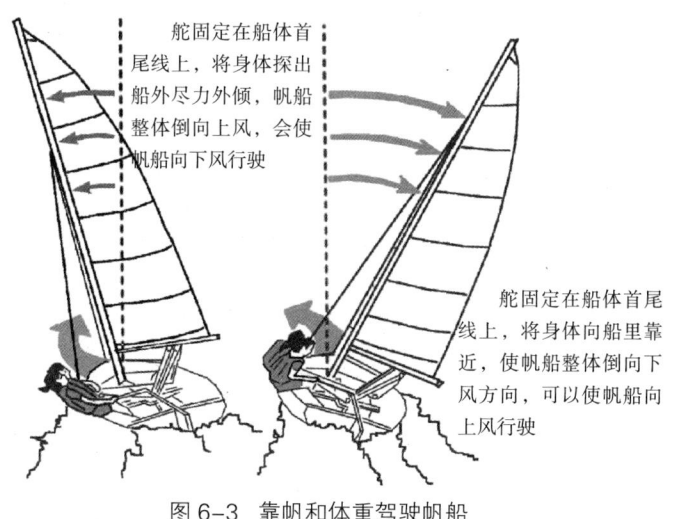

图6-3 靠帆和体重驾驶帆船

（2）通过调整船帆驾驶帆船：松开前帆会使船转向迎风行驶，松开主帆会使船转向顺风的方向。如果主帆没有松开，将很难使船顺风航行，尤其在风力很大时更加明显。根据平衡定理，驾驶者可以仅依靠帆就能驾驶帆船，主帆和前帆产生的力使船向前或向侧面移动，水作用于稳向板和舵会产生反向力。当合力处于平衡时，帆船将沿直线前进；如果不平衡，帆船将转向。

（五）航行方向

将海面分成360°，帆船的航向与风向的相对关系有六种基本航行方向，如图6-4所示。

（1）正顺风与顺风航行：风从船艉后方吹来。帆船只靠风的推力向前运动。航行中，船速若渐增就会感觉风力渐弱。

（2）大角度横风航行：风从帆船侧后方吹来，风向与帆船航行的角度大致成135°。通常帆船的速度会略微快，船上的人能感觉到风的吹袭。

（3）横风航行：风从帆船侧面吹来。风向与帆船的航行方向成大约90°夹角。对于大多数帆船来说，这时船速能达到最大，这是因为帆完全进入了拉力状态。

（4）小角度横风航行：风从帆船的侧前方吹来。风向与帆船的航行方向大约成60°夹角。船员会感觉到风力在加大，除了真风之外，还能感觉到由于帆船航行而产生的运动风。

（5）近迎风航行：风从帆船的侧前方偏正侧面吹来。风向与帆船的航行方向大约成45°夹角。帆完全进入拉力状态。

（6）禁行区域（正顶风）：风从帆船的前方吹来。风向与帆船航向呈小于45°角的区域被称作无法航行区域。

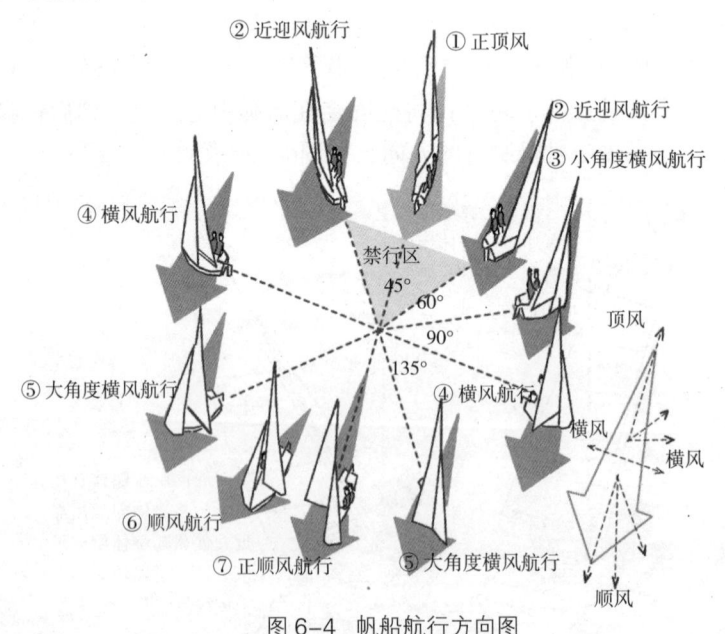

图6-4 帆船航行方向图

（六）迎风行驶

迎风航行是帆船运动中最具挑战性的驾驶操作之一，船员应做出适当的姿势并保持正确的帆身倾斜和帆面迎风角度。理想情况下，帆船应该向背风一面略微倾斜。当风力变小时，船员应坐在稍近船舱中心线的位置。正如之前所述，帆船无法正对着风的来向行驶（禁行区域），但是，帆船能够采取与风向大约成45°夹角的"之字形"策略向前迂回行驶。这种航行方式被称作"迎风换舷"。"迎风换舷"不停地通过"无法航行区域"，并将迎风面从帆船的一侧换到另外一侧，如图6-5所示。

（七）顺风行驶

顺风航行的操作跟迎风航行相比较为简单，是船员喜爱的驾驶方式之一。当帆船处于正顺风航行时，帆船只靠风推向前。这时船员应尽量将帆向外放，以便获得最大的迎风面积。在顺风行驶中，将受风的帆面从帆船的一舷换到另外一舷被称作"顺风换舷"，如图6-6所示。操作"迎风换舷"时，舵手推舵柄，从而使得船艏穿过"禁止区域"。而在操作"顺风换舷"时，舵手是拉舵柄，从而使得帆船偏向离风而以船艉通过风眼(风的来向)。无论是"顺风换舷"还是"迎风换舷"，都是将帆从船的一舷换到另外一舷。

（八）倾覆扶正

在较大的风况或强风中航行时帆船会有倾覆的可能。有些配备沉重的稳向板能够在翻船后自行扶正，只要重新调整控船就能恢复航行。自动扶正的帆船具有预设的浮力系统，使船不易倾覆，并很容易重新扶正。

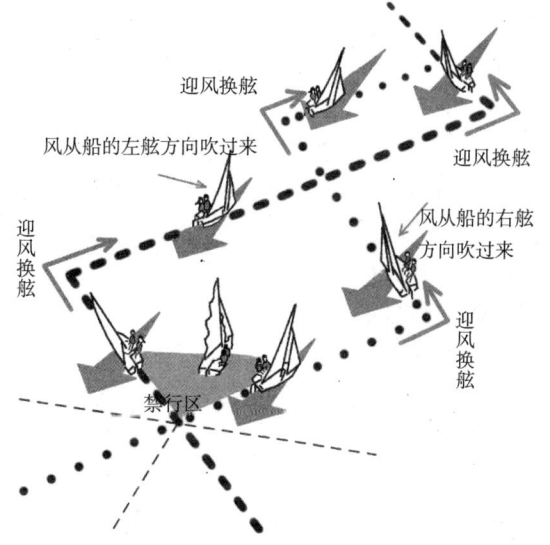

6-5 帆船迎风行驶图

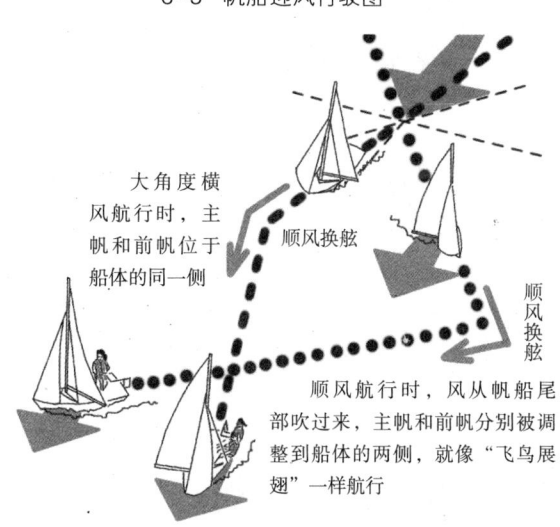

6-6 帆船顺风行驶图

帆船发生倾覆有三种状况：第一种情况是最常发生的向下风翻倒、帆浮在下风的水面；第二种是较少见的向上风倾覆，而且倒得很快；第三种情况称为纵摇，大多发生于多艟体帆船，船头钻入浪中，船体向前翻滚。

帆船倾覆通常是因为突发的强阵风或突然的风向转变，船员未能及时有效地操作；帆船换舷操作不当，导致帆船失去平衡而倾覆；舵柄或压舷带断裂，导致失控翻船；剧烈地操舵或猛然收放控帆，导致船的倾角突然改变，等等。

预防帆船倾覆最主要的方法是不要将控帆索夹在夹绳器上，随时准备在突然吹起强阵风时能迅速释放帆泄风以将过大的风力卸除；调整船员身体位置和帆的松紧以维持帆船的平衡。如果帆船倾斜角度过大，船将很容易失去控制。避免骤然改变帆的松紧或移动身体造成重心改变，使帆船失去平衡。应注意观察水面波纹与岸边景物所反映的强阵风征兆，以提前准备应对。

### 1. 铲式扶正

铲式扶正多用于两人或多人驾驶的小帆船，扶正时一名船员(如果可能应优先指派舵手)移至翻覆的船舱，当帆船扶正恢复正常的姿态时，随船船员立刻掌握船体平衡，避免再次倾覆，并操控帆船进入安全水域保持稳定状态。

### 2. 传统扶正

传统扶正法较难操作。在传统扶正方法中，没有人在船里，帆船在大风状况下可能很快再度倾覆。因此在扶正前要求船员在水中旋转帆船将船艏顶风，然后一名船员待在船艏保持顶风状态，另外一名船员爬上船并控制帆船。

### 3. 轻松扶正

当船开始倾覆时，帆桁经常被拖到水中，这能减缓帆船倾覆的速度。在帆船完全倾覆

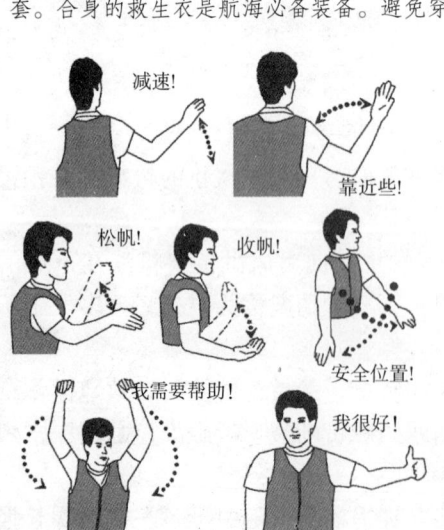

**航行着装**

海上的天气变化莫测，正确的穿着和装备在帆船运动中非常重要。操作帆船需要很多动作，所以应该穿宽松的衣服以提供足够的运动空间；同时，行李袋里携带其他的衣物，以备天气转冷或淋湿后增添更换。热天穿轻而透气的浅色衣服，高领、长袖的衣服可以避免曝晒，同时应使用防晒乳液保护皮肤，即使在阴天也应涂抹。配戴帽子夏天可以保护眼睛与头部免受阳光灼射，冷天也可保持头部温暖。戴抗紫外线的太阳镜（至少90％）时，偏光镜能大幅地降低水面反射的眩光。要穿帆船鞋或防滑鞋，以便能够在湿滑摇晃的甲板上站稳，也可以选择网球鞋；冷天则可穿防水航海长靴，以保持脚部的温暖和干燥。配戴航海手套可增大摩擦力并防止擦破手，在冷天里最好戴防水手套。合身的救生衣是航海必备装备。避免穿棉质衣物，应该穿弄湿之后仍能保暖的衣服，如皮革或化学纤维的衣物。

**饮食**

耐力与注意力与营养的摄入有直接关系。一个帆船船员每天需要超过3000卡路里的热量，好的食谱应该包括蛋白质、碳水化合物、脂肪、维生素、微量元素和大量水的合理搭配。为防止脱水，建议在出海前和航行中经常饮用大量的水。

**通信**

波浪声、风声和舵令声会使海上的通信非常困难。在噪音环境中，应该会使用手语。最常用的手语基本信号是"安全位置"、"靠近些"、"减速"、"升帆"、"降帆"、"我需要帮助"、"我很好"等。

前，船员可以迅速跨过离水的舷边跳到抬出水面的稳向板上，将体重尽量压在稳向板上，并紧抓船缘或侧支索等，身体后仰，将帆船逐渐扶正恢复正常姿态。此方法需要船员具备熟练的动作和敏捷的反应。

### 4. 翻覆扶正

船底完全朝上，桅杆完全朝下的翻船称为翻覆。扶正翻覆帆船时首先要将船旋转到一个水平的倾覆状态，使帆倒在下风侧，然后就可以采用前述的各种方法来扶正帆船。

如果帆船在浅海中翻覆，桅杆就有可能插到水底的泥里或沙里。此时需要赶紧采取必要的行动防止桅杆弯曲或脱离帆船。舵手和船员需要快速地离开帆船，以防止他们的体重使桅杆更深地插到底质里。要解开桅杆，将船头顶风。如果桅杆还不能脱出，请寻求外部协助。

> **帆船倾覆时如何入水及登船**
>
> 帆船倾覆时，离开帆船应该脚先入水，而非头部先入水，而且绝对不能跳水。重进入帆船时应从艉舷的上风侧上船，将水里的船员拉上船时，其身体先靠上船的应是腿而非背。

## 第3节　帆船帆板运动采风

### 一、主要规则采撷

#### 1. 名次计算

帆船竞赛共进行11轮（49人级16轮），前10轮（49人级前15轮）选其中最好的9轮（49人级14轮）成绩来计算每条帆船的名次。每一轮名次的得分为第一名得1分，第二名得2分，第三名得3分，第四名得4分，依次类推。总成绩得分越少者名次越前，前10名的船进入决赛。每条帆船在每一轮比赛中的名次得分相加，就是该船的总成绩。总成绩得分越少者名次越前。

#### 2. 竞赛

运动员可以自带船和帆，只要经过丈量委员会按级别规定丈量合格者，均可参加比赛。根据比赛时的气象水文情况确定赛场的大小。不同级别的比赛用时不同，每轮比赛一般在45～90分钟之间。帆船比赛主要有两种形式：一种为集体出发的"船队比赛"，另一种为两条船之间一对一的"对抗赛"。

#### 3. 信号与避让

帆船比赛的信息交流方式是展示"信号"，包括视觉信号（国际航海通用代码旗）和听觉信号（音响）两种，而且以视觉信号为主要依据。所有的"信号"都是在比赛场地的裁判船上展示的，所以运动员在比赛中必须高度注意各裁判船上展示的旗示及发出的音响信号。

帆船竞赛规则规定了比赛进行中的各种信号和避让办法，以免碰撞和发生事故，竞赛的帆船必须共同遵守。其中最重要的一条是"公平航行"，必须以高超的技术和最大的速度去赢得胜利，不允许试图用不正当的手段取胜。

在竞赛航行细则中还规定航程和绕标的方向，所有帆船必须按规定的一侧绕标，否则以未完成比赛处理。如果帆船在竞赛中犯规，则要按"竞赛规则"、"航行细则"等规定接受惩罚，然后继续比赛，惩罚包括原地转360°、加分直至取消成绩等。

4. 注意事项

运动员要有良好的身体素质，以适应长时间海上风浪的考验，游泳是必备的技能。国际帆船比赛常在强风中进行，需要运动员尽力去控制帆和船，以保持航向、把握航速并避免翻船；同时，又要以清醒的头脑去掌握周围的环境、水的流速、流向和气流变化。在参赛船只较多的情况下，运动员必须熟悉竞赛规则、避免犯规。此外，运动员还必须懂得检查、整理船上的装备，尤其是调整帆具，以获得最大的动力。

## 二、帆船比赛欣赏

帆船是风、水、人、船四者完美结合并充满活力的运动。欣赏帆船比赛，要看速度，要看人、船与自然的配合情况。驾帆船出海对船员在艰苦环境中的耐受力要求很高。因此，运动员耐力和意志品质的展示也是观看帆船比赛的一个重要方面。受项目特点所限，比赛场地一般离岸较远，观众在岸上很难看到比赛中的细节；即使自己有船也只能在划定的比赛区域之外观看，而且每个级别都要比好几天才能分出胜负，所以不妨把到现场看比赛当作一次海滨假日之旅。在蔚蓝的大海上，林立的桅帆在阳光的映照下，会让眼前的风景更加生动，而运动员驭风破浪的矫健身姿也会给人运动之美的愉悦享受。观众们可以很放松地在岸边看比赛，肉眼看不到的细节往往可以通过场边的大屏幕来弥补。

### 罗格与帆船

2007年起，雅克·罗格以国际奥运会主席的身份进入人们的视野，但是有多少人知道，这位令人尊敬的奥委会主席年轻时曾是帆船运动的好手。2008年北京奥运会期间，罗格选择在各项比赛激战正酣的时候出现在青岛奥帆赛场，充分证明了他对帆船运动的特殊感情。

罗格于1942年5月2日出生于比利时西北小镇丹泽，而他的童年和少年时代却是在港口城市根特度过的。罗格的父亲是位船长，三岁的小罗格就开始跟随父母一同出海，沿着比利时北海海岸航行。在家学渊源的熏陶下，年轻时的罗格就表现出极高的体育天赋，堪称水上健将，不仅在芬兰人级帆船比赛这个项目上共获得过1次世锦赛冠军、2次世界亚军和16次比利时全国冠军，还代表比利时连续参加了1968年、1972年和1976年3届奥运会的帆船比赛。如此辉煌的战绩，让罗格成为名副其实的帆船名将。

## 三、49人级帆船项目

不熟悉帆船比赛的人经常认为49人级帆船项目由49个队员组成,实际上,49人级帆船项目指双人操纵的新生代高速帆艇,船长4.99米(即49的含义)、宽1.7米,侧支架宽2.99米,帆面积59.2平方米,船重125千克。49人级是在大洋洲18英尺级帆船的基础上开发的项目,最高时速可达50千米/小时,被称为"海上F1",2000年被首次列入奥运会比赛项目,以其速度快、船身小、翻船率高的特点,一向被认为是难度最大的帆船竞赛项目之一。它要求运动员有娴熟的操作技巧、强健的体魄、勇敢无畏的精神。

相对于实力较强的欧美国家,中国在该领域多年来一直处于空白状况,直到2006年7月9日,经国家体育总局水上运动管理中心批准,中国海洋大学49人级帆船队在青岛奥林匹克帆船中心正式成立并下水试航,我国在这一领域才终于拥有了属于自己的第一支国家级帆船队。

### 中国海洋大学49人级帆船队

中国海洋大学49人次帆船队由来自中国海洋大学运动训练专业的6名优秀在校学生组成,他们出于对帆船运动的热爱聚集在了一起。建立之初,这支新生的船队在各个方面都面临着巨大的挑战。由于在组建队伍之前,我国没有开展49人级帆船项目,对这一项目可以说是一无所知,就连比赛用船也都没有看见过……他们使用的第一条49人级帆船,是从澳大利亚买来的二手船,花了一周时间才完成了组装。

在早期的训练中,屡屡遇到翻船的情况,并折损了很多根桅杆,对技术的陌生以及财物损失令教练和队员的心里都压上了沉重的负担。然而,年轻的心总是怀揣着梦想和激情,整个队伍开动脑筋、调整心态,很好地解决了所面临的困境。他们把桅杆上绑上了塑料球,这样船一翻桅杆就会自然漂上来,既避免了队员落水,也减少了折毁桅杆的不必要损失。

通过教练员和运动员的不懈努力和顽强拼搏,凭借对帆船运动的激情投入和奥运精神的执著追求,船队克服了组队时间短、大赛经验不足等重重困难,在比赛中不断锻炼成长,增强了实力,已成为目前国内49人级帆船成绩最好、水平最高的队伍。船队成立不久,便迎来了他们的第一场国际赛事——"好运北京"2006青岛国际帆船测试赛,来自42个国家和地区的468名选手来青参赛。虽然成绩并不理想,但他们把握住了难得的学习和积累经验的机会,在技术和心理素质上都有了很大的提高。在2007年4月法国依尔举办的国际帆船周公开赛上领先同时参加的福建队11个名次到达了终点,取得了继续代表我国参加2007年6月份在葡萄牙举办的世界帆船锦标赛和同年8月份在青岛举办的2007年奥运会测试赛的入场券。继此之后,中国海洋大学49人级帆船队又成功参加了2008年澳大利亚墨尔本世锦赛,最终获得了奥运会入场券,代表国家出征2008年北京奥运会。

自由潜水是进入另一个世界，没有重力，没有颜色，没有声音，是一次进入灵魂的跳远。

——马贝托·皮利兹里（意大利潜水员）

# 第7章 浮潜

本章主要介绍潜水的相关知识与浮潜技术。首先简要介绍潜水运动的起源、发展等基本情况以及相关常识，然后对浮潜各个技术进行分析讲解，最后通过对国际性潜水比赛"蹼泳竞赛"及世界潜水胜地的介绍，以使同学们对这项比较陌生的运动产生兴趣并进行相关技术的学习和掌握。

### 潜泳爱好者的天堂——大堡礁

这是世界上景色最美、规模最大的珊瑚礁群，沿澳大利亚东北海岸线绵延2000余千米的热带海域，东西宽20～240千米，总面积达20.7万平方千米，形成于中新世时期，距今已有2500万年的历史。

这是一片色彩斑斓、五光十色的神奇水域，它有足够的理由让你赞叹自然的神奇，白如飞霜、绿似翡翠、孔雀开屏、雪中红梅、浑圆的蘑菇、纤细的鹿茸……如果你想欣赏姿态万千的水下森林，大堡礁向你伸出欢迎的臂膀。泳姿优雅的蝴蝶鱼，色彩华美的雀鲷，漂亮华丽的狮子鱼，好逸恶劳的印头鱼，成群结队的小鲭鱼、天使鱼、鹦鹉鱼、海参、海星、海葵、蠕虫、海绵、海蛞蝓、海蜇、管虫、海胆、海鞘、水母、虾……如果你想近距离接触它们，与它们一起畅游海底，大堡礁期待你的到来。

这里是徒手潜泳爱好者的天堂，位于亚热带的大堡礁，气候温和，海水清澈，一年四季均适合潜水运动。在彩色缤纷的珊瑚礁间潜水或潜泳，仔细欣赏那五彩缤纷、形态各异的珊瑚礁，与无数大大小小的鱼儿一起共舞，绝对是一件赏心乐事。运气好的话，还可能看到缓慢游过的大海龟、长达一米的大龙虾和无数海洋珍稀生物，让潜游者恍如身处天堂，流连忘返。

# 第1节 潜水运动简介

> **问题导引**
>
> 潜水运动的起源及发展情况如何？潜水运动如何分类？

海洋占地球的71%，人类从古至今没有停止过探索这美丽的世界。海洋的发展近年来更是逐渐受到人类的重视，但一般人如何去了解这广大且神秘的海洋呢？除了像科学家或海洋学者对海洋作深入探讨之外，最直接的方法则是进入海洋，而潜水就是最简单和最直接的方式，亦是最能与海洋生物直接产生互动的方法。

潜水活动的起源可以追溯至远古时代人类在潮间带觅食谋生的行为，这种行为亦可以说是人类接触海洋的初期活动；然后随着玻璃的发明，人类研发出木制或牛角制的双眼式泳镜，让更多人对浅处海洋的真面貌有了更多的了解。今天职业潜水的前身，要算160年前英国的郭蒙贝西发明的从水上连接空气泵运送空气的机械潜水，也就是头盔式潜水。这种潜水于1854年首次在日本出现。1924年开始使用玻璃做潜水镜，并利用空气泵从水面上吸取空气的"面罩式潜水器"，这是水肺潜水器材的前身。同年，日本人使用面罩式潜水器潜入地中海底70公尺，成功地捞起沉船八阪号内的金块，震惊了全世界。在第二次世界大战期间，开发了一种特殊军事用的"空气罩潜水器"，采用的是密闭循环式并有空气瓶的装置。第二次世界大战末期，法国开发了开放式"空气潜水器"，1945年前后这种潜水器在欧美非常流行。近几年来，潜水器材的进步带动了潜水运动蓬勃发展，投身于潜水和喜欢潜水运动的人也越来越多。

潜水运动是在水下进行各种竞技活动的体育项目，包括为掌握潜水基本技术而进行的各种潜泳、蹼泳以及水中定向、水下狩猎等内容。潜水运动能够锻炼体质，增强内部器官和神经系统的功能，促进血液循环，增大肺活量，使身体全面发展；还可以深入海中探索水下世界的奥秘，开阔眼界，增长知识。

潜水活动从性质上分为专业潜水和休闲潜水两类。专业潜水主要是指水下工程、水下救捞、水下探险等方面需要有经验的专业潜水人员进行的潜水活动。而休闲潜水是指以水下观光和休闲娱乐为目的的潜水活动，又分为浮潜（图7-1）和水肺潜水（图7-2，即

图7-1 浮潜

图7-2 水肺潜水

使用气瓶和水下呼吸器进行潜水）。我们平常能接触到的潜水观光就属于休闲潜水，而在海滨旅游景区所看到的绝大多数是休闲潜水中的潜水体验者。水肺潜水是带着压缩空气瓶（并非很多人认为的是使用氧气瓶），利用水下呼吸器在水下进行呼吸，是真正的潜入水底的一种潜水。全套水肺潜水装备包括面镜、呼吸管、脚蹼、呼吸器、潜水仪表、气瓶、浮力调整背心和潜水服等，潜水员在开放水域潜水时，还会携带潜水刀、水下手电及鱼枪等必要的辅助装备。浮潜是指用一根呼吸管在水面上游泳，是比较简单的，只需利用面镜、呼吸管和脚蹼就可以漂浮在水面，然后通过面镜观看水下景观。在国内外只要通过简单的培训，而不必一定需要取得浮潜证书，即可进行浮潜活动。第二节中的技术内容就是针对浮潜技术而言的。

> **高氧潜水**
>
> ENRICHED AIR，被译为"高氧"潜水、"富氧"潜水等，指的是以高于空气中氧气含量(>21%)的氧气与氮气所组成的混合气体，通常采用22%~40%氧气，再混合氮气来作休闲潜水之用。目前世界上的休闲潜水体系仍以压缩空气潜水为主。

## 第2节　浮潜的基本技术

> **问题导引**
>
> 浮潜运动前的准备工作有哪些？浮潜运动的基本技术有哪些？针对不同的技术应如何有效地进行练习？潜水时如何节省用气？潜水时怎样进行呼吸调节？

浮潜不仅是漂浮在水面的活动，包含漂浮、下潜、上升、排水、换气、呼吸、自救与器材选择使用等一系列方法技巧。下面我们将对潜水的基本技巧进行系统的学习。

### 一、准备

（一）面镜

选择适合自己的面镜是潜水前的必要准备工作。面镜应该戴上后很舒服，在双眉间、鼻梁上和上嘴唇应该没有压力点。

检查面镜也是一项重要的工作。双手把面镜扣在脸上，让面镜密封边的下边缘位于鼻子和上嘴唇中间，确保头发在面镜外边，然后轻轻吸气，面镜应该能吸在脸上而没有明显的漏气。轻轻地按住面镜（让密封边呈自然形态），同时轻轻呼

> **面镜的选择**
>
> 根据自己的脸型选择合适的面镜宽度、高度（底部到顶部的距离）和角度（宽脸和圆脸颊的人需要小开口或者从密封边中心到边缘距离不同的面镜，脸消瘦有棱角和高颧骨的人适合密封边更靠后包裹住侧脸）的面镜。

气,密封边内部应该没有或者仅有小缝隙。

选好面镜后,接下来对带子进行相应的调整。带子应该足够紧,使面镜可牢固地固定在脸上。但是,切忌勒得过紧;否则,不但会觉得不舒服,并在潜水后在脸上留下红印,也增加了漏气的可能。带子调整好后,用鼻子呼气时,应该可以用手指容易地摘下面镜。

(二)脚蹼

浮潜者通常穿为光脚或穿潜水软袜设计的套脚式脚蹼,如图7-3所示。如果浮潜的出发点很不平坦或者为了更好地保护脚,可以选择带子可调的脚蹼,并穿橡胶底的鞋。可调节脚蹼通常分为大、中、小号,不分左右脚,有的脚蹼分别为宽脚和窄脚设计。脚蹼应该合适而非一味地为了舒服,太松会导致踢水时脚蹼摆动,太紧则导致脚湿的时候很难穿上,而且容易导致脚趾抽筋。如果脚蹼内还有一些多余的空间,穿双潜水袜可以变得合适并可保护双脚。

(三)呼吸管

呼吸管(图7-4)有多种类型和尺寸。大一点的儿童和成人用标准呼吸管,小孩用标准呼吸管和小一点的咬嘴。体重不到30千克的孩子需使用短的、窄的并带有小型死水空间的呼吸管,以保证提供充足的氧气。干式呼吸管在新手中很流行,具有即使将头浸到水下也不会进水的优点。半干式呼吸管带有防溅装置,可以减少海浪和飞溅的水进入呼吸管,但是不能完全关闭。所有的呼吸管都有一个夹子,可以固定在头部左边的面镜带子上,净化阀可以轻松清除任何进入呼吸管的水,软管使潜水者可以轻松调节呼吸管。

(四)附件

一些有用的附件如面镜除雾剂、背包、头带套、面镜简易头带、呼吸管咬嘴、呼吸管扣、目的地的浮潜指南、鱼和生物的识别手册和卡片、水下相机(图7-5)、儿童和成人的防晒霜、硅胶油脂、脚蹼袜、马克笔、防水带等可以让浮潜旅行更安全、更容易,也更享受。

图7-3 脚蹼　　　　　图7-4 呼吸管　　　　　图7-5 水下相机

(五)准备装备

清洗面镜。除非说明书中特别提到不用清洗,否则必须在使用前清洗面镜的内镜片。在两个镜片的内侧各放一点清洗剂,用指尖仔细地擦1分钟,再用清水冲洗。

装上头带套。装橡胶头带套是防止硅胶面镜头带缠在头发里的最好方法。

装上呼吸管。呼吸管装在面镜的左侧,用呼吸管扣钩在面镜头带上,呼吸管在头带外侧。

面镜除雾。面镜干净后,仍需要使用除雾剂,以免浮潜时起雾。每个镜片内侧滴1~2

滴，用手指涂开，在下水前冲掉残余的。每做一次，可以在水中保持1~2小时不起雾。

## 二、入水

### （一）准备

穿上救生衣并充气到一半。将面镜扣在脸上，然后把头带拉到脑后，戴上面镜调节呼吸管。咬住呼吸管的咬嘴（无须太用力），使咬嘴的伸出部分在牙齿之间，主要部分在嘴唇和牙齿之间。深呼吸时，会有一些阻力，属正常现象，是由于空气流过呼吸管的咬嘴时的阻力而致，呼吸最好缓慢而平稳。最后穿上脚蹼。

### （二）入水

**1. 乘船入水**

（1）"大跨步"入水：适用于从有平台的船上入水。穿戴好面镜和脚蹼，咬上呼吸管。把脚趾放在平台边缘，一只手放在面镜和呼吸管咬嘴上，以保证其正确位置。确认身下的区域没有礁石之类的障碍物，然后水平看向前迈一大步。在入水的一刻，身体应该保持直立，如图7-6所示。如果所乘的船有梯子，则穿着脚蹼爬下去即可。

图7-6 "大跨步"入水

（2）"向后翻"入水：适用于从小船（如充气船）入水。穿戴好面镜和脚蹼，咬上呼吸管。确认身下的区域没有礁石之类的障碍物，将下巴含到胸部，一只手放在面镜和呼吸管咬嘴上，以保证其正确位置，向后翻。正确的后翻入水应该是背部击打水面，不要翻跟头。

**2. 沙滩入水**

（1）水面平静时，穿戴好面镜，咬上呼吸管，走到水中到齐腰深。穿上脚蹼，利用水的浮力支撑身体。观察水下环境确认没有危险。

（2）水面有浪时，在水边穿戴好面镜和脚蹼，咬上呼吸管，拖着脚横向走或者倒着走，眼睛向后看，观察浪的情况；当到了大腿和腰之间的深度，转身向更深处浮游。

## 三、潜水

### （一）下潜

**1. 准备**

在下潜之前，放松并深呼吸3~4次。

**2. 下潜（梭鱼潜）**

利用重力可以容易地下降，用胳膊控制上半身垂直向下，然后把脚蹼升到水面以上。调节耳压后，把脚蹼直立起，靠重力潜向水底，也可用胳膊加点推力，当脚进入水面下后踢水前进。

**3. 免压技术**

水本身的重量使得水中较深处的压力相对较大，只要没入水中1米的深度，由于水中的压力大于内耳空间的压力，耳膜会受到外在的压力而向内凹，将立刻感觉到耳膜的疼痛。鼻腔内的鼻窦和肺部也会受到外力挤压。

（1）调节耳压：在下潜的途中当感觉耳膜不舒服（不是疼痛）或听觉有点异样，就必须平衡耳内压力；否则，可能会带来耳痛、中耳炎、耳膜撕裂。最常见的技巧叫做"咽鼓管充气"：捏住鼻子，往鼻子内轻轻吹气（好像在向手帕里挤鼻涕），使少量气体进入中耳，来平衡耳内和外界的压力。如果下潜时耳内疼痛，应该马上停止下潜，返回水面。

（2）调节鼻压：通常在进行耳压调节时，肺部的气体亦会进入鼻窦，但想要达到平衡的效果，一定要用捏鼻子擤鼻涕的方式。如果几次尝试后仍感到颚头或鼻梁内疼痛的话，应终止浮潜的活动，并找耳鼻喉科医生检查。

（3）调节面镜的挤压：面镜和脸部间的空腔也会随着下潜深度的增加而产生挤压现象，当脸部有被压迫的感觉时，可用鼻子向面镜内吐气进行调节，深度愈深做的次数也要增加。

（二）水下技术

放松用脚蹼轻轻踢水，越放松，屏气就会越久。潜得更深时，要再次平衡耳压。

1. 适应水下环境

全身放松，脸朝下浮，不能用鼻子吸气，不需用胳膊游泳，脚蹼可以产生足够的推力。用胳膊来转向，指向所看到的有趣的东西。

2. 呼吸

水中活动和陆地活动有很大差异，尤其水中阻力大，活动起来较费力，因此需要大量的氧气补充。所以，适当的呼吸控制以免过多的二氧化碳产生和堆积。控制呼吸的方式有两种：

**水下的视差**

水下看物体比在空气里看起来更清楚和锐利。那是因为在水中带面镜所产生的夸张效果，物体会显得变大和变近约25%。当你看到所谓的"大鱼"时，别忘了这一点。

（1）横隔膜呼吸：指在水面每次吸气时比平常吸气吸得深，由于吸气较深当然速度较慢，因此浮潜运动的模式也会因为呼吸的速度慢下来，但可增加气体的交换量并相对地降低残气的比例。

（2）快速呼吸：这种呼吸方式在水面快速游动时运用，可配合蛙鞋踢动的速度来调整，但快速的动作和呼吸不宜长久，否则会导致缺氧。

3. 排水

（1）面镜排水：虽然选择了一组适合自己脸型的面镜，但是在水面上浮潜时总会有些外来的因素使面镜进水。排水时不需要把脸伸出水面，朝脸的方向轻轻按住面镜的顶部，通过呼吸管吸一口气，然后用鼻子缓慢而平稳地呼出，呼出的空气会把水从面镜底部压出面镜。

（2）呼吸管排水：呼吸管进水的几率非常高，只要佩戴的角度不对或波浪稍大都会使呼吸管也容易进水。另外，从水底浮升到水面时呼吸管也容易进水。这时可以利用以下排水技巧将水自呼吸管中排除后继续进行呼吸的动作。

①喷气式：将肺里的空气由口中短而有力地呼出去，由于现在的呼吸管大多有排水阀

的设计，所以在呼气的力道上不必太过用力。用呼吸管慢慢呼吸，捏住呼吸管的软管部分用力吐气，可清除剩下的一点残留水。如果没有足够的气来排水，即使呼吸管里有水，也可以呼吸，具体方法是向下看，让咬嘴比牙齿低，非常轻而慢地吸气，呼吸管内的空气会变成泡沫升上水面，最后用牙齿过滤进来的泡沫和水。用这个方法呼吸1~2次存够足够的气，然后按第一种方法排出呼吸管里的水。

②气体膨胀式：这种排水的方式是针对没有排水阀的呼吸管在潜水后回升时所设计的技巧，在水底上浮的过程中先吐一些空气在管中并抬头仰望水面，等到达水面后呼吸管内的水自然就被膨胀的空气挤出管外了。

> **潜水时如何节省用气**
>
> 做好中性浮力调节、身体放松、动作优雅——减少多余的运动消耗空气；
>
> 呼吸平缓——使每份空气都发挥作用，不浪费；
>
> 正确使用脚蹼——减少因抵抗水的阻力而消耗宝贵的空气；
>
> 戒烟——吸烟者的肺需要更多空气；
>
> 避免体温过低——避免需要大量空气来保持体温。

**4. 脚蹼的使用方法**

正确的脚蹼踢水动作可以使潜水者更省力地在水中移动。改变踢水动作可以缓解腿的疲劳，并防止抽筋。

（1）摆腿踢水：从臀部开始运动，用腿部和臀部的大肌肉，缓慢踢水。

（2）海豚踢水：双腿一起运动，靠臀部和背部的下方运动，像波纹一样运动身体。

（3）青蛙踢水：类似蛙泳，拖起膝盖，然后横向运动小腿，再合并双腿，试着将脚蹼底部互相靠在一起。

**5. 水中站立**

使用蛙鞋能增加游速，但有时却也会成为负担，如在浅水中由平趴的姿势想站立起来时，就会产生阻力使得双脚无法往前跨出而无法站立。

站立的技巧很简单，只要将平趴着的身体翻转让背向着水面，再弯腰屈膝蹬腿便能站立了，通常站立起来后背部是向着岸边的，这时必须倒退着走，因为正常方式向前行走很容易因蛙鞋的阻绊而跌倒受伤。

## 四、上浮

**1. 游回水面**

准备上升时要注意观察上面和周边，一只手伸向头上作为保护，避免碰上另一个潜水员、船或海龟等。

**2. 救生衣的水面充气技术**

在每次下潜前应先将救生衣的气泄光，减少浮力才能潜到水底。可是，上升到水面后需要一小段的时间休息和调适呼吸，如果没有足够的浮力就必须一直踢动蛙鞋来保持浮力。水面救生衣的充气技巧非常重要，先将救生衣的吹气口握在左手，并将充气阀门打开，此时的蛙鞋踢法必须改变，两脚前后张开后用力向中间回夹，产生冲力冲出水面，借着冲出水面的时间张嘴吸气，身体回落水中后再吹入救生衣当中，这样往复几次救生衣内的空气就能够产生较大的浮力了，但要注意的是在做这个动作时不要咬呼吸管。

3. 排水

潜水者一到水面，需要立即排出呼吸管里的水（"干式呼吸管"除外）。可以使用之前讲过的"吐气"法，也可以采用"换位"法，即上升到接近水面时，吐少量气到呼吸管里使水排出，浮出水面时，呼吸管里已经没水或者仅有一点了。

# 第3节  潜水运动采风

## 一、主要规则

目前世界上存在多种多样的潜水运动和潜水比赛，下面就潜水运动的一个国际性比赛——"蹼泳竞赛"作一简单介绍。

20世纪60年代初，潜水运动出现了在游泳池内进行的竞速潜泳项目，国际上统称为蹼泳，大体分为水面蹼泳、水下屏气游泳和水下带空气呼吸器的潜泳等，共有21个比赛项目。由于泳姿新颖、速度快，在运动形式、技术特点、生理负荷和能量消耗等方面都有别于游泳运动，蹼泳逐渐成为一个独特的运动项目。20世纪70年代后期，蹼泳开始在欧洲国家盛行，1982年已经发展到34个国家，迄今为止，已举办了10届欧洲锦标赛和3届世界锦标赛，并已列入世界运动会正式比赛项目。

1. **基本规则**

（1）运动员须在自己的泳道内比赛完毕。

（2）运动员不得用任何方式干扰、阻碍其他运动员游进，否则算犯规。

（3）运动员在转身和到达终点时，没有用身体某部位按规定触及池壁即算犯规。

（4）比赛中对受干扰和阻碍的运动员应允许补测成绩或直接参加复、决赛。

（5）比赛中运动员在池底允许站立，但不得跨越、走步、跳跃或手扶分道线休息，否则即算犯规。

（6）比赛时运动员必须使用各项比赛规定的必备的装具游完全程，否则算犯规。

（7）接力赛中，某队任何一人犯规，即算该队犯规。

（8）比赛中，如遇装具故障难以在水下排除，或气体耗尽，或自我感觉不适，应立即浮出水面，并举手表示弃权。退出比赛时不得妨碍他人。

2. **各项比赛要求**

（1）水面蹼泳：

① 比赛距离：男女均为100米、200米、400米、800米、1500米、4×100米接力、4×200米接力。

② 比赛装具：脚蹼、面罩（或眼镜）、呼吸管。

③ 比赛规定：运动员必须穿脚蹼。只能用爬泳、海豚式游泳或混用这两种姿势。运

动员不得全身潜入水中，出发或转身后允许在15米内做一次潜泳。比赛成绩按时间计算评定。

（2）水下屏气游泳：

① 比赛距离：男子50米（少年40米），女子50米（少年25米）。

② 比赛装具：脚蹼、面罩（或眼镜）。

③ 比赛规定：运动员必须穿脚蹼。禁止使用呼吸管。运动员必须在水下游完全程，身体及装具任何部分不得露出水面。以运动员身体任何一部位在水下触及终点池壁时记取成绩。

（3）水下带空气呼吸器的潜泳：

① 比赛距离：男子100米、400米、800米；女子100米、400米。

② 比赛装具：脚蹼、面罩（或眼镜）、压缩空气呼吸器。

③ 比赛规定：运动员必须穿着脚蹼和空气呼吸器。比赛中，运动员及其装具必须保持在水下。转身时，除面部外，允许运动员身体及装具的任何部分露出水面。在转身处及终点，运动员必须在水下用身体（包括脚蹼）的任何一部分接触池壁。

## 二、世界十大潜水胜地

### 1. 红海

红海（图7-7）的海洋颜色如绿松石一样美丽，拥有形态各异的珊瑚礁和非常丰富的海洋生物。沿着红海知名的潜水地点有大量古代沉船和潜水国家公园等等。埃及本身又有丰富的历史文化景观，所以红海潜水之旅不仅仅是潜水猎奇之旅，也是文化之旅。

### 2. 大堡礁

澳大利亚大堡礁（图7-8）由1000多个珊瑚岛组成，从邦达伯格往北沿昆士兰州海岸伸展在南太平洋上，有些海滩绵延达140千米。大堡礁是世界奇迹之一，礁中有各种各样的野生动植物。邦达伯格地区有许多溪流和河口，是钓鱼的理想场所。如果要彻底领略大堡礁的魅力，最佳途径是在大堡礁潜水。

图7-7 红海风光

图7-8 大堡礁海底风光

### 3. 巴厘岛

巴厘岛（图7-9）是印尼13600多个岛屿中最耀眼的一个岛，位于印度洋赤道南方

8°，爪哇岛东部，岛上东西宽140千米，南北相距80千米，全岛总面积为5620平方千米，有极丰富的海洋生物、优秀的潜水教练和非常舒适的度假村。

### 4. 夏威夷

夏威夷（图7-10）地处太平洋，四面环海，气候宜人，环境优美，有"旅游天堂"之美誉。阳光、海浪、沙滩、火山，还有当地的民俗文化，构成了极富特色的夏威夷风光，夏威夷北部是美国最大的海洋生物保护区。

图7-9 巴厘岛风光

图7-10 夏威夷风光

### 5. 密克罗尼西亚及南太平洋群岛

密克罗尼西亚及南太平洋群岛（图7-11）主要有马里亚纳群岛、加罗林群岛、马绍尔群岛、瑙鲁岛、吉尔伯特群岛等。群岛分列为两弧，中隔马里亚纳海沟。群岛以珊瑚礁为主，有许多大环礁和礁湖，也有火山岛。该处潜水价格也十分经济。

### 6. 伯利兹

在伯利兹海面上有很多蓝洞（图7-12），但是邻近灯塔礁的大蓝洞是最著名的一个，也是最适合潜水的地方。大蓝洞直径约304米，深约122米，在伯利兹以东90千米处。大蓝洞是全世界最有名的潜水胜地。

图7-11 密克罗尼西亚及南
太平洋群岛风光

图7-12 伯利兹大蓝洞风光

### 7. 费尔南多迪诺罗尼亚

巴西的费尔南多迪诺罗尼亚（图7-13）是一座总面积达26平方千米、与世隔绝的火山岛，和它的昵称"大西洋上的祖母绿"相匹配。主岛是由海底4000多米的火山岛露出水面的部分组成，被认为是南大西洋最美丽的岛屿。那里最美的景色包括未开发的海滩、令人惊奇的岩石，还有难以想象碧绿清澈的大海及数量丰富的海洋生物。

### 8. 坎昆

墨西哥坎昆（图7-14）外围的COZUMEL岛是世界著名的潜水天堂，世界第二大珊瑚礁，北美最佳潜水地点。该地交通便利，附近更是有玛雅文明遗址，是值得一去的度假圣地。

图7-13 费尔南多迪诺罗尼亚火山岛风光

图7-14 坎昆风光

### 9. 斐济

斐济（图7-15）被称作"南太平洋的十字路口"，因为它所处的地理位置非常特殊——在国际日期变更线上，国际日期变更线贯穿斐济而斐济却仍有统一的时间。在斐济通透的海水里，五颜六色的鱼会以为人都是它们的同类而毫无顾忌地围绕人游弋，人们伸手就可以触摸到它们……

### 10. 马尔代夫

马尔代夫（图7-16）的长年水温是20℃~30℃，而泻湖经常达到32℃。从5月到11月，这里拥有平静的海面和湛蓝的天空，水下能见度最好的时候。3~4月，此时40米的能见度是很正常的，有时在珊瑚礁下甚至能看出70米；但在4月，浮游生物开始增多的时候，能见度就降到约20米了。

图7-15 斐济风光

图7-16 马尔代夫风光

> 为花样游泳死也值得。
>
> ——蒋文文 蒋婷婷

# 第8章 其他水上运动

水上运动，不仅是一项运动，还是一门艺术。优雅的体育，高尚的艺术，尽在粼粼清水之间。本章主要介绍冲浪、跳水、花样游泳等水上运动，让同学们对此有所了解，并学会欣赏简洁利落的跳水运动、美妙怡人的花样游泳。

## 精彩案例

### 花游新星——蒋氏姐妹

蒋文文、蒋婷婷这对泳坛姐妹花，给予了我们太多的惊喜与骄傲。2010年11月落幕的广州亚运会上，姐妹俩以一套近乎完美的《雀之灵》夺得金牌。位列第二的日本组合比她们落后6.50分，差距很大，算是轻松取胜。这也是蒋氏姐妹继四年前的多哈之后，再一次夺得亚运会花样游泳双人自选项目的金牌。

与四年前第一次被蒋家姐妹击败时的激烈反应相比，日本人似乎已经习惯了失败。在多哈，她们的统治地位第一次被蒋家姐妹打破，满肚子的委屈和牢骚，认为是裁判帮忙，还认为花游教母井村雅代"偷偷"加盟中国，使中国获得了裁判们的特殊照顾。四年后，蒋氏姐妹用她们的精彩表现，再一次证明了自己的实力，让自大不满的日本人输得哑口无言。

从2006年多哈亚运会集体、双人冠军，首次打破日本队长达20年的垄断，到2007年世界游泳锦标赛集体、双人第四名，再到2008年奥运会双人第四名，她们努力着，前进着，一步一步向梦想迈进。2009年罗马世锦赛上，她们为中国队夺得1银4铜，2010年又夺得世界杯自由自选双人冠军，正式迈入花样游泳的第一集团。

姐妹俩一年一个台阶接近自己的梦想。"对于我们而言，赢就是一个个胜利的积累，是一个个小的进步成就了一个大的进步。每个胜利都不是终结，只是完成了一个目标吧。"蒋文文说。

新编大学体育与健康教程

# 第1节 冲浪运动简介

> **问题导引**
>
> 冲浪运动起源于何时何地？是怎么发展起来的？冲浪对人们有着怎样的吸引力？被称为冲浪圣地的地方有哪些？

冲浪（surfing）是以海浪为动力，利用自身的高超技巧和平衡能力，搏击海浪的一项运动，是运动员站立在冲浪板上，或利用腹板、跪板、充气的橡皮垫、划艇、皮艇等工具驾驭海浪的一项水上运动。不论采用哪种器材，冲浪运动员都要有很高的技巧和超强的平衡能力，还要善于在风浪中长距离游泳，如图8-1所示。

图 8-1 冲浪

冲浪活动发源于夏威夷，是波利尼西亚人的一项古老文化。他们的酋长是部落中技术最好的驾浪者，拥有最好的树木制成的最好的冲浪板。在那里，只有统治阶层才能拥有最好的海滩和板子，一般阶层的民众是不准进入他们的沙滩的。但是普通民众可以凭借优良的冲浪技术得到晋升，进而拥有这些特权。

**钱塘江冲浪**

钱塘江是全球仅有的三处适合"内河冲浪"的内陆水域之一，在一些经验丰富的冲浪者看来，钱塘江潮水的壮观程度远胜过冲浪胜地亚马逊河。钱塘江潮虽然不像其他海浪一样，能掀起几十米高，但钱塘江潮有着与众不同的地方，其他海浪大都只有向前的冲力，钱塘江潮既有向前的冲力，还有上下翻滚的张力。在亚马逊河里冲浪就像穿行在原始森林中，而在钱塘江上冲浪，更像在城市中穿越，充满了惊喜和刺激。

尽管冲浪运动在我国刚刚起步，与冲浪运动相关的产业在我国尚未得到充分开发，但业内人士相信，冲浪在我国蕴藏着巨大的潜力。其实我国人的身体条件（身高和肢体平衡性）比欧美人更适合冲浪运动，很多国际上的优秀选手个子都不高，因为这有利于选手控制身体的平衡。冲浪集阳光、空气和水这健身三要素于一身，它所蕴涵的时尚极限运动精神正迅速被广大的中国年轻一代所认可并发扬，这些都将极大地促进冲浪运动的发展。

在获得1912年奥运会游泳冠军的美国夏威夷人哈哈摩库的大力提倡下，冲浪运动在美国的加利福尼亚推广开来。冲浪运动现在流行于夏威夷、北美、秘鲁、澳大利亚和南非，并且已经具有了世界级别的冲浪锦标赛。

冲浪运动以浪为动力，然而该运动也有一定的客观条件要求，如要在有风浪的海滨进行，海浪的高度要在1米左右，最低不少于30厘米等。夏威夷群岛常年有适合冲浪运动的海浪，特别是冬天或春天，都有从北太平洋涌来的海浪，浪高达4米，可以使运动员滑行800米以上。因此，夏威夷群岛一直是世界冲浪运动的中心。

## 一、冲浪运动的起源与发展

冲浪运动起源于澳大利亚，由于澳洲四面环海，气候温暖，多日照而少阴雨，有利于水上运动的发展，故而澳大利亚人特别喜爱冲浪运动。早在欧洲人迁来之前，这里的原居民乘独木舟浮海时，就凭一叶扁舟忽而冲上浪峰，忽而滑向浪谷，这便是冲浪运动的前身。

早在1778年，英国探险家J·库克船长在夏威夷群岛就曾见过当地居民进行这种活动。1908年后，冲浪运动传到一些欧美国家，1960年后传到亚洲。第二次世界大战后，塑料工业的诞生促成了轻便的塑料冲浪板的产生，亦促进了冲浪运动的发展。至此，冲浪运动才真正在世界许多国家开展起来。

随着冲浪运动的逐渐普及和提高，该运动便向着竞技方向发展了。澳大利亚经常举行冲浪比赛，冲浪运动首届世界锦标赛于1962年在澳大利亚的曼利举行，其后每两年举行一次。比赛主要根据冲浪者在规定时间内完成的冲浪数量和质量，采用20分制进行评分，如在30分钟内冲3个浪或45分钟内冲6个浪；再根据冲浪运动员冲浪的起滑、转弯、滑行距离和选择浪的难易程度等进行评分。

> **冲浪奇迹**
>
> 冲浪运动曾创造了许多令人难以置信的奇迹，使人惊叹不已。1986年初，两名法国运动员庞隆和皮夏凡，脚踩冲浪板，从非洲西部的塞内加尔出发，横渡大西洋，于当年二月下旬到达中美洲的法属德罗普岛，历时24天12小时。

## 二、绝妙的冲浪瘦身

夏日什么方法瘦身最酷？美国女性会告诉你：冲浪！夏日的来临，让很多肥胖者难耐高温，纷纷跳进海中，借冲浪来消除腰部、腿部和胳膊上的赘肉。然而，冲浪本身就是一项潇洒优美的水上运动，即使不需要减肥，也有很多人愿意尝试一下这项特殊的迷人运动。想象一下，站在清风阵阵的海边，一股海浪袭来，瞬间便置身于水顶浪尖，该是何等惬意！那种双足腾空，似要羽化登仙，飘飞而去的感觉，该是何等美妙！

冲浪者一般可以使用狭长的马力布板，或较短的腹板，甚至在不用板的情况下将两臂高举过头全身挺直进行冲浪。冲浪时，必须携带冲浪板先逆浪前进，待到达浪峰较陡处，在一个浪头接近时，再伏在冲浪板上用力蹬水，迅速朝岸边的方向游。这种特殊的运动方式不仅让人内心充满了狂喜，而且身体还能感受到激动之余的极限刺激。所以，当人们来到海滨,看到冲浪者在浩瀚的大海中随着波涛起伏的身影时,便会由衷地感到,冲浪不愧是集力与美、保健与瘦身于一体的绝好运动方式!

如今,越来越多的妇女加入到这个行列中来,这代表了一种夏日减肥的潮流正在向冲浪运动挺进,也表明新一轮的时尚旋风正式伴随着海浪强势袭来!

### 三、冲浪圣地

（一）夏威夷（Hawaii）

夏威夷是每个冲浪玩家的梦想之地,它的优越的地理条件吸引了无数冲浪者的目光,如图8-2所示。瓦胡岛（Oahu）是夏威夷的主岛,也是最主要的冲浪场所,岛的形状使得岛上自然形成了四个冲浪海岸。夏威夷群岛受季风的影响,夏季从北太平洋吹来的海风,往往使海浪高达4米,有些浪甚至可高达8米,冲浪者可据此滑行800米以上。

（二）法国西南海岸（South-West France）

好莱坞剧作家Peter Viertel在1956年将冲浪运动带到法国,现在法国西南部的海岸线已经成为冲浪的好去处,如图8-3所示。事实上,在这里除了冲浪外,还可以有其他休闲体验,冲浪结束后,还可以品尝着美味的葡萄酒,感受法国古老的文化。

图8-2 夏威夷

图8-3 法国西南海岸

（三）民大威群岛（Mentawai Islands）

民大威群岛位于印度尼西亚的苏门答腊岛西面,这里有四个主要的大岛和数不清的小岛,形成了很多适合冲浪的海岸,如图8-4所示。南印度洋的各个洋流在这里交汇,使得这里的海浪具有很强的持续性,不管刮什么风,在这里都肯定有地方可以冲浪,而且还有6~10米的大浪。

尽管夏威夷是很多人的"梦里水乡",但是民大威群岛有别处所没有的超强持续性洋流,就算不能所向披靡,也是占尽地利优势。

（四）塔西提岛（TEAHUPO'O）

如果说世界上只能有一处拥有最高的浪,那么毫无疑问,它是属于TEAHUPO'O的。TEAHUPO'O位于南太平洋的塔西提岛。由于没有大陆架的阻挡,这里直接面对来自南太平洋的海浪,这也是此处的浪比其他地方高的原因,如图8-5所示。

图 8-4 民大威群岛

图 8-5 TEAHUPO'O

## 第2节 跳水

**问题导引**

跳水运动的历史最早可以追溯到何时？现代竞技跳水起源于何时何地？跳水运动有哪些类别？如何欣赏跳水运动？

跳水是一项优美的水上运动。运动员从高处用各种姿势跃入水中或是从跳水器械上起跳，在空中完成一定动作姿势，并以特定动作入水，如图8-6所示。

跳水运动在跳水池中进行，包括实用跳水、表演跳水和竞技跳水。运动员从1米、3米跳板，或3米、5米、7.5米和10米跳台上起跳入水。跳水运动员应该有良好的协调性、柔韧性、空间感、平衡感和时间感等素质。

竞技跳水是一项由个人参加的竞赛项目。跳水运动员由跳台或跳板腾空，以干净利索而优美的姿势入水。运动员可以直接入水，也可以在空中做各种难度的体操花样动作后再入水。

图 8-6 跳水

### 一、跳水的起源与发展

跳水运动的历史非常久远。人类在掌握了游泳技能之后，就开始进行简单的跳水活动。早在公元前5世纪，古希腊花瓶上就描绘一群可爱的小男孩正头朝下作跳水状的图案。

我国在宋代以前就出现了名为"水秋千"的简单跳水器械。表演者借着"秋千"使身体凌空而起，在空中完成各种动作之后，直接跳入水中。它动作惊险，但姿态优美，类似现代的花样跳水。唐代赵璘的《因话录》记载：洪州(今南昌)曹赞能在"百丈樯上，不解衣投身而下，正坐水面，若在茵席"，或在水中"回旋出没，变化千状"。这可看做我国

早期的跳水运动。

现代竞技跳水始于20世纪初。1900年，瑞典运动员在第2届奥运会上作了精彩的跳水表演，一般公认这是最早的现代竞技跳水。1904年第3届奥运会上，男子跳水被列为正式比赛项目。1908年正式制定了跳水比赛规则。到1912年第5届奥运会时，增加了女子比赛项目。

近代竞技跳水是随着其他欧美体育运动一起在20世纪初传入我国的。1979年以来，我国选手在一系列重大比赛中取得了优异成绩，现在中国、美国、俄罗斯、德国、加拿大已经被公认为世界跳水强国。近年来欧洲一些国家的跳水运动发展也很快，一批优秀的跳水运动员开始在世界体坛崭露头角。

> **水上运动的分类**
>
> 水上运动可分为水上竞技项目、船类竞技项目、滑水运动、潜水运动。水上竞技项目包括游泳、跳水、水球和花样游泳4项。船类竞技项目包括划船运动、赛艇运动、皮划艇运动、帆板运动、摩托艇运动。滑水运动包括水橇、滑水板和冲浪。潜水运动是运动员借助于轻便的潜水装具（如呼吸管、呼吸器、脚蹼），在水下进行的竞赛和体育活动。

### 水秋千

现在奥运会上看到的花样跳水并不是西方人的发明，而是我国人民的创举。该运动早在中国休闲娱乐内容最为繁荣的宋朝，就已经风靡全国，成为上至皇帝、下至平民都十分喜欢的体育运动项目。当时，这项运动有个文雅的名字——水秋千。

关于水秋千，孟元老写的《东京梦华录》中有所记载："又有两画船，上立秋千，船尾百戏人上竿，左右军院虞侯监教鼓笛相和，又一人上蹴秋千，将架荡平，筋斗掷身入水，谓之水秋千。"

这种水秋千类似现在的跳水，但不是用跳板，而是用秋千板。水秋千架在船头上，荡秋千时有鼓乐伴奏，表演的人借着秋千的摆动，摆到几乎与顶架的横木相平时，突然从秋千上腾空而起，在空中完成翻筋斗等各种动作，最后跳入水中。

秋千起到了活动跳台的作用，这是难度极大的跳水表演。因为秋千荡平只是一瞬间的事情，如果没有适时跳离，它就会往回荡，再脱手跳离就很危险了。这种高超的跳水表演，每年只有一次，它和龙舟竞赛在同一天进行。每逢这天，连皇宫中的宫女都登楼上阁，撩开门窗上的珠帘，尽情观赏。

## 二、跳水运动的类别

跳水运动一般可分为竞赛性跳水和非竞赛性跳水两大类。

## 1. 竞赛性跳水

竞赛性跳水由竞技跳水和高空跳水组成，如图8-7所示。

竞技跳水是奥运会正式竞赛项目之一，分跳板跳水和跳台跳水。

（1）跳板跳水。

跳板跳水在一端固定，另一端有弹性的板上进行，跳板离水面的高度有1米和3米两种，如图8-8所示。跳板跳水根据起跳方向和动作结构分向前、向后、向内、反身和转体5组。比赛时，男子要完成5个有难度系数限制的自选动作和6个无难度系数限制的自选动作，女子要完成5个有难度系数限制的自选动作和5个无难度系数限制的自选动作。每个动作的最高得分为10分，以全部动作完成后的得分总和评定名次，总分高者名次列前。男、女跳板跳水分别于1908年和1920年被列为奥运会比赛项目。

图8-7 竞赛性跳水

（2）跳台跳水。

跳台跳水在坚硬无弹性的平台上进行，如图8-9所示。跳台距水面高度分为5米、7.5米和10米3种，奥运会、世界锦标赛、世界杯赛限用10米跳台。跳台跳水根据起跳方向和动作结构分向前、向后、向内、反身、转体和臂立6组。比赛时，男子要完成4个有难度系数限制的自选动作和6个无难度系数限制的自选动作，女子要完成4个有难度系数限制的自选动作和4个无难度系数限制的自选动作。每个动作的最高得分为10分，以全部动作完成后的得分总和评定成绩，总分高者名次列前。男、女跳台跳水分别于1904年和1912年被列为奥运会比赛项目。

图8-8 跳板跳水

（3）双人跳水。

双人跳水为两名运动员同时从跳板或跳台起跳完成跳水动作，又称双人同步跳水，分双人跳水个人和双人跳水团体两类比赛项目，如图8-10、图8-11所示。双人跳水个人比赛包括5轮不同的动作，其中2轮动作的平均难度系数为2.0，其余3轮动作无难度系数限制。在5轮动作中，至少有1轮动作是2人同时向前起跳，1轮动作是2人同时向后起跳，1轮动作是1个人向前起跳和1个人向后起跳的组合动作。双人跳水团体比赛包括8轮动作：4轮跳板跳水，其中2轮难度系数为2.0，另外2轮为无难度限制系数；4轮跳台跳水，其中2轮难度系数为2.0，另外2轮为无难度限制系数。在跳板、跳台的各4轮比赛中，至少有1轮动作是2人同时向前起跳，1轮动作是2人同时向后起跳，1轮动作是1个人向前起跳和1个人向后起跳的组合动作。

图8-9 跳台跳水

从2000年第27届奥运会起被列为比赛项目，设男子3米跳板双人跳水、10米跳台双人跳水，女子3米跳板双人跳水、10米跳台双人跳水4个项目，共8个队参加比赛。2000年世界杯跳水赛双人跳水的前七名获得参赛资格，东道国澳大利亚队获得参赛资格，如果已经获得参赛资格的队不参加奥运会，则由下一个名次替补。

图8-10　跳板跳水

图8-11　双人跳台跳水

（4）高空跳水。

高空跳水是一种十分惊险的跳水运动，运动员从很高的悬崖上或特制的超高跳台上起跳并完成空中动作后入水。在美国，有一种高空特技跳水比赛，特制的钢架跳台高48米，台面宽约70厘米。运动员自由选择比赛动作，由裁判员评分，得分多者为优胜。在墨西哥，有一种传统的悬崖跳水比赛，悬崖高达60米，下面是大海。运动员所跳动作与美国48米高空跳水相似。由于高空跳水危险性较大，容易出现伤害事故，所以在世界范围内开展得不是很普遍。

**2. 非竞赛性跳水**

非竞赛性跳水可分为实用性跳水、娱乐性跳水和表演性跳水，如图8-12所示。以生产、军事、救护为目的而进行的跳水活动称为实用性跳水。以娱乐、健身为目的而进行的跳水活动称为娱乐性跳水。表演性跳水，通常是在盛大节日或跳水比赛结束后所举办的跳水表演。表演项目包括花样跳水、特技跳水、滑稽跳水等。为丰富表演内容，常常把竞技跳水动作作为表演的内容。在香港的海洋公园，常进行约33.5米的高空跳水表演。美国的跳水表演者能在3米板上反身翻腾一周后仍然落在板端，紧接着完成向前翻腾三周半；也可以在10米台安装的小型弹网或小型跳板上反身翻腾一周后仍落在网板上，紧接着完成向前翻腾一周半转体三周等高难动作。我国的双人跳水和定点跳水表演以配合默契著称，由我国首创的集体烟花跳水更是别具一格，引人入胜，在国际、国内的表演中深得好评。

图8-12　非竞赛性跳水

### 中国跳水皇后

　　中国跳水运动在国际上长期处于领先地位,中国女子跳水队产生了许多杰出的运动员,缔造了一个个属于她们的时代,"跳水皇后"的称号也因此出现。她们是高敏、伏明霞和郭晶晶!

　　高敏是目前世界上唯一突破600分大关的女子跳水运动员,国外选手曾经感叹,和她同时代是个悲剧。在她的时代,高敏的技术难度和稳定性已远远超过任何对手,是世界上当之无愧的跳板跳水女皇。从1986年到1992年,高敏在她参加的所有重大赛事中保持全胜,共获得70多枚国际比赛的金牌、11项世界冠军,蝉联两届奥运会冠军。高敏开创了一个长达7年的"高敏时代"。那时的高敏被外界称为是"任何一个女板运动员都想战胜的目标"。

　　伏明霞在1992年巴塞罗那奥运会上夺得10米跳台冠军时只有14岁,是奥运史上最年轻的冠军,被载入《吉尼斯世界纪录大全》。1996年在亚特兰大奥运会上,她获得3米跳板和10米跳台的两枚金牌,这也是一个世界纪录。站在悉尼奥运会女子三米板领奖台的最高层时,已是她第三次参加奥运会,获得第四枚金牌,这一纪录是空前的。不少美国记者眼中,伏明霞简直就是金牌的化身。他们说:"伏明霞一出场,其他选手只能拿银牌。"此评价虽说有点夸张,却足见被誉为"跳水皇后"的伏明霞在全球跳水界的份量。可以说,自1992年巴塞罗那首次夺冠以来,她创造了一个不折不扣的"伏明霞时代"。

　　郭晶晶是继伏明霞之后,中国女子跳水的领军人物。她前前后后拿了很多世界冠军,连续参加了四届奥运会,与伏明霞一样获得了四枚金牌。2004年雅典奥运会获得女子3米板单人、双人冠军,2008年北京奥运会获得女子3米板单人、双人冠军。

# 第3节　花样游泳

> **问题导引**
>
> 花样游泳起源于何时何地？如何欣赏花样游泳？

花样游泳（Synchronized swimming）是女子体育项目。原为游泳比赛间歇时的水中表演项目，由游泳、技巧、舞蹈和音乐编排而成，有"水中芭蕾"之称。花样游泳是一项具有艺术性的优雅的体育运动，它需要运动员拥有良好的力量和技巧。

## 一、花样游泳的起源与发展

花样游泳起源于欧洲，1920年花样游泳创始人柯蒂斯（Katherine Curtis）将跳水和体操的翻滚动作编排成套在水中表演，1930年后传入美国和加拿大。花样游泳起初仅作为两场游泳比赛间的娱乐节目，后来逐渐融入舞蹈和音乐，成为一项优美的水上竞技项目，如图8-13所示。

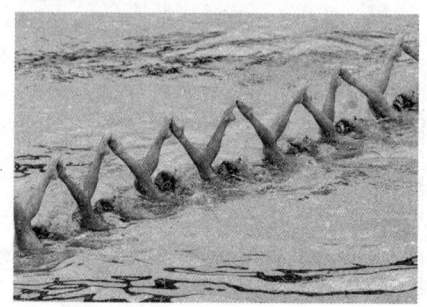

图8-13　花样游泳

1934年在美国芝加哥万国博览会上举行了首次花样游泳表演，从而使其名声大噪。1937年考斯特成立世界上第一家花样游泳俱乐部。1942年美国业余体育联合会确认花样游泳为正式比赛项目。1952年被列为奥运会表演项目。1956年得到国际游泳联合会承认。1973年举行第1届世界花样游泳锦标赛。1984年第23届洛杉矶奥运会上，成为奥运会正式比赛项目，有单人和双人两项。

美国和加拿大获得了自设立花样游泳比赛以来的前四届奥运会所有金牌，但是随着当年的主力在1996年亚特兰大奥运会之后退役，俄罗斯与日本开始崭露头角，并在1998年世界锦标赛中称雄。

> **Link**
>
> **花样游泳比赛**
>
> 花样游泳比赛时有十个裁判关注她们的每一个动作，运动员必须做出许多组推举、旋转、弯曲，所有这些动作都不能借助于池底的地面，还要在不呼吸的情况下作伸展，常规动作要持续五分钟，同时进行表演。即使在最紧张的常规动作要求里，水上芭蕾运动员们还要努力保持轻松的表象。

## 二、花样游泳赏析

### 1. 技术动作

常规技术动作的要求很严格。运动员虽可选择音乐伴奏，但必须按规定做出一套动作组合,指定动作每四年由水上芭蕾运动技术委员会重新制定。一名运动员必须在10秒钟内完成常规动作,双人组合也就要在20秒内完成,一个大组要在2分50秒里完成。

### 2. 自由表演

八人组(图8-14)和双人组(图8-15)在自由表演中可以自主选择音乐和动作。她们的目标是创造出一套完整的动作,应包含情绪和速度的变化和复杂的组合变化,这套动作既要有创造性并且可被鉴别,还需包含高难度的动作。自由表演的时间:双人组4分钟,八人组5分钟。

图8-14 八人组自由表演

图8-15 双人组自由表演

### 3. 水面停留

在所有的动作中,运动员可以有10秒钟浮在水面上。虽然这个动作不被列入打分范围内,但它可以给裁判和观众一个好的印象。

### 4. 技术价值

技术价值的判定要看运动员做特别动作时的完成情况,包括执行、协调、难度。

执行:要看游泳的方式、推进技巧和形态。

协调:要看运动员和其队友及音乐的配合情况。八人组或双人组的成员们应该在动作、位置和换位上保持协调。她们无论在水上还是水下都要动作一致。

难度:要看运动员的技巧和力量,以及在水中的游法、花样的难度。还有一个考虑便是"冒险成分"——运动员在比赛中表现的难度相当大的技巧。

### 5. 艺术印象

艺术印象是指对动作组合的整体感觉,主要指运动员动作组合的创造性和多样性。他们要看运动员的动作是否连贯以及动作是否表达出音乐所表现的心境变化。

在常规表演和自由表演中,运动员如有严重犯规将被扣罚2分。比如,一个运动员为了帮自己或队友一把而触摸到了池底地面,如果是无意接触到池底则不算犯规。轻微的犯规将被扣1分,比如超时等。

## 三、花样游泳规则要点

### 1. 参赛资格

奥运会时,每个国家或协会只能参加一个集体项目和一个双人项目,每个国家最多可报9名运动员。集体项目的参赛名额是8个队,双人项目参赛名额是24个队。奥运会资格赛集

体前3名和双人前16名的队将获得奥运会的参赛资格。东道主将直接获得奥运会的参赛资格。

### 2. 竞赛人数

在奥运会、世界锦标赛、洲际比赛及国际泳联组织的比赛中，每个国家或协会只能参加所设项目中1个单人、1个双人、1个集体项目和1个自由组合项目的比赛。比赛有规定动作、技术自选和自由自选，奥运会只进行技术自选和自由自选比赛。规定动作比赛没有预赛，只进行一次比赛。技术自选、自由自选和自由组合，如果参赛队伍超过12个队时将要进行预赛，最后选出前12名参加决赛。在集体项目比赛中，每队由8名正式运动员和2名替补运动员组成，其报名人数最多不能超过10人。在自由组合项目比赛中，每队由10名正式运动员和2名替补运动员组成，其报名人数最多不能超过12人。

比赛顺序由抽签决定，抽签仪式在第一部分比赛开始前的18～72小时前公开举行。预赛总分的前12名参加决赛。决赛出场顺序也由抽签决定，总分1～6名抽7～12号的出场顺序，总分7～12名抽1～6号的出场顺序。

集体项目每队最少4人，最多8人（奥运会必须8人）。每减少1人则在总分中扣除0.5分。

自由自选和自由组合比赛在音乐的选择、内容和编排方面没有严格的限制，但技术自选比赛则在内容的选择和顺序方面有严格的限制。

### 3. 比赛成绩

如果比赛由技术自选和自由自选两部分组成，总成绩是技术自选占50%、自由自选占50%；如果比赛为规定动作和自由自选两部分组成，总成绩是规定动作占50%、自由自选占50%；如果比赛为规定动作、技术自选和自由自选三部分组成，总成绩是规定动作占25%、技术自选占25%、自由自选占50%；得分最高的队伍获得金牌。

### 4. 评分标准

评分由5名或7名裁判员进行，当有1名裁判员因病或其他意外情况不能打分时，以其余的4名或6名裁判员给分的平均数作为该裁判员的给分，比赛最后得分为0～10分，精确到0.1分。裁判员评分时应按照规则要求认真、公正、准确。

### 5. 分值计算

（1）规定动作得分：删去一个最高分、一个最低分后，将其余的5个或3个得分相加，除以5或3再乘以难度系数得到每个规定动作的得分。

（2）自选动作得分：在自由自选和自由组合比赛中，要有2组裁判员，一组负责评判技术价值分，另一组负责艺术印象分；在技术自选比赛中，也要有2组裁判员，一组负责评判完成情况分，另一组负责整体印象分。每组删去一个最高分和一个最低分后，将其余的评分相加，除以裁判员人数乘以5，然后将技术价值（完成情况）得分与艺术印象（整体印象）得分相加为自选部分的总分。

自选动作的评判应看其技术价值和艺术印象。技术价值是通过运动员对高水平特殊技巧的掌握来表现，技术价值分包括质量、同步和难度三个方面。艺术印象是运动员的技巧和良好的艺术表现力的表演所留下的效果、印象和感觉。艺术印象分包括编排设计、音乐的表达和表演。

# 大球运动篇
## BIG BALL SPORTS

> 蹴鞠初兴皇帝为，王孙公子戏相宜。
> 世间子弟千般戏，唯有齐云实可奇。
>
> ——摘自《蹴鞠谱》

# 第9章 足球

本章主要介绍有"世界第一运动"之称的足球运动，首先从该运动的起源、发展等方面进行简要介绍，再对各个技术进行分析讲解，最后与大家一起分享足球这一运动带给我们的激情与快乐。

## 精彩案例

### 足球天才贝利

人们称他"足球上帝"，人们称他"一代球王"，无论哪个名字，他给人们留下的印象是一样的：震惊世界的超级巨星，打破纪录的足球偶像。凭借三届FIFA世界杯冠军的骄人战绩，艾迪逊·阿兰蒂斯·德·纳西曼托又名贝利，是一位不断创新的足球天才。

1940年10月23日，贝利出生于巴西特雷斯科拉索内斯镇，11岁时就被前巴西国家队教头瓦尔德马·得·布利托相中，15岁时加入桑托斯队，而1956年9月未满16岁的他就在自己的首场正式比赛——对阵FC科林斯队中进球。贝利传奇就此诞生。

他在卓越而漫长的职业生涯中战绩显赫。1969年在马拉卡纳体育场疯狂的球迷眼前攻入第1000粒入球。一场比赛攻入5个球的情况不少于6次；4个球的情况有30次；而帽子戏法有92次！1964年一次与不幸的博塔福格对阵，他攻入8粒入球！仔细算来，这位天才在1363场比赛中攻入1281粒入球，共参加了92场国际大赛。

在桑托斯，为庆祝贝利在马拉卡纳体育场攻入的第1000粒入球，每年的11月19日永远是"贝利日"。

他的绿茵生涯结束后，贝利以大使的身份为巴西、联合国和联合国儿童基金会努力工作着。"世界上每个踢球的孩子都想成为贝利——这意味着我有义务教会他们如何成为球员，如何成为顶天立地的人。"这似乎也是"足球上帝"存在的理由，不是吗？

# 第1节 足球运动简介

> **问题导引**
>
> 足球是如何起源的？它又经历了怎样的起伏？

足球运动是一项古老的体育活动，源远流长。最早起源于中国古代的一种球类游戏"蹴鞠"，后来经阿拉伯人传到欧洲，发展成为现代足球。

## 一、古代足球运动的萌芽与发展

图9-1 蹴鞠

我国古代足球称为"蹴鞠"或"蹋鞠"，"蹴"和"蹋"都是踢的意思，"鞠"是球名，如图9-1所示。"蹴鞠"一词最早记载在《史记匪涨元写》里、汉代刘向《别录》和唐人颜师曾为《汉书·枚乘传》均有记载。到了唐宋时期，"蹴鞠"活动已十分盛行，成为宫廷之中的高雅活动。1958年7月，国际足联现任主席阿维兰热博士来中国时曾表示：足球起源于中国。

而在西方，希腊人和罗马人在中世纪以前也已经从事一种足球游戏。他们在一个长方形场地上，将球放在中间的白线上，用脚把球踢滚到对方场地上，当时称这种游戏为"哈巴斯托姆"。

由于封建社会的局限，中国古代的蹴鞠活动最终没有发展成为以"公平竞争"为原则的现代足球运动。这个质的飞跃是在英国完成的。

**齐云社**

"齐云社"，起于南宋著名民间蹴鞠社团。齐云者，形容球踢得高入云霄也。当时，全国有数十所全国性的民间蹴鞠社团，负责踢球活动的比赛和宣传推广，又称"圆社"，是我国最早的单项运动协会。参加齐云社的人，要遵守社规，如不许做"人步拐、退步踏；人步肩、退步背"等危险动作，还规定"狂风起不踢，酒后不可踢"等。

齐云社是全国性的，各地都有，以临安(杭州)的齐云社实力最雄厚。齐云社会对参加的人进行技术考核，通过后即可以免费接待他们。齐云社中的社员，论技术高低分等级，最高级称校尉，女子进入校尉级的，称女校尉。

## 二、现代足球运动的诞生

现代足球起源于英国。1848年足球运动第一个文字形式的规则《剑桥规则》诞生。1857年英国成立了世界第一个足球俱乐部。1863年10月26日，英国人在伦敦皇后大街弗里马森旅馆成立了世界第一个足球协会——英格兰足球协会。会上除了宣布英格兰足协正式成立之外，还制定和通过了世界第一部较为统一的足球竞赛规则，并以文字形式记载下来。

英格兰足球协会的诞生，标志着足球运动的发展进入了一个崭新的阶段。因而，人们公认1863年10月26日为现代足球的诞生日。

**第一个有记载的球迷**

西汉时期的项处是第一个有记载的球迷，不过他的经历却很不幸。《史记·扁鹊仓公列传》记载：名医淳于意为项处看病，叫他不要过度劳累，但项处不听，仍然外出踢球，结果呕血身亡，这也使得项处成为了世界上有史可查的第一个狂热"球迷"。

## 三、国际足球联合会的成立

英格兰足球协会的成立带动了欧洲和拉丁美洲一些国家足球运动的蓬勃发展，1872年英格兰和苏格兰之间进行了历史上第一次协会间的比赛，1890年奥地利开始举办足球锦标赛，1889年荷兰和阿根廷出现了若干个足球组织，1900年西班牙巴塞罗那成立了"女泰罗尼亚"足球协会。这些发展为创建国际性的足球组织创造了条件。

1904年5月21日，国际足球联合会（简称国际足联，英文缩写为FIFA）在法国巴黎正式成立，法国等7个国家的代表和代理人在有关文件上签了字。

国际足联的创建，标志着足球作为一项世界性的体育运动项目登上了世界体坛。国际足联是世界足球运动的最高权力机构，总部设在瑞士苏黎世。

**国际足联**

国际足联由比利时、法国、丹麦、西班牙、瑞典、荷兰和瑞士倡议成立。现有协会会员208个。下设欧洲、亚洲、非洲、中北美和加勒比地区、南美洲、大洋洲6个地区性组织。"亚洲球王"李惠堂是在世界足坛获得最高职务者的中国人，20世纪60年代，他当选为国际足联副主席。

## 四、中国的足球运动

现代足球运动传入我国是在19世纪末至20世纪初。最初由英国人带入香港，1908年在香港成立了中国现代足球运动的第一个组织——南华足球会。1913～1934年间，我国共参加过10届远东运动会，获得8次足球比赛的冠军。1931年我国加入国际足球联合会，1936

年和1948年我国足球队还参加了第8届、第14届奥运会的足球比赛。

现代足球运动传入我国至新中国成立前的几十年间，无论从足球运动的开展情况和运动技术水平来看，都处在一个发展缓慢的较低水平上。

从1956年起，我国开始实行甲、乙级联赛制度，并规定了升降级办法，同时实行运动员、裁判员等级制。此外，还举办了全国足球锦标赛、全国青年足球锦标赛等。

1978年建立了全国成年队联赛、青年队联赛的各级较稳定而系统的竞赛制度。

1982年和1986年，中国足球队参加了第12届、第13届世界杯足球赛的预选赛。此外，参加了第23届、24届、25届奥运会的足球预选赛，并参加了第24届奥运会足球决赛阶段的比赛。

近些年，中国竭尽全力谋求足球发展，但中国足球并没有真正强大起来，2010年世界杯亚洲区预选赛中国队惨遭淘汰，甚至没有进入亚洲前十强，中国足球发展进入一个低谷阶段。

我国足球水平目前并不尽如人意，实现足球强国的愿望还要走一条艰难曲折的道路，甚至是几代人的努力才能达到。

# 第2节　足球的基本技术

**问题导引**

足球的基本技术包括哪些内容？什么是正确的踢球方法？如何运球？

足球技术是指运动员在比赛中，运用身体的合理部位所做的各种动作方法的总称。足球基本技术主要包括踢球、停球、运球、头顶球、抢截球、掷界外球等。

## 一、踢球

踢球是指运动员有目的地运用脚的不同部位把球击向预定目标的动作。踢球的方法很多，主要有脚内侧踢球、脚背正面踢球、脚背内侧踢球、脚背外侧踢球以及脚尖踢球和脚跟踢球等。除脚跟踢球外，它们的动作结构基本一致，均由助跑、支撑脚站位、踢球脚摆动、脚触球、踢球的随前动作五个环节组成。

### 1. 脚内侧踢球

踢定位球时，直线助跑，支撑脚踏在球体的侧方10~15厘米处，膝关节微屈，在支撑脚着地的同时，踢球腿以膝关节为轴由后向前摆动，在前摆的过程中屈膝外展，踢球脚的内侧正对出球方向，脚尖稍翘起，脚底与地面平行，小腿加速前摆，踝关节紧张用力，用脚内侧部位踢球的中后部，如图9-2所示。

图9-2 脚内侧踢定位球

踢空中球时，大腿在踢球前先抬起，小腿拖在后面，脚内侧正对出球方向，利用小腿的摆动击球的中部。如果踢出低球或高球时则可击球的中上部和中下部，如图9-3所示。

图9-3 脚内侧踢空中球

### 2. 脚背内侧踢球

斜线助跑，助跑方向与出球方向成45°角，支撑脚踏在球体侧后20~25厘米处，脚尖指向出球方向，膝关节微屈，身体稍向支撑脚一侧倾斜，支撑脚一侧的肩部侧对出球方向，支撑脚着地的同时，踢球腿以膝关节为轴，大腿带动小腿由后向前摆动，当膝关节摆至接近球的内侧正上方时，小腿加速前摆，脚尖稍外展，脚趾扣紧，以脚背内侧击球的后中部，踢球后随球前摆，如图9-4所示。

图9-4 脚背内侧踢球

### 3. 脚背正面踢球

踢定位球时，直线助跑，支撑脚的最后一步稍大并积极着地，踏在球的侧方10~12厘米处，脚尖正对出球方向，膝关节微屈，踢球腿在支撑脚着地前顺势后摆，小腿屈曲；在膝关节摆至球垂直上方的刹那，小腿做爆发式前摆，脚背绷直，脚趾扣紧，以脚背的正面击球的后中部，如图9-5所示。

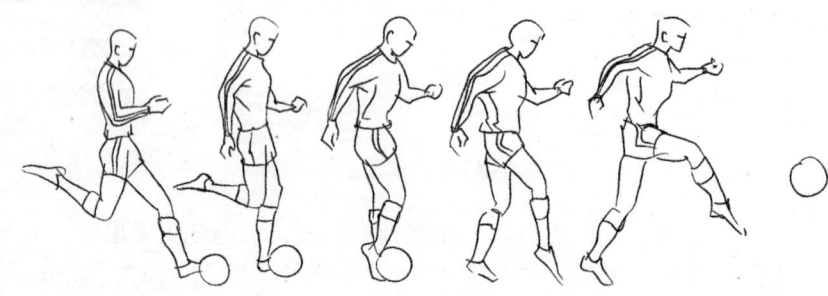

图9-5　脚背正面踢定位球

图9-6　脚背内侧踢反弹球

踢反弹球时，要准确判断球的落点、落地时间和反弹路线，身体对正来球反弹方向，支撑脚踏在球的侧方，当球要落地时，踢球腿小腿急速前摆，在球刚反弹离地时，以脚背正面击球的后中部，如图9-6所示。

踢空中球时（侧身踢空中球），首先要判断好球的运行路线和确定好击球点，并使身体侧对来球方向，支撑脚跨上一步，脚尖指向出球方向，上体向支撑脚一侧倾斜，踢球脚的大腿带动小腿急速向出球方向摆动，用脚背正面踢球的后中部，在摆腿踢球的过程中身体向出球方向扭转，踢球后面对出球方向，如图9-7所示。

图9-7　脚背内侧踢空中球

4. 脚背外侧踢球

脚背外侧踢球与正脚背踢球基本相同，只是踢球的膝关节和脚尖向内转，脚面绷直，脚趾扣紧，以脚背外侧触球。

踢弧线球时，支撑脚趾在球侧20厘米左右处，身体稍向支撑脚一侧倾斜，踢球的偏后方部位，同时脚腕用力削球。踢球后，腿向侧前上方（偏支撑脚一侧）摆出。

## 二、停球

停球是指运动员有目的地运用身体的合理部位，将运行中的球停在所需要的范围内的动作。停球部位包括脚部、腿部、腹部、胸部、头部。脚部又分为脚内侧、脚背外侧、脚背正面和脚掌等。

### 1. 脚内侧停球

支撑脚脚尖正对来球，膝关节微屈，同侧肩正对来球。停球腿提膝大腿外展，脚尖微翘，脚底基本与地面平行，脚内侧正对来球并前迎，当脚内侧与球接触的一刹那迅速后撤，把球停在脚下，如图9-8所示。这是用脚内侧部位停球的一种技术。由于脚触球面积大、动作简单、较易掌握，比赛中经常使用这种技术停各种地滚球、平球、反弹球、空中球。

### 2. 脚背外侧停球

将停球点放在停球腿一侧，支撑腿膝关节微屈。停球腿提起屈膝，脚内翻使小腿和脚背外侧与地面成一锐角，并对着停球后球运行的方向，脚离地面的高度应略等于球的半径，然后大腿向停球后球运行的方向推送，同时身体随球移动，如图9-9所示。

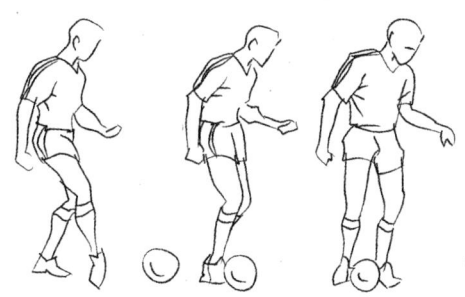
图9-8 脚内侧停球

图9-9 脚背外侧停球

### 3. 脚背正面停球

根据球的落点，及时移动到位，脚背正面上迎下落的球，当球与脚面接触的一瞬间，停球脚与球下落的速度同步下撤，此时大腿膝关节、踝关节、脚趾均保持适度的紧张，脚尖微翘将球停到需要的地方，如图9-10所示。这种方法多用于接有较大抛物线的来球。脚背正面停高空落下的球时，也可以将脚微抬起，并适度背屈，当球接触脚背的瞬间踝关节放松将球停到身体附近。

图9-10 脚背正面停球

### 4. 大腿停球

大腿停球一般可以用来停抛物线较大的高空球和略高于膝的低平球。面对来球方向，根据球的落点迅速移动到位，停球腿大腿抬起，当球与大腿接触的瞬间，大腿下撤将球停到需要的位置上，如图9-11所示。

图9-11 大腿传球

**5. 胸部停球**

由于胸部停球部位较高,加之胸部面积大、肌肉较丰满等特点,易于掌握,故是停高球的一种好方法。胸部停球包括挺胸式、收胸式两种方法。

(1)挺胸式停球:面对来球站立(两脚左右或前后开立),两膝微屈,重心置于支撑面内,上体后仰,下颌微收,两臂自然张开,维持身体平衡。接触球瞬间,两脚蹬地,膝关节伸直,用胸部轻托球的下部使球微微弹起于胸前上方,如图9-12(a)所示。

(2)收胸式停球:多用于停齐胸高的平直球。面对来球,两脚左右或前后开立,两臂自然张开,挺胸迎球,触球瞬间收胸、收腹、臀部后移将球停在体前,如图9-12(b)所示。

(a)挺胸式停球　　　　　　　　　(b)收胸式停球

图9-12 胸部传球

## 三、运球

运球是指运动员有目的地用脚的各个部位连续推拨球,使球处于自己控制范围内的触球动作。常用的运球技术有脚内侧、脚背正面、脚背外侧、脚背内侧运球。

**1. 脚内侧运球**

要求在运球前进时支撑脚始终领先于球,位于球的侧前方,肩部指向运球方向,支撑腿膝关节微屈,重心放在支撑腿上,另一条腿提起屈膝,用脚内侧推球前进,然后运球脚着地,如图9-13所示。

图9-13 脚内侧运球

> **足球的材料及标准**
>
> 球是圆形的,以皮革或其他合适的材料制成,一般为12块黑色正五边形面料与20块正六边形面料拼合而成。球体的圆周,不得超过70厘米,不得少于68厘米。球的重量,在比赛开始时,不得超过450克,不得少于410克。球的气压,在海平面为0.6~1.1大气压力。在比赛中,球破裂或不合标准,经过裁判同意,停止比赛,更换不合标准的球。

### 2. 脚背正面运球

运球时身体持正常跑动姿势,上体稍前倾,步幅不宜过大,运球腿提起,膝关节稍屈,髋关节前送,提踵,脚尖下指,在着地前用脚背正面部位触球后中部将球推送前进。

### 3. 脚背外侧运球

运球时身体持正常跑动姿势,上体稍前倾,步幅不宜过大,运球腿提起,膝关节稍屈,髋关节前送,提踵,脚尖绕矢状轴向内旋转,使脚背外侧正对运球方向。在运球脚落地前用脚背外侧推拨球的后中部,如图9-14所示。

图9-14 脚背外侧运球

### 4. 脚背内侧运球

身体稍侧转,并自然协调放松,步幅小,上体前倾,运球腿提起外展,膝微屈外转,提踵,脚尖外转,使脚背内侧正对运球方向,在运球脚落地前用脚背内侧推拨球,使球随身体前进,如图9-15所示。脚背内侧运球由于身体稍侧转,不能采用正常跑动姿势,因而不适

图9-15 脚背内侧运球

用于高速运球。但由于接触部位和支撑位置的特点易于完成向支撑脚一侧的转动，故多用于向支撑脚一侧的转动变向运球。

### 5. 其他方式

（1）拨球：利用脚踝关节向侧的转动，以达到用脚背内侧或脚背外侧触球，将球拨向身体的侧前方、侧方、侧后方，如图9-16所示。

（2）拉球：将前脚掌放在球的上部或侧上部，另一脚在球的侧后方支撑，然后触球脚向后下方用力将球拉回。回拉球一般都是躲开或引诱对方出脚抢球的瞬间将球拉回造成对方抢球落空，使其重心随抢球脚前移，趁对手难于返回的瞬间将球迅速推送出去越过防守者，如图9-17所示。

图9-16 拨球　　　　　　　　　图9-17 拉球

（3）挑球：用脚背部位触球的下部并突然向上方挑起，在对手来不及实施挡球动作时球已越过，运球者随球迅速跟进。注意球一般不要挑得太高。

## 四、头顶球

头顶球是指用头的前额部位直接处理空中球时所做的各种击球动作。其方法包括原地头顶球、跑动头顶球、原地跳起头顶球、跑动跳起头顶球、鱼跃头顶球。

### 1. 原地头顶球

身体正对来球方向，眼睛注视运动中的球，两脚左右开立（或前后开立），膝关节微屈，重心置于两脚间的支撑面上（或后脚上），两臂自然张开。当球运行到将垂直于地面的垂线时，两腿用力蹬地，迅速向前摆体，微收下颌，在触球瞬间颈部做爆发式振摆，用前额正面击球中部，上体随球前摆。

### 2. 跑动头顶球

顶球的动作要领与原地顶球相同，只是第一环节应正对来球跑出抢点。球顶出后，由于跑动

---

**乌龙球**

源于英语的"OWN GOAL"一词，意为"自进本方球门的球"，香港球迷根据这个单词的发音，将其称为"乌龙球"。"摆乌龙"引用到足球赛场上，指本方球员误打误撞，将球弄入自家大门，不仅不得分，反而失分。世界足坛最快的一粒乌龙球是在1977年1月3日，在主裁判吹响开场哨之后，剑桥联队球员克鲁斯不假思索的一记大脚球回传门将，正在门前做准备动作的门将猝不及防，只能眼睁睁地目送皮球滚进了自己把守的大门，此时比赛仅仅进行了4秒钟。

速度较快，为保持平衡身体须随球向前移动。

### 3. 原地跳起头顶球

这种技术用在本方传来或对方传来高球时运用。两膝屈，重心下降，然后两脚用力蹬地起跳，同时两臂屈肘上摆，在身体上升阶段展腹挺胸，两臂自然张开，眼睛注视来球，身体自然成背弓。当球运行至身体额状面时，迅速收腹，上体前摆，触球瞬间颈部做爆发性振摆，用前额正面将球顶出，如图9-18所示。

图9-18 原地跳起头顶球

### 4. 跑动跳起头顶球

一般助跑跳起顶球时都使用单脚起跳。根据来球的速度、运行轨迹，选好起跳位置，及时跑到起跳点，起跳前一步稍大些，起跳脚用力蹬地跳起，同时另一腿屈膝上摆，两臂屈肘自然上提，其他顶球动作要领同原地跳起头顶球相同，如图9-19所示。

图9-19 跑动跳起头顶球

### 5. 鱼跃头顶球

对于离身体较远的低空球来不及移动到位处理，必须抢点击球时（如抢救险球、射门等），可使用鱼跃头顶球技术。

当判断好来球的路线和选择好顶球点后，以单脚或双脚用力向前蹬地，身体接近水平状态向前跃出，同时两臂微屈前伸，手掌向下，眼睛注视来球，利用身体向前跃出的冲力，以前额正面顶球。顶球后，两手先着地，手指向前，接着以胸部、腹部和大腿依次着地，如图9-20所示。

图9-20 鱼跃头顶球

## 五、抢截球

抢截球是指运动员运用身体不同部位的合理动作，将对方队员控制或即将控制的球截获为自己控制或同伴控制，包括抢球和断球。抢球包括正面、侧面和侧后抢球。侧后抢球又分为同侧铲球和异侧铲球。

### 1. 正面跨步堵抢

抢球者两脚前后开立，迎着运球者而站，两膝微屈，身体重心下降并置于两脚间，当运球者与抢球者间的距离缩小到一定范围，运球者脚触球后即将落地或刚刚落地时，抢球者后脚用力蹬地并跨步向前，以脚内侧去堵截球，当已堵住球时，另一只脚应迅速上步，如图9-21所示。

### 2. 合理冲撞抢球

当防守者并肩与运球者跑动追球时，防守者重心稍下降，靠近对手一侧的手臂紧贴身体，利用对方同侧脚离地的过程，用肘关节以上部位适当冲撞对手同样部位，使对手身体失去平衡，乘机将球控制住，如图9-22所示。

图9-21 正面跨步堵抢　　　　　　　图9-22 合理冲撞抢球

### 3. 正面铲球

移动接近控球者，膝关节微屈，重心下降，当控球者触球脚触球后尚未落地时，抢球者双脚沿地面向球滑铲，随即用手扶地做向一侧的翻滚，并尽快起身。

### 4. 异侧脚铲球

当双方都不能用正常的动作触球时（指跑动中），防守者应根据与球的距离，同侧脚用力蹬地使身体跃出，异侧脚向前沿地面对着球滑出，脚底将球铲出，然后小腿外侧、大腿外侧、手依次着地。或铲出球后身体向铲球腿一侧翻转，手撑地后立即起身，使身体恢复到与下一动作衔接的状态和位置，如图9-23所示。

图9-23 异侧脚铲球

### 5. 同侧脚铲球

防守者在跑动中根据双方离球的距离作出判断，当对手不能立即触球时，用异侧脚用力蹬地，使身体向前方跃出，同侧脚沿地面向前滑出的同时向外摆踢（脚踝应有向外的动作），用脚背外侧将球踢出。也可用脚尖将球捅出，接着向对手一侧翻转，手撑地迅速恢复到下一个动作所需要的位置。

在激烈的比赛中，由于铲球可以更大限度地争取时间和扩大控制面，从而被广泛地运用到踢球、接球、运球、抢球技术中去。

---

#### 世界足球先生

足球先生是为男子足球运动员在球场上取得的成就或精彩表现设立的最高个人荣誉奖项。在国际上，公认的世界足球最优秀运动员的选择来自法国的《法国足球》的"金球奖欧洲足球先生"和英国的《世界足球》的"年度最佳球员"以及国际足联评选的"世界足球先生"。虽然三方在评选名称上有所不同，但公众往往将《法国足球》评选的"金球奖欧洲足球先生"和英国《世界足球》评选的"年度最佳球员"看作是真正意义上的"世界足球先生"，而国际足联所评选的"世界足球先生"仅作为象征意义上的认识。

2008年 C.罗纳尔多（葡萄牙）、梅西（阿根廷）、托雷斯（西班牙）

2009年 梅西（阿根廷）、C.罗纳尔多（葡萄牙）、哈维（西班牙）

2010年 梅西（阿根廷）、伊涅斯塔（西班牙）、哈维（西班牙）

### 六、掷界外球

掷界外球是指运动员将比赛中越出边线的球，按照规则用双手掷入场内预定目标，包括原地掷界外球和助跑掷界外球。

#### 1. 原地掷界外球

面对出球方向，两脚前后或左右开立，膝关节弯曲，上体后仰成背弓，重心移到后脚上（左右开立时，重心在两脚间），两手自然张开，拇指相对，持球的侧后部，屈肘将球置于头后。掷球时，后脚用力蹬地（或两脚用力蹬地），两腿迅速伸直，身体重心由后脚移到前脚，收腹屈体，同时两臂急速前摆。当球摆到头上时用力甩腕将球掷入场内。掷球时，后脚可沿地面向前滑动，两脚均不得离地或踏入场内，但允许踏在线上，如图9-24所示。

图9-24 原地掷界外球

#### 2. 助跑掷界外球

两手持球放在胸前，在助跑迈出最后一步时，上体后仰成背弓，同时将球上举至头后，掷球时的动作与原地掷界外球动作相同。

## 第3节 足球运动采风

### 一、球场外

#### 1. 弄懂比赛规则

国内外比赛规则的执行大体分为两类：一类是由国际足联统一组织的比赛如世界杯、亚洲杯等，比赛规则是严格按照国际足球联合会所制定的内容去执行；国际足联届时会派监督员到场，以保证规则的实施。另一类则属于双边友好往来所进行的比赛，这类比赛在每方上场的替补队员人数、比赛时间、最后决胜的方式上可经双方协商，自定一些相对来讲有所变通的规则，以期达到增进感情、切磋球技的目的。

#### 2. 风格流派

"一千个读者就有一千个哈姆雷特"，同样，世界上有一千个民族，便有一千种足球。没有哪两个国家或民族的足球风格是完全雷同的；而且，也不会有哪两场比赛是一样的。一块绿茵场就是一个舞台，球队在舞台上展现的便是所属国家、民族的风貌。

（1）南美风格，以个人技术见长，注重意识的培养，鼓励球员在场上的即兴发挥，具有很强的观赏性。其精彩的盘带、精神的配合及令人眼花缭乱的即兴发挥，让人陶醉。而要想做到这一点，就需有扎实的技术功底作保证。

（2）以德国和荷兰为代表的全攻全守流派的形式。德意志民族具有冷静的思考和观察力、点滴不漏的组织原则、严谨和一丝不苟的敬业精神，使他们极适合全攻全守流派的协调的、全局的、整体的风格特征。

（3）欧洲拉丁派，既讲究整体性，也注重对队员技术的培养。场上表现是攻防转换灵活，传接球的质量高，队员个人突破能力较强。这一流派以意大利、南斯拉夫、西班牙和葡萄牙队为典型代表。

（4）英式足球，讲究体能的训练，具体表现在以不停顿的进攻、硬朗的防守、简捷的进攻线路、挤压式的防守、高速度、快节奏、强对抗为手段去克敌制胜，初与之交手的球队一时会很难适应。

**红牌离场的犯规**

一名球员、后备球员或被换出的球员如触犯下列九项任何一项时，必须被红牌驱逐离场：
- 严重犯规。
- 凶暴行为。
- 向对方球员或其他人吐口水。
- 故意手球引致破坏对方一个入球或一明显入球机会（守门员在其十八码禁区不适用）。
- 当一球员向对方球门推进，但被对方球员侵犯而破坏一明显入球机会，因而需要判罚一（直接）任意球或点球。
- 用攻击性、侮辱性或唾骂性的言语或动作。
- 使用兴奋剂等药物。
- 在同一场比赛中被警告后再触犯应被警告的规则。
- 一名被红牌驱逐离场的球员，后备球员或已被替换的球员，必须离开比赛场地及技术指导区域。

## 二、球场内

足球比赛精彩异常，战术变化繁多，球星表演引人入胜，教练员临场指挥斗智斗谋，裁判员执法如山，阵形布局捉摸不透，如此这般，一场高水平的足球赛，将给球迷带来全方位的享受。怎样从各不相同的角度去品味场内比赛，里面确实大有学问。

### 1. 球员

一场比赛开始后，静静地去欣赏一下球星的高超球技，那种感觉是非常绝妙的。4年一度的世界杯之所以有那么大的吸引力，很重要的一点就是每每有足坛的新星涌现出来。意识极强，球技出众，作风过硬，风度倾人。贝利、贝肯鲍尔、马拉多纳、普拉蒂尼、米拉等，无不是在世界杯上大放异彩的。世界杯造就了球星，为球星提供了表演舞台；球星塑造了世界杯，为大赛增光添彩。

### 2. 教练（阵形）

一个球队的实力和好成绩的取得，与教练员的水平有极大的关系。教练员在比赛中的指挥，从某种意义上讲，比主力队员在场上的作用还要重要。因此，衡量一名教练的水

**世界杯**

　　世界杯（World Cup），又叫世界足球锦标赛，是世界上最高水平的足球比赛，与奥运会、F1并称为全球三大顶级赛事。每四年举办一次，任何国际足联（FIFA）会员国（地区）都可以派出代表队报名参加。世界杯主要分为预选赛阶段和决赛阶段两个阶段。2010年第19届世界杯首次在南非举行，这是非洲国家第一次举办世界杯赛，预示着非洲足球事业逐步踏入颠峰。2014年第20届巴西世界杯将在2014年6月13日至7月13日于巴西举行。

平，临场指挥能力的高低是一个重要参考依据。教练员的临场指挥水平主要反映在临场战术的改变及场上队员的调遣上。

**常见阵形**

● 4-4-2：由4名后卫、4名中场、2名前锋组成。由于使用了4名后卫，因此这种阵形在中场的配置上很多变。其中1名中场主要负责支援前线的2名前锋，其余球员负责支援后卫及控制节奏。这种阵型在英伦很常见，被特别称为"flat-back 4"。英格兰在1966年用这个阵型赢下了世界杯。

● 4-5-1：由4名后卫、5名中场、1名前锋组成。

● 4-3-3：这是一种倾向于进攻的阵形。由4名后卫、3名中场、3名前锋组成。3名前锋使得球队进攻力大幅提升，但是中场的控制相对较弱。

### 3. 裁判员

　　一场比赛能否顺利进行、双方的技术和战术水平能否得到最大限度的发挥，裁判员的水平高低和执法是否合理将起到至关重要的作用。一名高水平的、执法公正的裁判员，应是一名善于处理赛场复杂情况的能手，他能控制双方的过激情绪，及时惩罚那些严重违章的队员。在对关键球，特别是有争议的球的处理上，能够果断、准确，手势清晰，语言简洁，让人心服口服，经得起推敲。另外，他还应该是一名心理学家，能及时洞察犯规队员是有意还是无意，在判罚的同时，会使用自己的魅力去征服球员，收到红、黄牌所达不到的判罚效果。

　　真正的球迷，足球给他带来的乐趣，三分之一在赛前，三分之一在赛中，还有三分之一是在赛后。欣赏足球比赛，观看比赛的精彩场面固然是一种奇妙的享受，而赛后如能融入自己的观点去品味、评论它，同样能使你陶醉其中不能自拔。

　　赛前，展望双方的获胜前景；赛中，细心观察双方的水平发挥；赛后，大胆预测双方下一轮的比赛情况，如能这样，你就不再是一个简单的观众。球迷朋友们不要把自己对足球的热情局限在球场上一时的宣泄，不妨把它的内涵引申出来，赛后和你的家人、朋友甚至是素不相识的人谈谈感受，既可是人生大角度的，也可是局部细微之处的感触。再注意下赛后报刊的评论文章，逐步提高自己的分析、观摩水平。

**韩乔生经典语录**

- 随着守门员一声哨响，比赛结束了。
- 各位观众，中秋节刚过，我给大家拜个晚年。
- 现在由中国队守门员范志毅开任意球。
- 在上周刚举行了一场别开婚面的生礼。
- 守门员将球回传给门将。
- 因为李金羽的身高比对方队员矮,因此在拚抢的时候他的肘部碰到了对方的脸上。
- AC米兰队目前以1∶3领先。
- 巴乔在前有追兵、后有堵截的情况下带球冲入禁区……
- 他说，队员在平时的训练中一定要加强体能和对抗性训练，这样才能适应比赛中的激烈程度，否则的话，就会像不倒翁一样一撞就倒。
- ××队员就像桃源三结义的赵云一样勇猛，不愧为常胜将军。

我可以接受失败，但无法接受放弃。

——乔 丹（NBA历史上最棒的篮球员）

# 第10章 篮 球

如果你喜欢篮球运动，你一定会感觉得到比赛时浓浓的火药味，并被比赛强烈地吸引着。是什么魅力让十个人拼命地争抢它？篮球又是如何产生的呢？本章我们将介绍篮球运动的起源和基本技术。当你真正领略到它的魅力时，你就会明白篮球不仅仅是一种运动，而是一种艺术，使你置身其中而感受到那份飞跃带来的震撼。

## 精彩案例

### "飞人"乔丹

右图中，芝加哥公牛队的主场联合中心外面，矗立着乔丹的雕像。雕像是由青铜铸造的，下面是大理石的基座，乔丹目视远方的青空，手里抓着他挚爱的篮球。雕像的姿势是对乔丹最完美的诠释：他在飞翔！在雕像基座的下方，刻着一行碑文：The best there ever was, The best there ever will be（前无古人，后无来者）。

"飞人"迈克尔·乔丹——一个集优雅、力量、艺术、即兴能力于一身的卓越运动员，他重新定义了NBA超级明星的含义，他是公认的全世界最棒的篮球运动员，不仅仅在他所处的那个时代、在NBA历史上乔丹都是最棒的。

看看乔丹的篮球生涯都做到了些什么：5次常规赛MVP，6枚总决赛戒指，6次总决赛MVP，10次第一阵容，14次入选全明星赛，3次全明星赛MVP，10次得分王，退役时平均分是30.1分。

荣誉已不能显示乔丹的成就。当他初入联盟时，他是一个具有凌厉第一步、华丽突破和杂耍般灌篮的天生得分手；而当他离开时，他已经变成了一个文化的象征。在他的篮球生涯中，他用场上眼花缭乱的表演和场下翩翩的个人风度征服了大众，他是当之无愧的王者。2010年3月19日，已退役的迈克尔·乔丹成功收购NBA夏洛特山猫队，成为山猫队的老板。

# 第1节 篮球运动简介

**问题导引**

篮球是如何起源的？它是如何一步步发展起来的？在这个过程中，发生了哪些有趣的事情？中国篮球运动从何而来？同其他国家相比，中国篮球处于怎样的水准？

篮球是一个由两队参与的球类运动，每队出场5名队员，目的是将球投入对方球篮得分，并阻止对方获得球或得分，可将球向任何方向传、投、拍、滚或运，但要受规则的限制。篮球比赛的形式多种多样。当今世界篮球水平最高的联赛是美国篮球职业联赛（NBA）。

## 一、篮球的起源与发展

1891年，美国人奈史密斯（图10-1）在马萨诸塞州基督教青年会国际训练学校任教。这所学校体育系主任卢瑟·古利克为贯彻冬季体育课教学大纲委托他设计一项室内集体游戏。他从当地儿童喜欢用球投向桃子筐（当地盛产桃子，各家各户都备有桃筐）的游戏中得到启发，创编了篮球游戏。

起初，奈史密斯将两只篮筐分别钉在健身房内看台的栏杆上，篮筐上沿距离地面3.04米（约10码），用足球作比赛工具，向篮投掷。投球入篮得1分，按得分多少决定胜负。每次投球进

> **奈史密斯杯**
>
> 奈史密斯于1939年逝世。为了永远怀念这位篮球运动先驱，国际篮联在1950年第1届世界男子篮球锦标赛期间举行的第一次中央局会议上，决定把世界男子篮球锦标赛的金杯命名为"奈史密斯杯"。

图10-1 篮球创始人奈史密斯

篮后，要爬梯子将球取出再重新开始比赛。以后逐步将竹篮改为活底的铁篮，再改为铁圈下面挂网。人们称这种游戏为"奈史密斯球"或"筐球"。很长一段时间之后，经过他与同事们反复商量才定名为"篮球"。

篮球运动的演进与发展大体上经过五个时期：初创时期（19世纪90年代至20世纪20年代）、完善推广时期（20世纪30~40年代）、普及发展时期（20世纪50~60年代）、全面提高时期（20世纪70~80年代）、创新攀高时期（20世

> **世界男篮2010年积分榜**
>
> 第1名 美国 832　　第2名 阿根廷 720
> 第3名 西班牙 619　第4名 南斯拉夫 508
> 第5名 立陶宛 460　第6名 希腊 429
> 第7名 意大利 418　第8名 法国 343
> 第9名 德国 282　　第10名 澳大利亚 279
> 第11名 中国 262

新编大学体育与健康教程

> **篮球的选购**
>
> ◎ 购买正规企业生产的球。较知名品牌的篮球，质量相对稳定可靠。
>
> ◎ 先将球充进适当气压，找一块平整的水泥等硬质地面，将球托起，使球的底部处于1.8米的高度，放手使其自由跌落到地面，观看球的弹性，好的球弹性在1.2~1.4米之间。品质不好的球弹跳或高或低。
>
> ◎ 外观皮革无龟纹、裂面、刀伤等，皮纹细腻，表面圆滑，足球球壳缝线整齐均匀，露线不超过1.5毫米，胶粘篮球的球梗平直，没有开胶现象。
>
> ◎ 球体无漏气、慢撒气等现象。常用的检查办法是将球体充到一定的压力后用清水滴在气嘴上，如有小气泡则说明球体漏气。

纪90年代至今）。

20世纪80年代中期以来，随着世界篮球职业队伍参加奥运会，篮球运动跨入一个崭新的技艺化阶段。1992年巴塞罗那第25届奥运会篮球赛中美国"梦之队"的绝妙表现，显示着篮球运动整体内容结构和优秀运动队伍的综合能力结构发生了质的变化。

今后的发展新趋势是：在继续着技术战术运用技艺化的同时，"高"、"快"、"全"、"准"、"变"的含义将更富有新意，相互间将融为一体，从而使人感受到篮球竞赛的球场越来越小、竞赛的时间越来越短、篮架越来越低、篮圈越来越大、攻守队员身体接触越来越近、比分越来越高，以及女子与男子的对抗形式越来越难区分的新趋势。篮球运动追求更高、更快、更强，展示对抗、竞争、拼搏，其活动过程充分显示了生命的活力、运动的美感和人类的自强精神。篮球运动更是校园中最受欢迎的体育项目之一，已成为增进学生体质、丰富校园文化生活等全面推进素质教育的重要手段。

## 二、中国篮球运动

篮球运动是1896年前后由天津中华基督教青年会传入中国的，随后在北京、上海基督教青年会里也有了此项活动。在1910年的全运会上举行了男子篮球表演赛之后，全国各大城市的大、中学校的篮球活动逐渐开展起来，其中以天津、北京、上海开展得较好，水平也较高。当时的比赛规则很简单，在球场中间画一个约有1米直径的中圈，中锋队员跳球时一只手必须置于背后腰部，任何一足不得踏出圈外。技术也简单，中圈跳球后，谁接到球就自己运球，超过防守人就投篮。中国篮球运动水平在1926年以后有了较大提高。

> **街头篮球（street-ball）**
>
> 起源于美国，比赛并不需要在正规的篮球场上进行，在城市广场或街边开阔地划出半个篮球场大小的平坦硬地，树立一个篮球架，即可进行比赛。近几年三人篮球传入我国，在一些大、中城市已进行了多次比赛，很受人们欢迎。 讲到街头篮球文化，不可不提的就是纽约曼哈顿区的West 4th Street和哈林区的Rucker Park，在这两个地区造就了许多街头篮球的英雄与神话。著名篮球运动员艾弗森就是由街头篮球转战NBA而成名的。

1989年中国男篮在第十五届亚洲锦标赛上获第一名，中国女篮获第十三届亚洲锦标赛的冠军；1990年中国男篮、女篮分别参加了第十一届世界锦标赛，男篮获第十四名、女篮获第九名，同年，第十一届亚洲运动会在北京举行，中国男篮获冠军、女篮获亚军；2010年第16届世锦赛，中国男篮获第十六名，而女篮获第十三名。

中国男篮、女篮虽然是亚洲的强队，但在世界大赛中了取得的名次不够理想。主要的问题是风格特点不突出、身体与技术不适应强对抗的激烈比赛要求、战术配合单一而缺少应变能力等。锻炼的重点是必须有训练的指导思想和科学化训练、重视基础训练和对抗训练的科学研究工作等。

自20世纪90年代中期，中国篮球开始了职业化改革的探索。2004年，中国篮协制定了中国职业篮球发展的"北极星计划"，提出"竞技篮球、娱乐篮球、财富篮球、文化篮球"四位一体的新篮球观，为职业联赛的发展注入了新的活力。同时，中国篮球还涌现了以姚明（图10-2）为代表的具有全球影响力的明星，他们不但运动技艺精湛，而且热心公益。当前，中国篮球运动正处于一个新的发展阶段，要科学引领和驾驭未来中国篮球的改革与发展，需要利用国际、国内的一切资源来推动中国篮球事业与篮球产业的协调发展。

## 第2节　篮球运动的基本技术

> **问题导引**
>
> 篮球运动的主要基本技术有哪些？如何提高投篮命中率？

篮球技术包括进攻技术和防守技术两大部分。进攻技术包括传接球、投篮、运球、持球突破等；防守技术包括防守对手、抢球、打球、断球等；攻防技术中都包括移动、抢篮板球技术。

### 一、移动

移动是运动员在比赛中为了改变位置、方向、速度和争取高度所采用的各种脚步动作的通称。移动包括跑、滑步、急停、转身等技术动作。

（一）进攻的基本步法

**1. 跨步急停**

技术要点：一脚着地时，脚掌用力支撑身体以减低向前冲的动力，两膝微屈以减低撞击力。身体同时向后仰以减低向前的冲力，使重心转移，稍微向后。另一脚着地时亦需用力抓住地面以平衡身体，重心在两脚之间。

### 2. 跳步急停

技术要点：双脚或单脚跳起后，上身微微向后仰以减低向前动力。当双脚着地时，双膝同时微曲以减低撞击力及降低重心。双脚用力抓住地面以平衡身体，重心在两脚之间。

### 3. 变向跑

技术要点：若在跑动中拟向右变方向，在左脚着地时，脚尖稍微向右并用力蹬。上身同时向右转，跟着右脚迅速向右方踏进，重心即转移至右方。变方向跑主要用于摆脱防守或防守进攻球员。

## （二）防守的基本步法

### 1. 滑步

技术要点：双脚分开至约同肩宽，双膝微曲，重心降低并在两脚间，两臂侧伸，上身稍前倾。若向右滑动，左脚用力向内侧蹬地制造动力。然后右脚踏右，在右脚着地时，左脚迅速跟随滑行，然后依次序重复以上动作。在滑步时身体需持平稳，不要起伏。滑步主要用于较贴身之防守，分为前滑步、后滑步及侧滑步，按滑动的方向而定。

### 2. 交叉步

技术要点：基本准备姿势与滑步同。若向右移动，左脚用力向内侧踏地使重心移向右脚。接着左脚向右踏在右脚右前方，两脚成交叉状（称为前交叉），上身稍向右转（如左脚向右踏在右脚右后方，则称为后交叉）。当左脚着地时，右脚迅速向右跨步，动作需快，身体需保持平稳。在练习时，可只单一作前交叉或后交叉的步法，亦可交替作前交叉及后交叉的步法。交叉步主要用于长距离的防守。

### 小飞侠科比

科比·布莱恩特，美国职业篮球运动员，自1996年起效力于NBA洛杉矶湖人队，司职得分后卫。科比·布莱恩特是前NBA篮球运动员乔·布莱恩特的儿子。科比是NBA最好的得分手之一，突破、投篮、罚球、三分球均驾轻就熟，几乎没有进攻盲区，单场比赛81分的个人纪录就有力地证明了这一点。除了疯狂的得分外，科比的组织能力也很出众，经常担任球队进攻的第一发起人。另外科比还是联盟中最好的防守人之一，贴身防守非常具有压迫性。

## 二、传接球

传接球是比赛中进攻队员之间有目的地转移球的方法，是运用最多的基本技术。常用传球的动作方法：双手胸前传球，双手头上传球，单手肩上传球，单手胸前传球，单、双手反弹传球。常用的接球的动作方法：双手接反弹球、单手接球。

### 1. 基本持球动作

技术要点：双手五指自然分开，持在球的侧后方，拇指相对成八字形，虎口稍张大，双手拇指与食指形状近似三角形，用指根以上部位持球，并避免用手心持球，手肘自然屈弯并指向下方，将球置在胸前部位，如图10-2所示。

### 2. 双手胸前传球

技术要点：身体呈基本站立姿势，双手持球于胸腹之间，两肘自然弯曲于体侧，眼平视传球目标。传球时后脚蹬地发力，身体重心前移，两臂前伸，两手腕随之旋内，拇指用力下压，食、中指用力拨球将球传出，球出手后，两手心向下，如图10-3所示。

图10-2 基本持球动作　　　　图10-3 双手胸前传球

### 3. 反弹传球

技术要点：手部作持球动作。右脚向前踏，双手同时将球向自己与目标间距离三分之二处（离自己）直传。传球后，双手伸直，手心及拇指向下，其余四指指向目标，如图10-4所示。

图10-4 反弹传球

### 4. 过头传球

技术要点：持球动作与胸前传球相似，只是双手持球于头部上方，手肘向前。右脚向前踏，双手同时将球向目标直传。传球后，双手伸直，手心及拇指向下，其余四指指向目标，如图10-5所示。

图10-5 过头传球

### 5. 单手肩上传球

技术重点：左脚在前，右脚在后，左肩指向目标。传球前，把球从胸前引至右肩后方，并以右手持球，手心向上，手肘约成90°。接着迅速用右手把球向目标直传。右手前臂同时向传球方向伸出，拇指、食指及中指用力将球传出。传球后，右脚踏前，右手手心及拇指向下，其余四指指向目标，如图10-6所示。

图10-6 单手肩上传球

### 6. 双手接球

技术要点：身体朝向传球的方向，上身稍微向前倾；双膝微曲，右脚在前，左脚在后；双手弯曲，手肘向下，双手五指自然张开持球。双眼注视球的动向，当球接近时双手向球的方向伸出，手心向球，手指放松接球。手臂顺势把球拉到胸前，右脚同时向后踏以减低球的冲力，如图10-7所示。

图10-7 双手接球

#### 7. 单手接球

技术要点：接球手向来球方向伸出，五指自然张开，掌心正对来球，腕、指放松。当手指触球时，顺球的来势迅速收臂置球于身体前方或体侧，另一手迅速扶球，保持身体平衡，做好下一个进攻动作的准备姿势，如图10-8所示。

图10-8 单手接球

### 三、投篮

投篮是进攻队员为将球投向篮筐而采用的各种专门动作的总称。常用的投篮方法有单手肩上投篮、双手投篮、行进间单手高手投篮、行进间单手低手投篮、原地跳起单手肩上投篮、急停跳起投篮等。

#### 1. 单手肩上投篮

技术要点：身体朝篮筐方向，右脚在后，左脚在前，重心落在两脚之间，双膝微曲，身体稍前倾。右手肘抬起并指向前方，右手五指自然张开，手腕向后屈，持球于约肩上的位置，左手扶球。右脚稍微向前踏以制造动力，腰、腹自然伸展，右手肘自然地向前上方伸展。右手腕及手指同时向篮筐方向拨球。投球后，右手臂自然向前上方直伸，手指指向篮筐，如图10-9所示。

图10-9 单手肩上投篮

#### 2. 双手投篮

技术要点：与胸前传球的基本持球动作相同，只是球可置于胸前或高些的部位。投篮动作与单手投篮相同。动作从脚经腰、腹传至双手，双手肘自然地向前上方伸展，双手手腕及手指同时向篮筐方向拨球。投球后，双手手臂自然向前上方直伸，手指指向篮筐，如图10-10所示。

### 3. 行进间单手高手投篮

技术要点：以右手投篮为例，接球和运球上篮时，右脚跨出一大步的同时，双手持球；左脚紧接着跨出一小步，用力蹬地起跳。当身体接近最高点时，右手手指向后，掌心向上，

图10-10　双手投篮

托球的下部向球篮的方向伸臂，用食指、中指的柔和力量拨球，最后球从指端投出，如图10-11所示。

图10-11　行进间单手高手投篮

### 4. 行进间单手低手投篮

技术要点：以右手投篮为例，接球和运球上篮时，右脚跨出一大步的同时，双手持球；左脚紧接着跨出一小步，用力蹬地起跳。当身体接近最高点时，右手手指向前，掌心向上，托球的下部向上伸展。当接近球篮时，用食指、中指、无名指的柔和力量向上拨球，最后球从指端投出，如图10-12所示。

图10-12　行进间单手低手投篮

### 5. 原地跳起单手肩上投篮

技术要点：投篮时屈膝降低重心，两脚掌用力蹬地向上起跳。同时双手举球至肩上，

右手托球，左手扶球的左侧方。当身体接近最高点时，左手离球，右臂向前上方伸展，手腕用力前屈，通过食指、中指力量将球拨出。球出手后，指、腕自然前屈，如图10-13所示。

### 6. 急停跳起投篮

技术要点：

（1）接球急停跳起投篮：移动中跳起腾空接球后，两腿同时或先后落地，脚尖对篮筐，两膝弯曲，迅速跳起投篮，投篮出手动作同原地跳起单手肩上投篮。

（2）运球急停跳起投篮：运球过程中及时降低重心，用跨步急停或跳步急停，持球屈膝跳起投篮，投篮出手动作同原地跳起单手肩上投篮，如图10-14所示。

## 四、运球

运球是持球队员在原地或移动中，用单手连续拍按或双手交替拍按由地面反弹起来的球。常见的运球方法有高运球、低运球、运球急停急起、体前变向换手运球、体前变向运球。

技术要点：双脚微屈，前后站立。运球的手屈曲，手肘向后，手心向球。运球时以手掌（手中心除外）触球并向下压去，直至手肘伸直及手指向地。非运球的手肘抬高以保护球，如图10-15所示。

图10-13　原地跳起单手肩上投篮

### 如何提高投篮命中率

○ 培养和掌握投篮时的肌肉感觉是优先于一切的先决条件，这就应加大规范化投篮动作的练习，最终达到动力定型。

○ 提高身体的训练程度是完成各种技术动作的基础，对投篮命中率有明显的影响。

○ 良好的投篮时机，是提高投篮命中率的关键，一次好的得分机会是靠个人和全队配合来创造的，要善于捕捉投篮的时机。

○ 要有强烈的投篮欲望和自信心。

○ 加强全身协调性和出手动作稳定性的训练。

○ 选择合适的投篮出手角度和球的飞行路线：据科学和实践证明，球的出手角度影响着球的飞行路线，球的飞行路线一般有低弧线、中弧线和高弧线三种，一般以中弧线为最佳。

图10-14　运球急停跳起投篮　　　　　图10-15　运球

### 五、持球突破

持球突破是持球队员用运球脚步动作和运球技术超越对手的一项攻击性很强的技术，其技术动作主要由蹬跨、侧身探肩、推放球、加速等环节组成。

**1. 交叉步突破**

技术要点：以右脚做中枢脚为例。两脚左右开立，两膝微屈，身体重心降低，持球于胸腹之间。突破时，左脚前脚掌内侧迅速蹬地，身体稍右转，左肩向前下压，重心向右前方移动，左脚向右侧前方跨出，将球引于右侧，接着运球，中枢脚蹬地向前跨出迅速超越防守，如图10-16所示。

图10-16 交叉步突破

**2. 后转身突破**

技术要点：以左脚做中枢脚为例。背向球篮站立，两脚平行开立，两腿弯曲，重心降低，两手持球于腹前。突破时以左脚为轴转身，右脚向右侧后方跨步，上体右转，脚尖指向侧后方，右手向右脚前方放球，左脚前脚掌内侧迅速蹬地，向球篮方向跨出，运球突破防守，如图10-17所示。

图10-17 反转身突破

#### 大鸟伯德

拉里·伯德与"魔术师"约翰逊两人是20世纪80年代NBA的领袖人物。伯德也被认为是NBA历史上最优秀的球员之一。他的12年职业球员生涯全部在波士顿凯尔特人队（Boston Celtics）度过，其位置是大前锋。在凯尔特人的13个赛季里，伯德是最全能的球员，得分手、传球手、篮板手、防守专家、团队作业者等，恐怕配得上所有可以褒奖的称号。伯德有着巨人的心脏，他自信到可以赛前告诉对手，然后像跳华尔兹一样轻松地从对方头顶取下40分。尤其他的3分球，在训练时甚至闭着眼睛都能投进，这也让他成为各队闻风丧胆的死亡杀手。

## 六、防守对手

防守对手是指防守队员合理运用各种防守动作，积极抢占有利位置，阻挠和破坏对手进攻，以争夺控制球权为目的的一种动作方法。

（一）防守无球队员

比赛中，防守队员绝大部分时间是防守无球队员。防守的主要任务是不让对方空切到篮下和在有威胁的区域接球，同时协助同伴进行防守。

### 1. 强侧防守

防守离球较近的对手时，要靠近对方，选择略偏向有球一边的位置。防守的姿势是面向对手，侧对持球队员，靠近球一侧的手和脚在前，封锁对方的接球路线。重点是不让对手顺利接球，迫使对方持球队员越区传球。

### 2. 弱侧防守

防守离球较远的对手时，距离对手要远一些，防守时偏向有球一侧的角度要大，既能控制对手，又能回缩篮下进行协同防守，先控制篮下腹地。防守的姿势是侧对无球队员，两脚平行站立，重心下降，两臂自然屈于体前，随时准备出击抢断与阻截。

### 3. 防空切

防守对方空切时首先要堵卡，不让对手顺利切入。对手向篮下切入时要用手臂和身体合理挤压对手，使其反复摆脱和绕道变向，并且要用手臂在其体前或体侧挥动，干扰其接球，使切入队员不能及时得到球和使传球队员犹豫而不敢冒然传球。

（二）防守有球队员

### 1. 防投篮

防守时站在对手与球之间，防守的距离要根据对手离篮的远近而有所不同。对手持球在外围，一般是以伸臂能触及球为宜，多采用斜步防守，前脚同侧的手臂向斜上方伸出，另一臂侧伸，以便向侧移动，阻止对手突破。对手在篮下得球后，一般要贴近对方，微屈

**大鲨鱼奥尼尔**

沙奎尔·奥尼尔1972年3月6日出生，身高2米16，1992年当选年度最佳新人，入选梦之二队和梦之三队，获1996年亚特兰大奥运会金牌，他是篮球运动一百年历史上出现的最庞大的"大力神"。 在短短的三年时间内，他夺得了一次得分王称号，并且将一支原来根本进不了季后赛的队伍，第一年带到季后赛门口，第二年带进了8强，第三年带进了总决赛。球场之外的奥尼尔，还是一位摇滚歌手和影视演员，他已经出了自己的数张歌曲专集和影片。

膝，两臂微伸于肩上，准备跳起封盖。要避免过早举起双臂，以防对方转身投篮或突破。

#### 2. 防突破

站在对手与球篮之间，但可以根据对手习惯突破方向和同伴协防的情况而有所侧重。防守时一般采用平步。两脚平行站立，两臂侧伸上、下不停挥动。当对手突破时，要及时向其突破方向撤步，并迅速滑步堵截。

#### 3. 防传球

防守时不让对手传球是难以做到的，但重点要防其向篮下传球。比赛中可以根据传球队员的视线、持球部位分析其传球方向和出球点。防守外围队员时要积极挥动手臂采用掏、打等动作，使其无法及时将球传出。同时，可以用突上急撤步法，破坏其传球意图，使其无法准确地做出决断，并要掌握"宁横不竖"即宁愿让其横传球，不让其传球到内线，以及迫使对方长传、高吊等原则。防守内线持球队员传球时，要做到"宁外不里"，即对方得到球后，要迫使对方回传给外线队员，不让其传给其他内线队员或向下空切的队员。

### 七、抢篮板球

比赛中双方队员争夺投篮未中，从篮板或篮圈反弹出的球，统称为抢篮板球，包括抢进攻篮板球和抢防守篮板球。抢占有利位置是抢篮板球的关键。抢占位置时，应根据对手和投篮队员所处的位置，正确判断篮板球的反弹方向、距离，迅速抢占有利位置。

技术要点：抢占篮球与对手间的有利位置。面向篮球，背向对手，并以背部阻挡对手。当球将降落时，用力蹬地，并用双手或单手接球。当球降落在你预计的位置时，以双脚用力起跳，双臂同时向上摆，前臂向球的方向上伸。身体尽量伸展并保持平衡，然后以双手或单手抓球。把球拉到胸前位置，两肘同时向外抬以保护球。双脚着地持，双膝微曲，以减低撞击力及保时平衡，如图10-18所示。

图10-18 抢蓝板球

## 第3节 篮球运动采风

打篮球是一种享受，像艾弗森说的那样，你能在这其中认识自己、塑造自己；也如姚明说的："我真没有什么可以说的，篮球不是一项用嘴巴进行的运动，它需要你以行动证明自己。"一切都在篮球场上发生。只要你走上这个舞台，只有不懈的拼搏才不会遭淘汰。而欣赏篮球运动更是一种享受，本节即从欣赏的角度出发，带你一起领略这项运动的独特魅力。

## 一、主要位置

### 1. 控球后卫

控球后卫（Point Guard）又叫做组织后卫，是篮球比赛阵容中的一个固定位置，往往是全队进攻的组织者，是球场上拿球机会最多的人。一个合格的控球后卫须能够在只有一个人防守他的情况下，毫无问题地将球带过半场。他还要有很好的传球能力，能够将球传到球应该要到的地方。简单地说，他要让球流动得顺畅，他要能将球传到最容易得分的地方。

### 2. 得分后卫

得分后卫（Shooting Guard）以得分为主要任务。他在场上是仅次于小前锋的第二得分手，但是他不需要练就像小前锋一般的单打身手，因为他经常是由队友帮他找出空档后投篮的。不过，也因为如此，得分后卫的外线准投与稳定性要非常好。

### 3. 小前锋

小前锋（Small Forward）是球队中最重要的得分者。对其最根本的要求就是要能得分，而且是较远距离的得分。小前锋一接到球，第一个想到的就是要如何把球往篮框里塞。他可能会抢篮板，但并不必要；他可能很会传球，但也不必要；他可能弹跳很好，但仍不必要；他可能防守极佳，但还是不必要。小前锋的基本工作，就是得分、得分、再得分。

### 4. 大前锋

大前锋（Power Forward）在队上担任的任务几乎都是以苦工为主，要抢篮板、防守、卡位都少不了他，但是要投篮、得分，他却经常是最后一个。所以说，大前锋可以算是篮球场上最不起眼的角色了。大前锋的首要工作便是抢篮板球。

**大前锋凯文·加内特**

凯文·加内特，美国著名篮球运动员，NBA凯尔特人队队员。曾获得NBA总冠军、全明星赛最有价值球员、奥运会男篮冠军等荣誉。作为新时代大前锋的革命者，场上特点极为全能，传球甚至比控卫更出众，防守极具威慑力，贵为NBA四届篮板王，历史上最伟大的大前锋之一。NBA历史上只有5个人完成了超过19000分、10000个篮板、4000个助攻的数据，加内特便是其中之一，另外四名球员分别是张伯伦、贾巴尔、马龙和巴克利。

### 5. 中锋

中锋（Center），顾名思义是一个球队的中心人物，是篮球比赛阵容中的一个位置，一般由队中最高的球员担任，传统上强调篮下的防守以及防守篮球板球的保护。由于具有身高优势，一些具备进攻天分的中锋球员也常常成为在禁区附近投篮得分的主要进攻点。

#### 小巨人姚明

姚明，1980年9月12日生于上海，是中国篮球的标志和骄傲，现役中国国家篮球队队员，曾效力于上海大鲨鱼篮球俱乐部，现效力NBA的休斯顿火箭队。作为一名中锋，姚明的身高7尺6寸(229厘米)。同时他的技术特别全面，尤其是他的20英尺外的精确跳投。2011年7月20日，姚明召开新闻发布会，向外界宣布正式退役，结束9年NBA生涯。

## 二、赛事介绍

### 1. 美国篮球职业联赛

美国篮球职业联赛（NBA，全称 National Basketball Association）是美国第一大职业篮球赛事，代表了世界篮球的最高水平，其中产生了迈克尔·乔丹、科比·布莱恩特、姚明、勒布朗·詹姆斯等世界巨星。该协会一共拥有30支球队，分属两个联盟；每个联盟各由三个赛区组成，每个赛区有五支球队。30支球队当中有29支位于美国本土，另外一支来自加拿大的多伦多。

### 2. 中国男子篮球职业联赛

中国男子篮球职业联赛（CBA，全称 China Basketball Association）是由中国篮球协会所主办的跨年度的主客场篮球联赛。联赛自每年的10月或11月开始至次年的4月左右结束，共有16支队伍参加比赛。中国男子篮球职业联赛采用常规赛加季后赛的比赛模式。一般来说常规赛各区前4名进入季后赛，季后赛采用淘汰赛制，直至决出总冠军。

### 3. 世界篮球锦标赛

世界篮球锦标赛是国际篮球联合会举办的国际性的篮球赛事，男子从1950年开始，女子从1953年开始，男、女比赛分别举行。历届比赛某些情况下间隔时间不同，一般是4年一届。从1986年起，男子和女子的比赛都在同一年进行，都按照4年一届的时间举行。

### 4. 奥运会男子篮球赛

奥运会男子篮球赛指在奥运会上举行的篮球比赛。1904年，在美国圣路易斯举行的第3届奥运会上，美国的2支球队首次对篮球进行了表演展示。1936年，在第11届柏林奥运会上，男子篮球终于被列为奥运会的正式比赛项目。而女子篮球，直到1976年的第21届蒙特利尔奥运会上才成为正式的比赛项目。

### 5. 斯坦科维奇洲际篮球冠军杯

斯坦科维奇洲际篮球冠军杯于2005年在中国首都北京市首次举办，比赛是由国际篮球联合会（FIBA）主席程万琦博士发起，为表彰国际篮联秘书长斯坦科维奇先生为国际篮球发展所作出的贡献，以斯坦科维奇先生名字命名而举办的比赛。同时，程万琦博士作为国际奥运会单项主席中唯一一位华人，为了帮助和推动中国篮球事业的发展，特决定将该项赛事在中国举办。

> 没有人可以笑着拿冠军。
>
> ——陈忠和

# 第11章 排球

你一定还记得在电视机前为中国女排加油呐喊的情景吧！你也一定记得当一记势大力沉的扣球成功后兴奋的呼喊吧！这就是排球的诱人之处。不鸣则已，一鸣惊人。本章将介绍排球运动的起源、发展及其基本技术，最后通过采风增进我们对排球的兴趣、对比赛的理解。

**精彩案例**

### "铁榔头"郎平

1973年4月里的一个周末，对于郎平来说是值得记忆的一个日子，北京工人体育场业余体校排球班的老师来学校挑选队员了。已升入小学六年级的郎平，因身高而被选中。处在豆蔻年华时期的郎平就对排球情有独钟，凭着自己始终不渝的韧劲儿，经过顽强的努力，终于成了群芳之冠，以最佳的人选进入了她日思夜想的北京队。从此，她向着顶峰开始了新的攀登。

1978年，郎平参加全国排球甲级队联赛崭露头角，并被袁伟民教练看中，进了国家队。经过刻苦磨炼，她成为"世界三大扣球手之一"，被誉为"铁榔头"。出色的高位拦网和落地开花的扣杀技术，让世人为之惊讶。1995年曾担任国家队主教练。2005年2月，郎平出任美国国家女子排球队主教练。2008年，在北京奥运会排球预赛中，带领美国队获得银牌。2009年回国执教广东恒大女排。郎平的道路，给体制转型中的中国教练和运动员提供了典范。她从不抱怨自己的所得远少于付出，以一个最"火"的运动明星的身份，走出了一条让人由衷钦佩的道路。

"我不是神，冠军要从每一堂训练课中走出来"，郎平，就是这种勇气的象征。

## 第1节 排球运动简介

> **问题导引**
>
> 排球运动是如何起源的？它又是如何在世界范围内传播的？排球运动具体分为哪几类？

### 一、排球的起源

排球运动诞生于1895年，创始人是威廉·G·摩根，美国马萨诸塞州霍利沃克城基督教青年会干事。

当时逐渐流行起来的是由奈史密斯发明的篮球运动，但摩根认为篮球比较适合年轻人，对于年纪稍大的人来说则过于剧烈。1895年，摩根辅导一个由商人组成的班级，渐渐萌生了一个大胆的想法：创造一种结合篮球、棒球、网球以及手球的游戏，而这种游戏又必须避免像篮球那样的肢体接触。他在篮球场上架起了网球网（高约1.98米），以篮球胆为球，让人们像打网球一样用手隔网来回托传球，与网球的不同之处是球不能落地，球在哪一方落地一次就算哪一方失败一次。

由于篮球胆太轻，在空中飘忽不定，玩起来很不方便，摩根尝试将篮球胆换成了篮球。但篮球又过于沉重，飞行速度太慢且很难用手将其隔网击打。最后，该市的司堡尔丁体育用品公司试做了圆周63.5~68.8厘米、重量255~346克、外表为皮制、内装橡皮球胆的球。经试验，此球效果非常理想，于是就决定采用这种球——这就是第一代排球。很快，这种游戏就在基督教青年会中广泛传播开来。摩根和春田市（Spring field）体育干事弗兰克·德博士及消防署长林奇共同将这项游戏命名为"Mitontte"（意为"小网子"）。

1896年，摩根制定了世界上第一个关于这项游戏的竞赛规则，发表在当年7月出版的美国《体育》杂志上。同年，春田专科学校举行了首次表演赛，赛后春田市立学院的霍尔斯特德教授根据球要在空中飞行、不能落地的特点，将其改名为"Volleyball"（意为"空中连续击球"）。这一名称一直沿用至今。

最初的排球运动只是一种消遣游戏，比赛

---

**排球的选购**

◎ 皮革制球。先将球充进适当气压，然后两手握球，两姆指相距3厘米左右，均匀用力往下揿球壳，观察球出现的花纹大小。出现芝麻纹的一般是一级球；出现枣纹的则是二级或三级球；出现核桃纹的是四级球。外观检查要求皮革无龟纹、裂面、刀伤等，皮纹应细腻，表面圆滑，球壳缝线整齐均匀，球梗平直。

◎ 橡胶制球。要求外观颜色均匀，无污渍、杂质、气泡、漏布等现象。

◎ 各球要着重检查气闭性能，球体要求无漏气、慢撒气等现象。常用的检查办法是将球体充气后用清水滴在气嘴上，如有小气泡则说明球体漏气。

人数的多少、比分的多少都由比赛双方临时协商决定。

## 二、排球运动的传播

排球问世后，由美国的教会、传教士和驻外军官、士兵将其传播到了世界各地。排球最先传入美洲：1900年首先传入加拿大，1905年传入古巴，1912年传入乌拉圭，1914年传入墨西哥。由于排球在问世之初就没有严格的上场人数限制，加之传入的时间不同，世界各地排球运动的形式也不尽相同。传入美洲的大多是六人制排球形式。

排球传入亚洲也比较早，1900年首先传入印度，1905年起先后传入中国、日本、菲律宾等国。因为所采用的规则不同，亚洲排球经历了16人制—12人制—9人制—6人制的演变过程。

> **世界排球锦标赛**
>
> 世界排球锦标赛是由世界排球联和会主办的国际排球比赛，是排球最早的、规模最大的世界性比赛，每4年举行一届，受到各国普遍重视。原与奥运会同年举行，1962年起改在奥运会后第2年举行（女子第5届除外）。冠军获得者可直接参加下届奥运会。第一届世界锦标赛始于1949年，最初只有男子比赛，女子比赛始于1952年。

欧洲的排球运动起步要稍晚一些，第一次世界大战期间才随美国士兵登陆。1917年，排球最先出现在法国，接着传入意大利，1919年、1921年先后在捷克、波兰等东欧诸国开展。虽然起步晚，但传入的排球运动已采用运动员轮转、15分制和6人制，其竞技性已渐成熟，发展较快。

## 三、排球运动的发展

世界排球运动的发展主要分为三个阶段：娱乐排球、竞技排球和现代排球。

### 1. 娱乐排球（1895~1936年）

排球本就是为娱乐休闲而创造的，因此排球从诞生之初就被大众认可为一项娱乐性较强的游戏。人们进行排球运动，以休闲、健身为主要目的。但游戏也需要有规范，因此从1896年摩根制定第一个排球规则开始，排球的各项规则开始逐步建立。尤其是1921~1938年间，因排球技术水平的提高和技术手段的多样化，规则进行了一系列的修改和完善；除划定了比赛场地外，技术动作被归类为发球、传球、扣球和拦网，场上队员也有了明确的位置分工。此外，1924年，单独制定了为妇女参赛的女子比赛规则。

### 2. 竞技排球（1947~1980年）

第二次世界大战期间，世界排球运动一度停滞不前。直到1947年7月国际排球联合会（FIVB）在巴黎召开成立大会，制定了国际排联宪章，成立了技术委员会、竞赛委员会和裁判委员会，正式出版了通用国际排球竞赛规则，并选举法国人保尔·黎伯为第一任主席。从此，排球运动从娱乐阶段进入了竞技阶段。

20世纪50年代的排坛霸主是前苏联队。前苏联无论男队、女队，均身材高大、力量强劲，进攻扣球势大力沉，多次蝉联世界冠军，他们被称为"力量派"。

能与"力量派"抗衡的是以前捷克斯洛伐克男排为代表的"技巧派"，他们战术细腻，以球的线路变化和落点控制为特色，曾在1956年巴黎世锦赛上击败前苏联队获得冠军。但在"力量派"和"技巧派"的多次交锋中,"力量派"明显占据了上风。

20世纪60年代初期,日本著名"魔鬼教练"大松博文率领日本女排创造了"滚翻防守"、"勾手飘球"等技术,打破了前苏联女排称霸的格局。凭借出色的防守、飘忽的发球、迅捷的快攻和顽强的意志,"东洋魔女"横扫女子排坛,除了获得诸多世界冠军外,她们还获得了东京奥运会女子排球的冠军。

### 3. 现代排球（1980年至今）

20世纪80年代开始,世界排球进入了现代排球阶段。它包括全攻全守排球,社会化、商业化、职业化排球和"大排球"的内涵。

全攻全守排球以中国女排和美国男排为标志,强调技术的高快结合、前后结合,形成全面型进攻的打法。20世纪80年代初,中国女排在主教练袁伟民的带领下,形成了攻防全面、战术多变,以高制亚洲、以快制欧洲的技战术打法,1981~1986年,创造了举世瞩目的"五连冠"伟业。美国男排则大胆运动跳发球技术和后攻技术,设计了立体进攻战术,也获得了"四连霸"的傲人战绩。

1984年,墨西哥人阿科斯塔当选为国际排联主席。他领导国际排联对机构本身和排球运动进行了一系列的改革和调整,将排球运动推向了市场：改革赛制、修订规则、配合并利用现代化传播媒介、创办世界男排联赛和女排大奖赛等,把排球运动推到了竞技体坛的高端,取得了巨大的社会效益和经济效益。

而意大利也在国际排联的倡导下率先走上了职业化道路,大力推行排球职业化和俱乐部制度。科学的理念和运营机制带来了巨大的成功,意大利排球水平在职业化后显著提高,原先战绩平平、连进入前8名都困难的男排甚至获得了4次世界冠军、1次世界亚军。

随后,法国、德国、荷兰等西欧国家的职业排球也获得了巨大发展,中国、韩国、日本、美国、拉美等国家也都先后建立了自己的排球职业联赛。

为了更好地在全世界范围内扩大排球运动的影响,国际排联已开始有计划、有目的地开展和推广各种形式的排球运动,如沙滩排球、软式排球、学校排球、迷你排球、雪地排球等。其中,沙滩排球的发展已经具有相当的规模,不仅拥有自己的管理机构——国际排联沙滩排球委员会,又创办了规范的世界沙滩排球锦标赛和职业巡回赛,还自1996年亚特兰大奥运会开始,成功成为了奥运会正式比赛项目。竞技排球与娱乐排球并存,高水平职业排球与群众排球共举,这就是"大排球"的概念。

## 第2节 排球运动的基本技术

**问题导引**

排球运动的基本技术有哪些？如何通过练习掌握排球的基本功？

排球技术是指运动员在比赛规则允许的条件下,采用各种合理击球动作和配合动作的总称。排球基本技术有两种：有球技术和无球技术。

## 一、准备姿势与移动

准备姿势和移动是排球运动中运用最多、最广的两项基本技术，是完成发球、垫球、传球、扣球、拦网、防守和保护等各项击球技术的前提和基础，并对各项技术动作的运用起串联作用。

（一）准备姿势

### 1. 下肢姿势

两脚左右开立比肩稍宽，一脚在前，两脚尖适当内收，脚跟稍提起，两膝微屈。应根据每个人的下肢力量和习惯安排下肢姿势，以便于迅速蹬地向各个方向移动为标准，也应照顾到有利于起跳、下蹲和倒地动作的完成。

### 2. 身体姿势

上体前倾，重心靠前，膝部的垂直线应在脚尖前面。由于比赛中向前和斜前方移动较多，重心应落在前脚的拇指根处。

### 3. 手臂的位置

两臂放松，自然弯曲，双手置于腹前。这样做是为了起动时便于摆臂，也便于随时伸臂做各种击球动作。

（二）移动

移动的目的是为了接近球，调整好人与球的合理距离，所以移动的步幅大小和方法并不是固定的。起动后采用的移动步法要根据临场技、战术的需要灵活运用。常用的步法有以下几种。

### 1. 并步

当来球距身体一步左右时可采用并步移动。采用并步移动时，可向两侧移动。往左侧移动时，左脚先向左迈出一步，右脚迅速有力蹬地，并迅速跟上做好接球的准备姿势。这种移动方法，有利于对准来球和保持击球时身体重心的平稳。

### 2. 交叉步

当来球在体侧3米左右时，可采用交叉步移动。采用向左侧交叉步时，上体稍向右转，左脚从右脚前面向右交叉迈出一步，然后脚再向右侧跨出一步，同时身体对准来球方向，保持击球前的姿势。

### 3. 跨步

当来球较低、距离身体1米左右时，采用跨步移动。移动时，一脚用力蹬地，另一脚向来球方向跨出一大步，同时膝部弯曲，上体前倾，身体重心下降并移至跨步腿上。

### 4. 跑步

当身体距离来球较远时采用，首先判断好来球的方向，两臂用力迅速摆动，逐步加大步频。在接近来球时，降低重心并迅速制动，做好击球准备。

## 二、传球

传球是排球运动中最基本、最重要的一项技术。传球主要用于二传,在比赛中起着组织进攻的作用。传球在比赛中也常用来接对方的处理球、吊球和被对方拦回的高球;还可进行吊球和处理球,起着直接进攻的作用。传球由准备姿势、迎球、击球、手型、用力五个动作部分组成。其中,较难掌握的是触球时的手形。因为触球时手型正确与否直接影响手控制球的能力和传球的准确性,对初学者来说,掌握了正确手型才能保证正确击球点和较好地运用手指、手腕的弹力。

传球一般分为正面传球、背传球、侧传球、跳传球等。下面主要介绍正面传球动作的技术方法。

(1)准备姿势:稍蹲姿势,面对来球,双手自然抬起,放松,置于脸前。

(2)迎球:当球下降至额前时,蹬地伸膝,伸臂,两手向前上方迎击来球。

(3)击球:击球点在额前上方一球距离处,有利于看准来球和控制传球方向。

(4)手型:两手自然张开成半球形,两拇指相对成"一"字形,用拇指内侧、食指全部、中指二、三关节触球。无名指和小指在两侧辅助控制传球方向。

传球用力的顺序是蹬地、伸膝、伸腰、手指手腕屈伸,最重要的是利用伸臂和手腕、手指的紧张和球压在手指上产生的反弹力将球传出去,如图11-1所示。

图11-1 传球

## 三、垫球

垫球主要用于接发球、接扣球。在比赛中,垫球是争取多得分、少失分由被动变主动的重要技术,是稳定队员情绪、鼓舞队员士气的重要手段。

垫球分为正面垫球、移动垫球、侧面垫球、跨步垫球、变方向垫球、背垫球、单手垫球、挡球等。正面垫球是最基本的一种垫球技术。下面,我们就介绍一下正面双手垫球。

准备姿势:两脚开立稍比肩宽,伸直双臂,对准来球,呈半蹲姿势站立。

击球的手形:两手掌根相靠,手指重叠,手掌互握,两拇指平行前伸,手腕下压,如图11-2所示。

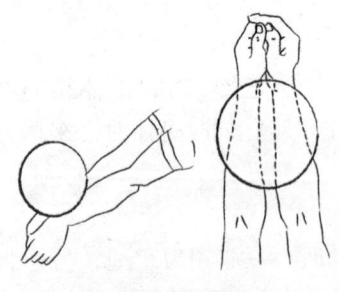

图11-2 击球手形

垫球部位:看准来球,两臂夹紧前伸,插到球下,用前臂腕关节以上10厘米左右的地方两臂桡骨内侧形成的平面击球的下部。

击球动作:向前上方蹬地抬臂迎击来球,使插、夹、抬、蹬连贯完成,灵活控制传球方向和力量,如图11-3所示。

图11-3　垫球击球动作

手臂角度：垫球手臂与地面所形成的夹角，对控制球的方向、弧度、落点影响很大。一般来说，来球弧度高，手臂与地面的角度应该小些；来球弧度平，手臂与地面的角度应该大些。

## 四、发球

发球是指队员站在端线之后，用手抛球后将球击入对方场内，是比赛开始第一个技术动作和一项先发制人的进攻技术。攻击性发球可以直接得分，还可以破坏对方的一传与进攻，动摇对方的士气，为本队拦网、防守创造有利条件。因此，发球既要有准确性，又要有攻击性。发球可分为正面下手发球、侧面下手发球、正面上手发球、高吊球、勾手发球、勾手大力发球等。

### 1.正面下手发球

下手发球动作技术简单，是学习发球技术的入门。

准备姿势：面对球网，左脚在前，两膝微屈，左手持球于胸前，右手自然下垂。眼视前方。

抛球：左手将球在体右侧抛起，高约20厘米，抛球时，身体重心后移，同时右手后摆。

击球：右脚蹬住，身体重心前移，右臂伸直，以肩为轴向前摆至腹前，用掌根击球的后下部，如图11-4所示。

图11-4　正面下手发球

### 2.侧面下手发球

准备姿势：左肩对网，两脚开立。

抛球：左手抛球于胸前一臂之远，离手高约30厘米。

击球：在抛球的同时，右臂摆至右侧后下方，接着右脚蹬地向左转体，带动右臂向前上方摆动，在腹前以全手掌击球的右下方。

### 3. 正面上手发球

准备姿势：面对球网，两脚自然开立，左脚在前，左手托球于体前。

抛球：左手用手掌平稳而准确地将球抛在体前右肩前上方，高度约50厘米。同时，右臂抬起，屈肘后引，肘略高于肩，上体稍向后仰。五指并拢，指尖朝上，手腕稍后仰保持一定的紧张，眼睛注视球体。

击球：右脚蹬地重心前移，以收腹、屈体迅速带动手臂的挥动。挥臂成直线，在右肩前上方，用手掌坚硬部位击中球的后下部，如图11-5所示。

图11-5 正面上手发球

## 五、正面扣球

扣球是排球基本技术中攻击性最强的一项技术，它在比赛中占有重要地位，是进攻中积极有效的方法及得分的主要手段，也是进攻中最积极有效的武器。扣球是战术配合中的最终目的，强有力的、富有战术目的的扣球，可使对方难以防守和组织反击，从而掌握比赛的主动权。

正面扣球是扣球中的一种基本方法，由于面对球网，便于观察，准确性较高；挥臂动作灵活，能根据对方防守情况，随时改变扣球路线和力量，便于控制击球落点，因此进攻效果好。正面扣球由准备姿势、助跑起跳、空中击球、落地等动作组成。在正面扣球的几个动作环节中，选择好起跳点及起跳时机，保持好人与球的关系是扣球的基础，挥臂击球是完成扣球动作的关键环节。

动作技术方法：

准备姿势：一般站在距离球网3米左右，两肩自然下垂，稍蹲，眼睛注视来球。

助跑起跳：根据人和球的距离远近，可用一步、两步或多步助跑，一般以两步助跑为主。以右手为例，左脚先放松，自然地向击球位置迈出一小步，接着右脚向前跨出一大步，支撑点落在身体重心之前，用脚跟着地，屈膝，然后两脚用力蹬地，同时两臂由体后迅速向上摆动帮助起跳。

空中击球：起跳后，挺胸展腹，上体稍向右转，右肩向上方抬起，身体呈反弓形。挥臂时，以迅速转体、收腹动作发力，依次带动肩、肘、腕各关节成鞭甩动作向前上方弧形挥动，在右肩前上方最高点击球。击球时，提肩、伸臂、五指微张呈勺形，以全掌包满球，击中球的后中部，力量通过球中心，手腕有推压动作，使球向前下方旋转飞行。

落地：空中完成击球后，身体自然下落，尽量用双脚的前脚掌先着地，以缓冲身体与地面的撞击力，落下时保持平衡，如图11-6所示。

图11-6 正面扣球

**扣球种类**

- 近网扣球：对距网50~100厘米以内的二传球进行扣击为近网扣球。近网扣球时，由于靠近球网，扣球人要注意垂直起跳，起跳后，挺胸抬臂。击球时，手掌包满球，手腕快速抖动，击球后手臂顺势收回，以防止手触网。

- 远网扣球：对距网150厘米以外的二传球进行扣击为远网扣球。远网扣球时，由于远离球网，扣球人可以充分利用收腹加大手臂挥击动作，增加扣球力量。

- 调整扣球：二传球以后传到网边进攻位置的情况下，扣球人进行扣击的一种进攻方法。调整扣球技术与正面扣球技术动作相同，但由于球从后场传来，因而扣调整球助跑前要撤到边线以外，以便观察来球情况，选择准确的助跑、起动时机和起跳位置。

- 扣快球：扣球队员在二传队员传球前或传球的同时起跳，把球扣入对方场区的一种扣球方法。这种扣球速度快、时间短、突然性强、牵制性大，能在时间和空间上争取主动。

## 六、拦网

拦网是在网前跳起用双手阻拦对方的扣球，它既是防守技术，也是进攻手段。拦网是防守的第一道防线，是反攻的重要环节。拦网可以将对方有力的扣球拦起，减轻后排防守的压力。拦网水平的高低，直接影响着比赛的胜负。在当前排球技术迅速发展的情况下，拦网技术水平的提高使网上争夺更加激烈。拦网既可以原地起跳，也可移动助跑起跳；既可以单人拦网，也可以双人拦网或多人拦网。

**1. 单人拦网技术**

准备姿势：面对球网，两脚平行开立约与肩宽，两手自然置于胸前。

移动：可采用并步、跨步、滑步、交叉步、跑步等，将身体重心移动到拦网位置，准备起跳。

起跳：移动后立即制动，使身体正对球网后起跳，或在起跳过程中在空中使身体转向球网。起跳时，膝关节弯曲，两脚用力蹬地，两臂在体侧划小弧用力上摆，带动身体向上垂直起跳。

空中击球：起跳后稍收腹，控制平衡。两手从额前贴近并平行网向网上沿前上方伸出，两臂伸直，两肩尽量上提。拦击时，两手尽量伸向对方上空接近球，两手自然张开，屈指屈腕呈勺型。当手触球时，两手要突然扣腕，用力捂盖球的前上方。

图11-7 单人拦网技术

落地：拦网后自然落回地面，落地时屈膝缓冲，如图11-7所示。

**2. 集体拦网技术**

集体拦网有双人拦网和三人拦网。集体拦网的目的是为了扩大拦网的截击面。集体拦网除按个人拦网技术的要求外，更重要的是拦网队员之间的配合。集体拦网配合时应注意以下几个问题：

（1）集体拦网要确定以谁为主，密切协同配合，防止各行其是。

（2）主拦队员确定拦网中心，配合队员要及时选好起跳点，起跳时应避免互相冲撞和干扰。

（3）起跳后，手臂在空中要保持适当距离，尽量扩大拦击面，但手与手之间距离不要过大，以免造成漏球。

### 微笑教练陈忠和

陈忠和，福建省漳州龙海人，前中国国家女子排球队主教练，在中国女排任职20多年。他带领中国女排夺得2003年世界杯冠军，这亦是中国女排失落17年的世界冠军荣誉；2004年，他带领中国女排夺得雅典奥运会金牌，蝉联世界冠军的称号，成了人们心中的英雄。作为一名教练，陈忠和具有独特的个人魅力，他使女排和他一样，无论面对成功还是失败总能面带微笑。

（4）不同身高的队员要加强起跳时间的配合，一般来说，高个子队员起跳时间应稍晚于矮个子队员。

（5）把身材高、弹跳力强、拦网好的队员换到3号位或换到对方扣球威力大的位置上，以加强本方拦网的威力。

## 第3节　排球运动采风

"我不是神，冠军要从每一堂训练课中走出来。"这是《激情岁月——郎平自传》里的一句话。从这里，我们见证了一个冠军是怎样炼成的。郎平的话诠释了人类面对自我的攀登，也同样显示了排球作为一项运动的精神意义：爱拼才会赢。或许这就是排球的灵魂所在。本节将与大家共同感受排球的独特之处。

### 一、球员位置

球员通常不需要精通全部六种技术——发球、一传（接发球）、二传（举球、托球）、扣球、拦网、救球，而是通常根据球队的战术，以其中的一种或多种为专长。最常见的位置分配包含三种位置：攻手（分为主攻手和副攻手）、二传手和自由人（专职防守的球员）。

#### 1. 主攻手

主攻手是在靠近标志杆的位置进攻的球员。由于大多数传向主攻位置的球都是高球，因此主攻手往往采用很长的助跑，有时甚至从边线外开始助跑。在进攻中主攻手通常依靠强力扣杀得分，但有时也要求以斜线助跑和快攻来扰乱对方的防守。主攻手还需要掌握一传技术，因为在对方发球时他们通常作为自由人以外的第二一传点。惯用右手的主攻手最适合在4号位（前排左侧）进攻，惯用左手的主攻手最适合在2号位（前排右侧）进攻。

#### 2. 副攻手

副攻手是经常在靠近二传手的位置打出快攻的球员。副攻手专职拦网，因为他们必须阻挡来自对方副攻手的快攻，并且需要从中间向两边快速移动以组织双人拦网。通常副攻

**天才副攻手赵蕊蕊**

赵蕊蕊，身高1.97米，素有"中国第一高"之称，出生于江苏南京，中国著名女排运动员。北京奥运会后，赵蕊蕊退役，一代天才副攻手就此淡出世界排坛。赵蕊蕊曾被女排界誉为世界第一副攻，2003年时处于巅峰状态的她至今仍无其他副攻可超越。

手是队中最高的球员,且不要求有很好的防守技术。

### 3. 二传手(举球员、托球员)

二传手的职责在于组织全队的进攻,他们负责在二传时将球送至让攻手最适宜扣球的位置。二传手必须有能力和扣球队员组合出多种变化以破坏对方的防守。移动快速、传球精准是一个二传手的必备素质。

#### 主力二传手冯坤

1994年,年仅15岁的冯坤正式开始了专业排球的运动生涯。冯坤是中国女排的主力二传,是中国队快、变战术的核心。曾荣获2003年女排世界杯赛最佳二传手、第12届亚锦赛最佳二传称号。她的进攻能力丝毫不亚于进攻选手,脑子灵活,有小诸葛之称。冯坤是中国排坛少见的攻击型二传手,也是主帅陈忠和最看重的球员之一。她不仅掌握着全队的攻防节奏,而且不时地偷袭,令对手难以防范。

### 4. 自由人(任意球员)

自由人是专职防守的球员,负责接扣球和接发球(救球)。通常自由人具有全队最快的反应速度和最好的一传技术。由于自由人不需要在网前进攻或防守,可以由一传技术好的矮个子球员胜任。在比赛被指定为自由人的球员不可以担任其他位置。任意球员的替换次数是不受限制的,但两次的替换之间必须隔一次死球,而且只能由被替换下场者做轮替。替换的时间必须在裁判吹哨示意发球前做更换。每一局开始前,任意球员不得先进场,必须等第二裁判核对先发球员后才可替换进场。

#### 中国女排

中国女排是一支具有光荣历史的队伍。20世纪80年代孙晋芳带领她的队员们曾获得辉煌的"五连冠"和"三连冠",1981年和1985年世界杯冠军;1982年和1986年世界锦标赛冠军;1984年奥运会冠军。

2001年,中国女排由新的教练班子和以年轻队员为主组成一支新队伍。重组后的中国女排的精神面貌令人耳目一新,在2001年世界大冠军杯上获得冠军。国际媒体称这是中国女排时隔15年后再次获得世界冠军。2002年世界女排锦标赛获得第四名;第十四届亚运会获得冠军;2003年亚洲锦标赛获得冠军;2003年第九届世界杯获得冠军;2004年雅典奥运会获得冠军;2008年北京奥运会获得季军。

## 二、沙滩排球

沙滩排球,简称"沙排",是现在风靡全世界的一项体育运动。沙滩排球比赛场地包括比赛场区和无障碍区。比赛场区为16米×8米的长方形。场地边线外和端线外的无障碍区至少宽5米,最多6米,比赛场地上空的无障碍空间至少高12.5米。比赛场地的地面是水平的沙滩,沙滩必须至少40厘米深,其中没有石块、壳类及其他可能造成运动员损伤的杂物。比赛场区上所有的界线宽为5~8厘米,界线与沙滩的颜色需有明显的区别,并且由抗拉力材料的带子构成。

沙滩排球比赛所使用的球由柔软和不吸水的材料制成外壳(皮革、人造皮革或类似材料),以适合室外条件,即使在下雨时也能进行比赛。球内装橡胶或类似质料制成的球胆,颜色是黄色、白色、橙色、粉红色等明亮的颜色。球的圆周为66~68厘米,重量为260~280克。沙滩排球比赛的球网设在场地中央中心线的垂直上空,高度为男子2.43米,女子2.24米。

沙滩排球采取三局两胜制。一个队由两名队员组成,每队的两名队员必须始终在场上,不可以换人。沙滩排球球员用手势与同伴交流,一般手势藏在背后,以防止对方看见。握紧的拳头说明此人不会拦网,伸出一个指头说明会向正前方拦网,两个指头说明会斜着拦网。

**中国沙滩排球**

自1993年国际奥委会正式确认沙滩排球为奥运会正式比赛项目后,中国排球协会从1994年开始举办正式的全国沙滩排球比赛,1997年首次派队参加了世界沙滩排球锦标赛。在2001年世界沙滩排球锦标赛上,我国选手迟蓉、熊姿和田佳、王菲分别获得第5名和第17名。

在2006年世界巡回赛波兰站比赛中,中国男子沙排选手徐林胤、吴鹏根发挥出色,夺得中国男子沙排史上首个世界巡回赛季军。在2010年国际排联沙排联赛中,中国选手徐林胤、吴鹏根和薛晨、张希分别夺得男女冠军,这也是中国选手首次在世界大赛中包揽男女冠军。

## 三、软式排球

软式排球是一项新兴的体育运动项目,1988年诞生于日本。20世纪80年代末,软式排球运动在世界范围内开始流行。90年代,软式排球项目传入我国并开始在我国推广传播。2000年以来,在中国排球协会、国家体育总局排球运动管理中心的大力倡导和组织下,在国家教育部的强力推动下,软式排球在我国范围内,特别是在大、中、小学及社会团体中有计划、有组织地开展起来。作为排球家族的后起之秀,软式排球在非专业人群中受到了越来越多的欢迎和关注。

### 1. 软式排球的特点

软式排球为橡胶制品,重量为210克左右,圆周66厘米,它最大的特点是球的重量轻、质地柔软、球速慢、不伤手指、娱乐性强。软式排球分准备姿势与移动、发球、垫球、传球、扣球和拦网六大基本技术，其比赛基本分为三类，即6人制、4人制、家庭组（一对夫妻加一个小孩）比赛。目前，软式排球尚无统一的国际竞赛规则，我国从1995年开始开展软式排球，并于1996年正式出版第一部软式排球竞赛规则。

### 2. 软式排球与硬式排球的技术差别

**发球技术**：由于软式排球球体软、气压小，因此在发球时，一定要加快挥臂速度，保持好击球部位肌肉的紧张度，保证发球取得最佳效果。

**传球技术**：软式排球传球手型比硬式排球的手型要稍大，传球时不需要手指、手腕的缓冲，其他技术环节与"硬式排球"相同。

**垫球技术**：软式排球比硬式排球的飞行速度慢，而且球在长距离飞行时，有突然下沉现象。此外，球体较软，当球触及手臂时，球体常出现凹陷、滑动现象，造成球体重心易越过触球点。所以在软式排球的垫球时，垫球人要特别注意提前取位，身体重心应比"硬式排球"的落点稍前移，或尽量使双臂正对来球垫球，且击球力量应稍加大，以取得最佳垫球效果。

**扣球技术**：软式排球扣球时，少了"硬式排球"扣球手的包裹动作，是用全手掌包满球，击打球的后中上部（球的上方或后上方）。由于软式排球球体轻，球飞行时易下沉，扣球人在选择起跳点时应特别注意。另外，由于球体软，扣球时不能使用硬式排球的搓球技术动作。而在使用软式排球轻吊球技术时，应注意适当加力，以防止手指陷进球体中，造成失误。

**拦网技术**：软式排球拦网技术与硬式排球不同的是两手间距离要小，且双手要正对来球，要将球罩住。进行正面截击以防止对方扣球球速和力量过大时，由于球体变形，会从两手和两臂间挤过，容易造成拦网失误。

### 3. 我国软式排球的比赛规则

根据我国2002年颁布的软式排球规则，软式排球的正式比赛有A制（4人）和B制（6人）两种。比赛均采用每球得分、三局二胜制。前两局每局先得25分并同时超过对方2分的队为胜一局，当比分为24平时，比赛继续进行直至某队领先2分为止，无最高分限。决胜局时，比分到8分时交换场地，先得15分并超过对方2分的队获胜，比分为14平时，比赛继续进行直至某队领先2分，无最高分限。

# 小球运动篇
## SMALL BALL SPORTS

> 人生能有几回搏。
>
> ——庄则栋

# 第 *12* 章 乒乓球

本章主要介绍乒乓球的相关知识与技术，首先简要介绍乒乓球运动的起源、发展等基本情况，再对各个技术进行分析讲解，最后通过竞赛规则及乒坛名将的具体分析让同学们对乒乓球运动进行整体把握，最终体会到学习乒乓球的快乐并参与到乒乓球运动中来。

## 精彩案例

### 乒坛皇后——邓亚萍

邓亚萍被誉为乒坛皇后，在她的职业生涯中，一共获得过18个世界冠军，连续2届4次奥运会冠军，是第一个蝉联奥运会乒乓球金牌的选手。她在乒坛排名连续8年保持第一，是排名世界第一时间最长的女运动员。在这耀眼光环的背后，邓亚萍用她的亲身经历，向我们展示了体育精神的丰富内涵。

九岁的小亚萍就获得了全国少年冠军，为了进行更加系统的训练，父亲把她送进河南省乒乓球集训队。可没过多久，邓亚萍就被退了回来，河南省队的教练认为她个子小，没有发展前途。为了自己的乒乓球之梦，邓亚萍没有放弃。功夫不负有心人，由于邓亚萍的不懈努力，河南省队终于对她敞开了大门。进入河南省队之后，邓亚萍先后获得多项国内冠军，成为中国乒坛上一颗冉冉升起的新星。

然而邓亚萍竟迟迟没有被选进国家队。教练们对于是否选身材矮小的邓亚萍进国家队，一直达不成一致的意见。身高，再次成了邓亚萍的绊脚石。这时的邓亚萍，再一次选择了坚持。1988年，邓亚萍在全国乒乓球锦标赛上，一举获得了女子单打和女子双打的两个冠军，这些不容置疑的成绩终于使她进入了国家队。

从此，邓亚萍所向披靡，在乒坛刮起了邓氏旋风。命运在跟邓亚萍开了这么多玩笑之后，终于向着身高仅1.55米的邓亚萍，低下了它高贵的头颅。邓亚萍的出色成就，改变了世界乒乓球坛只在高个子中选拔运动员的传统观念。前国际奥委会主席萨马兰奇也为邓亚萍的球风和球艺所倾倒，亲自为她颁奖。当被问到为什么对邓亚萍赞誉有加时，萨马兰奇回答："因为她代表了奥林匹克精神！"

# 第1节 乒乓球运动简介

**问题导引**

乒乓球运动是如何产生的？乒乓球运动的技术经历了哪些曲折变化？我国乒乓球运动发展经历了哪些过程？

## 一、乒乓球运动的起源

对于乒乓球运动的起源有着不同的传说，根据国际乒联的有关资料分析，乒乓球运动是由网球运动派生而来的，网球的英文是Tennis，而乒乓球的英文是Table Tennis，即桌上网球。

乒乓球运动大约在19世纪末起源于英国，流行于欧洲，英国人捷拉德·卡尼谈到：英国的天气促使了乒乓球的诞生。由于英国的气候多变，在雨天学生借助在外面打网球的拍子，在室内空地用两个箱子和一根绳子或是在两把椅子的椅背上系上一根绳子，绳子上挂上报纸用以代替球网，采用软木或橡胶做成的球，以羔皮纸贴成长柄椭圆形空心球拍，在桌上将球打来打去。这种游戏当时被称为fidin-flam，又称Gossima。

**乒乓球、球台、球网尺寸**

乒乓球的直径是40毫米，重量是2.7克。球台长2.74米，宽1.525米，离地面高76厘米。球网的高度为15.25厘米。

自从英国的退役越野跑运动员詹姆斯·吉布（James Gibb）从美国带回了作为玩具的赛璐珞球，这种小而轻的球就以弹性好的优势代替了软木球和橡胶球。由于当时普遍使用的羔皮纸球拍击球，球被击到台面时会发生"乒"的声音，球拍击到球时会发出"乓"的声音，所以人们模拟其声音又叫"乒乓"。起初它作为宫廷的贵族运动，随着时间的发展在民间慢慢流行开来，成为人们喜爱的运动项目。

## 二、乒乓球运动的发展

"工欲善其事，必先利其器"。乒乓球球拍的不断发展总是促进着乒乓球运动技术的不断前进，从一定角度上讲，球拍的不断革新使乒乓球运动一直在速度与旋转之间互相竞争而发展。

1902年，英国人发明了颗粒胶球拍，使乒乓球技术由木拍时代单调的打法，进入颗粒拍使球产生旋转的有趣时代。

1951年，奥地利人发明了黑色厚海绵拍，使击球的速度较胶皮拍有了大幅度的提高，并且这种黑色厚海绵拍击球时声音小，击过去的球对手难以防御。

1952年，日本人发明了黄色软海绵。在19届世乒赛上日本选手佐藤博治取得男子单打冠军，正是这种特殊的海绵帮助了他，一定意义上说这一新的发明对乒乓球技术的发展起到快速的推动作用。

1957年，日本人发明了正贴海绵拍和反贴海绵拍，这一发明有利于制造各种旋转，同时又有较好的速度。其中反贴海绵拍即为现在多数人使用的球拍，既能挫、削，又能拉、冲，扣杀也有速度和力量。正贴海绵拍也有利于速度和力量的发挥。

1959年，国际乒联通过了对球拍规格化的决定，规定运动员只能使用木拍、胶皮拍以及带胶皮面的海绵拍，并且规定胶皮海绵的总厚度不得超过4毫米。

1961年，中国运动员在在第26届世乒赛上首次使用长胶粒球拍，中国运动员的直拍削球"海底捞月"曾让世界的观众目瞪口呆。

1965年，中国运动员在28届世乒赛上首次使用长胶和反胶两面不同性能的球拍。林慧卿、郑敏之使用这种球拍为中国夺得了第一次世界女子团体冠军。

1970年，奥地利人发明了防弧海绵拍。这种球拍有利于对付弧圈球，不太吃球的旋转。对这种球拍成功使用的例子是我国现国家体育总局副局长蔡振华。

乒乓球技术发展到今天，对于球拍来说规格上并没有产生很大变化，只是在质地、性能上更加讲究。对于运动员打球时总体的追求目标是既要有利于制造速度和旋转，还要有利于"顶大板"和"少吃转"，还要有一定的特异性，以充分发挥运动员的技术特点。

| 重大国际赛事 |
| --- |
| ◎ 奥运会乒乓球比赛 |
| ◎ 世界乒乓球锦标赛 |
| ◎ 世界杯乒乓球比赛 |
| ◎ 国际乒乓球巡回赛年度总决赛 |
| ◎ 中国乒乓球公开国际锦标赛 |

### 三、我国乒乓球运动简介

1904年，乒乓球运动从日本传入我国，随后这项运动逐渐在北京、天津、青岛、上海等地开展起来，并举行了不同规模、一定数量的国内、国际乒乓球比赛。1935年，中华全国乒乓球协进会成立，发起并组织了新中国成立前的第1届全国乒乓球比赛。当时我国乒乓球运动的技术较低并且对于比赛的组织能力亦有限。

新中国成立之后，乒乓球运动得到迅速普及和提高。1952年10月，举行了新中国的第一次全国乒乓球比赛大会，赛后组建了中国乒乓球队。我国从第一次参加世乒赛至今，发展过程可以大体分为4个时期。

#### 1. 起步（1953~1957年）

1953年，中国队第一次参加了第20届世乒赛。当时我国选手技术水平很低，但我国的选手以自己的特点为基础，认真研究了乒乓球运动的客观规律，虚心学习了外国的长处，不断丰富提高自己。随后的21、22届世乒赛我国都未参加，在参加的23届世乒赛上我国男队被评为一级第六名，女队被评为一级第十一名。

#### 2. 腾飞（1959~1965年）

1959年第25届世乒赛，我国容国团夺得第一个世界冠军，此外男团、女团、女单、女双和混双5个项目上获得第三名，男单有4人进入前8名。第26届世乒赛是我国第一次举办的世界比赛，获得了圆满成功。我国获得男团、男单、女单3项冠军，4项亚军和8个第三名。第27届世乒赛，我国男队获得全面胜利。28届世乒赛上我国女队打了漂亮的翻身仗，我国共获得5项冠军、4项亚军和7个第三名。

### 3. 重整旗鼓（1971~1979年）

1970年底，与世界乒坛隔绝了4年的中国队再次参加斯堪的纳维公开赛选手，受到欧洲选手的强有力挑战，我国选手才发现自己已经落后了。1973年的第32届世乒赛我国选手仅获得男女单打和混双3项冠军，1979年的第35届世乒赛3个男子项目的冠军都被国外选手夺走，我国运动员全面失利，引起了乒乓球界的震动。

### 4. 又创辉煌（1981年至今）

在前面的的失利之后，我国乒乓球队认真分析原因，提出要"苦练意志、苦练技术、苦练身体"的口号，并且大胆启用新人。在之后的比赛中成功实现目标，重新回到世界一流团队的队伍当中。

1988年24届奥运会，乒乓球第一次被列为正式比赛项目。我国选手一举拿下两枚金牌为我国增添了荣耀。1988年至今，我国的乒乓球运动技术不断创新，一直走在世界乒坛的顶端。

**乒乓球球拍各种胶皮的性能**

● 正胶海绵。正胶就是胶皮颗粒向上、高度与直径相等的胶皮。这是中国选手最传统的球拍。正胶海绵拍不容易吃各种旋转，正是由于黏性小也不容易制造强烈的旋转，所以正胶球拍虽然拉不出强有力的弧圈球，但是在处理台内旋转球和正手抽杀方面却可以大占便宜。

● 生胶海绵。生胶就是颗粒向上、直径大于高度的胶皮。其特点是击球有下沉，搓球旋转弱，适合近台选手使用。由于生胶有减转的作用，因此特别容易控制球。尤其是反手拨打台内短球时更是得心应手，采用反手生胶的打法，可以在摆短时求得主动，同时又能节省体力。

● 反胶海绵。反胶就是粘贴时向下、黏性较大的光面向上的一种胶皮，这是现在最常见的球拍，几乎所有的欧洲选手均采用此种胶皮，亚洲选手也有近80%使用。反胶打球的旋转力特强，容易制造旋转，也容易吃旋转，掌握有一定难度。

# 第2节 乒乓球的基本技术

> **问题导引**
>
> 乒乓球有哪些基本技术？直握拍与横握拍的优缺点各是什么？如何使发球更旋转？应怎样应对不同的来球？

## 一、握拍法、基本站位与基本姿势

### （一）握拍法

目前世界上主要有两种握拍方法，分别是直握拍和横握拍的方法。

**1. 直握法技术要领与特点**

（1）技术要领。

拍前：食指自然弯曲，食指的第二指节和拇指的第一指节分别压住球拍两肩，食指与拇指间距离适中，如图12-1（a）所示。

拍后：食指、拇指外其他3指自然弯曲叠放，中指的第一指节侧面顶在球拍背面约1/3处，如图12-1（b）、（c）所示。

（2）直握法的特点：出手快；正手攻球有力，攻直线与斜线拍面变化不大，对手不易判断；在处理近身球和台内小球时相对有利，但反手攻球受身体阻碍，较难防守。

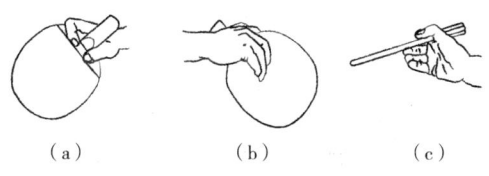

图12-1 直拍握拍法

**2. 横握法技术要领与特点**

（1）横握法的技术要领：中指、无名指和小指自然握住拍柄，拇指在球拍的正面轻贴于中指旁边，食指自然伸直斜贴在球拍的背面。深握时，虎口紧贴球拍；浅握时，虎口轻微贴拍，如图12-2所示。

（2）横握法的特点：握拍相对稳定，反手有利于发力，也能进行拉弧圈球。但此握法在回左右来球时需要转动球拍，影响出手速度并且容易造成中路相对薄弱的形势。

图12-2 横拍握拍法

### （二）基本站位与基本姿势

正确的站位有利于运动员迅速移动步法、抢占有利位置进行准确击球，并且能有让击球动作充分完成，有利于运动员实力的发挥。

**1. 基本站位**

基本站位主要根据运动员的个人打法特点而定，有近台（身体离台30~50厘米）、中近台（离台50~70厘米）、远台（离台1米以外）等。随着技术的完善，以右手握拍为例，快攻型打法主要站在近台中间偏左的位置，弧圈球打法主要站在中台中间偏左位置。

### 2. 基本姿势

两脚开立略比肩宽，左脚稍前，两脚脚前掌内侧着地，略提踵，膝关节微屈上体略前倾，适度收腹含胸，持拍手置于腹前离身体30厘米左右，球拍不要沉得过低，如图12-3所示。

图12-3 基本姿势

## 二、步法

由于来球的落点不断变化，要准确地还击每个来球，除必须具备快速的反应和良好的身体素质外，还需要正确、灵活的步法。

### 1. 单步

单步指以一脚的前脚掌为轴，另一脚向前、后、左、右某个方向移动一步的步法。在来球角度不大、小范围内移动时使用。

### 2. 跨步

跨步指一脚向来球方向跨出一大步，另一脚跟着移动的办法。常用于对付来球急、角度大、离身体稍远的球。

### 3. 跳步

跳步指一脚用力蹬地，使两脚离开地面，同时向左、向右或前后跳动。快攻型打法用它来侧身。

### 4. 并步

并步指来球远侧方的脚先向近侧方靠一步，然后近侧方的脚再向来球方向迈一步。在小范围内移动时常使用此步法。

### 5. 交叉步

交叉步指离球远的脚朝来球方向跨出一大步，并从前面超过另一脚形成交叉状，另一脚再向来球方向移出一步的步法。快攻在侧身进攻后扑挡常用此步法。

## 三、发球与接发球

### （一）发球

发球是乒乓球比赛的开始，也是比赛中唯一不受对方制约的技术，可以让运动员最大限度地实现自己的战术意图。

---

**如何发球使球旋转更快**

首先适度将球抛起，接着要适度引拍，尽量用拍头（就是拍子上1/3部分）摩擦球，在摩擦球的一瞬间手腕也要顺着引拍方向动，假如你发一个侧下的球，你的引拍就应该从与头部同高位置向你的怀中挥拍，而同时手腕应该内扣。除握拍外，通过转体、加快手臂挥动速度、手腕和手指加速，使球拍速度尽可能快，摩擦球要尽量薄（击球远离球心），球就转。记住，球拍击球的位置和手腕的小动作对于发球很重要。另外，如果将自己这边的球台分成3部分，发长球起点一般应在2/3处（中间部分），发短球一般应在1/3处（外台部分）。

### 1. 正手平击发球

左手将球向上抛起，同时右臂内旋，使拍面稍前倾，向右后方引拍。当球从高点下降至稍高于球网时，击球中上部向左前方发力，如图12-4所示。

图12-4　正手平击发球

### 2. 反手平击发球

左手将球向上抛起，同时右臂外旋，使拍面稍前倾，向左后方引拍。当球从高点下降至稍高于球网时，击球中上部向右前方发力，如图12-5、图12-6所示。

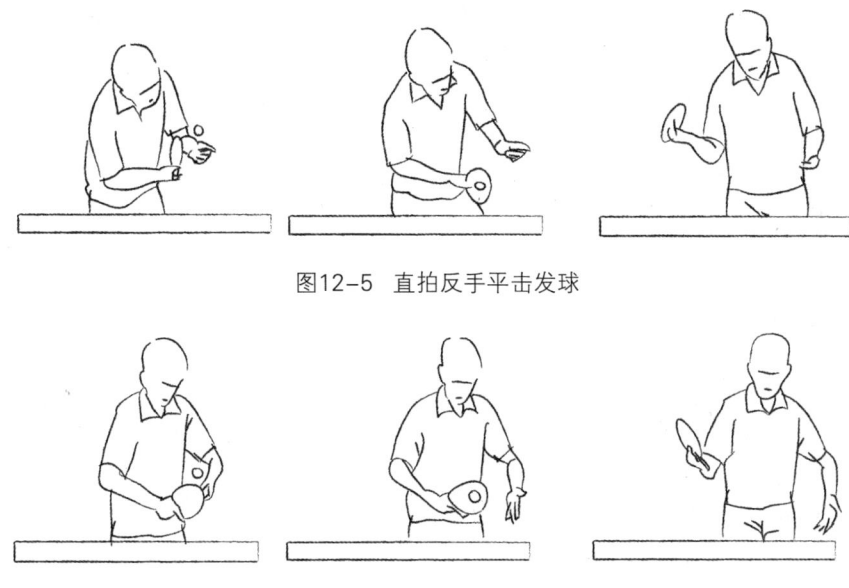

图12-5　直拍反手平击发球

图12-6　横拍反手平击发球

### 3. 正手发右侧上旋急长球（奔球）

左手将球向上抛起，同时右臂内旋，使拍面稍前倾，前臂手腕自然下垂，肘关节高于前臂，向右后方引拍。当球从高点下降至近于球网时，击球右侧向右侧上方摩擦，触球一瞬间拇指压拍，手腕从右后方向左上方抖动。

### 4. 反手发急球

左手将球向上抛起，同时右臂外旋，使拍面稍前倾，上臂自然靠近身体左侧，向左后方引拍。当球从高点下降至低于球网时，击球左侧中上部，触球一瞬间前臂加速向右前上方横摆，手腕控制球拍加力摩擦球，腰部配合向右转动。

**5. 正手发下旋球**

左手将球向上抛起，同时右臂外旋，直握拍手腕稍伸，横握拍手腕略向外展和伸，向右后上方引拍。当球从高点下降至高于球网或与球网同高时，前臂加速向前下方发力，同时手腕屈并内收，以球拍远端击球中下部向底部摩擦。

**6. 反手发下旋球**

左手将球向上抛起，同时右臂内旋，直握拍手腕稍屈，横握拍手腕略向外展，使拍面稍后仰，向左后方引拍。当球从高点下降至高于球网或与球网同高时，前臂加速向前下方发力，同时直握拍手腕伸，横握拍手腕内收，以球拍远端击球中下部向底部摩擦。

（二）接发球

**1. 接急球**

（1）推挡对方反手，一般角度尽量大一些，不宜发力主要以借力为主。

（2）后退一步，在球下降期用中等力量攻球或者拉球回接。

（3）如果对方是横握法，可以推到中路，准备下一板侧身。

**2. 接下旋球**

发过来的球球速较慢，触拍后向下反弹，用搓球回接时，注意拍面后仰以增加向前上方的发力。用拉攻或弧圈球回接时，一定要增加向上提拉的力量。

> **如何判断球的旋转**
>
> ◎ 注意观察对手的手上动作，一点细微的变化都不能放过。若最后的动作是往下带的就是下旋；若最后是往上带的就是上旋。侧旋较好判断，只要在上旋的基础上看对手是向哪个方向挥拍即可。
>
> ◎ 如果通过手上动作无法判断，可以通过球速。一般而言：球速较快的为上旋转或侧旋转；球速较慢的为下旋转。

## 四、攻球技术

动作要领：手臂自然弯曲并作内旋使拍面稍前倾，前臂横摆引至身体右侧后方。右脚稍用力蹬地，髋关节略向前转动，腰向左转，上臂带动前臂快速向左前方挥动迎球。当来球跳至上升期（或高点期），拍面稍前倾击球中上部，触球瞬间前臂迅速收缩，向前的打为主、略带摩擦，手腕辅助发力。一般用60%~80%力量击球，并可借助手腕调节拍面角度、改变击球部位来变化回球的落点，如图12-7、图12-8所示。

## 五、推拨技术

（一）平挡技术（直拍）

技术特点：击球动作幅度小，动作简单，容易掌握。球速慢，力量轻，弧线较高，易于回接。

动作要领：身体离台约40厘米，两脚平行开立，两膝微屈。球拍向后引至腰部（反手平挡）或引至侧前方（正手平挡），拍面角度呈垂直位。球拍向前方倾斜，主要借对方来球的力量将球击回。击球后，球拍顺势向前推并还原，如图12-9所示。

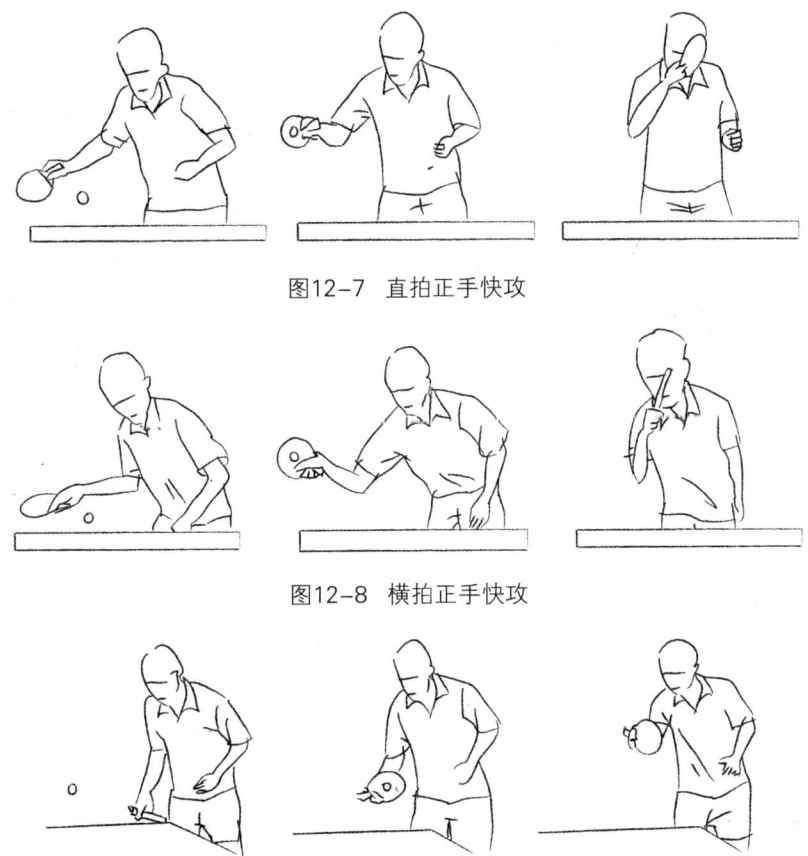

图12-7 直拍正手快攻

图12-8 横拍正手快攻

图12-9 平挡

（二）快推（直拍）

技术特点：击球速度快，突然性较强，落点变化大，能为正手进攻制造机会或直接得分。

动作要领：身体离台约40厘米，两脚平行或左脚稍前，两膝微屈，上体稍前倾，持拍手向后方稍下处，引拍至腹前，肘关节贴靠在身体侧部不要张开，球拍要略低于来球。前臂向来球方向伸出击球的中部，以手腕发力为主，前臂用力为辅，在球的上升期击球，击球手持球拍继续向前挥动，动作不要过大。

（三）加力推技术（直拍）

技术特点：击球力量大，球速度快，击球点较高，弧线较低，有利于在相持过程中主动转化技术，制造进攻机会或直接得分。

动作要领：身体离台较快推稍远些，左脚站前，双膝微屈，持拍手引拍至腹前，引拍距离比快推长一些，稍收腹，并根据球调整好引拍的高度和拍面角度。迎球向前方挥拍，并逐步加速，并在球拍速度最快瞬间，在球的高点期击球的中部或中部偏上，击球后顺势挥拍并还原。

（四）反手快拨技术（横拍）

技术特点：具有动作幅度小，速度快，落点变化多和有一定的力量、速度等特点。是横握球拍进攻选手的一项相持性技术。

动作要领：两脚平行，两膝微屈，重心在两脚之间，球拍向后下引，肘关节稍前顶，手腕内收，右肩稍沉。以肘关节为轴拍面稍前倾，在上升期击球的中上部，向前上方弹击。触球时发力要集中，随势挥拍不宜太长，迅速还原成准备姿势。

### 六、搓球技术

（一）正、反手慢搓球技术

动作要领：手臂外旋使拍面后仰，前臂向右后上方引拍，当来球跳至下降前期，前臂带动手腕加速向前下方用力摩擦球，触球中下部，如图12-10所示。反手慢搓技术与正手相同，但方向相反，如图12-11所示。

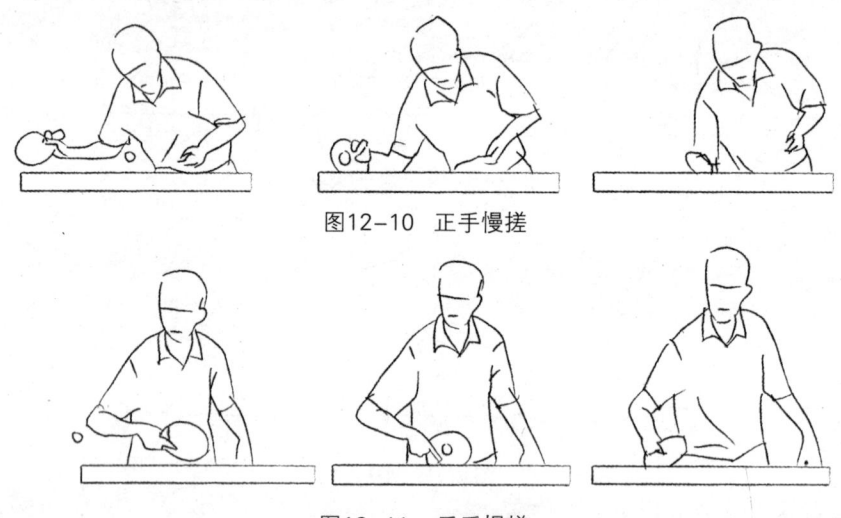

图12-10　正手慢搓

图12-11　反手慢搓

（二）正、反手快搓技术

动作要领：肘部自然弯曲，手臂外旋使拍面角度稍后仰，后引动作较小。当来球跳至上升期，利用上臂前送的力量，前臂与手腕配合，借力结合发力，触球中下部并向前下方用力摩擦。反手快搓技术与正手基本相同，但方向相反。

### 七、弧圈球技术

（一）正手拉加转弧圈球技术

正手拉加转弧圈球技术的特点是球速较慢、弧线较高、上旋性较强。当球碰着对方球台后能明显下沉，是对付强烈下旋球最好的技术之一。

动作要领：两脚并立，右脚稍后，身体略向左倾旋动，两膝微屈，重心放在两脚之间，向外侧方向引拍，手臂自然伸开，肘关节几乎伸直，身体重心随引拍转移到右脚上。拍面前倾，拍向左前上方挥动的同时，身体重心由右脚向左脚移动，在球的下降前期拉球的中位稍偏上部位。摩擦球时，前臂在大臂的带动下爆发性用力做快速收动作，其动作要突然有力，但不要过长过大。击球后，因动作幅度大、力量大，要充分向前上方挥拍，以保持身体的平衡，便于还原。

（二）正手拉前冲弧圈球技术

正手拉前冲弧圈球的特点是出手快、球速快、力量较大、飞行弧线低、球落对方台面后有快速下沉现象，是对付发球、推、挡、搓、削球的有效技术。德国著名乒乓球运动员波尔在比赛中正手拉前冲弧圈球如图12-12所示。

动作要领：站位比拉加转弧圈球稍近一些，身体重心也稍高于拉加转弧圈球。引拍方向为后下方，球拍根据来球弧线高低决定引拍的位置。一般情况下球拍低于来球，但其位置要比拉加转弧圈球要高。拍面前倾稍大于拉加转弧圈球，身体重心移至右脚，球拍向左前上方挥动，在球上升期或高点期击球的中上部。手臂借助身体转动的力量发力，前臂和手腕在击球的一瞬间发力摩擦球。击球后，为了保证击球的力量充分作用到球上，随势挥拍的动作十分重要，身体重心移至右脚。

图12-12 波尔在比赛中正手拉前冲弧圆球

## 八、削球技术

削球是我国乒乓球传统手法之一，也是乒乓球防守技术之一，具有球速慢、弧线长、球下旋等特点，是一种防守技术，以其旋转和落点变化威胁对方。削球技术正在向转、稳、低、攻方向发展。削球技术包括近削、远削、加转削、不转削、削逼角球和削弧圈球等。韩国著名削球运动员朱世赫在比赛中削球如图12-13所示。

（一）远削

击球动作大、球速慢、弧线长，有利于削转与不转球和以落点变化来牵制对方。常适用于对付对方的扣杀球、弧圈球和提拉球。远削是以削为主打法的选手必须掌握的基本技术之一。削球的重点是手臂、腰、腹和腿的协调用力。

**1. 正手远削**

站位中台，左脚稍前，上体稍向右转，重心落于右脚，持拍手臂自然弯曲于腹前。顺来球方向向右上方引拍与肩同高，拍面后仰。当球从台上弹起时，持拍手上臂带动前臂由右上向左前下方加速切削，手腕向下转动用力，在右侧离身体40厘米处击准下降期球的中下部并顺势前送。

**2. 反手远削**

中台站位右脚稍前，上体左转重心落于左脚，持拍手自然弯曲放松置于胸前。顺来球路线向左上方引拍约与肩高，拍柄向下。当球弹起时持拍手从左上方向右前下方挥动，拍面后仰，用前臂和手腕加速用力切削，球拍在胸前偏左30厘米处击准下降期球的中下部并顺势挥至右侧下。

（二）近削

动作幅度小、回球速度快、前进力较强，多用于近削逼角，有一定的威胁，往往能获得主动或直接得分。一般用来对付轻拉球和一般的上旋球。

# 第3节　乒乓球运动采风

## 一、乒乓球比赛主要规则采撷

### 1. 选择方位和发球权

每场比赛开始前，由双方运动员用抽签的方法选择方位和发球、接发球。中签者有选择方位和发球、接发球权，也可要求对方先作选择。如中签者选择先发球或先接发球，对方则选择方位；如中签者选择方位，对方则选择先发球或接发球。

### 2. 练球

一场比赛开始前，运动员有权在比赛开始的球台上练球2分钟。

### 3. 合法发球

（1）发球时，球应放在不持拍手掌上，手掌应静止、张开、伸平、四指并拢，拇指自然张开。

（2）球停留在静止的不持拍手掌上的最后一刻，直到发球时击球，不持拍手和球以及整个球拍应始终高于球台水平面。

（3）发球员只能手向上抛球，不得使球旋转；使球从手掌向上直抛，至少抛到离不持拍手手掌上16厘米。

（4）当球从抛起的最高点降落时，发球员才能击球并使球首先触及发球员台区，然后直接越过或绕过球网，触及接球员台区。

（5）在双打中，球应首先触及发球员的右半区，然后直接越过或绕过球网，触及接球员的右半区。

### 4. 胜负评定

国际规定单打为七局四胜制、双打为五局三胜制。在一局比赛中，先得11分的运动员为胜方，但打到10平以后，必须再连赢2分者才为胜方。

> **擦边球**
>
> 在乒乓球比赛中，在球触及台面上边缘时为"擦边球"，而球触及台面上边缘以下的侧面为出界球。球是否擦边，可根据击球路线、反弹情况及着台声音等进行判断。

## 二、中国乒乓球海外兵团

2011年卡塔尔公开赛开赛前夕，新加坡队的一份参赛名单引起了轩然大波。在这份名单中，有五名前中国球员，他们都曾效力于中国国家队或是中国省级球队，其中比较著名的有曾经在世界级比赛中取得优异成绩的詹健和李虎。这份主要由前中国队队员构成的新加坡队名单，引起了人们对中国乒乓球海外兵团的又一次热烈讨论。

"海外兵团"本来的含义是指出于不同目的、通过各种途径出境的众多原中国乒乓球运动员、教练员。由于这种表述过于冗长，现在一般简化为"海外兵团"四个字。"海外

兵团"主要由三种人组成：前世界冠军、国家队或各省队运动员。

海外兵团的出现已经有近三十年的历史。有资料记载，中国优秀乒乓球选手的对外流动最早可以追溯到20世纪70年代末。1978年，前国手刁文元被公派到意大利执教，随后前世界冠军梁戈亮两度镀金德国。90年代初，在海外谋生的乒乓球运动员开始逐渐形成一定规模。在海外兵团中，比较著名的选手有陈静、何智丽、李佳薇、冯天薇等。

海外兵团产生的主要原因有三个：第一，很多球员在中国无法获得参加世界级比赛的资格，但是如果他们加入其他国家的国籍，就可以代表该国参加许多世界顶级乒乓球赛事。第二，一些在中国退役的球员选择去其他国家，以期获得更好的发展。第三，中国体育运动训练管理体制的不完善造成了一些高水平运动员的外流。

很多人都在问，海外兵团对中国而言，到底是利大于弊还是弊大于利？这是一个很难回答的问题。有人认为，如果世界各国乒乓球运动员和中国乒乓球运动员交手屡战屡败，赢球希望越来越渺小，这种情况会导致其他国家对乒乓球这项运动越来越不感兴趣，这种情况发展的结果就是乒乓球项目会慢慢被"逐出"奥运会。依这种思路来看，海外兵团的存在，对于乒乓球项目的发展而言是有好处的。也有人认为，海外兵团的存在让一些国家或地区的乒乓球协会产生了急功近利的想法，这直接导致他们忽视了培养本土运动员。还有人认为，中国不断向海外输送高水平的乒乓球运动员、教练员，不仅可以提高其他国家或地区的乒乓球项目的水平，而且可以对中国本国的队员产生一定的压力，促使他们不断努力，不断攀登新的高峰。不管怎样，中国乒乓球海外兵团的存在，不论是现在还是将来，对乒乓球这一运动项目，都会产生深远的影响。

### 我国乒乓球三代女王

作为国球，乒乓球运动已走进千家万户，吸引着越来越多的人为其痴狂，观赏并参与乒乓球比赛已成为人们余暇生活中的重要内容。

我国乒坛有三代女王：邓亚萍、王楠、张怡宁，国家体育总局副局长蔡振华对这三位国家队一姐进行过概括性的点评："她们是三个不同时代的领军人物，张怡宁技术含量最高，因为技术是在不断发展的；王楠在技术战术的运用上最自如，最善于随机应变；邓亚萍最大的优点是她的霸气，她是三个人中自信心最强的，这也是她让我们放心的原因。"

下面我们从三人的技术战术水平以及临场发挥等方面做一简要的评析。

邓亚萍的技术水平略逊于其他两人，她最依赖特长球，技术方面有明显的漏洞，但身高不足的她靠着灵活扎实的步法很好地弥补了这个缺陷，比赛中主要靠正手位大力攻击得分。反手是她的最大缺陷，所以邓亚萍很少使用反手进攻，主要采用削、推、切的方法，靠胶皮长胶制造强力旋转对对手产生威胁。邓亚萍的战术讲究快、准、狠，具有自己独有的风格，因此，虽然在当时论绝对实力在乔红和刘伟之下，但仍然能横扫千军，成为中国乒坛的神话人物。至于临场发挥和意志品质，邓亚萍绝对是最让人赞叹的，她那种舍我其谁的霸气无人能及。

王楠的技术在三人中最佳，除了拥有扎实的基本功和全面的实力以外，王楠有自己鲜明的特点，如多变的旋转、节奏变化、动作小而流畅等。最重要的一点是，王楠的手感是一流的，这一点在很大程度上弥补了其步法上略有缺陷的弱点。我国前著名教练许绍发就曾经感叹：世界上手感最好的两名选手就是瓦尔德内尔和王楠。另外，王楠对比赛的战术运用非常到位，能思路清晰、敏捷地使用多种战术组合、线路变化多端、落点刁钻、善于变速、旋转丰富，让对手措手不及。论其临场发挥，当三人处于巅峰期的时候，王楠是输掉比赛最少的。

张怡宁的技术非常全面，各项指标都没有明显漏洞，基本功也比较扎实，但是没有自己的特点和擅长的得分武器，总体上是属于以柔克刚型，靠一板还一板的沉稳打法取胜，不管对手如何强攻，将最后一个球打上案板就是胜利。在这种对垒特点的引导下，张怡宁的战术意识相比其他两者来说也是最薄弱的，但是也因此造就了其稳扎稳打的临场作风，而且张怡宁具有相当好的心理素质，这是一般选手所不能及的，不到一场比赛完结，无论得分失分，都无法从她的表情中看出一丝喜忧的波澜。

> 我希望我的经历能让其他年轻人知道，没有什么是不可能的。
>
> ——玛丽亚·莎拉波娃（俄罗斯著名网球运动员）

# 第13章 网 球

本章主要介绍网球的相关知识与技术，首先从该运动的起源、发展等方面进行简要介绍，再对各个技术进行分析讲解，最后简要介绍网球比赛的基本规则，让同学们对网球运动具有生动形象的理解和认识，最终体会到学习网球的快乐并参与到网球运动中来。

### 网坛天王——费德勒

罗杰·费德勒是瑞士新一代网球运动员的领军人物，被称为网球场上的艺术家，正手采用半西方式握拍，因其变化多端、威力惊人，享有"上帝之手"的美誉。

2003年，费德勒到达了他职业生涯的顶峰，成为网球界男子单打的世界头号种子，并且在接下来的4年时间中统治了男子网坛。然而，命运并非总是眷顾着费德勒，从2008年下半年开始，他连续输给了纳达尔、穆雷、德约科维奇等名将。在2008年的温布尔登网球公开赛中，费德勒跟西班牙名将纳达尔苦战五局，但还是在最后关头惜败。2009年的澳网，费德勒和纳达尔再一次狭路相逢，费德勒同样苦战五局，再一次在最后关头输给了纳达尔。

从2008年下半年到2009年澳网，费德勒一个冠军都没有拿下。所有人都在叹息，费德勒真的难续辉煌了。然而在巨大的压力和全世界的质疑面前，费德勒并没有选择放弃。他一如既往地刻苦训练，并且加强了心理素质的训练，他知道自己的实力，他知道只有当自己放弃的时候，那才是职业生涯的终点。

经过一段时间的卧薪尝胆，费德勒终于等到了机会。法国网球公开赛，这是纳达尔的王国，也是费德勒唯一没有拿过冠军的大满贯赛事。赛前，几乎所有人都看好纳达尔，没有人把最近状态低迷的费德勒视为夺冠热门。可是，费德勒在这一次，终于笑到了最后。在赢下最后一球时，他跪在地上大声呐喊，向全世界宣告，费德勒还是王者！终于，费德勒成为历史上第6个全满贯得主。终于，他向世人证明了，他从低谷重新回到了巅峰！

# 第1节 网球运动简介

**问题导引**

> 网球运动的起源是什么？网球运动员应具备哪些素质？网球运动与大众生活有何联系？网球有几种主要场地，各自的特色是什么？

网球是一项隔着球网、用球拍击打橡胶制空心球的运动，是一项优美而激烈的运动。其孕育在法国，诞生在英国，最早流行于英语国家的上流社会，在美国开始普及和形成高潮，现在盛行全世界，被称为世界第二大球类运动。

网球的前身是14世纪流行于法国宫廷的一种叫做"掌球戏"的游戏。规则是两名玩家隔着一条绳子，使用手掌将被布包着头发制成的球互相对打。其后这种游戏经过发展和改良，用网代替绳子，并将以手击球改为用木制球拍，随后木拍更拉上弦线，球的制作也越来越讲究。由18世纪开始，欧洲民间也开始出现这种游戏，并且于19世纪盛行于欧洲。现代的网球则于1873年在英国诞生。1877年举行了首场温布尔登网球锦标赛，为现代网球史上最早的比赛。随着国际网球联合会于1913年成立，网球运动亦于世界各地得以广泛发展。现代网球运动一般包括室内网球和室外网球两种形式，并已经成为一项奥运会比赛项目，适合社会各阶层与年龄段人群。网球的比赛规则自19世纪20年代起就几乎没有更改。

作为一名优秀的网球运动员必须掌握全面技术技能，如一般发球、大力击球、旋转发球（发上旋、下旋、侧上和侧下旋）、正手击球、反手击球、挑高球，以及目前的正、反及中路截击和网前高压、后场高压、跳起高压，还必须掌握放短球、随球、反弹球和接发球技术。在比赛中，运动员之间实际上是体力、智慧、心理、智慧和基本功的较量。

网球一向被冠以"贵族运动"、"高雅运动"以及"文明运动"的美誉。观看重要的

**网球场地的区别**

网球场地分为红土场（clay）、草场（grass）和硬地场（hard）。

● 红土场球弹得较高，因此场上节奏较慢（当气温高时，场地干燥，球速会比潮湿的红土地快一点）。红土场适合擅长防守的选手，如纳达尔。在红土场比赛时主要需要跑动和底线对拉。法网选择红土场。

● 草场球速较快，适合善于攻击的选手，如费德勒、桑普拉斯。草场需要依靠强有力的发球和网前截击得分。因为球速较快，所以常可以在两三板之内得分。温网使用草场。

● 硬地场球速也很快，而且相对于红土场和草场，硬地场的弹跳均匀，澳网、美网、奥运会选用硬地场作为比赛用地。

在三种场地里，硬地场造价最低，其次是红土场，草场造价最高。

国际网球比赛,是许多人休闲、度假的主要内容。

网球运动不仅仅作为观赏而存在,亲身体验并参与其中,你更会体会到它的非凡魅力。网球是世界上最流行的运动项目之一。网球运动是人在3~90岁之间均能进行的活动,不受年龄和性别的影响。由于网球运动的运动量和运动强度的可调控性和趣味性,它可快可慢,可张可驰,使得参与者以饱满的热情和适合自己的强度在不知不觉中完成相当于跑完几里路程的运动,达到了增进健康、增强体质、强健身心的目的。网球运动隔网对垒,不属于肢体碰撞运动,能减少不必要的伤害。所以,网球也是所有体育运动项目中运动寿命最长的项目之一。

## 第2节　网球的基本技术

> **问题导引**
>
> 网球有哪些基本技术?各技术的要领是什么?网球比赛的一发和二发是指什么?

### 一、握拍法

所有的网球技术中,握拍方法是基本,它直接影响球拍面接触球的角度。为了更好地对网球的握拍法加以说明,需要简要介绍一下网球拍的结构。网球拍整体上分为拍头、拍颈、拍柄三大部分,球拍柄分为上平面、下平面、左平面、右平面等部分,其中对拍柄不同面的把握是不同握法的关键。握拍法主要有东方式握拍法、大陆式握拍法、西方式握拍法等。

(一)东方式握拍法

最先在美国东海岸流行,故名东方式。其握拍方式像与人握手,因此又称"握手式"。在红土球场上进行网球运动时,击球旋转少、比较平直,比较适合东方式握拍法,也适合于初学者练习。

**1. 东方式正手握拍法**

先使拍面垂直于地面,手掌根与拍柄右上斜面紧贴,虎口对准拍柄右上斜面,拇指垫握住拍柄的左垂直面,五指紧握拍柄,食指下关节压住拍柄垂直面。

**2. 东方式反手握拍法**

在东方式正手握拍的基础上,握拍手向逆时针转动四分之一圈,手掌根贴在拍柄左上斜面,拇指贴在拍柄左垂直面上,食指关节压住拍柄右上斜面。

东方式握拍法控拍面积大,容易发力,非常适宜底线击球,对各种高度的球及旋转球有广泛适应性。虽然东方式正、反握拍法转动不大,但当球打到身体的另一侧(即正拍区或反拍区),必须变换拍去迎击球。

## （二）大陆式握拍法

大陆式握拍法起源于欧洲大陆，故名大陆式，主要适用于发球和截击球。其握拍方式与握锤子相似，因此又称"握锤式"。在草地球场上进行网球运动时，球易滑且弹跳低，适合采用大陆式握拍法。

握拍手虎口放在拍柄的上平面，大拇指底部贴在拍柄上面，大拇指包卷拍柄，食指指根贴在拍柄的右上斜面上。

大陆式握拍法正、反手相同，因此不用换握，具有简单灵活的特点，适合处理低球、上网截击和网前球，但对于腰部以上的来球，不易控制拍，故不便于打高球，同时也打不出强有力的上旋球。

### 握拍调整

变换拍开始于准备动作，用左手扶住球颈部，在球拍摆动击球之前，握拍必须调整完毕。

## （三）西方式握拍法

西式握拍法流行于美国西海岸，故名西方式。将球拍平放在地面用手一把抓起，就是自然的西方式握拍，因此又称"一把抓"。在水泥硬地球场上进行网球运动时，球落地后弹跳高、速度快，适合采用西方式握拍法。

### 1. 西方式正握拍法

手掌心朝上，虎口对准握柄的右垂直面，手掌的大部分放底部，手掌根贴在拍柄的右下斜面上，拇指在拍的上部手面，食指的下关节握住拍柄的右下斜面。

### 2. 西方式反握拍法

在正握握拍的基础上，把球拍上下颠倒过来，用同一拍面击或手腕顺时针转，虎口握拍的左垂直面，手掌根贴在左上斜面，食指下压拍柄的上部手面。

西方式正拍、反拍都用网拍的同一面击球，反拍握拍法有利于抽击出强有力的上旋球，特别适合打腰部及腰部以上的来球。由于握拍点在球拍柄的下方，所以比较难于处理低球和截击球，对于反手近网球尤其不便。

### 网球设备的改进

网球装备包括网球、网球拍、网球鞋、网球服。球拍由木质网拍改为铝合金网拍；网球运动服，采用新型的斯潘德克斯弹性纤维制成，宽松的上衣和短裤（裙）。

## （四）其他握拍法

除以上三种主要握拍法外，还有半西方式握拍法，超西方式握拍法等其他方法被部分运动员采用。

# 二、准备姿势

准备姿势是指比赛过程中，接发球、对对手击球时所采取的身体动作姿势。

基本要领：面对球网，两脚分开与肩同宽或比肩略宽，踝关节、髋关节、膝关节轻微弯曲，身体的重心落在两脚的前脚掌上，身体处于微微紧张的状态。用正手握拍法握住球拍，另一只手轻轻地扶住拍头的颈部，同时两眼密切注意对方的击球动作，根据对方来球的方向和落点来进行身体的下一个动作。

### 非持拍手扶拍的作用

稳定球拍，减轻持拍手腕的负担；另外，还可以起到将球拍引向身体一侧的辅助作用，有利于加快动作，争取时间。

## 三、击球时步法与移动

### （一）击球时步法

**1. 底线型步法**（图13-1）

（1）在来球角度不大的情况下，正、反拍击球大多采用"关闭式"步法，即以前脚掌为轴，另一脚向前45°跨步，以形成击球步法。

（2）在正拍击球时，另外一种步法叫"开放式"步法，即两脚平行站位，以右脚掌为轴，转胯转体形成击球步法。

（3）在来球速度较快、角度较大的情况下击球时，正、反手拍的击球步法应是向来球方向斜插跑动。以正拍为例：左脚随转体向右侧跨出，然后是右—左—右—左地向击球方向移动。正拍大角度击球步法分为"开放式"和"关闭式"，反拍击球的移动方式与正拍相同，也可采用"开放式"和"关闭式"步法击球。

（4）在来球速度较慢、落点位于中场发球线附近时，大多采用跑动迎上的击球步法，正拍有"开放式"和"关闭式"两种步法，反拍为"关闭式"。

（5）在来球速度较慢、落点在反拍区时，正拍突出的运动员大都采用正拍侧身攻，其步法为右脚向左跨，左脚跟进，然后作侧滑步，到击球位时，左脚迅速向左上方跨出，右脚随即向右后方移动。

（6）当对方来球速度快、落点深时，正、反拍击球一般采用先后退再迎上的步法，即先快速向后退，然后再跨出向前击球。

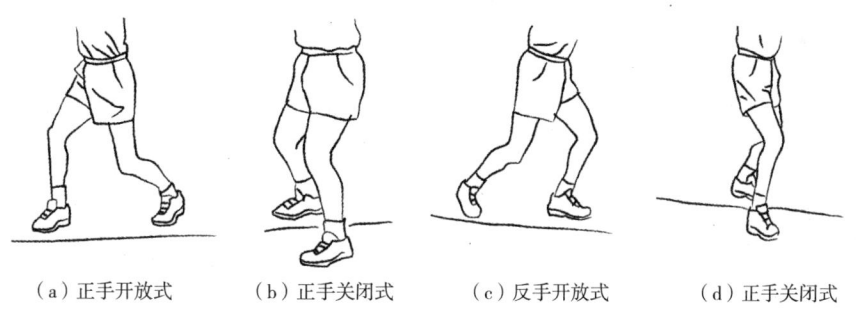

（a）正手开放式　　（b）正手关闭式　　（c）反手开放式　　（d）正手关闭式

图13-1　底线型步法

**2. 网前进攻型步法**

网前进攻型步法可分为发球上网和随球上网两种步法，网前有中场截击、近网截击和高压球步法。

（1）发球上网有单脚起跳和双脚起跳两种起步方式：第一种是发球时左脚支撑并向前上蹬起，右脚随发球跳进场地；第二种是发球时左、右脚同时支撑并向前向上蹬起，随发球左脚先蹬跳进场地，冲至中场发球线附近作一急停以判断来球。

（2）随球上网的步法正拍可使用"开放式"或"关闭式"步法，反拍采用"关闭式"步法，类似中场迎上击球步法。

（3）网前截击时，不同的来球对于步法的要求非常高。来球角度不大时多采用"关闭式"步法,角度比较大时多采用"开放式"步法。

（二）移动

从起动到制动之间的位移动作称为移动。移动的目的是为了及时接近球,保护好人与球的位置关系以便击球,同时也是为了迅速占据场上有利位置。

1. 滑步

两脚平行站立。向左滑步时左脚先向左侧迈出一步,右脚同时迅速跟上做滑步动作。滑步移动时身体重心变换快而移动速度较慢,宜在短距离移动中运用,通常在来球距体侧稍近时可采用滑步移动接球。

2. 交叉步

两脚左右开立。向右侧交叉步移动时上体稍向右转,左脚从右脚前向右交叉迈出一步,然后右脚再向右侧方向跨出一大步,同时重心移至右脚,身体转向来球方向,保持击球前的姿势。

3. 跨步

跨步前膝部弯曲,上体前倾,身体重心移至跨出脚上。跨步时,一腿用力蹬地,另一腿向来球方向跨出一大步,后腿随重心前移自然跟上。

4. 跑步

跑步时一脚蹬地起动,另一脚迅速向前跟上,两脚交替进行,两臂配合摆动,不要过早做击球动作的准备,直到接近球时才尽力去击球。跑步特点是移动速度快,便于随时改变方向。

5. 垫步

垫步是网球运动中常用的一种步法。它是移动过程中最后一步的制动步法,要求两脚同时落地,身体垂心下降,两手持球拍于体前,为下一步击球做准备。

## 四、发球与接发球技术

（一）发球技术

发球是非常重要的击球技术。它可以不受对方制约与干扰,能充分发挥个人的特点。好的发球具有相当大的攻击性,利用球速、力量、旋转、落点等制造威胁,在比赛中争得主动,为自己的进攻创造有利条件。发球方法主要有平击发球、切削发球和旋转发球三种。

1. 平击发球

发球时侧对球网,抛球手上摆至眼睛高度时将球抛出,击球手向后、下、上方引拍,引拍时身体重心由左腿移至右腿,当手臂伸展至最高点重心又移回左腿,同时降低重心,左腿支撑身体向前上方运动。击球时肩膀转向前方,前臂内旋,击球手向前上方伸展,在最高点用拍面垂直击球,如图13-2所示。

2. 切削发球

切削发球是一种以右侧旋转（略带上旋）为主的发球法,即由球的右上往左下切削击球。该发球不但球速快、威胁大,而且容易提高命中率,因此被广泛使用。

图13-2 平击发球

发球时将球抛至右侧斜上方，球拍快速从右侧中上方至左下方挥动，于球的中部偏右侧击球，使之产生右旋，如图13-3所示。

图13-3 切削发球

### 3. 上旋发球

上旋发球是一种以上旋为主、侧旋为辅的发球法。由于球的上旋成分多于切削发球，使球产生一个明显的从上向下的弧形飞行过网，发力越强，旋转成分越多，弧形就越大，命中率也越高。落地后高弹跳到对方的左侧，迫使对方离位接球，给对方造成很大的压力，同时为发球上网带来了足够的时间。

发上旋球时，把球抛到头后偏左的位置，击球时身体尽量后仰成弓形，球拍快速从左向右上方挥动，从下向上擦击球的背面，并向右带出，使球产生右侧上旋。

### （二）接发球

#### 1. 正确的握拍法

接发球时，当球一离开对方的球拍，就应该决定是否转变握拍。改换握拍要做到迅速及时，才能还击好接发球，特别是在快速场地上更需要争分夺秒。

#### 2. 准备姿势及站位

接发球的准备姿势以能最快的速度还击为准则。对方发球前，可膝盖弯曲，两腿叉开，当对方抛球时准备迎前回击。接发球站位要根据对方发球水平和自己接发球的水平、习惯、场地快慢和战术需要而定，大致应站在对方能发内外角的底线，接第一发球时站位稍后些，第二发球站位略前。

### 3. 击球动作

击球动作根据对方的发球好坏、速度快慢而定，动作介于底线正、反拍击球动作和截击球动作之间。面对发球差的选手，在自己的底线用正、反拍动作来接对方的发球；面对发球好、速度快的选手，可用前截击球的动作来顶接对方发球，这样接出的球近乎平击，具有很大的威胁。

> **网球比赛中的第一发球和第二发球**
>
> 每次发球都有两次机会。一发因为没有压力，选手更倾向于用平击来发球，这样球速更快，对对手的威胁更大，但是这样球的弧度低，容易下网或者出界。二发的时候，由于一发失误，如果二发再失误，将会直接丢掉这一分，因此二发更多采用带切的发球，虽然球速变慢，但是过网弧度高，不容易出现失误。同时，为了不给对手直接上手的机会，二发的旋转更强，落点可能相对更刁钻一点。

## 五、正反手击球

### （一）正手击球

正手击球是网球运动中最重要的击球方式之一。对于所有类型的球员来说，好的正手击球都可发展为强有力的武器。这种击球方式常用来迫使对手处于被动并控制比赛的局势。正手击球由四个环节构成：准备姿势、后摆引拍、挥拍击球和随挥跟进。由于正手击球的类型较多，很多动作相对难度较大，我们只对正手击平击球及上旋球进行简单介绍。

#### 1. 正手平击球

正手平击球的特点是速度快，球落地后前冲力大，球的飞行路线较直，在击球过程中球拍几乎是水平运动的，但其准确性和控制力较差。当需打正拍击球时，眼睛注视着来球，迅速转体向后引拍，球拍要收紧腋下，直线向后，拍头对着身后挡网，左脚向右前方迈出一步，约与端线成45°角，右脚约与端线平行；向前挥拍击球时，击球点在左脚右侧前方与腰齐高的位置，球拍触球时手腕要绷紧，拍面与地面基本垂直；击球后必须要有随挥动作，使球拍挥至左肩前方，肘关节向前，重心移至前脚上；完成随挥动作后，身体转向球网，如图13-4所示。

图13-4 正手平击球

#### 2. 正手上旋球

正手上旋球的特点是飞行弧线高，下降快，落地后反弹高而远，前冲力较大，具有较强的攻击性而失误很少。面对球网，两脚自然开立，重心稍前移，落在前脚掌上，左手扶住拍颈，注意对方来球。当来球时，迅速向后引拍，向来球方向迈出前脚，侧对球网，屈膝降低重心；向前挥拍时，重心移向前脚，在前脚右侧前方击球，拍面稍后仰，球拍从下向上、向前擦击球的后上部，击球后要有完整的随挥动作，如图13-5所示。

图13-5　正手击上旋球

（二）反手击球

反手击球是网球基本技术中和正手击球同样重要的击球方法。反手击球动作技术与正手有相似之处，在技术环节上，同样由准备姿势、后摆引拍、挥拍击球和随挥跟进4个部分组成。

**1. 单手握拍反手击球**

（1）反手上旋球：特点与正手上旋球基本相同。当对方来球飞向反拍时，要迅速转肩转体，扶拍颈的左手帮助右手正手握拍换成反手握拍；向后引拍，重心移向左脚，屈膝降低重心，右脚向侧前方跨一步，在右脚的左侧前方击球，拍面稍向后倾斜；拍触球时，应尽可能地保持球与拍弦的接触时间，手腕绷紧；击球时，前肩应该像一个卷曲的弹簧被放开一样，平滑地转动，这个放开动作产生了拍头出去的速度，并把力量作用于击球；击球完成后，球拍不要停止向前，应继续向前上方做随挥动作，一直挥拍到身体的右前上方为止，然后面对球网准备下一次击球，如图13-6所示。

图13-6　反手击上旋球

（2）反手平击击球：当对方来球飞向反手时，要立刻转肩转体并引拍，同时右脚向左前方跨出，扶拍颈的左手帮助右手换握成反手握拍，并将拍拉向身体的左后方，重心移向左脚，左脚掌转至与端线平行，右肩或右背对着球网，拍面几乎与地面垂直；球拍触球时,手腕绷紧,挥拍击球的路线是从后向前上方比较平缓地挥击,左臂自然展开,保持身体的平衡;击球后,球拍应随着惯性挥至右肩上方,做完完整的随挥动作后,恢复成准备姿势。

### 2. 双手握拍反手击球

双手打反拍最好是右手用东方式反手握法,左手是东方式正手握法。基本动作环节:肩转动带动手臂直线后拉,将拍拉至与手腕齐平的高度,手腕要固定,手臂要放松,平伸向后,右脚向边线方向跨出一步,两膝稍屈,使身体侧身对网,右肩前探,拍头稍低于击球点;用手臂和手腕由低向高向前挥拍,身体重心前移,眼睛始终看球,保持低头姿势,击球点比单手握拍要靠近身体或稍后一些;击球时双手紧握球拍,击球高度与腰齐,还击不同高度的来球时,要用身体重心的高低来调节,不能用拍头的高低来调节;拍头一定要随着球飞离的轨迹出去,这有助于延长球与拍的接触时间;开始跟进动作时,使后肩向着球飞出的方向绕出,做完完整的随挥动作后,恢复成准备姿势,如图13-7所示。

图13-7 双手握拍反手击球

## 六、截击

截击球是在网前进行的一种攻击性击球方法,即当球在落地之前将来球击回对方场区,可以在网前截击,也可以在场内任何地方截击空中球。截击球的特点是缩短球的飞行距离和时间,扩大击球角度,加快回球速度。在网球比赛中截击球已成为一种主要打法和进攻武器,是网球比赛中重要的得分手段之一。

(一)截击球的技术要点

(1)眼睛始终盯球。

(2)握紧球拍,绷紧手腕。

(3)在身体前面击球。

(4)保持拍头向上。

(5)用较短的撞或推击动作击球。

(二)正手截击

当判明对方来球方向后,立即转肩,以转肩带动球拍后摆,左脚朝来球方向跨出,拍头高于握拍手,握紧球拍,绷紧手腕,在身体的前面迎击球(前腿前15~30厘米处)。截击球的动作是挡击或撞击,球拍在与球短促撞击的同时微微向下,有点像切削球,击球时保持拍头上翘,拍面稍向后斜。击球后有一个幅度较小的随挥动作,拍子对着球击出的方向撞出去,并恢复成准备状态。

(三)反手截击

当球来到反手一边时,用扶拍手向后拉球拍的同时转肩,球拍开始做短的后摆,拍头高于握拍手，眼睛看球。有时间的话，可以上步击球以增加力量。球与球拍接触时，握紧球拍，手腕绷紧，在身体前面15~30厘米处撞击球。向前撞击时，左手向后方摆动，保持身体的平衡。击球后球拍对着球撞击方向送出去，随挥动作要简短。

## 七、挑高球与放小球

### （一）挑高球

挑高球技术主要是对付网前进攻，它不仅仅是被迫使用的一项防御技术，高质量的挑高球不仅可以变被动为主动，而且可以直接得分。

眼睛要注视着球，在跑向球时要使球拍后摆，直到球拍后摆指向身后的挡网，击球动作与普通的正反手球相似，使对手不知道是抽球还是挑高球，只是拍面要打得更开些；击球时击球的下部，可以打下旋球，手腕绷紧，球拍与球接触时间要长一些，拍和手向前上方送出，眼睛始终盯住球，尽量往高处和深处打；球拍顺着球飞行路线向上做随挥动作，在身体前面高处结束，如图13-8所示。

图13-8 挑高球

### （二）放小球

放小球是指把球轻轻击到对方网前的打法。击球时，侧身对网，眼睛要盯住球，拍面稍开放，轻轻削击球的下部，尽量使拍触球的时间长一些，拍头沿着前下方移动，形成下旋球，球落地后弹得低。击球后，球拍一定要朝着球出去的方向做随挥动作。在放小球时极易出现放得过高、过长，或者抬肘击球的现象，在练习时应注意这两方面的动作环节。

## 八、高压球

高压球是指在头上用扣压的动作完成的一种击球方法。高压球的动作与发球动作相似，握拍也与发球握拍相同，如图13-9所示。

（1）当对方挑高球时，应立即侧身转体并用短促的垫步向后退，同时持拍手上举至头部向后引拍，重心在两脚前脚掌上，后腿弯曲，随时准备扣杀。

（2）准备击球时，非持拍手上举指向来球的方向和高度，碎步调整位置。击球动作与发球相同，击球点在右眼前上方。如果跳起高压，用后脚起跳，转体、收腹，击球后用左脚着地，同时右脚向前跨，准备再上网截击。

（3）近网高压球击球点可偏前，便于下扣动作的完成，远网后场高压的击球点可稍后些，击球动作向前下方挥击，以防下网。

（4）击球后的跟进动作尽量像发球那样完整，起跳高压时要保持身体平衡。

在高压球技术过程中应注意眼睛始终盯球。对方挑高球后就马上后退侧身对网，步法调整好后跟进重心，在身体前面击球，要用力扣腕。击球结束后要充分完成随挥动作。

图13-9 高压球

## 第3节 网球运动采风

### 一、网球比赛主要规则采撷

**1. 比赛形式**

网球比赛分为单打和双打两种形式。

**2. 发球**

正式比赛前，需确定优先发球权。整个比赛中，双方球员轮流发球。在发球前应先站在端线后中点和边线的假定延长线之间的区域里。发出的球应从网上越过，落在对角的对方发球区内。每局开始先从右区端线后发球，得或失1分后，应换到左区发球，依次类推。通常发球是将球向空中任何方向抛起，在球落地之前用球拍击球；不过，也可使用臂下发球。

**3. 失误**

如果球落在对方发球区外或触网，都称为失误，发球员就要再次发球。落在边界上的球算在线内。若发球两次失误，就叫"双误"，那对手就赢1分。如果发球员在发球时脚离开了原基线，也算失误。如果发球触网，但球仍落进了对方的发球区，则为重发球。

**4. 局**

网球每局的开始比分是0：0，第1分球记为15，第2分球为30，接下来为40。若对方球员得分小于等于30的话，那么赢了下一个球就能赢了这一局，因为每局比赛中，至少要比对手多2分球才能结束该局比赛。如果双方球员得分都达到了40，此时称为"局末平分"。随着接下来的这一分，占先的球员会尽力领先2分，以赢得这一局。同时，紧追不舍的对手也努力扳平分数又达到"局末平分"，占先的球员赢了下一分，也就赢了这一局。

### 5. 盘

网球比赛中如果对手落后至少两局，那么先赢得6局的球员就赢了一盘。但是，若这盘是6∶5，那么双方就要再打一局。若占先者赢了，即该盘比分为7∶5，判占先者赢得此盘。然而，若另一个球员把这盘扳平为6∶6，那就由决胜局（抢七局）决定谁为胜者。

### 6. 赛

在网球3盘赛中，先赢得2盘者为胜，即3盘2胜；在5盘赛中，先赢得3者为胜，即5盘3胜。在决胜局（抢7局）中，本该轮到发球的球员先发第1分球，对手接着发第2、3分球，然后双方轮流发2分球。先得7分的球员若至少领先对方2分，那么他就赢了该盘比赛。每6分球和决胜局结束都要交换场地。不过也有例外，如果按照事先的约定，比赛采取长盘制，则无决胜局，只有比对方多胜两局才能赢得该盘比赛。在亚特兰大的比赛中，澳大利亚的双伍兄弟曾在半决赛中与对手战成18∶16的高比分，最终双伍兄弟赢得了金牌。

### 7. 其他规则

除发球外，触网和触网后又落入球场正确区域的球均有效。在回击球时，可把球击在网和固定物周围，或低于网的最上方。只要球最终着地在对方球场的适当位置，均为好球。发球时，对方须在球落地一次后，才能击球。其他时候回球时，则可在落地一次或未落地时进行。在每一盘的奇数局结束后，双方运动员可短暂休息，然后交换场地继续比赛。球击中身体、过网击球、球员的手或身体的任何一部分触网或过网时均会被判失分。

## 二、世界四大网球公开赛

澳大利亚网球公开赛、法国网球公开赛、温布尔登网球锦标赛和美国网球公开赛，被称为世界四大网球公开赛，是每年一届的最为重要的世界性网球单项比赛，世界各地的职业选手均视获得这四大比赛桂冠为最高荣誉。

### 1. 澳大利亚网球公开赛

澳大利亚网球公开赛始创于1905年，由澳大利亚网球运动中心管理，是四大公开赛中最迟创建的赛事，但是每年却最早开赛，于1月底至2月初在墨尔本举行。男子始于1905年，女子始于1922年，刚开始使用草地网球场，1988年改为硬地网球场。1968年，国际网球职业化后它被列为四大公开赛之一。打法全面的选手在硬地场上比赛最占优势。但是墨尔本酷热气候使球员体力消耗大，发挥不稳定，常影响比赛的圆满结束。

### 2. 法国网球公开赛

法国网球公开赛始创于1891年，通常在每年的5月至6月举行，是继澳大利亚公开赛之后第二个进行的大满贯赛事。开始只限于本国人参加，1925年后对外开放，成为公开赛。其场地设在巴黎西部的罗兰·卡罗斯的大型体育场内，该体育场建于1927年，以在"一战"中为国捐躯的空中英雄罗兰·卡罗斯的名字命名，同时也是法国网球黄金时期的象征。罗兰·卡罗斯球场属慢速红土球场，每场比赛采用5盘3胜淘汰制。要想在这样的球场获胜，球员要有超人的技术和惊人的毅力。

### 3. 温布尔登网球公开赛

温布尔登网球公开赛也称"全英草地网球锦标赛"，创办于1877年，是现代网球史上最早举办的比赛。该赛事于每年6月最后一周至7月初定期举行，按前一年在各种重大比赛中获胜的得分累计而确定参加资格。初创时只有男子单打一个项目，1879年增设男子双打，1884年始有女子单打，后又增加女子双打，1913年增设男女混合双打。该锦标赛初始只限英国人参加，1901年起允许英联邦各国派代表参加比赛，1905年开始扩大为国际性的球赛。

### 4. 美国公开赛

美国公开赛历史仅次于温布尔登网球锦标赛，首届比赛于1881年在罗得岛新港举行，当时只是国内赛事且只有男子单打，女子比赛始于1887年。1968年被列为四大公开赛之一，每年的8月底至9月初在美国纽约举行比赛，设有5个单项的比赛，是每年四大公开赛中最后举行的大赛。美国网球公开赛在四大网球赛中，以奖金最多而闻名，奖金总额高达600多万美元。

**中国女子网球运动员——李娜**

李娜，1982年生于湖北武汉，6岁开始练习网球，1999年转为职业选手，从网球低级别赛事一路打到四大满贯。曾经在2002年退役两年，2004年复出并成为第一个获得WTA巡回赛单打冠军的中国人，2008年闯进北京奥运会四强，2011年获得澳大利亚网球公开赛亚军。

2011年6月4日，在法国网球公开赛的女单决赛中，李娜在拿下首盘后，又在第二盘末段成功顶住了卫冕冠军、意大利名将斯齐亚沃尼的顽强反击，最终历史性地获得法国网球公开赛女单冠军，成为第一个捧起网球大满贯赛单打冠军奖杯苏珊·朗格朗杯的亚洲选手，书写了中国网球灿烂的辉煌时刻。这是中国乃至亚洲历史上第一个网球大满贯赛事的冠军。

随着李娜夺冠，许多专家开始预测，中国女子网球可能会迎来俄罗斯式的爆发。在三五年之后，或许中国也能像俄罗斯那样，涌现出很多出色的网球运动员。

过去几年间，WTA采取了多种措施，大力促进我国大众网球的普及。李娜的成功将无疑继续推动网球运动的普及。网球是一项国际化的运动，李娜的成功充分证明，一个运动员可以用自己的行动，影响成千上万的民众。李娜在球场上所取得的成功，不只为她自己，同时也给我国带来了许多关注。她在球场外也做得相当棒，展现出了自己可爱的性格与幽默的一面。她已成为中国网球的形象大使，在全世界的舞台上展示着中国。李娜的成功会极大增强中国年轻一代的自信，他们会认为"李娜能做到，我也能做到"。WTA主席阿莱斯特说："我相信更多中国年轻球员很快就会出现在高规格的网球舞台，这只是时间问题。"

> 在整个世界当中有这么强劲的对手，我觉得应该感谢他们，只有他们让我变得越来越强。
>
> ——林 丹

# 第14章 羽毛球

本章主要介绍羽毛球的相关知识与技术，首先简要介绍羽毛球运动的起源、发展等基本情况，然后对各个技术进行了分析讲解，最后通过竞赛规则和羽毛球小技巧的简单介绍，丰富同学们对羽毛球的认识和把握，使同学们认识到学习羽毛球的快乐并参与到羽毛球运动中来。

## 精彩案例

### 羽坛"超级丹"

林丹擅长左手握拍，以拉吊突击为主打法，进攻意识强，场上速度快，进攻落点好，攻击犀利，步伐灵活，扣杀具有威胁。另外，他打球时头脑清晰，比赛时能根据对手的现场水平调整自己的节奏。林丹的这些优势，帮助他取得了非凡的成就。

然而林丹的羽毛球生涯并非是一帆风顺的，他曾经经历过两次大的挫折，正是这些挫折，成就了今天的"超级丹"。

1998年，由于在全国少年羽毛球比赛中获得男子单打冠军，林丹从八一队进入了国家青年队。国家青年队里高手如云，慢慢地，林丹没有了拼劲，后来被除名下放到八一队。回到八一队的林丹一度失去了信心，但是对于羽毛球天生的热爱还是让他振作起来。

2001年，年仅18岁的林丹进入中国国家羽毛球队。2004年，他和队友出征雅典，作为中国羽毛球队的头号种子，全国人民对他给予厚望。但是，他在男单的第一轮比赛中，就爆冷出局，早早结束了自己的奥运会征程。这次失败对林丹的打击是巨大的，然而林丹并没有一蹶不振，等他冷静下来之后，他仔细分析了比赛，找出了自己的弱点。失败并不可怕，可怕的是不能从失败中得到教训。如果能够重新站起来，战胜失败，就是胜利者。林丹就是这样的胜利者。

正是由于这两次人生的挫折，林丹一步步走向成熟。过人的天赋，刻苦的训练，强悍的体能，细腻的技术，强有力的进攻，过硬的意志品质等帮助林丹取得今天非凡的成就。

## 第1节 羽毛球运动简介

**问题导引**

羽毛球的起源是什么？羽毛球有哪些世界级赛事？羽毛球如何维护？怎样购买球拍？羽毛球网线的磅数是指什么？

现代羽毛球运动于1873年诞生于英国，据传，鲍弗特公爵在格拉斯哥郡伯明顿镇的领地上举办游园会，几个从印度回来的退役军官向大家介绍了一种隔网用拍子来回击打毽球的游戏，其趣味性引起了大家的关注，很快在上层社会社交场上风行开来，"伯明顿"（Badminton）即成为英文羽毛球的名字。1893年，英国14个羽毛球俱乐部组成羽毛球协会。羽毛球在1992年巴塞罗那奥运会上被列为正式比赛项目，设立男、女单打和双打及混合打5项比赛。羽毛球运动约于1920年传入我国，20世纪70年代我国羽毛球队已跻身于世界强队之列。

目前世界重大羽毛球赛有：

（1）汤姆斯杯，即世界男子团体羽毛球锦标赛，1948年举行首届比赛，现为两年一届，在偶数年举行。比赛由三场单打、两场双打组成。历史上夺得汤姆斯杯冠军最多的国家是印度尼西亚队，共13次。汤姆斯杯如图14-1所示。

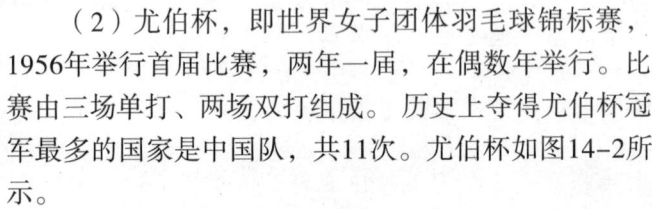

图14-1 汤姆斯杯

（2）尤伯杯，即世界女子团体羽毛球锦标赛，1956年举行首届比赛，两年一届，在偶数年举行。比赛由三场单打、两场双打组成。历史上夺得尤伯杯冠军最多的国家是中国队，共11次。尤伯杯如图14-2所示。

图14-2 尤伯杯

（3）世界羽毛球锦标赛，即世界羽毛球单项锦标赛。设有男、女单打、双打和混合双打五个比赛项目。1977年起为三年一届，1983年改为两年一届，在奇数年进行。2005年改为每年一届，但奥运年不举办。

（4）苏迪曼杯，即世界羽毛球混合团体比赛。1989年开始举办，两年一届，在奇数年举行，比赛由五个单项组成。苏迪曼杯如图14-3所示。

图14-3 苏迪曼杯

（5）全英羽毛球锦标赛，由英格兰羽毛球协会于1899年创办，是世界历史上最悠久的羽毛球赛事。最初由英国和英联邦国家选手参加，现在已成为全球性的羽坛大会战。

（6）奥运会羽毛球比赛，羽毛球1992年成为奥运会正式比赛项目，只设4个单项比赛，无混双比赛。1996年亚特兰大奥运会起增设混双项目，奥运会羽毛球赛的冠军是世羽坛的至高荣誉。

（7）世界羽联超级系列赛，世界羽联参照世界网球大奖赛办法组织的比赛，始于1983年。由在全年不同时间和不同国家举办的六个级别的系列赛组成，主要包括超级赛和大奖赛。2011年提出5站超级顶级大满贯赛，在12站超级赛中获得积分最高的前8名（队）选手参加年终举办的世界羽联超级系列赛总决赛，但在任一单项比赛中每个下属协会最多每队两名选手报名参加。

# 第2节　羽毛球的基本技术

**问题导引**

羽毛球有哪些基本技术？针对不同的技术应如何有效地进行练习？

## 一、握拍法

在羽毛球各项基本技术中，握拍是最简单但又最易被初学者疏忽的一项技术。握拍方法分为正手握拍和反手握拍两种，下面分别加以介绍。

### 1. 正手握拍

正手握拍法适用于正手体侧击球、正手高手击球、网前球和头顶击球等。正确的握拍方法是先用左手拿住球拍杆，使拍面与地面垂直，然后张开右手，使手掌下部靠在球拍打握柄底托，虎口对着球拍柄窄的一面，小指、无名指、中指自然地并拢，食指与中指稍稍分开，自然地弯曲并贴在球拍柄上，如图14-4所示。

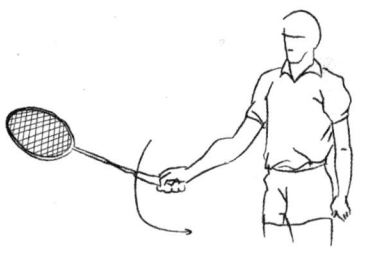

图14-4　正手握拍

### 2. 反手握拍

反手握拍法适用于高手击球（反手高远球和杀、吊球）、网前击球。反手握拍有两种：一种是在正手握拍的基础上，把球拍框往外转，拇指伸直贴在拍柄的宽面上，食指、中指、无名指、小指并拢；另一种是正手握拍把球拍框外转，拇指贴在球拍柄的棱上，食指、中指、无名指、小指并拢。反手握拍时，手心与球柄之间要留有空隙，这样握拍有利于手腕力量和手指力量的灵活运用，如图14-5所示。

图14-5　反手握拍

## 二、发球

发球是羽毛球重要的技术之一。羽毛球发球虽不能像乒乓球发球那样使球产生各种旋转，但它可以通过不同的发球手法，发出不同弧度、不同落点的球来控制对方，为本方创造进攻得分的机会。

发球可分为正手发球和反手发球。一般来说，发网前球、平快球、平高球均可以用正手发球或反手发球的技术来完成，而发高远球，则须采用正手发球。

**1. 正手发球**

发球站位：单打发球在中线附近，站在离前发球线约1米处。双打发球站位可靠近前发球线。

准备姿势：身体左肩侧对球网，左脚在前，右脚在后，重心在右脚上，右手持拍向右后侧举起，肘部放松微屈，左手拇指、食指和中指夹住球，举在胸腹间。发球时，身体重心由右脚移至左脚。

（1）高远球。

球的运行轨迹又高又远，下落时与地面垂直，落点在对方场区底线附近的球叫做高远球。单打比赛时，常采用这种发球迫使对方退到最远的底线去接发球，在一定程度上限制对方一些进攻技术的发挥，使对方在接球时不容易马上组织进攻。在对方体力不支时，发高远球也可以使对方消耗更多的体力。

动作要领：发球时，左手把球举在身体的右前方并自然放下，使球下落，右手同时持拍由大臂带动小臂，从右后方沿着身体向前并向左上方挥动。击球点在腰下，拍面与地面所形成的仰角一般大于45°，触球的一刹那，握紧球拍，并利用手腕的力量向前上方发力击球，如图14-6所示。

图14-6 正手发高远球

（2）平高球。

平高球是一种比高远球低、速度较高远球快、具有一定攻击性的球。

动作要领：发球的动作过程大致同发高远球，只是在击球的一刹那，小臂加速带动手腕向前上方挥动，拍面要向前上方倾斜，仰角小于45°，以向前用力为主。发平高球时要注意发出球的弧线以对方接球时伸拍打不着球的高度为宜，并应发到对方场区底线，如图14-7所示。

图14-7 正手发平高球

（3）平快球。

平快球比平高球的弧线还要低、速度还要快。在对方反应较慢、站位较前、动作幅度较大或是初学者时，效果往往很好。

动作要领：前期动作和高远球一致，站位比发平高球稍后些（防止对方很快回到本方后场），拍面仰角小于30°，充分利用前臂带动手腕爆发力向前方用力，球直接从对方的肩稍上高度越过，直攻对方后场。发平快球关键是出手的动作要小而快，还应注意不要过手、过腰犯规。

（4）网前球。

发网前球是在双打中主要采用的发球技术。

动作要领：击球时，拍面稍后仰，握拍要放松，大臂动作要小，主要靠小臂带动手腕向前切送，落点要在前发球线附近，发出的球要贴网而过，可免遭对方扑杀，如图14-8所示。

图14-8 正手发网前球

**2. 反手发球**

反手发球的特点是动作小、出球快、对方不易判断。在双打比赛中多采用此发球技术。

发球站位：站在前发球线后10~50厘米及发球区中线的附近，也可以站在前发球线及场地边线附近的地方（双打比赛中，从右场区发球时可以看到）。

准备姿势：面向球网，两脚前后站立（左脚或右脚在前均可），上体稍前倾，身体重心在前脚上。右手反手握拍，左手拇指、食指和中指捏住球的两三根羽毛，球托明显朝下

（避免犯规），球体与拍面平行或球托对准拍面放在拍面前方。

动作要领：击球时，小臂带动手腕朝前横切推送。发网前球时，用力要轻，主要靠"切"送；发平快球时，发力要突然，击球时拍面要有"反压"动作，如图14-9所示。

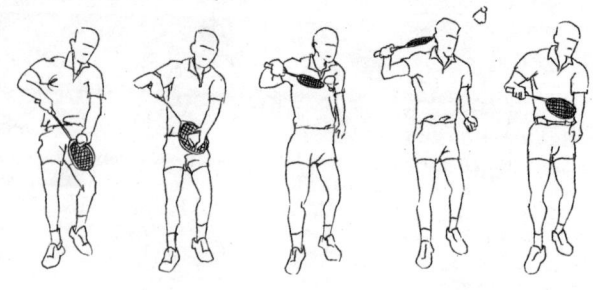

图14-9 反手发球

### 三、接发球

**1. 站位**

一般情况下，单打的接发球站位离前发球线约1.5米处；在右发球区应站在靠中线的位置，在左发球区则站在中间稍偏边线的位置，主要防备对方发球攻击反手部位。双打接发球时站位可靠近前发球线，因双打的后发球线距前发球线比单打短0.76米，发高远球易被扣杀，所以，双打接发球主要精力应对付发网前球上。

**2. 准备姿势**

单打接发球应左脚在前，右脚在后，侧身对网，重心在前脚，后脚脚跟稍提起，收腹含胸，持拍于右身前，两眼注视对方，如图14-10所示。

双打接发球准备姿势基本同单打，但重心可随意放在任何一只脚上，球拍高举在肩上，注意力要高度集中。

**3. 接球方法**

对方发高远球或平高球时可用平高球、吊球或杀球还击，具体采用什么方法还击还应根据来球路线与质量以及自身技术特点来判断，如图14-11所示。一般来说，接发高远球是一次进攻的机会，还击得好，就掌握了主动。一些初学者常因后场技术没掌握好，还击球的质量较差，以致遭到对方的攻击。

对方发来网前球时，可用平高球、高远球、放网前球、平推还击；如对方发球质量不好，也可用扑球还击。对方发来平快球时，可用平推球、平高球还击，以快制快。由于接球方还击的击球点比发球方高，下压得狠些可以夺取主动。其次亦可以高远球还击，以逸待劳，如图14-12所示。

图14-10 接发球准备姿势

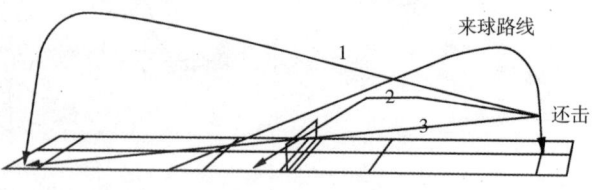

图14-11 接高远球或平高球方法

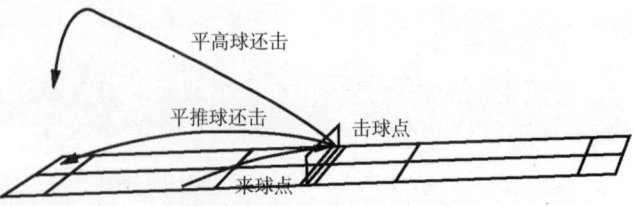

图14-12 接网前球或平快球方法

## 四、击球

羽毛球击球技术按其特点不同进行分类,可分为高手击球、网前击球、低手击球和中场平击球。

### (一)高手击球

高手击球也称上手击球,即在尽可能高的击球点上,还击对方向底线附近击来的高球。它具有主动性强、击球力量大等特点,可给对方造成较大的威胁分为以下几种。

#### 1. 高远球

动作要领:首先判断来球的方向和落点,侧身后退使球在自己右肩稍前上方的位置,左肩对网,左脚在前,右脚在后,重心在右脚上,左臂屈肘,左手自然高举,右手持拍,大小臂自然弯曲,将球拍举在右肩上方,两眼注视来球。击球时,由准备动作开始,大臂后引,随之关节上提明显高于肩部,将球拍后引至头后,自然伸腕(拳心朝上),然后在后脚蹬地、转体和腰腹的协调用力下,以肩为轴,大臂带动小臂快速向前上方甩动手腕,在手臂伸直的最高点击球。击球后,持拍手臂顺惯性往前下方挥动并收拍至体前。与此同时,左脚后撤,右脚向前迈出,身体重心由后脚移到前脚。

> **如何延长羽毛球的使用寿命**
>
> ◎ 在打羽毛球之前,将球用蒸汽蒸一下或者放在冰箱里放一会儿再打。
>
> ◎ 找一个大一点的盘子或盆子,把球倒置在上面,加水淹没羽毛2厘米,拿出来晾干后再打。

#### 2. 平高球

动作要领:主要技术同击高远球一样,只是在击球的一刹那,用力主要是向前方,使击出的球的弧线较低。

#### 3. 吊球

把对方击来的后场高球还击到对方的网前区的击球法称为吊球。它的作用是调动对方站位,以利步法组织进攻。在后场若将吊球与高球或杀球结合起来运用,就能给对方以很大的威胁。

动作要领:

(1) 劈吊(快吊)击球前期动作同正手击高远球。击球时,拍面正面向内倾斜,手腕作快速切削下压动作。若劈吊斜线球,则球拍切削球托的右侧,并向左下方发力;若劈吊直线,则拍面正对前方,向前下方切削。

(2) 轻吊(拦截吊)击球前期动作同正手击高远球。击球时,一种轻吊时的拍面变化同劈吊基本一致,但用力要更轻些;另一种是击球时,拍面正击球托或借助于来球的反弹力用球拍轻挡,使球过网后贴网而下。后者多用于拦截对方击来的平高球和半场高球。

#### 4. 杀球

把对方击来的高球全力向下扣压叫做杀球。杀球的特点是力量打、速度快,它是主动进攻的重要技术。杀球分为正手杀球、反手杀球和头顶杀球。

动作要领:击球前的准备姿势和击球动作与正手击高远球基本相同。不同的是最后用力的方向朝下,而且要充分利用蹬地、转体、收腹以及手臂和手腕的爆发力全力地将球向下击出，击球的一刹那要紧握球拍。

### （二）网前击球

#### 1. 搓球

搓球的击球点较高，拍面稍前倾，利用手腕和手指的力量向前"切削"或向后"提拉"，使球击出后旋转或滚动过网，一般在对方来球较靠近网时运用，如图14-13所示。

图14-13 搓球

#### 2. 推球

在网前将来球用较平的弧线快速推到对方场区底线叫做推球。击球时拍面前倾，几乎与网平行。利用前臂带动手腕和手指的快速"闪动"将球击出。正手推球多用食指力量，反手推球多用拇指的力量，如图14-14所示。

图14-14 推球

#### 3. 勾球

勾球是在网前把来球回击到对角线网前，又叫做勾对角球。击球时，拍面斜向对方右（左）网前。正手勾对角线时击球托的右侧，手腕和手指带动球拍向左内勾动；反手勾对角时，击球托的左侧，同时向右内勾动，如图14-15所示。

图14-15 勾球

#### 4. 扑球

在网上把高于网的来球迅速扑压下去叫做扑球。击球时，拍面前倾，前臂带动手腕和手指的快速闪动发力，击球后立即收拍，以免触网犯规。扑球时要求判断准、上步快、抢点高、动作小。正反手均可，如图14-16所示。

图14-16 扑球

### 5. 放网前球

击球时,拍面稍朝前下方倾斜,前臂带动手腕和手指用前送动作球托底部,使球恰好贴网而过,如图14-17所示。

图14-17 放网前球

### 6. 挑高球

击球瞬间肩关节稍后缩,手腕后伸,前臂旋外,球拍后引,用大臂带动小臂,自下而上向前上方迅速击球,如图14-18所示。

图14-18 挑高球

### （三）低手击球

低手击球又称下手击球，一般是在防守时所采用的击球技术。它虽然不像上手击球那样具有进攻性威胁，但运用得当，往往也能起到守中有攻的效用。

#### 1. 底线抽球

底线抽球主要是为了对付长杀球、平推球或对方突然回击的平高球使自己较被动地退到底线去接球时采用的一种击球技术。它可以分为正手和反手两种抽球。

（1）正手底线抽球。

移动时，右脚先向右后场区迈一小步，身体也随之转向右后方，左脚用并步或交叉步向右后场移动一步，右脚再向右后场跨一大步并成弓箭步，重心在右脚上，在移动的同时，持拍臂往右后方拉，拍面稍后仰。击球时，以躯干为竖轴，作半圆式挥拍击球。

（2）反手底线抽球。

移动时，右脚先向左脚靠一小步，然后左脚向左后场跨一步，右脚向左后场跨一大步，身体重心在右脚上。击球前背朝网，大臂往左后方拉。击球时利用大臂带动小臂及手腕先左后方再前上方发力并利用蹬地、转腰的力量将球击出。底线反手抽球多在单打被动时或双打比赛中运用。

#### 2. 挑球

把对方来的吊球或网前球还击到对方后场去叫做挑球。它是在被动情况下为了争取回场时间而采取的一种过渡性质的击球。它虽然不能给对方造成威胁，但如果能将球挑得高、挑得远（靠近对方场地底线），就能为自己回到场地中心位置赢得时间。

练习方法：不论是正手挑球还是反手挑球，最后一步应是右脚在前。正手挑球时，以肘关节为轴，伸拍向前并以前臂带动手腕由下向上挥动。反手挑球时，以反手握拍法握拍。击球时，肘关节稍抬高，并以肘关节为轴，前臂带动手腕由下向上挥动。如来球离网较远时，拍面可稍前倾向前上方用力击球；如来球较近网，拍面应接近向上。击球时要有向上的"提拉"，以免挑球不过网。

#### 3. 接杀球

把对方杀过来的球还击到对方场区去叫做接杀球。接杀球看起来很被动，但当对方杀球质量不高时，接杀球如处理得当，就会为己方创造转守为攻的机会或直接还击得分。

（1）接杀近身球。

所谓接杀近身球即对方杀球的落点离身体不远，不需移动脚步而在原地即可进行还击。击球时，主要依靠前臂、手腕的发力。用力大小和拍面变化要根据对方杀球的力量大小和己方回击的不同落点而变化。一般来说，回击网前球时，用力要轻，主要依靠对方来球的反弹力，拍面正对网稍后仰，球拍触球时可做"切削"或"提拉"

---

**球拍的选择**

◎ 拍子的性能主要从平衡、轻重、软硬来衡量。

◎ 根据个人的打法和喜好：防守型选轻些的；进攻型要买重些的，把网线磅数相对拉大些。

◎ 拍柄的粗细要以自己握着舒服牢固为准；网线磅数要根据自己的力量和打法来定；球拍材质最好选用全碳的，使用起来弹性好且不易损坏。

缓冲来球力量；回击后场时，前臂和手腕用力要大些，要有抽击动作；当对方杀球质量较差时，可用推后场还击，其用力以手腕为主，向前稍上方"甩"腕。

（2）接杀远身球。

接杀远身球即对方杀球的落点离身体较远，需移动脚步进行还击。击球时，两脚急速蹬伸同时转髋，采用两侧移动步法至击球位置，上体侧向击球点，同时右手侧伸，以前臂、手腕的闪动发力击球。接杀远身球回击网前或后场球时的用力及拍面变化与接杀近身球相似。

（四）中场平击球

中场平击球技术主要是对付对方击来的弧线平于或稍低于网，且落点在中场附近的低平球时所采取的回击技术。在双方比赛中多采用这种技术。它的击球点在与肩同高处或在肩腰之间。因为来球的速度较快、弧线较平，所以击出的球速也较快、较平，因而中场平击球也是一种对攻的技术。

1. 正、反手中场平击球

正、反手中场平击球主要是对付对方来球中离身体较远的平球。人站位于中心附近，两脚左右开立，面对球网，两膝微屈，右手持拍于体前。击球时，判断准来球并向右（左）侧横跨一步，同时挥拍依靠前臂和手腕的闪动发力击球。正手平击球时，多用食指的力量向前发力；反手平抽球时，多用拇指的反压力朝前发力。此外，不论是正手还是反手中场平击球，其击球点都应争取在身体侧前方，这更便于手臂的发力。

2. 半蹲式中场平击球

半蹲式中场平击球主要运用在双打比赛中，这是进行对攻的一种击球技术。这种技术是将对方击来的位于肩部或面部附近的球，在半蹲姿势下还击回去。击球时，看准来球，迅速取半蹲姿势，同时举拍在正面或头顶等位置以前臂带动手腕快速闪动挥拍击球。

## 五、步法

羽毛球的步法和手法（即各种击球法）是相辅相成、不可分割的。许多击球技术都是靠熟练、快速、准确的步子移动来完成的。不掌握正确的步法，就会影响各种击球手法的学习和掌握，而在比赛中如没有到位的步子，就会使手法失去应有的积极作用。主要的步法有上网步法、后退步法、两侧移动步法、起跳腾空突击步法。

（一）上网步法

上网步法包括跨步上网、垫步或交叉步上网、蹬跳上网。不论用哪种步法上网，其上网前的站位及准备姿势都是一样的，即站位取中心位置，两脚左右开立（稍有前后），约同肩宽，两膝微屈，两脚前脚掌着地，后脚跟稍提起并左右微动；上体稍前倾，右手持拍于体前，两眼注视对方的来球。

1. **跨步上网**

判断准对方来球后，左脚掌内侧用力蹬地并侧身向来球方向迈出，接着右脚也向前迈一大步，以脚掌外侧和脚跟先落地，再过渡到前脚掌，右膝关节弯曲并成弓箭步。紧接左脚自然地向前脚着地方向靠上小半步。击球后，右脚蹬地用小步、交叉步或并步回到中心位置。

### 2. 垫步或交叉步上网

判断准对方来球后，右脚先迈出一小步，左脚立即向右脚垫一小步（或从右脚后交叉迈出一小步），左脚着地后，脚内侧用力蹬地，右脚再向网前跨一大步成弓箭步，身体重心在前脚。击球后，前脚朝后蹬地，小步、交叉步或并步退回到中心位置。

垫步或交叉步上网的优点是步子调整能力强，在被动情况下，能利用蹬力强、速度快的特点迅速调整脚步，去迎击来球。

### 3. 蹬跳上网

蹬跳上网是在预先判断来球的基础上，利用脚的蹬地，迅速扑向球网，以争取在球刚越过网时立即进行还击。单打或双打中常用此步法上网扑球。其步法是站位稍靠前，对方一有打网前球的意图后，右脚稍向前刚一点地便起蹬侧身扑向网前。击球后应立即退回中心位置。

## （二）后退步法

后退步法有右后场区后退步法和左后场区后退步法。右后场区后退步法主要是正手的后退步法；左后场区后退步法包括头顶后退步法和反手后退步法。

### 1. 正手后退步法

正手后退步法有并步和交叉步两种。判断准来球后，先调整重心至右脚，然后右脚蹬地迅速向右后撤一小步，同时上体右转，左肩对网，接着左脚用并步靠近右脚（或从右脚交叉后撤一步），右脚再向后移至来球位置。在移动的同时，必须完成挥拍击球前预备动作，待球在右肩上方下落时，作正手原地或起跳击球。击球后，身体重心随右脚前移迅速用小步跑或并步回到中心位置。

### 2. 头顶后退步法

头顶后退步法是对方来球向左后场区，用头顶击球技术还击时所采用的后退步法。头顶后退步法也可用并步或交叉步移动后退。判断准来球后，右脚蹬地撤向左后方，同时髋关节及上体向右后方转动（转动的幅度比正手后退要大些）且稍有后仰。接着左脚用并步或交叉步后撤，右脚再退至来球位置用头顶击球技术击球。击球后，迅速回到中心位置。

### 3. 反手后退步法

反手后退时，应根据离球距离的远近来调整移动步子。如离球较近，可采用两步后退步法。一种是左脚先向左后方撤一步，接着上体左转，右脚向左后方跨一步，背对网；另一种是右脚先向左脚并一步，然后左脚向左后方跨一步，同时上体左转，右肩对网作反手击球。如离球较远，则要采取三步或五步后退步法。三步后退时，右脚先向左脚并一步，左脚再向左后方撤一步，同时上体左转，右脚再向左后方跨一步至来球位置，背对球网，作反手击球。如三步移动还未到来球位置，则左脚、右脚再向后移动一步即成五步移动步法。

## （三）两侧移动步法

两侧移动步法多用于接对方的扣杀球和打来的半场低平球。

1. 向右移动步法

判断准来球后,上体稍倾倒向左侧,用左脚掌内侧用力蹬地,右脚同时向右侧跨大步,髋关节随之右转,上体稍倾倒向右侧,重心在右脚上。若距来球较近,可采用上述动作,若距来球较远,则需左脚先向右脚垫一小步再起蹬,右脚同时向右侧跨大步。

2. 向左移动步法

判断准来球后,上体稍倾倒向右侧,用右脚掌内侧用力蹬地,左脚随髋关节的转动同时向左侧跨大步。若来球较远,左脚先向左侧移一小步,紧接着右脚往左侧方向起蹬并转身,向左跨大步。

（四）起跳腾空突击步法

起跳腾空突击步法主要运用于向左、右两侧稍后的位置移动,突然起跳拦截对方击来的弧线较低的平高球。它的特点是起动快、动作突然,常在对方尚未站稳之际,给其以袭击,使对方防不胜防。

当判断准来球飞向右侧底线且弧线较低时,右脚先向右后跨一步,接着左脚向右侧后蹬地,右脚起跳,身体向右侧后方跃起,截住来球,用正手击球技术扣杀或劈吊对方空当。当来球飞向左侧底线时,用右脚掌蹬地,左脚起跳,用技术突击对方。

## 六、羽毛球的基本战术

战术与打法的关系是很密切的。在实战中,战术是根据双方的打法和场上的具体情况而定的。"以己之长,攻彼之短"是一大原则,现简单介绍一些常用的战术。

（一）单打战术

1. 发球抢攻战术

从发球的第一拍起,争取控制对方,以攻杀得分。这种战术,一般为发网前低球结合平快球、平高球,争取第三拍的主动进攻。用这种战术对付应变能力较差的对手,或实施于比赛的关键时刻,效果往往很好。实施这一战术时,应有高质量的发球予以保证,否则很难成功。

2. 攻后场战术

此战术是通过击高球、重复压对方的底线两角,造成对方的被动,然后寻找机会进攻。用它来对付初学者,或后场还击能力较差、后退步子较慢、急于上网的对手是很有效的。

3. 攻前场战术

对网前技术较差的对手,可运用此战术先将其吸引到网前,然后再攻击其后场。采用此战术,自己首先要有较好的网前击球技术。

4. 打四方球战术

若对手步子较慢、体力较差、技术不全面,可以快速准确的落点攻击对方场区的四个角落,寻找机会向空当进攻。此战术的主要目的是通过打落点,逼迫对方前后奔跑、被动应付,并在其回球质量下降或露出破绽时乘虚而入而攻之。

### 5. 杀、吊上网战术

对对手打来的后场高球，已方先以杀球配合吊球把球下压，落点选在场区的两条边线附近，致使对手被动回球。若对手回网前球时，已方迅速上网搓球、勾对角球或平推球，创造在中场大力扣杀的机会。这种战术必须能很好控制杀、吊球的落点，在使对方被动回球时，才能主动迅速上网。

### 6. 打对角线战术

对付身体灵活性差、转体较慢的对手，不论是进攻还是防守，均应以打对角线球为主。这样，对方会因移动困难而被动，为已方创造进攻机会。

### 7. 防守反击战术

在对方主动进攻、已方被动防守时，已方可高质量地接杀挡网；或抓住对方攻杀力量减弱、落点不好等机会，以平抽底线球还击对方后场，扭转被动局面，并进行反击。

## （二）双打战术

双打比赛不仅仅是竞赛双方在技术、战术、体力上的较量，同时也是双打同伴相互配合程度的较量。因此，在学习双打战术之前，首先要了解两人之间站位形式上的配合。

站位形式不是固定不变的，它在比赛中随着进攻与防守之间的不断转换而变化。一般情况下，有两人一前一后站位和两人分边（左、右）站位两种形式。一前一后站位即在后场的人分管后半场的球，站在前场的人则负责前半场的球。这种站位形式有利于进攻，而不利于防守。所以，一般在己方进攻时多采用此站法。分边站位多在防守时采用，这样各人分管半边场地，在防守时就没有什么空当了。

双打轮转站位多在配对选手水平相差不大时采用。如果技术水平悬殊较大，则水平高者固定站在后场，他除了主要负责后半场的来球之外，同时还兼顾中场附近或前场的球。在混双打中，这种前后固定站位形式是较普遍的（男队员站后场，女队员站前场）。

### 1. 攻人战术

集中攻击对方中有明显弱点的人，并伺机攻击另一人因疏忽而露出的空当，或对此人偷袭。双打比赛中的配对选手的技术，一般总有一人好，另一人稍差些；即便两人水平相差不多，但若能集中力量攻击其中一

---

**网线磅数的判定**

网线的磅数用来表示你的拍子线绑的松紧程度，磅数越大，说明拍子线绑的越紧。高磅数的线会使你的回球更有力量和威胁力，不过，如果水平不足的话用高磅数的拍子可能会感觉到像是用板擦在打球，所以要根据自己的水平和力量程度适当选择拍子线的磅数。不同质量的拍子所能承受的最大磅数也是不同的，好的拍子可以绑到的最大磅数大一些。一般的业余男选手拍子可以编22～25磅最佳，女选手的编18～22磅，专业选手的一般都在30磅左右。初学者一般不要拉太大的磅数，18～22磅就可以了。此外，磅数还和你的性别有关系：如果你是女生，那么磅数最好再略微减1～2磅，当然你的拍子的磅数应该随着你年龄的增长和力量的增大而适当加大。

人，也可给其造成很大的心理压力，从而使其出现失误。

### 2. 攻中路战术

当对方分边站位防守时，将球攻击对方两人的中间；当对方前后站位时，可将球下压或平推两边半场，这样可使对方防守时互相争抢或互让而出现失误。

### 3. 攻后场战术

对方扣杀能力差，本方可采用平高球、推平球、接杀挑底线，把对方一人紧逼在底线两角移动。当对方被动还击时，则抓住机会大力扣杀。如另一对手后退支援时，即可攻网前空当。

### 4. 后攻前封战术

当己方处于主动进攻前后站位时，站在后场的队员见高球就杀或吊网前球，迫使对方接球挡网前，这为己方前场队员创造了封网扑杀机会。前场队员要积极封锁网前，迫使对方被动挑高球。一旦对手挑高球达不到后场，就为己方创造了再进攻的机会。

### 5. 防守反攻战术

在防守中寻找反攻的机会，以便摆脱困境，变被动为主动。如挑底线高球，即不论对方从哪里进攻，己方都应设法把球挑到进攻者的另一边底线。如对方正手后场攻直线，就挑对角线；如对方攻对角，就挑直线。这是一种较容易争得主动的防守战术，在女子双打中运用更为有效。时机有利，即可运用反抽或挡网前回击对方的杀球，从守中反攻，争得主动权。运用此战术时，要注意挑高球一定要挑到底线；否则，将会出现对方连续攻杀而己方无力反击的局面。

## 第3节　羽毛球运动采风

### 一、羽毛球比赛主要规则

#### 1.计分

一场比赛，采用21分制，即双方分数先达21分者胜，3局2胜。每局双方打到20平后，一方领先2分即算该局获胜；若双方打成29平后，一方领先1分，即算该局取胜。比赛中每球得分，并且除特殊情况（比如地板湿了，球打坏了），球员不可再提出中断比赛的要求。但是，每局一方以11分领先时，比赛进行1分钟的技术暂停，让比赛双方进行擦汗、喝水等。得分者方有发球权，如果本方得单数分，从左边发球；得双数分，从右边发球。

#### 2.交换场区

第一局结束；第三局开始前；第三局中或只进行一局的比赛进行至一方达到11分时，运动员应交换场区。运动员未按以上规则交换场区，一经发现立即交换，已得分数有效。

#### 3.发球

发球时任何一方都不允许非法延误发球；双方须站在斜对角发球区内发球和接发球，脚不能触及发球区的界线；两脚必须都有一部分与地面接触，不得移动，直至将球发出。

发球员的球拍必须先击中球托,与此同时整个球要低于发球员的腰部。击球瞬间,球拍杆应指向下方,从而使整个拍头明显低于发球员的整个握拍手部。发球开始后,发球员的球拍必须连续向前挥动,直至将球发出。发出的球必须向上飞行过网,如果不受拦截,应落入接发球员的发球区内。双打比赛,发球员或接发球员的同伴站位不限,但不得阻挡对方发球员或接发球员的视线。

### 4. 单打

发球员的分数为0或双数时,双方运动员均应在各自的右发球区发球或接发球。发球员的分数为单数时,双方运动员均应在各自的左发球区发球或接发球。球发出后,由发球员和接发球员交替对击直至"违例"或"死球"。接发球员违例或因球触及接发球员场区内的地面而成死球,发球员就得一分,随后发球员再从另一发球区发球。发球员违例或因球触及发球员场区内的地面而成死球,对方得分。

### 5. 双打

只有接发球员才能接发球;如果他的同伴去接球或被球触及,发球方得一分。自发球被回击后,由发球方的任何一人击球,然后由接发球方的任何一人击球,如此往返直至死球。接发球方违例或因球触及接发球方场区内的地面而成死球,发球方得一分,原发球员继续发球。发球方违例或因球触及发球方场区内的地面而成死球,原发球员即失去发球权,对方得分。每局开始首先发球的运动员,在该局本方得分为0或双数时,都必须在右发球区发球或接发球;得分为单数时,则应在左发球区发球或接发球。每局开始首先接发球的运动员,在该局本方得分为0或双数时,都必须在右发球区接发球或发球;得分为单数时,则应在左发球区接发球或发球。上述两条相反形式的站位使用于他们的同伴。发球必须从两个发球区交替发出。任何一局的首先发球员失去发球权后,由该局首先接发球员发球,然后由首先接发球员的同伴发球,接着由他们的对手之一发球,再由,另一对手发球,如此传递发球权。一局胜方中的任一运动员可在下一局先发球,负方中的任一运动员可先接发球。

### 6. 发球区错误

包括发球顺序错误;从错误的发球区发球;在错误的发球区准备接发球,且球已发出。发球区错误的处理:如果错误在下一次发球击出前发现,应重发球;只有一方错误并输了这一回合,则错误不予纠正。如果错误在下一次发球击出前未被发现,则错误不予纠正。如果因发球区错误而"重发球",则该回合无效,纠正错误重发球。如果发球区错误未被纠正,比赛也应继续进行,并且不改变运动员的新发球区和新发球顺序。

### 7. 违例

发球不合法;发球员发球时未击中球;发球时,球过网后挂在网上或停在网顶;比赛时球落在球场界线外;球从网孔或网下穿过;球不过网;球碰屋顶、天花板或四周墙壁;球触及运动员的身体或衣服;球触及场外其他人或物体;比赛时,球拍与球的最初接触点不在击球者网的这一方(击球者击球后,球拍可以随球过网);比赛进行中,运动员球拍、身体或衣服触及网或网的支撑物；运动员的球拍或身体从网下侵入对方场区，妨碍对方或使对方分散注意力；妨碍对方，如阻挡对方紧靠球网的合法击球；运动员故意分散对方注意力的任何举动，如喊叫、故作姿态等；击球时，球夹在和停滞在拍上紧接着又被拖带；同一运动员两次挥拍连续击中球两次；同方两名运动员连续各击中球一次；球触及运动员球拍后继续向其后场飞行。

### 8.重发球

除发球外，球过网后挂在网上或停在网顶，应重发球。发球时，发球员和接发球员同时违例，应重发球。发球员在接发球员未做好准备时发球，应重发球。比赛进行中，球托与球的其他部分完全分离，应重发球。司线员未看清，裁判员也不能作出决定时，应重发球。"重发球"时，最后一次发球无效，原发球员重新发球。

### 9.死球

球撞网并挂在网上，或停在网顶；球撞网或网柱后开始在击球者这一方落向地面；球触及地面；"违例"或"重发球"已被宣报。

## 二、羽毛球的选购方法

舒适的羽毛球运动离不开良好器材的支持，那么对于羽毛球运动重要的器材之一羽毛球，在选购的时候应当注意哪些事项呢？

首先，可以从外观上判断球的质量好坏。我们接触到的羽毛球一般都是使用鸭毛或鹅毛制成的白头的专业用球，鹅毛的最好，但是价格最贵，一般鸭毛的就比较适合一般人训练。从球头、羽毛做工和一筒球的平均质量可以大致判断所购球的好坏。球头使用的木质要软，形状要圆，羊皮膜包扎要细并且牢固，皮革要光洁，没有皱纹。挑选时可用手轻捏或将球在球拍上轻颠几下以判断其弹力水平。羽毛越白越好，应该长短一致、间隔均匀，插片的角度要一致，毛翎要粗细相同，不应出现倒毛、断梗、虫蛀等问题，应当扎牢使球外廓大致成圆形，不能变形。对于一筒球中不同的球，比较其质量、外观等是否一致或非常接近，如果有明显的差别说明质量稳定性差，不应购买。

其次，可以通过试打羽毛球，根据其飞行的状况来判断球的好坏。球体飞行时的稳定性是判断的关键，稳定性好、旋转应向前不摇晃漂移，同一筒内的羽毛球速度的快慢不应该有明显的差别。

最后，根据实际情况购买。现在所购的羽毛球球筒上一般设有速度标记，其标号数值越小则表明球速较慢。在使用时，羽毛球的重量决定了球速的大小，重量轻则球速较慢，反之则球速较快。气温的高低、空气的温度以及打球地点的海拔高度对球重都有较大的影响。一般在高温、潮湿、高海拔的使用环境中要选择较轻的羽毛球，在低温、干燥、低海拔的使用环境中应选择较重的羽毛球。

### 李宗伟——敢与林丹一争高下

羽毛球运动一直是中国的传统强势项目，中国优秀的羽毛球运动员如雨后春笋一般，层出不穷。不管是在奥运会，或是汤姆斯杯、尤伯杯等世界级羽毛球比赛中，中国选手都能取得不错的成绩。但是，近年来，其他国家的羽毛球运动也得到了飞速发展，许多强劲的对手出现在比赛中。马来西亚的男子羽毛球头号种子李宗伟，便是其中最具挑战性的选手之一。

李宗伟于1982年生于马来西亚，11岁的时候被羽毛球教练看中，随后跟随教练学习羽毛球。李宗伟在羽毛球方面非常有天赋，经过教练的指导和自己的练习，李宗伟的球技增长非常快。为了让李宗伟累积更多实战经验，他的爸爸常帮他报名参加公开赛，马来西亚的太平、怡保、峇眼色海等地方都有他们的足迹。一次又一次的比赛，成功地为李宗伟积累了丰富的实战经验，与此同时，他的技术也更上一层楼。

经过短短5年时间，李宗伟就从一个不知道羽毛球为何物的孩子，成功入选到国家队。1999年在马来西亚全国锦标赛一举夺魁后，17岁的李宗伟终于披上国家队战袍，开始为国家而战。

李宗伟擅长右手执拍，突击爆发力好，变速能力强，头顶杀对角威胁大；而且，他反应灵活、防守出色、回球变幻莫测、步伐快捷、打法稳中带攻。他最大的技术特点在于他异常稳健的防守和犀利的反击。他在场上拥有一种超乎常人的冷静和稳定，不管面对对手何种形式的进攻，总能依靠自己出色的防守技术将局面牢牢稳定住，然后再凭借自己犀利的反击将对手致于死地。

李宗伟作为这个时代马来西亚最著名的羽毛球选手，被誉为大马羽球一哥，常常被拿来与中国的林丹和印度尼西亚的陶菲克作比较，三人并称为羽界世界三大高手。而且，他们三人常常在世界级的羽毛球比赛中交手。林丹和李宗伟在世界大赛中的交手记录多达20余次，双方都各有胜负，为羽毛球爱好者奉献了一场又一场精彩的比赛。

2008年北京奥运会，李宗伟在羽毛球男子单打决赛中遭遇了中国的超级丹。面对具有主场优势的林丹，李宗伟保持了他的冷静，一次又一次地化解了林丹的威胁。赛场上高潮连连，两名运动员都愈战愈勇，渐入佳境。面对林丹的强劲进攻和连连得手，李宗伟一点没有丧失信心，还是拼尽全力，奋力反击。虽然最后李宗伟败给了林丹，但他赢得了所有观众的掌声和尊重。

体育运动的发展离不开这种高手之间的较量。只有不断进行切磋，运动员们才会了解自身的弱点和对手的优点，才能够不断进步，向更高的层次发展。李宗伟的存在，为中国羽毛球的发展和进步，起到了非常积极的作用。

心态阳光，兴趣多样，多踢毽球，身体健康。

——毽球爱好者

# 第15章 毽 球

本章简要介绍毽球运动的起源、发展、基本技术等知识，引导同学们热爱毽球运动并从中得到快乐。

## 精彩案例

### 毽球，我的爱

毽球，是一项能带给人们自信与快乐的运动。

小时候最早接触的是那种用布料缝制而成的毽子，毽子上还要绑一条长长的"尾巴"，好让小时候的我们轻而易举地掌控那毽子。待我们渐渐长大，平衡力控制力都今非昔比，也就渐渐摆脱了对那根绳子的依赖。

踢毽子对提高我们大脑的发育大有帮助。踢毽子要求的灵活应变以及活跃跳动，不仅使我们拥有灵活的头脑，而且使那段珍贵的童年时光充满了欢声笑语和幸福回忆。

毽球容易掌握，平常玩耍不需要太多技巧，只要你伸脚迈步就有机会接到球，所以很容易被接受。踢毽子起球与踢球是最根本的，俗话说："良好的开端是成功的一半"，练好基本功最重要。不一定要踢得特别多，但一定要稳，要能够控制平衡、掌控毽球。另一方面，毽球又因踢法多样深受人们喜爱，花毽的基本动作就有盘、磕、拐、绷四种。

单踢是一种个人体验，你会在自己一点点的进步中找到快乐。然而，围踢是一种集体的感受，你会在分享中感受运动、感受青春、感受活力。围踢的过程不仅是锻炼反应能力的过程，更是大家交流思想、增进感情的过程。大家在一起边踢边聊，你会发现从未有过的快乐。

虽然现在毽球的推广程度还不够，但是只要大家积极尝试，相信不爱它的你会爱上它，爱它的你会更爱它！

# 第1节 毽球运动简介

**问题导引**

毽球运动的起源与发展经过了怎样的历程?

据史料记载,踢毽子起源于我国汉代,盛行于六朝、隋、唐。明、清时期踢毽子得到进一步发展。1928年12月份在上海市举办"中华国货展览会"时,我国举行了第一次踢毽子公开比赛,从而推动了这项民族体育项目的发展。

1933年3月26日,在南京市又举行了第一次全国性的踢毽比赛。比赛结果是河北运动员杨介人获花样踢毽第一名,北京运动员溥子衡、金幼中分获花样踢毽第二名和第三名。三人所踢花样均有百余种之多。

新中国成立后,毽球运动更是得到了全面发展。1950年,北京市吸收了在街头靠踢毽子糊口的艺人参加了杂技团,专设了踢毽子节目并出国进行表演,受到了国外观众的热烈欢迎。1963年,踢毽子运动被编入了中小学体育教材。1982年,哈尔滨市136中学初中三年级学生王丽萍用1小时28分钟,以5684个的优异成绩获全市中小学生踢毽第一名。我国著名的"毽乡"之一河北承德,家家有毽,人人善踢。

现在,踢毽运动已经在我国遍布城乡,不仅成为全国体育大会竞赛项目,更成为人们喜欢的体育健身活动之一。

### 中国毽球协会

中国毽球协会简称中国毽协,英文为"Chinese Shuttlecock Association",缩写为"CSA",由各省、自治区、直辖市和行业毽球协会组成,是自愿结成、非盈利、具有独立法人资格的全国性毽球组织。该协会是代表中国加入国际毽联并参加国际毽球活动的唯一合法组织。协会接受国家体育总局的业务指导和国家民政部的监督管理。中国毽球协会总部设在北京市。

## 第2节 毽球的基本技术

> **问题导引**
>
> 毽球运动的基本技术有哪些？攻球技术有哪些？

### 一、基本技术

#### 1. 脚内侧踢球

膝关节向外张，大腿向外转动，稍有上摆，不要过大，髋和膝关节放松，小腿向上摆，踢毽时踝关节发力，脚放平，用内足弓部位踢球，主要多用在传接球方面。因此要想成为一名出色的球员，无论是一传手、二传手或是攻球手，都必须熟练、稳定地掌握好脚内侧球。

#### 2. 脚外侧踢球

稍侧身，向体侧甩踢小腿，勾脚尖，用脚外侧踢球。应注意，要想获得较底的托球点，必须要使支撑脚做适当的弯曲，还要注意身体重心应放在支撑脚上。

#### 3. 脚背踢球

用脚背踢球，一般用正脚背，要注意绷脚尖和抖动脚腕发力击球。此技术是相对其他基本技术中难度较大的一种，主要动作要求不但要快，还要求有一定的准度，一旦抖动脚腕发力击球的节奏过快或过慢都会影响完成踢球的质量。

#### 4. 触球

用身体膝关节以上部位踢球都叫触球，可以分为大腿触踢球、腹部触踢球、胸部触踢球、头部触踢球。大腿触踢球时，要注意抬大腿迎球，放松小腿，用大腿正面前段击球。腹部触踢球、胸部触踢球、头部触踢球，都要注意触球时将腹部、胸部或头部稍微向前去主动迎接球，并控制球落在自己的前方，然后用脚将球踢出。

### 二、比赛攻球技术

#### 1. 发球

发球动作一般有三种：脚内侧发球、脚正背发球、脚外侧发球。脚内侧发球时要抬大腿带小腿，用内足弓部位向前上方送髋推踢，其特点是既稳又准，破坏性强。脚正背发球时要注意稍侧身站位，绷脚尖，用脚外侧发力扫踢，其发球的特点是既快又狠，攻击力强。

发球时可以采用盯人、找空、压后、吊前等手段发出各种战术球，以达到破坏对方组织进攻或直接得分的目的。

#### 2. 头攻球

头攻球一般是从限制区外助跑起跳，靠腰部、颈部发力在空中用额头的正面、侧面或头发击球。这种攻球的特点是力量大、速度快、变向多，如果能熟练运用也能给对方防守带来一定的难度。

#### 3. 脚踏球

脚踏球是向上抬腿后，向下发力，用前脚掌部位推压击球。在练习时多注意控制球的线路和落点。快和狠是其唯一的发展方向。脚踏攻球的特点是视野开阔、目的性强、球速快、变化多，既可以压踏前场又可以推踏后场，还可以抹吊近网。由于脚踏球与倒勾球力量方面相比相对较弱，因此必须充分发挥其快、刁的特点，攻其不备才能给对方防守带来较大的威胁，令防守者防不胜防。

#### 4. 倒勾攻球

倒勾攻球的要点是大腿带动小腿向上摆动，加速发力。其特点是击球点高，球速快，力量大，易控制，变化多。在通常情况下，可根据对方不同的阵性攻出直线、斜线、外摆、内扫、轻吊和凌空等不同特性的球，能给对方造成很大的威胁。

#### 5. 斜线攻球

斜线攻球可以用站位方向的变化和脚尖内扣来达到变线攻球的目的。

#### 6. 外摆攻球

外摆攻球要注意击球瞬间外翻脚腕，用转体和向外摆动腿来控制球的力量和落点。

#### 7. 内扫攻球

内扫攻球时应用脚尖部位或脚内侧向异侧腿前上方边转体边扫踢击球。

#### 8. 轻吊攻球

轻吊攻球的起跳动作要和发力倒勾球时一样，只是在击球瞬间改用前脚掌部位，将球轻轻推托过网。

#### 9. 凌空攻球

凌空攻球是现有攻球技术中难度最大的一种，它要求运动员要有较好的制空能力、弹跳力与协调性，并且注意落地时运动员的自我保护。

除以上几种攻球技术外，在长期的比赛实战中，在运动员的大胆创新下，不断涌现出一些新的进攻技术，如转身侧扫攻球、肩部压球、后摆侧踏等。虽然这些进攻技术在比赛中并不是主要的进攻手段，但由于其套路创新、动作隐蔽，令人难以适应，因此可以作为一种辅助进攻手段、突袭手段，也可给对手造成一定的威胁，在比赛中收到良好的效果。

## 第3节  毽球运动采风

### 一、毽球比赛主要规则采撷

#### 1. 比赛队员的组成

比赛队由6人组成，上场队员3人，队长1人。可因时、因地、因人制宜，增加单人、双人毽球赛，规则与3人制大体相同，记分可采取直接得分法。双方队员必须站在本方场区内。站在靠近球网的两名队员从左至右分别为3号位和2号位队员，靠近端线的队员为1

号位队员。场上队员的位置必须与登记的轮转顺序相符合。发球的一方，2、3号位的队员在发球队员的前方，彼此间相距不得少于2米。球发出后，双方队员可以在本方场区内任意交换位置。每局比赛结束之前，队员的轮转顺序不得调换。

### 2. 比赛局数和场区选择

比赛采用三局两胜制，第三局采取每球得分制。比赛前选择场区或发球权。第一局结束后双方交换场地和发球权。决胜局开始前，正裁判员召集双方队长重新选择场区或发球权。决胜局比赛中，任何一队先得8分时两队应交换场地。交换时，不得进行场外指导。交换场区后，双方队员的轮转位置不得变换。

### 3. 发球

发球队员须站在本方发球区内，用手持球，将球抛起，用脚踢向对方场区。发球队员必须在发球区内发球，在球发出后才能进入场区。发球时2、3号位队员不得有任何掩护动作，要站在发球队员的前方，彼此间相距不得少于2米。发球的一方，球发出后，双方队员可以在本方场区内任意交换位置。

发生下列情况之一时，即判为发球失误：
（1）队员发球时，踏及端线或发球区线及其延长线；
（2）球未过网、触网或触及标志杆；
（3）球从网下穿过；
（4）球从标志及其延长高度以外过网；
（5）球触及任何障碍物，或在进入对方场区前触及本队队员；
（6）球落在界外；
（7）发球延误时间超过5秒钟；
（8）裁判员鸣哨后球坠落在地上。

发生下列情况之一时，须重发球：
（1）在比赛进行中，球挂在网上（最后一次击球挂网除外）；
（2）在比赛进行中，毽毛和毽垫在飞行时脱离；
（3）在裁判员鸣哨之前发球；
（4）在比赛进行中，其他人或物品进入场区。

### 4. 比赛进行中的击球与附加动作

每队在将球踢入对方场区前，在本方场区最多只能有三人次共击球四次。

每个队员可以连续击球两次。不得用手、臂触球，但防守队员在手臂下垂不离开躯干的前提下，拦网时手球不判违例。球不得明显地停留在队员身体的任何部位。在比赛进行中球触及两标志杆以内的球网为好球，球触标志杆为失误。

比赛进行中，队员身体任何部位触及两标志杆以内的球网，均为触网违例。

队员击球后，触及标志杆或标志杆以外的球网、网柱、网绳或其他物体，不为违例。球触地及违例为死球。接发球队失误，应判对方得1分；发球队失误，则判由对方发球。某队得15分并至少比对方队得多2分时，则为胜一局。如比分是14比14，比赛应继续进行，直至某队领先2分，方为胜一局。

## 二、毽球的主要赛事

### 1. 国际毽球邀请赛

随着我国改革开放的进一步发展，毽球在中外体育文化交流活动中开始走向世界。中国毽球队相继出访日本、德国等地。1993年，首届国际毽球邀请赛在我国重庆举行，来自德国、韩国、日本、越南、香港、中国台北等地的运动员与我国的毽球运动员进行了友好的交流和磋商。至今，在我国已举行了多届国际毽球邀请赛，大大推动了毽球运动走向世界的步伐。

### 2. 世界毽球锦标赛

2000年7月，当第一届世界毽球锦标赛在匈牙利乌义东海斯市举行时，仅有7000人口的小城像过盛大的节日。政府要人、各界知名人士和市民倾城出动观看比赛。大批志愿者和教师、学生、工人不计报酬为大会服务，社会各界给了大量赞助。匈牙利毽球协会主席亚洛斯动员了全家为大会工作。这里的一批毽球迷场场必到，为比赛中出现的每一个精彩得分鼓掌叫好，取得好成绩的中国和越南运动员常常被热情的球迷团团围住，要求签名、合影。

毽球在走向世界的过程中得到了更大的发展。可以预见，中国传统体育宝库的遗产——毽球，将以崭新的姿态活跃在世界体育大家庭中，将为丰富体育宝库作出贡献。

**高校毽球运动推广人之一——中国海洋大学2009级日语系刘响倩**

我不是一个体育生，也不是一个天生对体育敏感擅长的人，但是我喜欢体育运动。如果是技术性不强、不需要高档的配置与大片的空间、危险性不高的运动，我都愿意尝试一下，而毽球运动恰恰都符合。大一下学期我选了毽球课，通过学习毽球运动，我切身体会到了小小的毽球给我的大学生活带来的乐趣。它不仅让我练就了敏捷娴熟的踢毽技术，而且让我在繁忙的文化课学习之余身心得到放松，体质得到增强，同时，踢毽球需要团队的协力合作，也教会我向队友取长补短，我也在其中也认识了新朋友，培养了团队协作的默契。每周四定期的趣味毽球赛以及平时晚上宿舍楼前的踢毽活动大大丰富了我的生活，给我带来了充沛的精力，留下了难忘的记忆。看到周围很多同学并没有认识到这个小小毽子带来的魔力甚至觉得不配称得上是体育运动；我就号召了我的毽友们，首先我在校园发起了第一个毽球俱乐部——海大毽球协会。之后我带领我校的毽球团队与驻青其他高校的毽球爱好者切磋球技，与青岛市花毽协会的长辈们也保持密切的联系，带领我的团队走进中山公园、八大关等公共场所活动宣传，展示我们当今大学生的活力，增加毽球运动的影响力。我相信具有独特魅力、已被列为国家非物质文化遗产悠久传统历史的毽球运动，一定会越来越受到国内外人重视，成为我们在校大学生必不可少的一项休闲娱乐体育运动。

# 田径运动篇
## TRACK AND FIELD SPORTS

较量是自己跟自己赛跑。

——刘翔

# 第16章 跑类运动

从创造经典的"东方神鹿"王军霞，到风靡全球的黑人博尔特，田径赛场上永远不缺明星，他们用激情与汗水铸造了一片属于行者的天地。来吧，让我们一起去感受那动人的节奏，用双脚踏出一条坦途！本章主要介绍跑类运动的相关知识与技术，通过对该运动的起源、发展、技术以及锻炼方法等内容的简要介绍，让同学们对这个运动产生兴趣并进行学习和掌握。

## 精彩案例

### "飞人"刘翔

雅典奥运会之后，中国人的词典里，出现了一个新的词语"翔速度"，而这个词语的创造者，就是中国田径110米栏运动员，被称为"飞人"的刘翔。

刘翔是中国运动员的骄傲，2004年他在雅典奥运会上以12秒91的成绩平了由英国名将科林·杰克逊保持的世界纪录。这枚金牌是中国男选手在奥运会上夺得的第一枚田径金牌，书写了中国田径新的历史！2006年，瑞士洛桑田径超级大奖赛上刘翔以12秒88的成绩打破沉睡了13年之久的世界纪录。2007年，他又创造了奇迹，以12秒95的成绩获得日本大阪的第11届世界田径锦标赛冠军。刘翔成为唯一一个集奥运会冠军、世锦赛冠军和世界纪录保持者于一身的男子110米栏大满贯得主。

虽然北京奥运会赛场上，这个一直被奉为神话和巨人的年轻人因脚伤退赛，让舆论界质疑颇多，但是刘翔顶住了压力，秘密进行训练，恢复身体。在沉寂一年之后，刘翔于2009年9月20日上海黄金赛上完美复出。随后又在10月25日第十一届全运会上，以13秒34获得男子110米栏决赛冠军，成为全运会史上第一位男子110米栏项目上的三连冠获得者。身体慢慢恢复的刘翔，运动状态也越来越好，先后在2010年11月24日的广州亚运会和2011年5月15日的国际田联钻石联赛上海站比赛中，以13秒09和13秒07的成绩夺得冠军。2011年6月5日凌晨，在国际田联钻石联赛尤金站比赛中，刘翔以13秒00摘得银牌。虽然未能获得冠军，但是从这一连串的成绩看来，刘翔正逐步走出伤病的阴影，恢复昔日的风采。

# 第1节 跑类运动简介

> **问题导引**
> 常见的跑类运动有哪些？它们起源于何时何地？现在的发展状况如何？

## 一、短跑

短距离跑，简称短跑。跑是人类与生俱来的基本能力，自古以来就是一种比赛形式，几乎每个国家的文献中都有描述。据史料记载，短跑是公元前776年古希腊奥运会唯一的竞技项目，距离为192.27米。现代短跑起源于欧洲，最早被列入正式比赛是在1850年的牛津大学运动会上，当时设有100码、330码、440码跑项目。19世纪末，为规范项目设置，将赛跑距离由码制改为米制。初为职业选手的表演项目，后逐渐扩展到业余运动员。运动员比赛时必须使用起跑器，听信号统一起跑，并自始至终在自己的跑道内跑动。奥运会比赛项目男、女均为100米跑、200米跑和400米跑；其中，男子项目1896年列入；女子100米跑和200米跑1928年列入，400米跑1964年列入。

## 二、中长跑

中长跑包括中距离跑和长距离跑。

中距离跑，简称中跑。最初项目是880码跑和1英里跑，从19世纪中叶开始，880码跑和1英里跑项目逐渐被800米跑和1500米跑项目所替代。有的学者认为，中跑项目最早的正式比赛是1847年11月1日在英国伦敦举行的比赛，英国的利兰（John Leyland）以2分01秒的成绩获得800码跑冠军。原为职业选手的表演项目，后逐渐扩展到业余运动员。运动员比赛时不使用起跑器，听信号统一起跑。奥运会比赛项目男、女均为800米跑和1500米跑，其中，男子项目1896年列入；女子800米跑1938年列入，1500米跑1972年列入。

长距离跑，简称长跑。最初项目为3英里跑、6英里跑，从19世纪中叶开始，逐渐被5000米跑和10000米跑替代。据记载，现代最早的正式长跑比赛是1847年4月5日在英国伦敦举行的职业比赛，英国的杰克逊以32分35秒的成绩夺得6英里跑冠军。奥运会比赛项

**奥运冠军王军霞**

1996年，王军霞首次参加奥运会。当时获得5000米金牌以后，王军霞一直在跑道上奔跑并向观众挥手致意，正在这个时候，突然发现跑道上有一个年轻人在向她挥舞国旗，她连忙跑过去，接过他手中的红旗，披在身上继续奔跑，一个永远留在中国人心中的经典场面就这样诞生了。

目男、女均为5000米跑和10000米跑，男子项目1912年列入；女子5000米跑1996年列入，10000米跑1988年列入。

### 三、跨栏跑

跨栏跑起源于英国，由牧羊人跨越羊圈栅栏的游戏演变而来。奥运会比赛项目分为男子110米跨栏跑、400米跨栏跑（1896年列入）；女子100米跨栏跑（1932年列入，当时为80米跨栏跑，1972年改为100米跨栏跑）、400米跨栏跑（1984年列入）。男子110米跨栏跑的栏高为106厘米，400米跨栏跑的栏高为91.4厘米；女子100米跨栏跑的栏高为84厘米，400米跨栏跑的栏高为76.2厘米。比赛时，运动员必须跨越10个栏架，除故意用手推或用脚踢倒栏架外，身体其他部位碰倒栏架不算犯规。

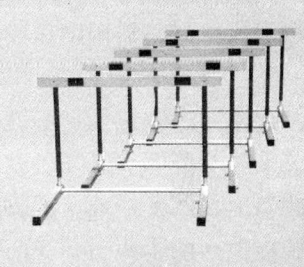

**栏 架**

跨栏跑最早使用的栏架是掩埋在地面上的木支架或栅栏，1900年出现可移动的倒T字形栏架。1935年有人将T形栏架改成L形栏架，L形栏架支脚的另一端朝向运动员的跑进方向，稍加阻力即可向前翻倒，减轻了运动员过栏时的恐惧心理。

### 四、接力跑

接力跑田径运动中唯一的集体项目。以队为单位，每队4人，每人跑相同距离。其起源有多种说法，有的认为起源于古代奥运会祭祀仪式中的火炬传递，有的认为与非洲盛行的"搬运木料"或"搬运水坛"游戏有关，也有的认为是从传递信件文书的邮驿演变而来的。

奥运会比赛项目分男、女4×100米接力跑和4×400米接力跑。1908年第4届奥运会首次设接力项目，但4名运动员所跑距离不等。1912年第5届奥运会改设4×100米接力跑和4×400米接力跑。女子4×100米接力跑和4×400米接力跑分别于1928年、1972年被列入奥运会比赛项目。接力跑运动员必须持棒跑完各自规定的距离，并且必须在20米的接力区内完成传接棒。

## 第2节　跑类各项运动的基本技术

**问题导引**

四种跑步类型各有什么技术特点？跑步运动过程中可能会产生哪些身体不良反应？

跑，是一种最普通的田径运动项目，包括短跑、中长跑、跨栏跑、接力跑等。要跑得快而持久，就要有正确的专项技术、良好的身体素质和坚强的意志。

跑的动作是由后蹬、摆动和着地，以及臂的协同摆动所组成的周期性运动。根据普通高校授课需要，这里主要介绍短跑、中长跑、跨栏跑和接力跑的基本技术。

## 一、短跑

短跑项目包括60米、100米、200米和400米跑。其特点为速度快、强度大，属于无氧代谢为主的运动项目。

短跑技术由起跑、起跑后加速跑、途中跑和终点跑四个阶段组成。

### 1. 起跑

起跑一般采用蹲踞式（田径规则规定400米以下项目比赛时，需用蹲踞式起跑），如图15-1所示。

起跑的过程包括"各就位"、"预备"、鸣枪（或叫"跑"）。"各就位"时，运动员走到起跑器前，两手撑地，把脚依次踏在起跑器上，后膝跪地，两手四指并拢与拇指成八字形紧靠在起跑线后，两臂伸直，两手间距离同肩宽，颈部自然放松，然后将肩前移，同起跑线平齐。

图15-1 短跑起跑

"预备"时，后膝离地，臀部慢慢抬起，稍高于肩，重心适当前移，两足前掌蹬紧起跑器抵足板，注意力高度集中，静听枪声或口令。

听到枪声或"跑"时，两手迅速推地、积极有力地做前后摆动，两腿同时猛蹬起跑器，后腿迅速前摆，前腿蹬直，此时身体保持很大的前倾度。

### 2. 起跑后的加速跑、途中跑和终点跑

起跑后的加速跑是从后腿蹬离起跑器，到途中跑之间的一个跑段。加速跑的距离，一般为25~30米。

途中跑是短跑全程中距离最长、速度最快的一段，其任务是继续发挥和保持高速度跑直到终点。

终点跑是全程跑的最后一段，任务是尽力保持途中跑的高速度跑过终点。终点跑的技术，要求在离终点线15~20米处，尽量保持上体前倾角度，加快两臂摆动的速度和力量。在跑到距离终点线一步时，上体急速前倾用胸部或肩部撞终点线并跑过终点，然后逐渐减慢跑速，如图15-2所示。

图15-2 短跑起跑后的加速跑、途中跑和终点跑

### 3. 弯道起跑和弯道跑技术

在弯道上快跑会产生离心力，因此只有掌握好合理的技术，克服此作用力，才能跑得好。

（1）弯道起跑。弯道起跑动作与直道起跑动作一样。在弯道起跑时，起跑器应安装在弯道起点的外沿并对准切线方向，这样距离短又便于发挥速度。

（2）弯道跑技术。从直道进入弯道跑时，身体应有意识地向内倾斜，加大右腿的蹬地力量和摆动幅度，右臂亦相应地加大摆动的力量和幅度，有利于迅速从直道跑进弯道。弯道跑中，身体应向圆心方向倾斜。后蹬时右腿用前脚掌的内侧用力，左腿用前脚掌的外侧用力。弯道跑的蹬地与摆动方向都应与身体向圆心方向倾斜趋于一致，如图15-3所示。

图15-3　弯道跑技术

## 二、中长跑

中长跑是有氧代谢为主的耐力性项目，具有较好的锻炼价值。运动员在跑时既要保持一定的速度，又要跑得持久，因此对中长跑的技术要求是动作轻松自然、重心移动平稳、节奏性强、肌肉用力和放松交替能力好，做到动作具有时效性。

**运动性腹痛产生的原因**

中距离跑时产生"运动性腹痛"的主要原因：

◎ 肝脾淤血：准备活动不够，内脏器官还未提高到应有的激活水平就加快了跑速，特别是心肌力量差时，心脏搏动无力，影响静脉血回心，下腔静脉压力加升，肝静脉回流受阻，便产生腹痛。

◎ 呼吸肌痉挛：呼吸节奏失控，从而产生左、右肋部疼痛。

### 1. 起跑和起跑后的加速跑

中长跑采用站立式起跑。发令员有两个口令："各就位"、"跑"（或鸣枪）。"各就位"时，运动员从集合线走到起跑线处，两脚前后开立，将有力的腿放在前面，前脚尖紧靠起跑线后沿，后脚距前脚一脚距离左右，两脚的左右距离自然开立，上体前倾，两膝弯曲，两臂一前一后，身体重心主要落在前脚上，保持稳定姿势，集中注意力听枪声。当听到枪声或"跑"时，前腿迅速用力蹬地，同时后腿抬起向前摆动，两臂协同下肢用力摆动，跑出几步后上体可逐渐抬起到正常跑的姿势，如图15-4所示。

图15-4　中长跑起跑和起跑后的加速跑

## 2. 途中跑（图15-5）

途中跑在技术结构上与短跑基本相同，但由于中长跑距离长，因此在跑的动作上更要求尽量减少消耗体力。所以，中长跑的途中跑在动作技术上的特点为：

（1）中长跑的后蹬力量比短跑小，后蹬角度比短跑大。

（2）中长跑的上体姿势比短跑直些，这样比较省力。

（3）前后摆臂的角度变化不大，中长跑的大小臂之间的角度可稍小于90°。

（4）中长跑的脚着地动作有两种：一种是用脚前掌着地，着地后应很快地蹬地，这种方法在跑时速度快，效果好，但比较费力；另一种是用全脚掌着地，过渡到前脚掌蹬地，这种方法腿部后面肌肉比较放松省力，适用于初学者或训练水平较低的一般运动员。

图15-5 中长跑的途中跑

## 3. 终点跑

终点跑亦称冲刺跑，是中长跑将近终点时的一段快跑，动作基本上和短跑终点跑相同，但中长跑的冲刺跑距离比短跑长，技术特点是加快摆臂速度和加大摆幅的同时配合腿部动作加快频率。

## 4. 中长跑的呼吸

中长跑的距离长，对氧气的需求量大，掌握正确的呼吸方法至关重要。中长跑能量消耗大，机体要产生一定的氧债。为了保证机体对氧气的需求，呼吸必须有一定的频率和深度，还必须与跑的节奏相配合。一般采用两步两吸，两步两呼，呼吸时采用口进行呼吸的方法。随着速度的加快和疲劳的出现，呼吸的频率有所增快。

### 运动极点

中长距离跑体力消耗很大，从运动生理机制分析，人体从静止状态开始运动，内脏器官要克服生理惰性，适应较大强度的运动负荷并发挥作用，需要2~4分钟的应激时间。此时，体内产生大量氧债，肌肉内乳酸不断堆积，随即产生胸闷、气急、两腿无力等一系列难以形容的机体反应，直至出现运动"极点"，不想再跑下去。其实，只要顽强坚持一会儿，上述身体的不良感觉就会减轻与消失，即产生"第二次呼吸"。因此，对身体素质一般的学生而言，跑800米、1000米时，就是人体心血管、呼吸等系统承受较强运动性生理反应的锻炼过程，所发生的生理反应乃属正常生理现象。

## 三、跨栏跑

跨栏跑是在一定距离内，跨过规定的高度和数量的栏架，技术性较强的短跑项目。

在各个跨栏跑项目中，跨越栏架的技术差别不大。现以100米低栏为例简要介绍其基本技术。

**1. 起跑和起跑后到第一栏前加速跑技术**

起跑的过程与短跑基本相同。起跑至第一栏起跨点一般采用8步起跨。起跑时应把起跨脚放在前起跑器上。起跑后上身抬起要比短跑时来得快。

**2. 跨栏步技术**（图15-6）

跨栏步技术由起跨攻栏技术、腾空过栏技术、下栏着地技术三部分组成。现代跨栏跑技术已向"远起跨、近下栏"方向发展。

（1）起跨攻栏技术要领：

① 起跨攻栏时要获得一个较高的身体重心位置，这是掌握好过栏技术的关键。

② 起跨腿的前脚掌落地前，积极向下向后做扒地动作，脚跟下压不能过重，并随身体重心前移，膝关节要微屈缓冲，腰部正直。

图15-6　跨栏步技术

③ 摆动腿异侧臂要积极前伸，起跨点离栏距离应在2.1~2.2米，摆动腿屈膝充分前摆，起跨腿积极蹬伸，上体有明显的前压动作。

④ 结束瞬间，起跨角约为70°。

（2）腾空过栏技术要领：

① 身体腾空后，躯干积极前倾，前倾角约达到43°，起跨腿外展提拉，两大腿夹角约为125°。

② 当膝关节超过栏板高度时小腿迅速前摆，当脚掌接近栏板时摆动腿几乎伸直，摆动腿异侧臂积极伸向栏板上方，与摆动腿基本平行。

③ 过栏时，以髋为轴完成剪绞动作，剪绞时摆动腿积极下压，躯干适当上抬，加快起跨腿的提拉速度。

（3）下栏着地技术要领：

① 摆动腿的脚掌刚接近栏板时就要积极下压，起跨腿屈膝外展，小腿收紧抬平，脚尖钩起，足跟靠臀，以膝关节领先经腋下加速向前提拉。

② 当伸直下压的摆动腿脚掌着地时，要用脚掌做从前向后下方的"扒地"动作，脚着地后踝关节稍有缓冲，脚跟不要接触地面，躯干仍保持一定前倾，起跨腿大幅度带动髋关节向前提拉，两臂积极用力前后摆动，形成有利的跑动姿势。

③ 下栏时着地要直腿支撑，这样一方面可以增加下栏的支撑力量，另一方面可以减少地面对身体的冲击。

### 3. 栏间跑技术

栏间跑的任务是以正确的节奏、尽快的速度跑过每一栏间距离，为做好跨栏步创造有利条件。

（1）栏间跑第一步时，要通过支撑腿踝关节及脚掌力量充分后蹬，同时起跨腿要带动髋关节向前提拉和两臂前后积极摆动。

（2）第二步的动作结构与短跑途中跑相似，第三步的动作是要为起跨攻栏做准备，步长比第二步短15厘米。

（3）栏间三步跑的步长比例应为小—大—中。尽量减少身体重心轨迹运行的波动差，始终保持高重心跑姿势。

在跑过第10个栏以后，就应以最大努力跑完最后一段距离，动作与短跑的冲刺跑一样。全程栏间跑，都应是身体重心高，跑的动作快，并保持跑的直线性。

## 四、接力跑

接力跑（图15-7）是由短跑和传接棒组成的集体项目。正式比赛项目有男、女4×100米和4×400米接力跑。还有一些传统的项目，如4×200米接力跑、迎面接力跑、不同距离团体接力跑、越野接力跑等。

接力跑的技术基本与短跑相同，不同的是传接力棒，要求各棒队员间协调配合，保证在快速跑中完成传接棒任务。下面主要就4×100米接力跑技术进行分析。

图15-7　接力跑

### 1. 起跑

（1）持棒起跑。

第一棒的起跑是持棒起跑，其方法基本同弯道蹲踞式起跑。主要区别是右手持棒：用中指、无名指和小指握住棒的末端，以拇指和食指分开撑地，接力棒不能触及起跑线和起跑线前的地面，如图15-8所示。

（2）接棒人的起跑。

接棒人站在预跑区内或接力区后端，采用站立式或半蹲踞式起跑，目视传棒人和标志线，如图15-9所示。

 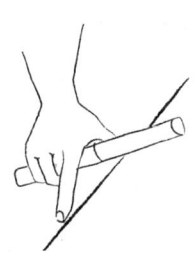  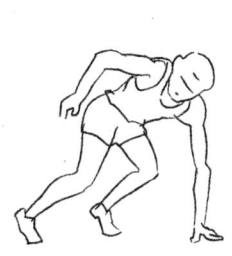

图15-8 接力跑的持棒起跑　　　　　　　图15-9 接棒人的起跑

### 2. 传接棒的方法

（1）上挑式：接棒人手臂自然向后伸出，掌心向后，虎口张开朝下，传棒人将棒由下向上挑，送入接棒人手中，如图15-10所示。

（2）下压式：接棒人的手臂后伸，掌心向上，虎口张开朝后，拇指向内，其余四指并拢向外，传棒人将棒的前端由上向前下压，放入接棒人手中。下压式的优点是接棒后不必再调整持棒手的位置，如图15-11所示。

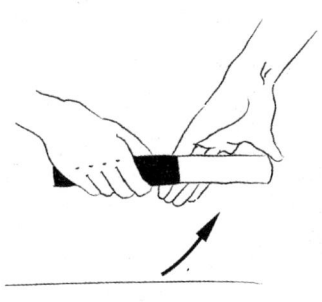 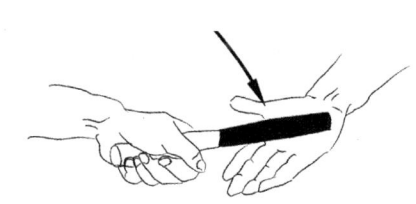

图15-10 上挑式传接棒　　　　　　　图15-11 下压式传接棒

（3）混合式：第1棒用"上挑式"传棒，第2棒用"下压式"传棒，第3棒仍用"上挑式"。

### 3. 接力跑各棒队员的分配

4×100米接力跑在安排各棒队员时，必须考虑发挥每个人的特长。一般第一棒应安排起跑好并善于跑弯道的运动员；第二棒应是速度快、专项耐力好，善于传、接棒的运动员；第三棒除应具备第二棒的长处外，还要善于跑弯道；通常把全队成绩最好、冲刺能力最强的运动员放在第四棒。4×400米接力跑，由于400米后程的跑速明显降低，传接棒的技术比较简单。各棒之间的配合以第一棒和第四棒的安排为主。一般将速度较快的运动员放在第一棒，争取获得领先地位；第四棒安排速度耐力好、意志品质较顽强的运动员，一旦前三棒落后，可奋起直追，一拼到底。

# 第3节 跑类运动采风

## 一、跑类运动比赛规则采撷

### 1. 接力赛

在所有的接力赛中运动员必须在20米的交接棒区域里完成交接棒。完成交接棒后，运动员必须留在本队的跑道中直到各队交接棒全部完成，否则会被取消比赛资格。如果运动员在接力比赛中掉棒，只有他本人能将棒重新捡起。运动员可以离开自己的跑道捡棒但不能妨碍其他运动员的比赛。

### 2. 风速助力

在短跑或跨栏比赛中如果顺风风速超过2米/秒，那么比赛创造的成绩就不能成为新的世界纪录。

## 二、跑步健身运动——健身跑

随着社会生活强度的不断增强，"过劳死"等猝死事件的频发，身体健康问题已经引起越来越多人的关注，人们在努力赚钱的同时，也开始积极进行健身运动，以防止"健康危机"的产生。田径健身运动是一种最基本的健身运动，依据其练习方式分为健身走、健身跑、健身跳和健身投四大类。下面对健身跑作一简单介绍。

健身跑又称慢跑，如图15-12所示，它是较长时间、慢速度、较长距离的有氧锻炼方法。其技术特点简单、易掌握，男女老少均可参加，是我国群众性体育活动中普遍开展的项目之一。

图15-12 健身跑

### 1. 注意事项

（1）速度要慢。不同的跑速对心脑血管的刺激是不同的，慢速跑对心脏的刺激比较温和。

（2）步幅要小。动作均衡，小步幅跑可主动降低肌肉在每跑一步中的用力强度，尽可能减缓疲劳程度，延长跑步时间。

（3）跑程要长。跑程长时人体可主动将当前血液中的血糖全部消耗掉，同时还可消耗掉体内蓄积的多余热量。这种主动消耗，是降低血脂、血糖、缓解高血压症状的最好方法。

（4）要因人而异。这是从事健身跑的重要原则，每个人的体质不同，因此在跑步中一定要结合自身情况进行。

（5）注意科学营养。许多人认为跑步的运动量很大，需大量补充动物蛋白，这是一种误区。慢跑主要是消耗血糖，对蛋白质的需求不大，跑步后补充碳水化合物食品为宜。

（6）走跑交替进行锻炼。可以先走一段，然后再慢慢跑一段，这样交替进行锻炼，最后慢慢缩短走的时间，加大跑步时间，直至过渡到至少连续跑30分钟。

### 2. 锻炼方法

（1）走跑交替锻炼法。

适合于年老体弱和缺乏锻炼的人。走跑交替，即为先走后跑，交替进行。初参加锻炼的人，一般是走1分钟，跑1分钟，交替进行。每隔1~2周增加点运动量。

（2）间歇健身跑。

间歇健身跑是慢跑和行走相交替的一种过渡性练习，也是年老、体弱者进行健身锻炼的一种形式。一般从跑30~60秒开始，逐渐增加跑步时间，以提高心脏负荷，这样反复进行10~20次，总时间在12~30分钟，以后每周根据体力适当增量。每日或隔日进行两次。

（3）短程健身跑。

可从50米开始，渐增至100米、150米、200米、400米。速度为30~40秒跑100米。每3~7天增量1次。当距离达到1000米时，运动量不再随便增加，而以加快跑速来增加运动强度。

（4）常规健身跑。

常规健身跑是指按照各人的体力情况而进行的长于1000米的慢跑。先从1000米开始，待适应后，每月或每两周增加1000米，一般增至3000~5000米即可。速度先掌握6~8分钟跑1000米，以后即可按照心率的要求进行，这两种跑宜每日或隔日进行一次。

（5）慢速长跑。

心脏和肺是人们的关键器官，大多数女性心肌和呼吸肌力量较弱，往往很难迅速适应突变或恶劣情况的发生。要想增强心脏和肺部活力、有效提高心肺功能，最好的办法是坚持慢速长跑。

（6）变速跑。

变速跑是慢跑与中速跑交替进行的一种跑步法，可有效提高心肺功能。变速跑可根据锻炼者的实际情况随意改变跑速。

（7）定时跑。

定时跑有以下两种方法。一种是不限速度和距离，只要跑一定时间。另一种是有距离和时间的限制：随着锻炼水平的不断提高可缩短时间，从而加快跑的速度，相对延长跑的距离。这种跑步法，对提高体质较弱的女性的耐力、体力有很大好处。

（8）倒退跑。

人们面向前方朝前跑是常态，而背向前进方向倒着跑则是反常态。倒退跑有许多好处，它可以预防、矫正含胸驼背等不良姿态，还对经常处于低头、弯腰、坐着学习、工作、劳动的人群，有放松肌肉、缓解病痛的作用。

（9）水中跑。

科学证明，水中阻力比空气阻力要大12~14倍，在水中运动量大，却不激烈，水中跑步可促进新陈代谢，减少体内脂肪，控制体重。

水中跑的方法：站在齐腰深的水中，跑20~30米，注意高抬重心，高抬腿。

（10）沙滩（沙地）赤足跑。

赤足在沙滩（沙地）慢跑，可使脚底肌肉、筋膜、韧带、穴位、神经末梢接触砂粒，使敏感区受到刺激，把信号传入与内脏器官相通的大脑皮层，大脑皮层又把它传到相应器官，从而调整人体全身的功能，达到保健强身的作用。同时，由于沙地跑步较平地费劲，因此更有效地锻炼了足部及腿部肌肉，使足部肌肉发达，韧带柔韧有力，足弓富有弹性，腿部健美。

### 人类跑步极限

牙买加人乌塞恩·博尔特的奔跑速度是人类奔跑速度的最高纪录，但美国科学家最新的研究显示，理论上人类生理的奔跑极限时速应该到56千米，如果肌肉及纤维能够更快一点收缩，甚至最高可能达到64千米。

科学家称，当人类以每小时64千米的速度完成100米的路程只需大约6秒67，相当于博尔特跑完60米的水平。

过去的研究结果是，四肢承受力量的程度限制了速度。跑步者在快跑时四肢中每个肢体可承受450千克的力，而且研究者们没有想过人类可能会超过这一限制。

但是最新研究则称，在经过对参与测试者在跑步机上以最高速度奔跑、向前、向后跑及单腿跳等一系列测试后的结果是，人类腿部可以给地面的压力比奔跑时要大。

科学家利用一台速度可以超过每小时64.37千米的高速跑步机进行试验，这台跑步机可以精确记录每只落在它表面的脚施加给它的力。他们还对参与者以不同步态高速奔跑进行了研究。

研究人员发现，以最高速度单腿跳起时，对地面施加的力比那些以最高速度向前奔跑的人对地面施加的力大30%，腿部运动肌产生的力比参与者单腿跳产生的力大1.5~3倍。

在经过进一步研究后发现，"关键性的生理限制"在于跑步者在奔跑时跑得有多快。跑步快的人与地面接触的时间不到1/10秒，最高的甚至首次接触地面的时间不到1/20秒。

这项发表在《应用生理学》杂志上的研究成果使人类能够展望一个超过目前生理限制的奔跑速度。

> 我从体育里面得到了很多，远远超出了我想要的。
>
> ——泽莱兹尼（捷克标枪运动员）

# 第17章 投掷类运动

你想知道铅球运动起源于何时何地吗？你想了解标枪重心有着什么样的变化吗？你想学习铁饼投掷的技巧吗？跟着我来探索一下吧，相信你会找到你要的答案！本章主要介绍投掷类各项运动的起源、发展、技术以及比赛规则等内容，包括铅球、标枪和铁饼三大部分，旨在让同学们对该运动进行整体把握，体会到学习投掷运动的乐趣并参与到该项运动中来。

## 精彩案例

### 著名铅球运动员——隋新梅

她，从13岁开始接触这小小的圆球，已经为这个几公斤重的铁球付出了33载多。她，曾经将4公斤重的铅球，推到21.66米的地方，将中国女子铅球带到了世界的高度。她，奋力拼搏，为中国拿下一枚宝贵的奥运会女子铅球银牌。她，就是奥运亚军、亚运冠军、亚洲女子铅球纪录保持者隋新梅。

关心隋新梅的人也许会知道她曾经多次在训练比赛中受伤，但估计没有人知道她受了多少次伤、伤到什么程度。一位曾经给隋新梅做过膝部手术的专家说：她的膝盖磨损程度跟六七十岁的老人差不多。

一般人可能不认为铅球是个"技术活"，但事实并非如此。"看起来很简单的东西往往蕴涵很复杂的技术，在那么短的距离和范围内如何发挥更大的速度和力量，这就需要动作简捷、精益求精。"也许正因如此，她才会对技术如此"着迷"。

当然，要造就"最好"的队员，重塑中国女子铅球的辉煌，光有热情跟"小智小谋"是不行的，作为一名教练员还必须掌握科学的训练方法。隋新梅说，人跟人是不同的，因此要针对每个运动员的不同特点、不同情况制订训练计划。看来隋新梅早就实现了从冠军到一名合格教练的转变。

有了这样的教练，中国的铅球运动何愁没有未来？"名师出高徒"，相信中国的铅球小将们在隋新梅的带领下，一定能够创造更美好的明天！

# 第1节 投掷类运动简介

> **问题导引**
>
> 投掷类运动一般包含哪几个项目？它们分别起源于何时何地？现在的发展状况如何？

## 一、铅球

推铅球是田径运动的投掷项目之一，它对增强体质，特别是发展躯干和上下肢力量有显著的作用。

古代奥运会没有推铅球的比赛项目。大约在公元1340年有了炮兵，当时炮弹是圆形的，重量是16磅。士兵们利用和炮弹形状、重量相同的石头，做投掷游戏和比赛。后来人们把石头改成了金属的，逐渐变成现在的铅球，并将这个重量折合成7.257千克，作为男子铅球的重量，1975年又改为7.26千克。

### 铅球运动员等级标准

| 目前我国铅球运动员等级： | 男(7.26千克) | 女（4千克） |
| --- | --- | --- |
| 国家三级运动员： | 9.50米 | 10.00米 |
| 国家二级运动员： | 12.50米 | 12.50米 |
| 国际一级运动员： | 16.05米 | 15.30米 |
| 国家健将级运动员： | 17.05米 | 17.10米 |
| 国际健将级运动员： | 20.10米 | 18.25米 |

推铅球在历史上曾采用过按运动员体重分级进行比赛的办法。后来实践证明，推铅球距离的远近，并不完全取决于体重，更重要的是能否掌握合理的技术和是否具有全面发展的身体。

最初推铅球比赛是在一条线后进行，可以采用原地和助跑投掷，后来为了限制助跑距离，规定在一个方形场内进行，以后则改在直径2.135米的圆圈内进行，并要求铅球落在规定的投掷区内。投掷区的角度最初是90°，经过多次改变，现在是40°。

推铅球作为田径运动项目，是在19世纪出现于英国。1886年记载了第一个纪录（10.62米）。不久，其他国家的运动员也开始练习推铅球。公元1896年第一届现代奥运会上，就把男子推铅球列为正式比赛项目，最好成绩是11.22米。1948年第十四届奥运会上，把女子推铅球列为正式比赛项目，最好成绩是13.75米。

## 二、标枪

掷标枪技术的产生与发展，有它独特的演变过程。标枪是古代劳动人民为了求生存，在与大自然作斗争中，为获取必需的生活资料而创造的一种原始投掷工具，在当时也作为一种运动器械。到了奴隶社会，标枪就被统治阶段用来作为训练士兵、镇压奴隶、掠夺财富和进行战争的一种武器。原始的标枪构造很简单，把石头磨尖装在木杆的一端即为枪头。生产力逐步发展以后，才改用金属做枪头。有的部落逐渐搞起掷标枪的比赛，比赛中最优秀的人，就被众人推选为部落的领袖。比赛不仅比远而且还比准。最初枪杆是平滑的，没有绳把，只在手上系着一条布带，投出时可使标枪旋转。根据比赛场地的遗址，可知当时有助跑道，也有一定的界线，掷标枪时不能踏出界线，但和现在的场地规格是不同的。

**标枪运动员等级标准**

| 目前我国标枪运动员等级： | 男（800克） | 女（600克） |
|---|---|---|
| 国家三级运动员： | 36.00米 | 30.00米 |
| 国家二级运动员： | 51.00米 | 38.00米 |
| 国际一级运动员： | 66.10米 | 52.00米 |
| 国家健将级运动员： | 71.00米 | 56.00米 |
| 国际健将级运动员： | 78.00米 | 62.00米 |

掷标枪早在古希腊奥运会上已列为比赛项目。1886年，在斯堪的纳维亚国家（芬兰、瑞典）的运动会上，瑞典运动员以35.81米的成绩首创男子世界纪录。到1906年标枪被列为国际正式比赛项目。女子掷标枪到1932年第10届奥运会时才被列为国际比赛项目，当时美国运动员以43.68米的成绩取得冠军。

### 三、铁饼

铁饼运动是在投掷圈内通过旋转，用单手将铁饼掷出，比较投掷距离的比赛项目。但是在现代奥运会史上，曾有过双手掷铁饼的比赛项目（左手+右手）。

掷铁饼是一项古老的体育运动，起源于公元前12至公元前8世纪希腊人投掷石片的活动，在古希腊的奥林匹克运动会上已被列为比赛项目，公元前708年被列为五项全能项目之一。当时铁饼运动员是在石头台座上正面站立进行投掷的。随着实践经验的积累和器械、场地、规则等方面的改变以及科学的不断发展，投掷的技术有了很大的改进，由过去的正面站立投掷、侧向站立投掷和换步旋转投掷等方式发展成为背向旋转投掷，现在又出现了宽站立、低姿势、背向大幅度旋转投掷的技术。

铁饼最初为盘形石块，后逐渐采用铜、铁等金属制作。男子铁饼重2千克，直径22厘米；女子铁饼重1.5千克，直径18.1厘米。

比赛时，运动员应该在直径2.50米的圈内将饼掷出，铁饼必须落在40°的角度线内方为有效。2002年《田径竞赛规则》规定，从2003年1月1日起，铅球、链球、铁饼项目落地区标志线的内沿延长线的夹角，由原来的40°改为34.92°。

1896年第1届奥运会上，男子铁饼即被列为比赛项目；1897年首次出现了旋转掷法；1912年国际田联统一了铁饼的重量和规格；1928年第9届奥运会上，女子铁饼也被列为比赛项目。现代铁饼运动于20世纪初传入我国，我国选手在世界大赛上屡创佳绩，但与欧美等强国相比仍有一定差距。

世界上第一个男子掷铁饼的正式成绩是1896年在第1届奥运会上创造

**铁饼运动员等级标准**

| 目前我国铁饼运动员等级： | 男（2千克） | 女（1千克） |
|---|---|---|
| 国家三级运动员： | 29.00米 | 31.00米 |
| 国家二级运动员： | 38.00米 | 39.00米 |
| 国际一级运动员： | 49.60米 | 51.00米 |
| 国家健将级运动员： | 54.20米 | 56.00米 |
| 国际健将级运动员： | 63.00米 | 62.00米 |

的，成绩是29.13米（铁饼重量不详）。以后，年年都有提高，现在的世界男子掷铁饼纪录已提高到74.08米。

第一个女子掷铁饼的正式成绩是1928年在第9届奥运会上创造的，成绩是39.62米。1952年有人用新的背向旋转投掷方式取得了很好的效果，并以57.04米的成绩创造了当时的世界纪录，引起了世界各国掷铁饼运动员和教练员的重视。事物在不断发展，运动成绩在不断提高，1980年女子掷铁饼的世界纪录已提高到71.50米。

## 第2节  投掷类各项运动的基本技术

**问题导引**

铅球、标枪和铁饼的投掷技术各有什么特点？

田径运动中的投掷类运动项目包括铅球、标枪、铁饼和链球，而链球比赛一般只在成人男子组中进行。下面将对铅球、标枪和铁饼的基本技术作一下简要介绍。

### 一、铅球

推铅球是速度力量型项目。在体育教学中常采用原地推和侧向滑步推两种技术。目前，在竞技体育比赛中，推铅球的技术主要有三种，即侧向滑步推铅球、背向滑步推铅球和旋转推铅球，各种技术都是由握持方法、预备姿势、滑步、最后用力和维持身体平衡五个环节组成的，在此仅介绍侧向滑步推铅球技术（以右手持球为例）。

**1. 握持球的方法**

握球手的手指自然分开，掌心空出，把球放在食指、中指和无名指的指根上，大拇指和小指支撑在球的两侧，以防止球滑动，并便于控制出球的方向，如图16-1所示。

**2. 站位与预备姿势**

身体左侧对准投掷方向，两脚左右开立约与肩宽。右脚外侧紧靠投掷圈后半圈的内沿，全脚着地于投掷圈直径线上。左脚用前脚掌内侧着地，上体稍向内倾斜，身体重心落在右脚上，左臂自然上举，目视右前下方，如图16-2所示。

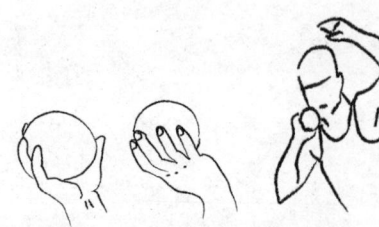

图16-1  铅球握持球方法

图16-2  站位与准备姿势

## 3. 滑步

滑步前先做一两次预摆，预摆时左腿自然弯曲，大腿用力平稳向上摆起，右腿伸直，上体前屈。左臂微屈前伸或下垂并稍向内，头与背保持一条直线。

当最后一次预摆结束时，即左腿摆起后回摆时，右腿开始弯曲，使身体成右侧微屈的半蹲姿势。重心落在弯曲的右腿上，上体稍右倾，身体左侧拉紧，形成有利的推铅球前预备姿势，如图16-3所示。

图16-3 滑步

## 4. 最后用力

推球时，右脚迅速用力蹬地，脚跟提起，右膝内转，右髋前送，使上体向左侧抬起，朝着投掷方向转动。当身体左侧接近于地面垂直一刹那，以左肩为轴，右腿迅速伸直，身体转向投掷方向，挺胸、抬头，右肩用力向前送，右臂迅速伸直将球向前上方推出。球离手时手腕要用力，并用手指拨球。在推球的同时，左腿用力向上蹬直，以增加铅球向前和向上的力量，如图16-4所示。

图16-4 最后用力

## 5. 维持平衡

球出手后，右腿迅速与左脚交换，左腿后举，降低身体重心，缓冲向前的力量，以维持身体的平衡。

## 二、标枪

标枪的完整技术是一个连续过程。为了便于分析，将投掷标枪技术分为握枪和持枪、助跑、最后用力和维持身体平衡四个部分（以右手投掷标枪为例）。

1. 握枪和持枪

（1）握枪：常用的标枪握法有两种。

①现代式握法（拇指和中指握法）：将标枪斜放在右手掌心上，拇指和中指握在缠绳把手末端边沿，食指自然弯曲斜放在枪身上，无名指和小指自然地握在缠绳把手上，如图16-5（a）所示。

②普通式握法（拇指和食指握法）：用右手拇指、食指握在缠绳把手末端边沿，其余手指顺着食指方向握在缠绳把手上面，如图16-5（b）所示。

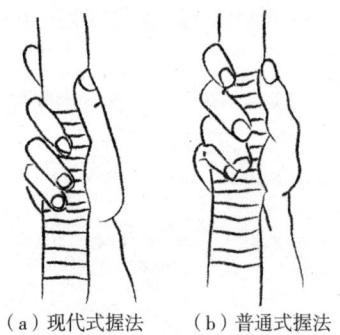

（a）现代式握法　（b）普通式握法

图16-5　标枪的握枪法

目前，标枪运动员多数采用现代式握法。其优点是中指长而有力，有利于增加最后用力的工作距离，发挥更大的力量，便于投掷标枪时的鞭打动作和出手瞬间使标枪产生绕纵轴的旋转。

（2）持枪：常见的持枪法有肩上持枪和肩下持枪两种。目前多数优秀运动员采用肩上持枪法，因为它动作简单，也有利于控制标枪。

肩上持枪：运动员在预备姿势和预跑时，右手持枪于右肩上方，持枪手在头侧耳朵附近，枪尖稍低于枪尾或枪身，与地面平行，如图16-6所示。

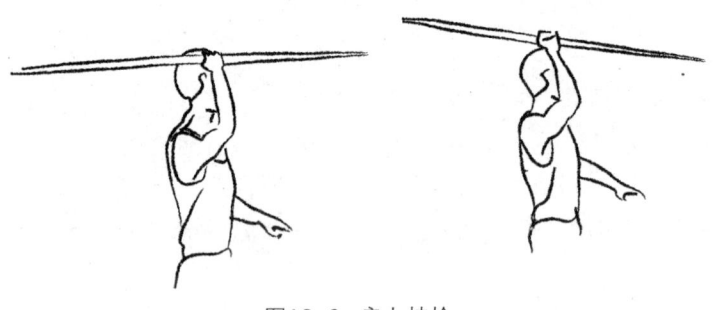

图16-6　肩上持枪

2. 助跑

助跑的目的是使人体和标枪获得一定的预先速度，在投掷步阶段完成引枪和超越器械动作，为最后用力创造良好的条件。

助跑的距离应根据投掷者发挥速度的快慢而定，一般在25～35米之间。助跑通常分为两个阶段。

（1）预跑阶段：预跑阶段主要是加速，在跑进比赛中上体稍前倾，用前脚掌着地，大腿抬得较高，后蹬力量强，动作轻快而富有弹性，持枪臂随着跑的节奏与左臂配合，自然前后摆动，并与下肢动作协调一致，在加速中进入投掷步。

（2）投掷步阶段（图16-7）：投掷步阶段通常是从左脚踏上第二标志线迈右脚开始，至最后一步左脚落地时为止。投掷步的步数一般是4步或6步，也有采用5步或7步的。当采用偶数时，迈右腿开始投掷步；反之迈左腿开始。

3. 最后用力

投掷步最后一步左脚落地后，右腿积极蹬地转髋，肩轴向投掷方向转动，投掷臂上臂向上转动，带动前臂和手腕向上翻转。当上体转到正对投掷方向时，投掷臂翻到肩上，左肩内扣，成"满弓"姿势。然后，上臂带动前臂向前做爆发式的"鞭打"动作，使标枪向前飞出。在标枪离手的一刹那，甩腕、指，使标枪沿纵轴顺时针方向转动，如图16-7所示。

### 4. 标枪出手后的身体平衡

标枪出手后，保持身体平衡是全过程的结束动作，能够有效地防止人体越过投掷弧而造成犯规。标枪出手后，右腿应及时向前跨出一大步，降低重心，以保持平衡。为了保证运动员最后用力时可以大胆向前做动作而不犯规，最后一步左脚落地点至投掷弧的距离应在2米以上。

图16-7 标枪投掷步及最后用力

## 三、铁饼

掷铁饼的技术动作分为握法、预备姿势和预摆、旋转、最后用力和维持身体平衡四个技术环节（以右手持球为例）。

### 1. 握法

五指自然分开，拇指和手掌平靠铁饼，其余四指的最末指节扣住铁饼边沿，铁饼的重心在食指和中指之间，手腕微屈，铁饼的上沿靠在前臂上，持饼臂自然下垂于体侧，如图16-8所示。

图16-8 铁饼握法

### 2. 预备姿势和预摆（图16-9）

预备姿势：背对投掷方向，两脚左右开立约一肩半，站于圈内靠后沿处的投掷中线两侧。两脚平行开立或左脚稍后，持饼臂自然下垂于体侧，眼平视。

预摆：预摆是为了获得预先速度，为旋转创造有利条件。目前常见的预摆有两种，即左上右后摆饼法和身体前后摆饼法。

### 3. 旋转

预摆结束后，弯曲的右腿蹬地，上体向左转动，同时左膝外展，重心由右脚向边屈边转的左腿移动。接着两腿积

图16-9 铁饼预备姿势和预摆

极转动，并以左脚前脚掌为轴向投掷方向转动，身体向投掷方向倾斜，投掷臂在身后放松牵引铁饼。当左膝、左肩和头即将转向投掷方向时，右膝自然弯曲，以大腿发力带动整个腿绕左腿向投掷方向转扣（右脚离地不能过高），这时左髋低于右髋，身体成左侧单腿支撑旋转，接着以左脚蹬地的力量推动身体向投掷圈的中心移动，右腿、右髋继续转扣。当

左脚蹬离地面，右腿带动右髋快速内转下压，左腿屈膝迅速向右腿靠拢，左肩内扣，上体收腹稍前倾。接着左脚积极后摆，以脚掌的内侧着地，落在投掷圈中线左侧，圆圈前沿稍后的地方，身体处于最大限度的扭转拉紧状态，铁饼远远留在右后方，左臂自然微屈于胸前，为最后用力做好准备，如图16-10所示。

图16-10 掷铁饼的旋转

### 4. 最后用力和维持身体平衡

当左脚着地时，右脚继续蹬转，使右髋积极向投掷方向转动和前送。接着头向投掷方向转动，左臂微屈于胸前，胸部开始向前挺出，体重逐渐移向左腿。当体重移向左腿时，右腿继续蹬伸用力，以爆发式的快速用力向前挺胸挥饼。与此同时，左腿迅速用力蹬伸，左肩制动，成左侧支撑，使身体右侧迅速向前转动，将全身的力量集中在铁饼上，当铁饼挥至右肩同高并稍前时，用小指到食指依次用力拨饼出手，使铁饼顺时针方向转动向前飞行，如图16-11（a）所示。

铁饼出手后，应及时交换两腿，身体顺惯性左转，同时降低身体重心，维持身体平衡，如图16-11（b）所示。

（a）最后用力　　　（b）维持身体平衡

图16-11 掷铁饼的最后用力和维持身体平衡

## 第3节　投掷类运动采风

### 一、投掷类运动比赛规则采撷

在比赛过程中，运动员如果有下列违反规则的行为，则会被判犯规，成绩无效：

（1）超出时间限制。

（2）投掷铅球和标枪技术不符合规则规定（规则要求铅球和标枪必须由单手从肩上掷出）。

（3）在投掷过程中，身体和器械的任何一部分不得触及投掷圈铁圈上沿或圈外的地面和标枪投掷弧、延长线以及线以外地面任何一部分，包括铅球抵趾板的上面，否则即为投掷失败。

（4）只有当器械落地以后，运动员才允许离开投掷圈或助跑道。标枪运动员在投出的枪落地前，不能在投掷后转身完全背对其投出的标枪。完成投掷后，链球、铁饼和铅球运动员必须从投掷圈后半圈的延长线后面退出。标枪运动员必须从投掷弧以及延长线以后退出。

（5）在没有犯规的情况下，参赛者可以中止已开始的试掷动作，将器材放下以后暂时离开投掷区并重新开始，但是必须在规定的时限内完成投掷。

（6）参赛者可以在比赛期间离开比赛区域，但必须由裁判员许可并由裁判员陪伴。

（7）比赛过程中，运动员不能在比赛场地使用以下电子设备：摄像机、便携式录放机、收音机、CD机、报话机、手机、MP3以及类似的电子设备。

### 雕塑《掷铁饼者》

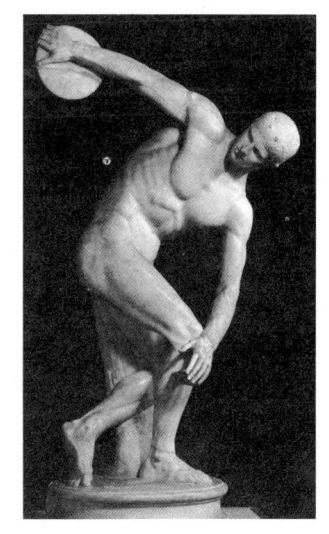

公元前449年到公元前334年是希腊雕塑艺术的全盛时期，艺术史上称其为"古典时期"。《掷铁饼者》就是出自这一时期的优秀艺术品之一，也是古希腊著名雕塑家米隆的代表作。这个作品是古希腊雕塑艺术的里程碑，它展现了希腊已经非常成熟的雕刻艺术。该雕塑颂扬了人体之美，表现了运动中所饱含的生命力，显示了作者高超的艺术技巧。虽然原作已经失传，但我们仍能从复制品中感受到那震撼人心的蓬勃生命力。这尊雕塑是我们研究古希腊雕刻的重要资料。

《掷铁饼者》取材于希腊现实生活中的体育竞技活动，雕刻的是一名强健的男子在掷铁饼过程中最具表现力的瞬间。雕塑选择的表现时刻是铁饼摆回到最高点、即将抛出的一刹那，此时整尊雕像都凝聚着一股强烈的"蓄势待发"的吸引力。虽然是一件静止的雕塑，但艺术家把握住了从一种状态转换到另一种状态的关键环节，使观众心理上获得了"运动感"的效果，成为后世艺术创作的典范。

雕塑中掷铁饼的强烈动感与雕像的稳定感完美结合。雕像的重心落在右腿上，因此右腿成了使雕像全身能够自由屈伸和旋转的轴心，同时又是雕像稳定性的保证。掷铁饼者张开的双臂像一张拉满弦的弓，带动了身体的弯曲，呈现出不稳定状态，但高举的铁饼又把人体全部的运动统一了起来，使人们体会到了暂时的平衡。整尊雕像充满了连贯的运动感和节奏感，突破了艺术上时间和空间的局限性，传递出运动的意念，把人体和谐、健美和青春力量表达得淋漓尽致。由此可见，古希腊的艺术家们不仅在艺术技巧上，也在艺术思想和表现力上有了一个质的飞跃。这尊雕像被认为是"空间中凝固的永恒"，直到今天仍然是代表体育运动的最佳标志之一。

## 二、标枪重心问题

很多运动项目都是努力创新器械技术，以提高运动成绩，唯独标枪这个项目对器械进行了一定的技术限制，用来抑制成绩的快速提高，甚至是降低成绩，因为这里涉及了人身安全的问题。

1984年，前民主德国运动员霍恩以104.80米的成绩打破世界纪录。人们在兴奋之余，想到了一个非常严重的问题：如果标枪向左或向右侧方向稍偏一点就上看台了，后果将不堪设想。因为安全问题，国际田联决定，自1986年4月1日起把男子标枪的重心前移4厘米，以此限制标枪的滑翔性能。1999年又将女子标枪重心向枪尖方向前移3厘米。这样一来，霍恩所创造的104.80米的男子标枪世界纪录，也就成了"永久世界纪录"。不过，采用新标准后，男子标枪世界纪录也已达到98米。这说明即使失去了器械上的优势，标枪成绩依然还有提升的空间。在不久的将来，谁知道会不会有人依照新标准，打破霍恩创造的世界纪录呢？

### 身残志坚写人生——郑宝珠的故事

1969年9月，郑宝珠出生在福建泉州的一个贫困家庭中。20岁那年，一场车祸让她失去了左腿，这对一个年轻女孩来说，是多么残忍的事情。意外毁了她所有的梦想，她痛苦不已，一度想要轻生。然而，最终她还是勇敢地站了起来。困难和坎坷造就了郑宝珠坚韧刚毅的性格，浇铸了她"身残志不残"的人生信条。

1991年泉州市首届残运会上，郑宝珠一口气夺得标枪、铁饼和铅球三个项目的第一名。这次偶然的机会让她与体育深深结缘，从此开辟了另一条人生道路。同年，郑宝珠又夺得省第二届残运会投掷类的三项冠军，被人称为"三铁"冠军。在这个新的舞台上，郑宝珠始终以自强不息的精神勉励着自己，多次站到了高高的领奖台上。她说，体育带给她的不仅仅是光环，也给了她第二次生命。

2004年第12届雅典残奥会上，郑宝珠连夺铅球、铁饼两块金牌并打破世界纪录。2006年马来西亚第9届"远南"运动会上，郑宝珠再次夺取三枚金牌。在她的运动生涯里，已经摘取了30多个全国、亚洲、世界等不同级别的金牌。2008年北京残奥会上，39岁高龄的郑宝珠获得一金一铜两枚奖牌，为自己的运动生涯添上了又一抹绚丽的色彩。

从健全人到残疾人，再到世界冠军，郑宝珠经历了常人无法体会的艰难人生。一路走来，多少苦痛，多少煎熬，都没能打倒这个坚强的战士，她用自己的坚毅与执着绘制了一幅美好的人生画卷。

> 比起天赋,我更愿意将我现在的成绩归功于努力训练。
>
> ——伊辛巴耶娃(俄罗斯撑杆跳女皇)

# 第18章 跳跃类运动

乐坛舞台上,汪峰歌唱着"我要飞得更高",田径赛场上,运动员们琢磨着"如何跳得更远"。跳高、跳远,正是我们人生的写照,不去尝试,你永远不会知道你是不是可以越过那个高度,达到那个远度。本章主要介绍跳跃类运动的相关知识与技术,包括该运动的起源、发展、技术特点等内容,让同学们对这个运动产生兴趣并进行学习和掌握。

## 精彩案例

### 中国男子跳高第一人——倪志钦

他曾以2.29米高度的好成绩打破世界男子跳高纪录,并将其保持了10年之久;他曾多次受到周恩来、贺龙等中央领导人的亲切接见;他曾被国际田联评为世界田径史上最杰出的38位运动员之一;他就是中国男子跳高第一人:倪志钦。

从孩童开始,倪志钦就迷上了跳高。1958年,他在参加福建全省青少年业余体育学校田径比赛时,以1.73米的成绩赢得了跳高冠军;同年,他被选入福建省队。仅仅过了一年,他就入选国家队。1960年9月,他以2.05米的高度打破了全国纪录。

然而,在接下来的运动生涯中,倪志钦遭受到了前所未有的磨难,好好训练成为一种奢望。但是他从来没有想过放弃,而是竭尽所能继续着自己的跳高事业。湖南长沙的贺龙体育馆,那是他今生永远不会忘记的地方。"当我尝试2.29米的高度时,我失败了。又跳了一次,成功了。但是现场却出现了问题:横杆的一边由于没有卡紧,居然滑了下去,横杆成了一高一低。""当时我很犹豫,这样子破纪录显然不光彩,国际舆论也不好。可是再跳一次,我也很难说能不能成功。"经过一番思想斗争,倪志钦最后还是决定,再跳一次。他又成功了,赢得非常漂亮。

"我们那时候夺冠,没有奖金,只有奖状。拼搏、争取好成绩是每个优秀运动员都具备的精神。当时我在艰苦的环境中能够坚持下来,就是因为我的心中想着四个字'为国争光'。我不能让我们的祖国在世界大赛上抬不起头,我要让我们的祖国扬眉吐气。"倪志钦说。"为国争光"的信念,是每一个优秀运动员永远的坚持。

# 第1节 跳跃类运动简介

**问题导引**

跳高、跳远和三级跳远起源于何时何地？它们是如何发展起来的？

## 一、跳高

跳高起源于古代人类在生活和劳动中越过垂直障碍的活动。现代跳高始于欧洲。18世纪末苏格兰已有跳高比赛，19世纪60年代，跳高开始流行于欧美国家。1827年9月26日在英国圣罗兰·博德尔俱乐部举行的首届职业田径比赛中，威尔逊（Adam Wilson）屈膝团身跳越1.575米，这是第一个有记载的世界跳高成绩。跳高横杆可用玻璃纤维、金属或其他适宜材料制成，长3.98~4.02米，最大重量2千克。比赛时，运动员必须用单脚起跳，可以在规定的任一起跳高度上试跳，但第一高度只有3次试跳机会。男、女跳高分别于1896年、1928年被列为奥运会比赛项目。

| 跳高运动员等级标准 | | |
|---|---|---|
| 目前我国跳高运动员等级： | 男 | 女 |
| 国家三级运动员： | 1.60米 | 1.40米 |
| 国家二级运动员： | 1.83米 | 1.56米 |
| 国际一级运动员： | 2.00米 | 1.75米 |
| 国家健将级运动员： | 2.18米 | 1.84米 |
| 国际健将级运动员： | 2.27米 | 1.90米 |

## 二、跳远

跳远源于人类猎取或逃避野兽时跨越河沟等的活动，后成为军事训练的手段，为公元前708年古代奥运会五项全能项目之一。现代跳远运动始于英国。1827年9月26日在英国圣罗兰·博德尔俱乐部举行的第一次职业田径比赛中，威尔逊越过5.41米的远度，这是第一个有记载的世界跳远成绩。跳远的腾空动作有蹲距式、挺身式和走步式。20世纪70年代出现前空翻跳远，因危险性大，被国际田联禁用。最初运动员是在地面起跳，1886年开始采用起跳板。起跳板为白色，埋入地下，与地面齐平，长1.22米，宽20厘米，距沙坑近端不少于1米。起跳板前有起跳线，起跳线前有用于判断运动员起跳是否犯规的橡皮泥显示板或沙台。运动员必须在起跳线后起跳。比赛时，如运动员不足8人，每人可试跳6次；超过8人，则先试跳3

| 跳远运动员等级标准 | | |
|---|---|---|
| 目前我国跳远运动员等级： | 男 | 女 |
| 国家三级运动员： | 5.60米 | 4.50米 |
| 国家二级运动员： | 6.50米 | 5.20米 |
| 国际一级运动员： | 7.30米 | 5.85米 |
| 国家健将级运动员： | 7.80米 | 6.35米 |
| 国际健将级运动员： | 8.00米 | 6.65米 |

次，8名成绩最好的运动员再试跳3次。比赛以运动员6次试跳的最好成绩排列名次。男、女跳远分别于1896年和1948年被列为奥运会比赛项目。

### 三、三级跳远

三级跳远的历史可以追溯到远古时代。在公元前的古奥运会上，就设有五级跳远比赛的项目。而三级跳远则起源于18世纪中叶的苏格兰和爱尔兰，但两者跳法不同。苏格兰采用单足跳、跨步跳、跳跃的方式，而爱尔兰用的是单足跳、单足跳、跳跃的方式。现在按规定必须使用苏格兰跳法。最早的正式比赛可以追溯到1826年3月17日首次举行的苏格兰地区运动会，比蒂（Andre Beattie）创造了12.95米的第一个纪录。比赛时，运动员助跑后应连续作3次不同形式的跳跃，第一跳为单足跳，用起跳腿落地；第二跳为跨步跳，用摆动腿落地；第三跳为跳跃，必须用双脚落入沙坑。男子三级跳远于1896年被列为首届奥运会比赛项目，女子三级跳远于20世纪80年代初逐渐广泛开展，1992年被列为奥运会比赛项目。

| 三级跳运动员等级标准 | | |
|---|---|---|
| 目前我国三级跳运动员等级： | 男 | 女 |
| 国家三级运动员： | 12.00米 | 9.40米 |
| 国家二级运动员： | 13.50米 | 11.00米 |
| 国际一级运动员： | 15.25米 | 12.50米 |
| 国家健将级运动员： | 16.00米 | 13.30米 |
| 国际健将级运动员： | 16.80米 | 14.15米 |

## 第2节　跳跃类各项运动的基本技术

**问题导引**

跳跃类运动的技术关键是什么？跳高与跳远、三级跳远之间有哪些不同的技术要求？

跳跃是田径运动中的田赛项目之一，它是运用人体自身的能力，按所需方向做一定的动作，使人体腾跃水平距离或垂直高度的运动。在田径运动中常见的跳跃项目有跳高、跳远和三级跳远等。

跳跃项目由助跑、起跳、腾空和落地四个密切相连的动作环节组成，其中助跑和起跳相结合是跳跃运动技术的关键。提高助跑速度、降低起跳制动、密切助跑与起跳的衔接是跳跃运动项目发展的规律。

### 一、跳高

跳高的种类有跨越式、俯卧式、背越式等，如图17-1所示，下面主要介绍背越式。背越式跳高技术是现代最先进的技术，它具有快速的特征，能更充分地利用水平速度使身体向上腾起，并能合理地利用腾起高度做过杆动作。动作比较简单，容易掌握。

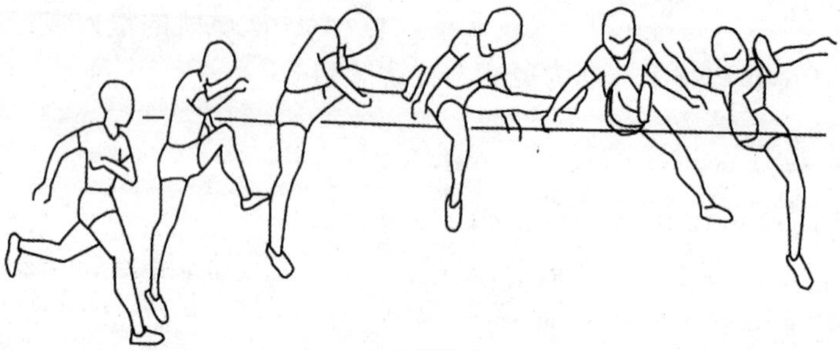

（a）跨越式

（b）俯卧式 　　　　　　　　　　　　（c）背越式

图 17-1　跳高种类

背越式跳高的完整技术由助跑、起跳、过杆和落地四个部分组成。

**1. 助跑**

背越式跳高采用弧线助跑技术，用远距离横杆的脚起跳。助跑前半段为直线助跑，重心较高，加速要快，用前脚掌着地，跑动距离一般为6~8步；后半段为弧线助跑，身体重心向圆心内倾斜，跑动距离一般为3~5步。

**2. 起跳**

背越式跳高利用弧线助跑和身体的内倾，使起跳脚着地时将水平速度转变为垂直速度。起跳脚着地时，首先以脚跟外侧触及地面，然后迅速滚动到全脚掌，最后一步与横杆成20°~30°角。

**3. 过杆与落地**

当身体向上腾起并转至背对横杆时，应以手臂向上朝横杆方向伸出，牵引身体沿起跳点切线方向朝横杆靠拢，以手臂、头、肩、躯干、髋、腿的顺序依次过杆，当大腿越过横杆后,应迅速向上收腹举腿,以求更快摆脱横杆,然后以肩背部着地。

## 二、跳远

跳远完整技术包括助跑、起跳、腾空和落地4个部分。

### 1. 助跑

跳远的助跑为直线助跑,一般男子为35～45米,跑18～24步;女子为30～40米,跑16～22步。助跑时起跑采用"半蹲踞式"或"站立式"。助跑要求是高重心、折叠好、摆动快、扒地狠。

### 2. 起跳

起跳时,应充分利用助跑速度,创造尽可能大的腾起速度和适宜的腾起角(18°～24°)。跳远的起跳一要提踵,二要立腰,三要蹬直。

起跳技术分为3个阶段:起跳脚的着地、缓冲和蹬伸。

### 3. 腾空

跳远起跳腾空后,首先坐好"腾空步"动作。腾空步可以较大地克服起跳中身体产生的向前旋转,有利于完成紧接着的各种空中姿势,如图17-2所示。跳远根据腾空后空中的动作姿势不同,可分为蹲踞式、挺身式和走步式三种。

图17-2 腾空步

蹲踞式:起跳腾空步后,上体保持正直,摆动腿的大腿继续高抬,两臂向前挥摆;起跳腿开始向前上方提举,并逐渐向摆动腿靠拢,形成空中蹲踞的姿势;随后两腿上收,上体前倾,将要落地时两臂由前向下后摆动,同时伸小腿向前落地,如图17-3所示。

图17-3 蹲踞式跳远

挺身式:起跳成腾空步后,摆动腿的大腿积极下压小腿向前、向下、向后与留在身后的起跳腿并拢,同时两臂向上、向后充分伸展使臀部前移,空中身体呈反弓姿势。落地前双臂和双腿向前摆动,形成向前收腹的动作,小腿充分前伸,上体前倾准备落地,如图17-4所示。

图17-4 挺身式跳远

走步式：起跳成腾空步后，两腿在两臂的配合下，采用2步半和3步半两种动作技术。要求在空中做大幅度的前后绕环摆动迈步换腿动作来维持身体的平衡，并与两臂协调配合。落地前，收腹举小腿前伸，上体前倾，两臂同时向下后方摆动，如图17-5所示。

图17-5 走步式跳远

**4. 落地**

落地时，膝关节伸直，脚尖勾起；双臂向后摆动，脚接触沙坑时，迅速屈膝缓冲，使髋躯干部分迅速前移，同时双臂屈肘加速前摆，使身体重心迅速移动到落地点前方。

## 三、三级跳远

根据规定，三级跳远的第一跳为单足跳，第二跳为跨步跳，第三跳为跳跃，即前两跳为同一条腿跳跃，最后一跳用另一条腿进行跳跃。

三级跳远的技术要求：快速的助跑及合理的助跑节奏，积极加速上板，快速有利地起跳；支撑阶段富有弹性的缓冲和加快身体重心前移的速度；腾空阶段自然平衡的交换腿动作和落地前的积极扒地动作；最后落地时双腿高抬向前远伸的技术动作。

1. 助跑

助跑的任务是获得最快的助跑速度和准确地踏上起跳板并为第一跳的起跳做好准备。

三级跳远的助跑与跳远的助跑大致相同，助跑的距离和助跑的加速方式取决于运动员的加速跑的能力和专项训练水平。

2. 跳跃（图17-6）

（1）第一跳为单足跳，即起跳脚起跳，起跳脚落地。

（2）第二跳为跨步跳，即以着地的起跳脚起跳，向前跨一步以摆动腿着地。

（3）第三跳用着地的摆动腿起跳双脚落入沙坑。

图17-6 三级跳远跳跃方式

3. 起跳技巧

（1）"积极起跳式"。这一技术风格的特点是在第二跳和第三跳积极放腿起跳。为此目的，运动员在腾空阶段就开始准备起跳——空中屈腿抬膝。然后快速伸腿着地，使第二跳的距离明显加长。这种方式可以进一步延长第二跳的距离，但同时又会造成第三跳对总成绩的"贡献"有所下降。

（2）"垂直式"起跳技术。这一技术的特点在于没有大腿"高摆"动作，小腿向大腿收拢，然后垂直向下落腿着地。采用这种技术风格的运动员，速度素质和速度力量素质比较突出。

（3）"划水式"起跳技术。这一技术的特点在于在大腿"高摆"之后，直腿以"划水"动作积极着地。对于采用这种技术风格的运动员来说，起主要作用的素质是力量素质和速度力量素质。

（4）"跑步式"起跳技术。这一技术的特点是在三级跳远的行进过程中，快速向前推进。起跳腿以跑步动作进入起跳，上体保持跑步前倾姿势。采用这种技术风格的运动员的首要任务是保持进入第三跳的速度。对于这些运动员来说，起主要作用的素质是速度素质。

# 第3节 跳跃类运动采风

## 一、如何跳得更高？

美国最著名纵跳训练计划，练成预计纵跳能力可以提高20~30厘米以上，锻炼过程很辛苦，整个过程要15个星期。

对于每个动作项目，如果一种动作要作3组，组与组之间休息不能超过2分钟，若完成了，需直接做下个项目。

第一项：半蹲跳。

（1）开始时，半蹲至1/4的位置，双手放置于前。

（2）向上跳离地面最少20~25厘米（若觉得容易的话，可以跳至25~30厘米）。当在空中时，双手需放在后面。着地时，完成一次。

接下来，只需重复以上步骤！

第二项：提脚跟（提踵）。

（1）首先，找个梯级或一本书来垫脚，然后只把脚尖放在上面，脚跟不得着地或垫着。

（2）脚跟提到最高点。

（3）再慢慢放下，完成一次。双脚完成，完成一个组。

第三项：台阶。

（1）找把椅子来，把一只脚放上去，呈90°。

（2）尽全力地跳起，在空中换脚，再放在椅子上。

（3）重复（2），将原起跳的脚放回椅子上，完成另外一跳。

第四项：纵跳。

（1）双脚放直，与肩同宽，"锁紧"膝盖。

（2）只用小腿跳，只能弯曲脚踝，膝盖尽量不弯曲。

（3）到地时，再迅速起跳，完成一次。

这一项很难，可以用手帮助起跳。

第五项：脚尖跳。

（1）将脚跟提到最高点。

（2）用脚尖快速起跳，跳时不得超过1.5厘米。

蛙跳练习是必要的，对于弹跳力的提高有一定的帮助，因为毕竟这是训练力量的一个途径。

## 二、如何提高立定跳远成绩？

### 1. 预摆

两脚左右开立，与肩同宽，两臂前后摆动，前摆时，两腿伸直，后摆时，屈膝降低重心，上体稍前倾，手尽量往后摆。

要点：上下肢动作协调配合，摆动时一伸二屈降重心，上体稍前倾。

### 2. 起跳腾空

两脚快速用力蹬地，同时两臂稍曲由后往前上方摆动，向前上方跳起腾空，并充分展体。

要点：蹬地快速有力，腿蹬和手摆要协调，空中展体要充分，强调离地前的前脚掌瞬间蹬地动作。

### 3. 落地缓冲

收腹举腿，小腿往前伸，同时双臂用力往后摆动，并屈膝落地缓冲。

要点：小腿前伸的时机把握好，屈腿前伸臂后摆，落地后往前不往后。

起跳腾空及落地方法如图17-7所示。

图17-7 起跳、腾空及落地

**惊世之跳——鲍勃·比蒙的故事**

1968年10月17日，对黑小伙鲍勃·比蒙来说，是艰苦的一天。他从纽约来到墨西哥城，参加四年一届的奥运会，却在预赛中就差点打道回府了。

在比蒙两次预赛试跳犯规以后，比蒙的大师兄波士顿把比蒙拉到一边对他说："鲍勃，你是要进决赛的，以你的实力很容易做到。"然后，他在距离起跳点还有一小段距离的地方做了一个记号："从这里起跳。"结果比蒙顺利地通过了预赛。

10月18日，一个阴沉沉的日子。选手们都显得有点紧张，比蒙的比赛序号是第四位，所有比他更有功名的人都在他的后面。

不知道是因为地滑还是因为紧张，最前面的三个试跳的人都犯规了。这时候，轮到比蒙了。比蒙一面走向跑道，一面在心里不停地对自己说："不要犯规！不要犯规！"

这时候，波士顿走到他的身边对他说："来吧，看你的了！"比蒙伸出拳头和他的大师兄兼私人教练碰了一下，站到了他们共同找好的起跳点后面。大约20秒沉寂之后，他冲了出去，一路加速，到了起跳之前的一瞬间，他有意识地减慢了速度，伸展了步幅，完美地踩过踏板，奋力一跃，整个身体弹出一个漂亮的弧线，落地后反弹力道很大，他甚至被弹出了沙坑。

那时的田径比赛在跳远沙坑的边上并没有现在那种远度的标志，不过看到比蒙的这一跳，大家还是被震住了。坐在电视解说席上的一名解说员当时就惊呼："这个小子竟然跳出了沙坑！"负责测量的裁判一边拿起皮尺走向沙坑，嘴里一边嘟囔着："太精彩了！太精彩了！"几分钟后，结果出来了——记分牌上打出了8.9米的成绩。但对于一直生长在美国的比蒙来说，他并不清楚，这个数字的确切意义，因为他一直是以英尺计算成绩的，不过其他的对手们已经感到了沮丧。苏联的伊戈尔说："和这样的一跳相比，我们不都成了小孩子了吗？"而上届奥运会的跳远冠军戴维斯更是愤怒地走到比蒙面前对他说："你毁掉了这次比赛！"此时的比蒙甚至不知道发生了什么，他只知道自己破了纪录，于是他只能求救般地看着波士顿。波士顿一把抱住了比蒙，兴奋地对他大叫着："你跳过了29英尺！"

一年前，波士顿创造了新的跳远世界纪录：8.35米（27英尺4英寸），而比蒙成了第一个突破28英尺又跳过了29英尺的人，他把跳远的世界纪录一下子提高了55公分。"我怎么可能跳这么远？"比蒙一点都不相信这一结果，直到听到广播，眼泪也不停地流下来。

而那次奥运会上第二名和第三名的成绩也只有8.17米和8.16米。

这样的一跳，后来被誉为人类历史上"最伟大的一跳"。他的这个8.9米的纪录一直维持了23年之久，到了1991年的东京世界田径锦标赛上，才被美国跳远运动员鲍威尔所打破，新的世界纪录是8.95米。比蒙的这一纪录成了被保持时间最长的世界纪录之一。

# 搏击运动篇
## COMBAT SPORTS

> 修炼功夫的目的不是致力于击破石块或石板，我们更关心的是用它影响我们的整个思想和生活方式。
>
> ——李小龙

# 第19章 武术

武术是中华民族的传统瑰宝。古往今来，多少英雄豪杰用他们非凡的武技除暴安良，为民除害。浩瀚如海的武侠小说更是对中国五花八门的武术门派加以渲染，引人入胜。本章将带你进入精彩纷呈的武术世界。

### 精彩案例

#### 武术之传奇人物——李小龙

李小龙，美籍华人，祖籍中国广东省佛山市顺德区均安镇。他是一位武术技击家、武术哲学家、全球范围内具有影响力的著名华人武打电影演员、世界武道改革先驱者、UFC起源者、MMA之父、截拳道武道哲学的创立人。

李小龙7岁时便练习太极拳，在13岁时跟随名师叶问系统地学习了咏春拳。此外，他还练过螳螂拳、洪拳、谭腿、少林拳、戳脚、节拳、白鹤拳等拳种，为后来自创截拳道打下了坚实的基础。

1971年夏季，李小龙接受香港嘉禾电影公司的邀请，以1.5万美元的片酬签了两部影片。第一部是以中国武术为题材的《唐山大兄》。继《唐山大兄》之后，李小龙又拍摄了《精武门》，打破了亚洲票房纪录。正当李小龙雄心勃勃、大展宏图、准备继续拍完《死亡的游戏》的时候，1973年7月20日突然在香港逝世，享年仅32岁。

由于李小龙在武术和电影等方面有卓越的贡献，他先后在1972年和1973年两度被国际权威武术杂志《黑带》评为世界七大武术家之一。他逝世前留下了七本小时候的学武笔记和六本著作手稿：《截拳道》、《截拳道研究》、《功夫记录》、《二节棍法》、《布鲁斯·李拳术图解》(英文版)和《布鲁斯·李武打技法》(英文版)。

尽管过世已久，李小龙依然是功夫代名词。他的才华，他的正气，他的辉煌，都已成为一份无法拷贝的神话。

# 第1节 武术简介

> **问题导引**
>
> 武术主要包括哪两种运动形式？中国武术有哪三大特点？

武术运动起源于中国，中国武术是一种中国特色的文化，是在长期的生产劳动、与大自然的搏斗和冷兵器时代的战争中逐步形成与发展起来的体育项目。它历史悠久，内容丰富，形式多样，具有竞技和健身价值，极具东方文化内涵，深受不同文化背景人们的喜爱。

武术主要包括套路和散手两种运动形式。武术套路，由风格各异的技术动作组成，具有攻防内涵、蕴含哲理，有很高的观赏价值，给人以美的享受。武术套路形式有拳术、器械、对练和集体项目。拳术主要包括长拳、南拳、太极拳、形意拳、八卦掌、通背拳、地躺拳等。器械有刀、剑、棍、枪、双刀、双剑、九节鞭、三节棍等。对练项目分为徒手对练、器械对练以及徒手对器械三种类型。集体项目是多人进行拳术、器械演练的形式。这些不同的套路形式，不仅体现了武术的攻防格斗内涵，同时又具有优雅美观、节奏鲜明的风格特点。武术散手是徒手格斗运动的一种形式。

## 一、中国武术视"身心和谐"为真

所有的武术拳种视人体生命为一大系统，心与身是统一的，将人作为一个整体来看待和训练。认为人体是武功的载体，武功的强弱与武功载体的强弱密切相关。载体的强壮又可分为外部强壮和内部强壮，外部强壮固然重要，但更重要的还是内部强壮。以外练形体、内练精气神为训练对象，练意、练气、练力是武术练功的三要素。

## 二、武术视"人际和谐"为善

在武术的形成和发展过程中，武术不仅逐渐形成了一整套自己独特的理论、技术、功法，也形成了一套与武术密切相关的道德体系，这就是人们常说的武德。尽管武术门派众多，每个门派都有自己的风格特点，但是武术各家各派都非常注重武德的修炼，注意人与人之间的和谐，处理人际关系时都强调宽厚、容忍。还制定了一套严格的尊师重道、扬善惩恶的戒律规范，如"未曾学艺先学礼，未曾习武先习德"、"学拳以德行为先"，强调习武要"仁爱、守礼、忠诚、信义、谦让、宽厚"，以求人际和谐。中国武术的最高境界、习武戒律的制定、对武术人物和武术事件的评价，都是以武德作为衡量的标准和依据。

## 三、武术视"天人和谐"为美

"天人和谐"——宇宙自然与自身的统一，是中国古典哲学"天人合一"本体论的体现，也是武术思想认识和方法论的根本观点之一、武术养练功法的核心之一。作为武术运动对象的主体——人体自身，与宇宙自然的客体，二者有着内在的紧密联系，人是自然的一部分，受自然法则的制约，并遵循同样的运动变化规律。拳家们悟宇宙的变化规律而用于拳法，以阴阳、八卦、五行之变来喻比武术运动之变，产生出刚柔、动静、虚实、进退、开合、往返折叠、闪展腾挪等概念和方法，要求"刚柔相济、动速静定、虚实分明、进退有序、开合有度"。

# 第2节　武术基本功

> **问题导引**
>
> 武术基本功包括哪些内容？武术基本手型、基本手法、基本步法有哪些，动作要领是什么？

## 一、武术基本功

武术基本功是练习武术必须具备的身体活动能力、技术技巧以及心理素质等的基础。基本功主要包括腿功、腰功、肩功和桩功等。腿功表现的是腿部的柔韧性、灵活性和力量等功夫；腰功表现的是腰部灵活性、协调控制上、下肢运动的能力和身法技巧的功夫；肩功表现的是肩关节柔韧性、活动范围的大小以及力量等方面的功夫；桩功表现的是腿部力量和呼吸内息的功夫。

（一）基本手型

**1. 拳**

四指并拢卷握，拇指扣在食指和中指的第二指节上，要求拳握紧，如图18-1所示。

**2. 掌**

四指并拢伸直，拇指第一指节弯屈并紧扣于虎口处，如图18-2所示。

**3. 勾**

五指尖捏拢，屈腕，如图18-3所示。

图18-1　拳的手型　　　图18-2　掌的手型　　　图18-3　勾的手型

（二）基本手法

**1. 冲拳**

冲拳分平拳和立拳两种。平拳拳心向下，立拳拳眼向上。

两脚左右开立与肩同宽，脚尖向前，两拳抱于腰间，拳心向上，肘尖向后，挺胸收腹，立腰，目视前方。出拳快而有力，出拳和收拳时，肘要贴肋运行，如图18-4所示。

### 2. 架拳

右拳向下、向左、向上经头前向右上方划弧，同时前臂内旋架起，拳眼向左斜下方，目视左方。松肩，塌腕，肘微屈，如图18-5所示。

### 3. 推掌

右拳变掌，以掌根为力点向前快速推出，同时前臂内旋使掌指向上，臂伸直与肩平。推出时要拧腰顺肩，同时左肘向后牵拉，如图18-6所示。

图18-4 冲拳　　　　　　图18-5 架拳　　　　　　图18-6 推掌

### （三）基本步法

#### 1. 弓步

左脚向前一大步（为本人脚长的4~5倍），脚尖微内扣，左腿屈膝半蹲，大腿略高于水平，膝不过脚尖；右腿挺膝伸直，脚尖内扣斜前方。双脚全脚着地，上体正对前方，两手腰间抱拳，目视前方，如图18-7所示。弓左腿为左弓步；弓右腿为右弓步。

#### 2. 马步

两脚左右开立（脚内侧相距约为本人脚长的3倍），脚尖向前，屈膝，屈髋，半蹲，膝不过两脚尖，大腿略高于膝，全脚着地，如图18-8所示。

#### 3. 仆步

两脚左右开立，右腿屈膝全蹲，脚尖和膝关节外展，臀部接近右脚跟；左腿挺直平仆，脚尖里扣，两脚全脚着地，两手腰间抱拳，如图18-9所示。

图18-7 弓步　　　　　　图18-8 马步　　　　　　图18-9 仆步

#### 4. 虚步

右脚外展45°，屈膝屈髋半蹲；左脚向前开立，膝稍屈，脚面绷平，脚尖虚点地，两膝稍内扣；重心落于右脚上，两手腰间抱拳，如图18-10所示。

### 5. 歇步

两腿交叉靠拢，全蹲，左脚在前，全脚着地，脚尖外展；右脚在后，前脚掌着地，右膝顶出并贴紧左小腿外侧，臀部坐于右脚接近脚跟处，两手腰间抱拳。目视前方或左方，如图18-11所示。左脚在前为左歇步；右脚在前为右歇步。

图18-10 虚步　　　　图18-11 歇步

## 第3节　初级长拳（第三路）

**问题导引**

初级长拳共有多少个动作？每个动作的名称及动作要领是什么？

### 预备动作

#### 1. 起势
两脚并步站立，两臂垂于身体两侧，五指并拢贴靠腿外侧，眼向前视，如图18-12所示。

#### 2. 虚步亮掌
头要端正，颌微收，挺胸，塌腰，收腹，如图18-13所示。

#### 3. 并步对拳
并步后挺胸、塌腰。对拳、并步、转头要同时完成，如图18-14所示。

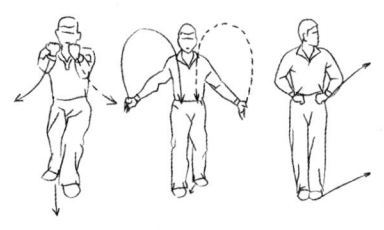

图18-12 起势　　　　图18-13 虚步亮掌　　　　图18-14 并步对拳

### 第一段

#### 1. 弓步冲拳
成弓步时，右腿充分蹬直，脚跟不要离地。冲拳时，尽量转腰顺肩，如图18-15所示。

#### 2. 弹腿冲拳
支撑腿可微屈，弹出的腿要用爆发力，力点达于脚尖，如图18-16所示。

### 3. 马步冲拳
成马步时，大腿要平，两脚平行，脚跟外蹬，挺胸、塌腰，如图18-17所示。

图18-15　弓步冲拳

图18-16　弹腿冲拳

图18-17　马步冲拳

### 4. 弓步冲拳
成弓步时，右腿充分蹬直，脚跟不要离地。冲拳时，尽量转腰顺肩，如图18-18所示。

### 5. 弹腿冲拳
支撑腿可微屈，弹出的腿要用爆发力，力点达于脚尖，如图18-19所示。

图18-18　弓步冲拳

图18-19　弹腿冲拳

### 6. 大跃步前穿
跃步要远，落地要轻，落地后立即接着做下一个动作，如图18-20所示。

图18-20　大跃步前穿

### 7. 弓步击掌
左掌经左脚面向后划弧至身后成勾手，左臂伸直，勾尖向上，右拳由腰侧变掌向前推出，掌指向上，掌外侧向前；目视右掌，如图18-21所示。

### 8. 马步架掌
亮掌的抖腕动作和转头同时完成，发力要干脆，马步同前，如图18-22所示。

图18-21 弓步击掌　　　　　图18-22 马步架掌

## 第二段

### 1. 虚步栽拳

右脚向右落地，重心移至右腿上，下蹲成左虚步；左掌变拳下落于左膝上，拳眼向里，拳心向后，右勾手变拳，屈肘架于头右上方，拳心向前，如图18-23所示。

### 2. 提膝穿掌

支撑腿与右臂充分伸直，如图18-24所示。

### 3. 仆步穿掌

右腿全蹲，左腿向左后方铲出成左仆步，脚尖内扣；右臂不动，左掌由右胸前向下经左腿内侧，向左脚面穿出；目随左掌转视，如图18-25所示。

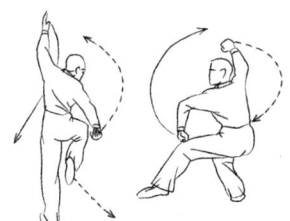

图18-23 虚步栽拳　　　　图18-24 提膝穿掌　　　　图18-25 仆步穿掌

### 4. 虚步挑掌

上步要快，虚步要稳，如图18-26所示。

### 5. 马步击掌

右手做捋手时，先使臂稍内旋、腕伸直，手掌向下向外转，接着臂外旋，掌心经下向上翻转，同时抓握成拳。收拳和击掌动作要同时进行，如图18-27所示。

图18-26 虚步挑掌　　　　　　图18-27 马步击掌

### 6. 叉步双摆掌

两臂要划立圆，幅度要大，摆掌与后插步配合一致，如图18-28所示。

### 7. 弓步击掌

退步和推掌协调一致，推掌发力前左腿要蹬住地面，如图18-29所示。

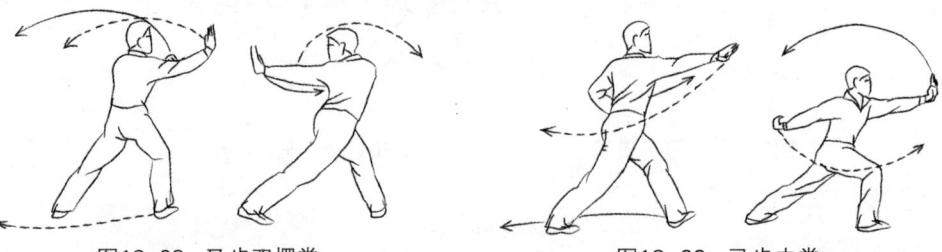

图18-28 叉步双摆掌　　　　图18-29 弓步击掌

### 8. 转身踢腿马步盘肘

两臂抡动时要划立圆，动作连贯。盘肘时要快速有力，右肩前顺，如图18-30所示。

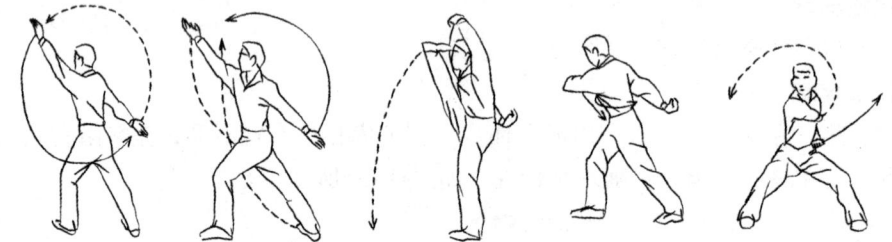

图18-30 转身踢腿马步盘肘

## 第三段

### 1. 歇步抡砸掌

抡臂动作要连贯完成，划成立圆。歇步要两腿交叉全蹲，左腿大、小腿靠紧，臀部贴于左小腿外侧，膝关节在右小腿外侧，脚跟提起；右脚尖外撇，全脚着地，如图18-31所示。

### 2. 仆步亮掌

仆步时左腿充分伸直，脚尖里扣，右腿全蹲，两脚脚掌全部着地。上体挺胸塌腰，稍左转，如图18-32所示。

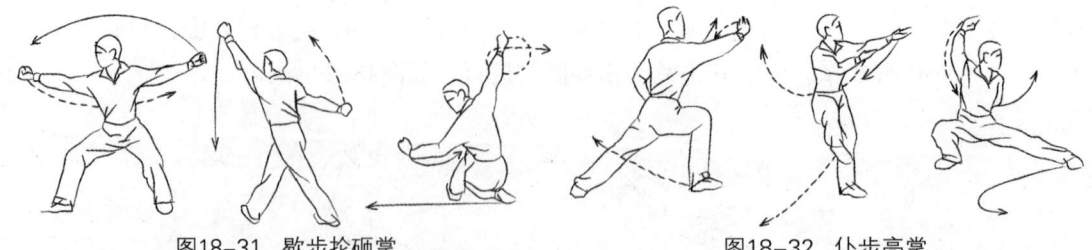

图18-31 歇步抡砸掌　　　　图18-32 仆步亮掌

### 3. 弓步劈拳

左、右脚上步稍带弧形，如图18-33所示。

### 4. 换跳步弓步冲拳

换跳步动作要连贯、协调。震脚时腿要弯曲，全脚掌着地，左脚离地不要高，如图18-34所示。

图18-33 弓步劈拳

图18-34 换跳步弓步冲拳

### 5. 马步冲拳

左脚蹬转，脚尖内扣，上体右转90°，重心移至两腿中间，成马步；左掌变拳向左冲出，拳眼向上，右拳收至腰侧，拳心向上；目视左拳，如图18-35所示。

### 6. 弓步下冲拳

右脚蹬直，左腿弯曲，上体稍向左转，成左弓步；左拳变掌向下经体前划弧向上架于头左上方，掌心向上，右拳自腰侧向左前斜下方冲出，拳眼向上；目视右拳，如图18-36所示。

### 7. 叉步亮掌侧踹腿

叉步时上体稍向右倾斜，腿、臂的动作要一致。侧踹高度不能低于腰，大腿内旋，着力点在脚跟，如图18-37所示。

图18-35 马步冲拳　　图18-36 弓步下冲拳　　　　　图18-37 叉步亮掌侧踹腿

### 8. 虚步挑拳

挑拳发力与脚尖点地同时完成；虚步大腿接近水平，如图18-38所示。

图18-38 虚步挑拳

## 第四段

### 1. 弓步顶肘
交换步时不要过高，但要快。两臂抡摆时要成圆弧，如图18-39所示。

图18-39 弓步顶肘

### 2. 转身左拍脚
右掌拍脚跟时手掌稍横过来，拍脚要准确而响亮，如图18-40所示。

### 3. 右拍脚
接转身左拍脚的上步动作要连贯，其余与转身左拍脚相同，如图18-41所示。

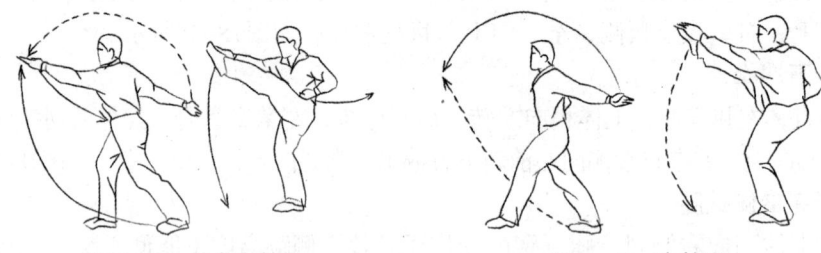

图18-40 转身左拍脚　　　　　图18-41 右拍脚

### 4. 腾空飞脚
蹬地要向上，不要太向前冲，左膝尽量上提。击响要在腾空时完成，右臂伸直成水平，如图18-42所示。

### 5. 歇步下冲拳
身体右转90°，两腿全蹲成歇步；右掌抓握、外旋变拳收至腰侧，左拳由腰侧向前下方冲出，拳心向下；目视左拳，如图18-43所示。

图18-42 腾空飞脚　　　　　图18-43 歇步下冲拳

### 6. 仆步抡劈拳
抡臂时一定要划立圆，如图18-44所示。

### 7. 提膝挑掌

抡臂时要划立圆，如图18-45所示。

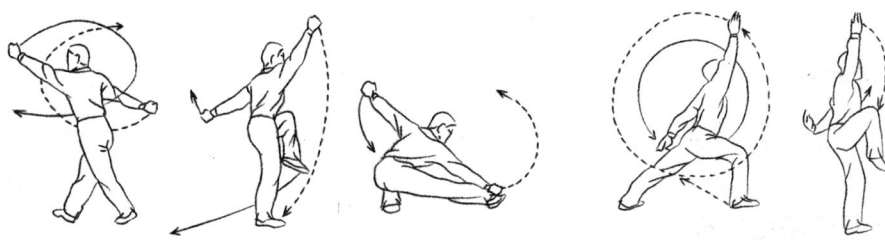

图18-44 仆步抡劈掌　　　　　图18-45 提膝挑掌

### 8. 提膝劈掌弓步冲拳

右手抓握变拳收至腰侧，拳心向上，左拳由腰侧向左前方冲出，拳眼向上；目视左拳，如图18-46所示。

图18-46 提膝劈掌弓步冲拳

## 结束动作

### 1. 虚步亮掌

亮掌和转头协调一致，如图18-47所示。

### 2. 并步对拳

左脚后退半步向右脚并拢；两臂由后向上经体前屈臂下按，两掌变拳，停于腹前，拳心向下，拳面相对；目视左方，如图18-48所示。

### 3. 还原

两拳变掌，两臂自然下垂；头转向正前方，眼睛向前平视，如图18-49所示。

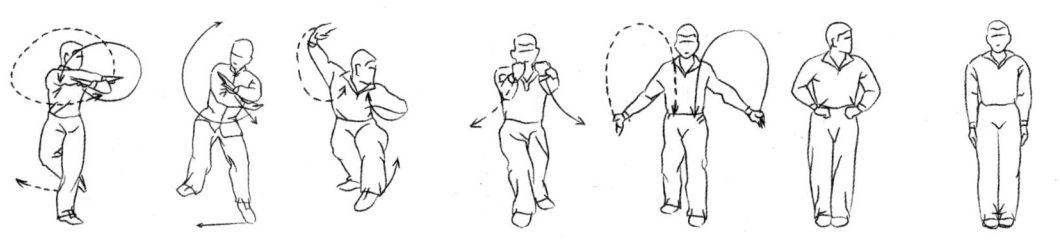

图18-47 虚步亮掌　　　　　图18-48 并步对拳　　　　　图18-49 还原

## 第4节 太极拳运动

> **问题导引**
>
> 二十四式简化太极拳共有几组？每组中的动作名称及动作要领是什么？

### 二十四式简化太极拳

#### 第一组

**1. 起势**

两脚开立，两臂前举，屈膝按掌，如图18-50所示。

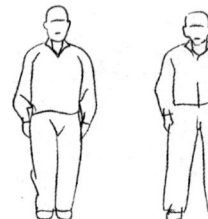

图18-50 起势

**2. 野马分鬃**

分掌和弓步动作同时完成；胸微微内含，双臂保持自然弧形，如图18-51所示。

（1）左野马分鬃：抱手收脚，转体上步，弓步分手，如图18-52所示。

图18-51 野马分鬃　　　　　　　图18-52 左野马分鬃

（2）右野马分鬃：转体撇脚，抱手收脚，转体上步，弓步分手，如图18-53所示。

图18-53 右野马分鬃

### 3. 白鹤亮翅

跟步抱手，后坐转体，虚步分手，如图18-54所示。

图18-54 白鹤亮翅

## 第二组

### 4. 搂膝拗步

转体摆臂，摆臂收脚，上步屈肘，弓步搂推，如图18-55所示。

图18-55 搂膝拗步

### 5. 手挥琵琶

跟步展臂，后坐引手，虚手合手，如图18-56所示。

图18-56 手挥琵琶

### 6. 倒卷肱

上体右转不要太大，右手向后上托掌后，双臂保持自然弯曲，配合含胸拔背合抱成圆弧。

（1）右倒卷肱：转体撒手，退步卷肱，虚步推掌，如图18-57所示。

图18-57 右倒卷肱

（2）左倒卷肱：转体撒手，退步卷肱，虚步推掌，如图18-58所示。

图18-58 左倒卷肱

## 第三组

### 7. 左揽雀尾

（1）转体撒手，抱手收脚，转体上步，弓步掤臂，如图18-59所示。

图18-59 左揽雀尾（1）

（2）转体摆臂，转体后捋，如图18-60所示。

图18-60 左揽雀尾（2）

（3）转体搭手，弓步前挤，后坐引手，弓步前按，如图18-61所示。

图18-61 左揽雀尾（3）

## 8. 右揽雀尾

（1）转体分手，抱手收脚，转体上步，弓步掤臂，如图18-62所示。

图18-62 右揽雀尾（1）

（2）转体摆臂，转体后捋，转体搭手，弓步前挤，后坐引手，弓步前按，如图18-63所示。

图18-63 右揽雀尾（2）

## 第四组

### 9. 单鞭

转体运臂,勾手收脚,转体上步,弓步推掌,如图18-64所示。

图18-64 单鞭

### 10. 云手

转体松勾,云手收步,云手开步,云手收步,云手开步,云手收步,如图18-65所示。

图18-65 云手

### 11. 单鞭

云手后,不要停顿,顺势划狐完成单鞭,使整个动作一气呵成,但动作要匀速缓慢,如图18-66所示。

图18-66 单鞭

## 第五组

### 12. 高探马

后脚跟步,后坐翻手,虚步推掌,如图18-67所示。

图18-67 高探马

### 13. 右蹬腿

穿手提脚，上步翻手，分手弓腿，抱收手脚，翻手提腿，分手蹬脚，如图18-68所示。

图18-68 右蹬腿

### 14. 双峰贯耳

屈膝并手，上步落手，弓步贯拳，如图18-69所示。

图18-69 双峰贯耳

### 15. 转身左蹬脚

转体分手，收脚合抱，提膝翻手，分手蹬脚，如图18-70所示。

图18-70 转身左蹬脚

## 第六组

### 16. 左下势独立

收腿勾手，屈蹲开步，仆步穿掌，弓腿起身，独立挑掌，如图18-71所示。

图18-71 左下势独立

### 17. 右下势独立

落脚勾手，屈蹲开步，仆步穿掌，弓腿起身，独立挑掌，如图18-72所示。

图18-72 右下势独立

## 第七组

### 18. 左右穿梭

落脚转体，抱手收脚，上步错手，弓步架推，如图18-73所示。

图18-73 左右穿梭

### 19. 海底针

后脚跟步，后坐提手，虚步插掌，如图18-74所示。

图18-74 海底针

### 20. 闪通臂

提手收脚，上步分手，弓步推掌，如图18-75所示。

图18-75 闪通臂

## 第八组

### 21. 转身搬拦捶

转身扣脚，转体握拳，垫步搬拳，转体收拳，上步拦掌，弓步打拳，如图18-76所示。

图18-76 转身搬拦捶

### 22. 如封似闭

穿手翻掌，后坐引收，弓步按掌，如图18-77所示。

图18-77 如封似闭

### 23. 十字手

转体扣脚，弓腿分手，转体落手，收脚合抱，如图18-78所示。

### 24. 收势

翻掌分手，垂臂落手，并脚还原，如图18-79所示。

图18-78 十字手　　　　　　　　图18-79 收势

## 第5节　初级剑术

**问题导引**

初级剑术共有几段？每段中的动作名称及动作要领是什么？

### 预备动作

持剑时，前臂与剑身要紧贴并垂直于地面。臂松沉，上身稍挺胸，如图18-80所示。

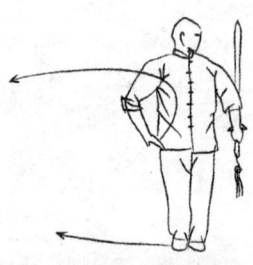

图18-80 预备动作

### 起势

动作过程中，两肩必须要放松。持剑转体向右侧划弧时，腰向右拧转，两脚不可移动，如图18-81所示。

图18-81 起势

## 第一段

### 1. 弓步直刺
做弓步时,前腿屈膝蹲平,两脚的全脚掌全部着地,如图18-82所示。

### 2. 回身后劈
上步、转身、平劈和剑指向上侧举必须协调一致,如图18-83所示。

### 3. 弓步平抹
抹剑时,手腕有力须柔和,如图18-84所示。

图18-82 弓步直刺　　图18-83 回身后劈　　图18-84 弓步平抹

### 4. 弓步左撩
剑自前向后和自后向前弧形撩起时,必须与提膝和向前落步的动作协调一致。形成弓步后,上体略前倾,直背,收臀,剑尖稍低于剑指,如图18-85所示。

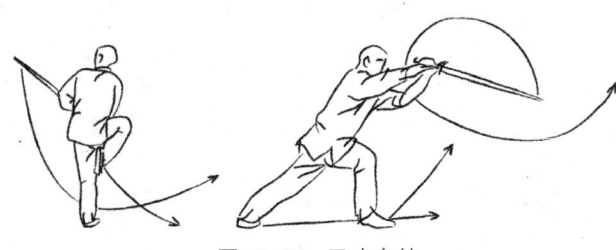

图18-85 弓步左撩

### 5. 提膝平斩

剑从左向后平绕时,上体必须后仰,使剑从脸部上方平绕而过,不可从头顶绕行,如图18-86所示。

### 6. 回身下刺

左腿伸直,右腿稍屈,腰向右拧转,剑指、两臂与剑身成直线,如图18-87所示。

图18-86 提膝平斩

图18-87 回身下刺

### 7. 挂剑直刺

挂剑、下插、直刺三个分解动作必须连贯。它们与跨步、提膝、转身、弓步的动作要协调一致。上体稍前倾,挺胸、塌腰,如图18-88所示。

### 8. 虚步架剑

右肘略屈使剑身成立剑架于额前上方。左臂伸直,剑指稍高过肩,如图18-89所示。

图 18-88 挂剑直刺                    图 18-89 虚步架剑

## 第二段

### 1. 虚步平劈

虚步时要虚实分明,劈剑时手腕要挺直,如图18-90所示。

### 2. 弓步下劈

劈剑时,右肩前顺,左肩后引,剑尖与手、肩成一直线,如图18-91所示。

### 3. 带剑前点

点剑时,右臂要前伸,屈腕,手腕稍高于肩,剑尖略比手低,如图18-92所示。

图18-90 虚步平劈      图18-91 弓步下劈      图18-92 带剑前点

### 4. 提膝下截

剑从右向左的圆形划弧下截是一个完整动作，必须连贯起来做。右臂和剑身成一直线，剑身斜平，如图18-93所示。

### 5. 提膝直刺

抱剑与落步，直刺与提膝，必须协调一致，如图18-94所示。

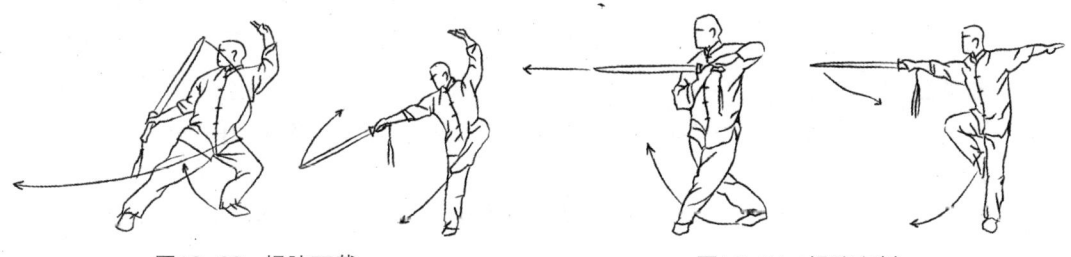

图18-93 提膝下截　　　　　图18-94 提膝直刺

### 6. 回身平崩

收剑和平崩两个动作必须连贯起来做，平崩后，上体向右拧转，但左脚不得移动，如图18-95所示。

### 7. 歇步下劈

呈歇步时，左大腿盖压在右大腿上，左脚全掌着地。右脚跟离地，臀部坐在右小腿上，如图18-96所示。

### 8. 提膝下点

右腿独立时，膝部要挺直，左膝尽量上提。点剑时，右手腕要下屈，剑身、右臂、左臂和剑指要在同一垂直面内，如图18-97所示。

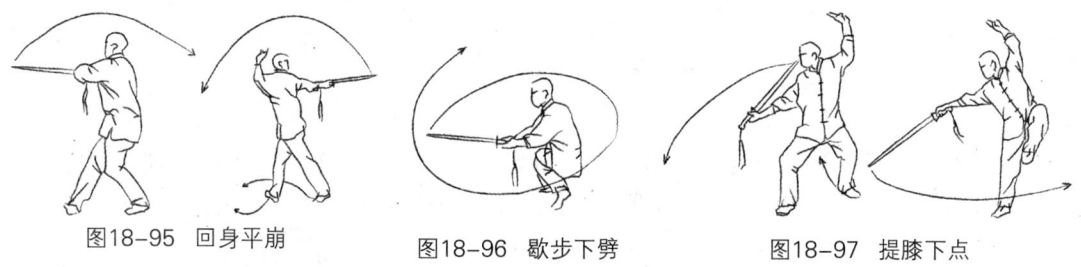

图18-95 回身平崩　　　图18-96 歇步下劈　　　图18-97 提膝下点

## 第三段

### 1. 并步直刺

两腿半蹲时，大腿要蹲平，两膝、两脚均须紧靠并拢，如图18-98所示。

### 2. 弓步上挑

左臂伸直，左肩前倾，右臂直上举，剑刃朝前后，上体挺胸、直背、塌腰，如图18-99所示。

### 3. 歇步下劈

劈剑时，右臂尽量向前下方伸直，剑身与地面平行，劈剑与跃步成歇步动作须同时完成，如图18-100所示。

    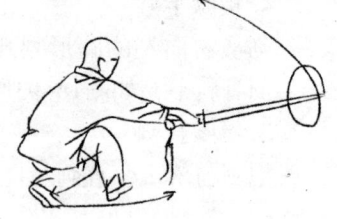

图18-98 并步直刺　　　图18-99 弓步上挑　　　图18-100 歇步下劈

**4. 右截腕**

两腿虚实要分明，上体稍前倾，剑身平衡于右额前上方，如图18-101所示。

**5. 左截腕**

两腿虚实要分明，上体稍前倾，剑身平衡于右额前上方，如图18-102所示。

**6. 跃步上挑**

跃步和上挑动作必须协调一致，迅速进行。挑剑时，腕部要猛然用力上屈，如图18-103所示。

图18-101 右截腕　　　图18-102 左截腕　　　图18-103 跃步上挑

**7. 仆步下压**

做仆步时，左腿要全蹲，臀部紧靠脚跟，不要凸起，两脚全脚掌着地，不要拔跟。上体前探时，要挺胸，两肘略屈环抱于身前，如图18-104所示。

**8. 提膝直刺**

右腿独立要挺膝站稳，左膝尽量上提，脚背绷直，脚尖下垂。上体稍右倾，右肩、右臂和剑身要成一直线，左臂要屈成半圆形，如图18-105所示。

图18-104 仆步下压　　　图18-105 提膝直刺

## 第四段

**1. 弓步平劈**

劈剑和剑指绕环必须协调一致，同时完成，两肩要放松，如图18-106所示。

## 2. 回身后撩

右脚站立要稳，左脚背绷直，上体挺胸，两肩放松，如图18-107所示。

图18-106 弓步平劈

图18-107 回身后撩

## 3. 歇步上崩

跃部、歇步和剑尖上崩三个动作要连贯协调。上崩剑时，腕部要猛然用力上屈，剑尖高与眉平。歇步时，上体前俯，胸要内含，如图18-108所示。

## 4. 弓步斜削

斜削时，右臂稍低于肩，剑指尖略高于肩部，如图18-109所示。

图18-108 歇步上崩

图18-109 弓步斜削

## 5. 进步左撩

撩剑后，右腿微屈，左腿伸直，重心落于右腿，剑尖要低于剑身，如图18-110所示。

## 6. 进步右撩

撩剑后，左腿微屈，右腿伸直，重心落于左腿，剑尖要低于剑身，如图18-111所示。

图18-110 进步左撩

图18-111 进步右撩

## 7. 坐盘反撩

坐盘与反撩动作要协调一致。坐盘时，左腿盘坐地面，左脚背外侧着地；右腿盘落于左腿上，全脚掌着地，脚尖朝身前。上身倾俯时胸要内含，剑尖与右臂、左肘、左肩成一直线，如图18-112所示。

### 8. 转身云剑

转身和云剑动作要连贯，云剑要平、要快，腕关节放松，使云剑动作灵活自如，如图18-113所示。

图18-112 坐盘反撩

图18-113 转身云剑

## 结束动作

身体重心落于右腿，上体稍前倾，挺胸、塌腰，两肩松沉，左肘略上提，剑身紧贴小臂后侧，并与地面垂直，如图18-114所示。

图18-114 结束动作

# 第6节 武术采风

## 一、少林武术

人们一提到中国功夫，必然会想到少林，少林武术已经成为中华武术的象征。少林功夫是指在嵩山少林寺特定佛教文化环境中历史地形成，以少林寺武僧演练的武术为表现形式，充分体现禅宗智慧的传统佛教文化体系。

中国武术结构复杂，门派众多，少林功夫以其悠久历史、完备的体系和高超的技术境

---

**太极名家——杨露禅**

河北永年人杨露禅（1800～1873），幼时在河南温县陈家沟陈姓家为雇工，学习太极拳，壮年返里传习太极拳，因他能避开并制服强硬之力，当时人称他的拳为"沾绵拳"、"软拳"、"化拳"。杨露禅去北京教拳，清朝的王公贵族多向他学习。他武技高超，当时人称"杨无敌"。

界独步天下。根据少林寺内流传下来的拳谱记载,少林功夫套路共有708套,其中拳术和器械552套,另外还有72绝技、擒拿、格斗、卸骨、点穴、气功等各类功法156套。现在流传下来的少林功夫套路有200余套,其中拳术100余套、器械80余套、对练等其他功法数十余套路。这些内容按类别和难易程度不同,有机地组合成一个庞大有序的技术体系。

少林功夫具体表现为以攻防格斗的人体动作为核心、以套路为基本单位的表现形式。套路是由一组动作组合起来的。动作设计和组合成套路,都是建立在中国古代的人体医学知识基础上,合乎人体的运动规律。动作和套路讲究动静结合、阴阳平衡、刚柔相继、神形兼备,其中最著名的是"六合"原则:手与足合、肘与膝合、肩与胯合、心与意合、意与气合、气与力合。

## 二、十八般兵器

中国古代有"十八般武艺"之说,其实是指十八种兵器,其内容在各个时期有所不同。其名称始见于元曲,如《古今杂剧》所收《敬德不服老》中就有"他十八般武艺都学就,六韬书看的来滑熟"的唱词。《水浒传》第二回:"哪十八般武艺?矛、锤、弓、弩、铳、鞭、锏、剑、链、挝、斧、钺并戈、戟、牌、棒与枪、扒。"指的均是兵器。

明代万历年间,谢肇浙在《五杂俎·卷五》:"十八般:一弓、二弩、三枪、四刀、五剑、六矛、七盾、八斧、九钺、十戟、十一黄、十二锏、十三镐、十四殳、十五叉、十六耙头、十七锦绳套索、十八白打。"

自清代以来,十八般武艺又有四种说法:

(1) 指"刀、枪、剑、镗、棍、叉、耙、鞭、锏、锤、斧、钩、镰、扒、拐、弓、箭、藤牌"。

(2) 与(1)排列相同,唯后三件变为:代、抉、弓矢。

(3) 指"九长九短"。九长为枪、戟、棍、钺、叉、镗、钩、槊、环;九短为刀、剑、拐、斧、鞭、锏、锤、棒、杵。

(4) 指近代戏曲界有人称之为刀、枪、剑、戟、斧、钺、钩、叉、鞭、锏、锤、抓、锐、棍、槊、棒、拐、流星锤等十八种兵器。

**太极名家——陈王廷**

陈王廷(1600—1680)又名奏庭。明末清初人,陈氏太极拳创始人。若自明洪武初年,陈姓由山西迁至常阳村(即今陈家沟)时算起,为陈氏第九世。祖、父均为明朝下级官吏。弟兄四人,该居其二。明末,他以武秀才(庠生)的身份赴乡试考武举。在考武举上,他以"凤夺巢"的箭法技压群雄。清初,他隐居乡间,搜集、整理民间武术,决心造拳遗世。他融诸家之长于一炉,创造了一套具有阴阳相合、刚柔相济的陈氏太极拳。

### 精武体育会创始人——霍元甲

霍元甲（1868—1910年），字俊卿，祖籍河北省东光安乐屯，世居天津静海小南河村，精武体育会创始人，近代著名爱国武术家。

霍元甲幼时体弱多病，其父霍恩第是名显一时的秘宗拳师。他担心元甲习武日后有损霍家名声，拒不授艺于他。但元甲志存高远，他日日留心，处处参察，偷艺于父传兄弟之机，苦练于舍外枣林之僻。后为父知，受责。霍元甲保证绝不与人比武，不辱霍家门面，方准父兄一起习武。霍元甲天资聪颖，毅力惊人，在兄弟之中出类超群。父见此，一改旧念，悉心传艺于他。后霍元甲以武会友，融合各家之长，将祖传"秘宗拳"发展为"迷宗艺"，使祖传拳艺达到了新的高峰。

光绪22年（1896年），山东大侠刘振声慕名来津，求拜于霍元甲门下。霍察其正直，遂收为弟子，从此破了霍家拳"传内不传外"的先例。光绪24年（1898），谭嗣同变法遇难，大刀王五（王子斌）避难津门，与霍元甲一见如故，遂成至交。后王子斌在京遇难，被八国联军枭首示众。霍元甲与刘振声潜入京城，盗回首级，并取得《老残游记》作者刘鹗协助，将义士身首合葬，尽了朋友之义。

宣统元年（1909），英国大力士奥皮音在上海登广告，辱我"东亚病夫"，霍元甲应友人邀赴上海约期比武。慑于霍元甲拳威，对方以万金作押要挟，霍元甲在友人支援下，答应愿出万金作押。对方一再拖延，霍元甲在报上刊登广告，文曰："世讥我国为病夫国，我即病夫国中一病夫，愿与天下健者一试。"并声言"专收外国大力士，虽铜筋铁骨，无所惧焉！" 霍元甲之声威使奥皮音未敢交手即破胆而逃，连公证人、操办者也逃之夭夭。

1910年6月1日，霍元甲在农劲荪等武术界同仁协助下，在上海创办了"中国精武体操会"（后改名"精武体育会"）。孙中山先生赞扬霍元甲"欲使国强，非人人习武不可"之信念和将霍家拳公诸于世的高风亮节，亲笔写下了"尚武精神"四个大字，惠赠精武体育会。1910年9月，日本柔道会会长率十余名技击高手与霍元甲较艺，败在霍的手下。日本人奉以酒筵，席间见霍元甲呛咳，荐日医为治，霍公一生坦直，不意中毒于9月14日身亡。终年42岁。

> 跆拳道是行动哲学，跆拳道是正人之道、育人之道。
>
> ——李仲佑（世界跆拳道联盟副总裁）

# 第20章 跆拳道

跆拳道以其变幻莫测、优美潇洒的腿法著称于世，被世人称为踢的艺术，这也是跆拳道区别于其他格斗术的一个重要特点。同时，跆拳道在世界范围内又是十分流行的一项搏击运动。是什么魅力使得它可以在世界范围内得到人们的喜欢呢？本章我们将对这项运动作简明的介绍。

## 精彩案例

### 奥运冠军——吴静钰

1987年出生于江西景德镇的吴静钰，12岁以140厘米的身高开始练习跆拳道。她在周围人对于"身高"的质疑声、教练们的鼓励声中，经历了多次成功与失败的磨炼，在2006年多哈亚运会一鸣惊人，在跆拳道女子47公斤级的决赛中战胜了中华台北名将杨淑君，实现了自己的第一个国际冠军，也为中国跆拳道队拿到了历史上第一枚亚运会金牌。

同年，吴静钰在亚锦赛的赛场上输给了泰国名将姚瓦帕，2008年，吴静钰败给中华台北选手杨淑君，与亚锦赛的冠军再次擦肩而过。难能可贵的是，吴静钰虽然丢了金牌但是却没有丢掉信心。

2008年8月，一天的鏖战成就了吴静钰的奥运会冠军梦想。她依次击败了非洲冠军、欧洲对手和"老冤家"杨淑君后，在决赛中凭借沉着冷静的心态和足智多谋的战术，击败了泰国小黑马布特蕾·贝德蓬，登上了奥运最高领奖台，成为中国跆拳道队第一个小级别奥运冠军。

从此，奥运会冠军俱乐部多了一个新名字——吴静钰。当时，她才仅仅21岁37天。如此年轻的吴静钰，正迈着坚实的脚步，走在前往下一座领奖台最高阶的道路上。

# 第1节 跆拳道简介

> **问题导引**
>
> 什么是跆拳道？跆拳道的形成有怎样的历史渊源？我国的跆拳道是怎样发展起来的？

## 一、跆拳道概述

跆拳道是一项利用拳和脚进行搏击的对抗性运动，通过竞赛、品势和功力检验等运动形式，使练习者增强体质、掌握战术，培养其坚忍不拔的意志品质。"跆"意为蹬踢、腾跃；"拳"意为用拳击打、防御；"道"为练习的方法，也是一种精神。

跆拳道是朝鲜民族在生产和生活中逐渐形成的。从朝鲜古国新罗国、高丽国和百济国鼎盛兴起时代起，直至高丽、李朝时代，经过不断的演变，兴起"跆跟"、"手博"、"花郎道"等民间跆拳道武艺，由最初本能的强健体魄和生存自卫的搏斗逐渐演化为有目的、有意识的斗技活动，从而形成了跆拳道的雏形。1945年后，跆拳道得到了较快的发展。当时技击方法很多，名称较乱，如唐手道、跆跟、手博道等。为使朝鲜国技得以发扬光大，1961年9月，韩国成立了唐手道协会，后更名为跆拳道协会。1966年成立了国际跆拳道联盟（ITF），崔泓熙任首届联盟主席。1973年5月世界跆拳道联盟在韩国汉城成立（WTF），金云龙当选为主席。1975年世界跆拳道联盟被正式接纳为国际体育联盟会员。1994年9月经国际奥委会正式通过，跆拳道被列为2000年奥运会正式比赛项目。

### 跆拳道创始人崔泓熙

崔泓熙（1918—2002年），国际跆拳道联盟(ITF)总裁，跆拳道创始人。他以韩国古典武道和空手道为参考，经过反复研究和实践为今天的跆拳道打下了基础。

1955年4月11日，由各界著名人士组成的名称制定委员会，在每人无记名提出的名称中，一致通过了崔泓熙提出的"跆拳"二字。由此，产生了跆拳道。唐手、空手、拳法、韩国古典武道等各种叫法不同的武道被统一为跆拳道。从此，他真正开始了普及跆拳道的事业。

创始一个武道门派的人，必有其相应的魅力。崔泓熙经过长期的不懈努力和坚定的信念，把原本名不见经传的跆拳道(TAEKWONDO)发展成了符合现代人品味的健身、防身的武道。跆拳道完全是独创的技术体系和东方思想结晶的完美结合。时代是不断变化的，随着它的变化，跆拳道也将不断地发展延伸下去，但是崔泓熙留给后人的奋斗不息的跆拳道精神会永远传承下去。

## 二、我国跆拳道运动的发展

1992年10月7日，我国跆拳道筹备小组成立，标志着我国跆拳道运动的正式开始。1994年9月，在云南昆明举行了第一届全国跆拳道比赛，当时有15个单位150多名运动员参加了比赛。从此，跆拳道运动在我国迅速发展起来。2000年8月悉尼奥运会，陈中为我国首次夺得奥运会跆拳道女子67公斤以上级别比赛的金牌，实现了我国这个项目上奥运会零的突破。2006年吴静钰夺得了我国在亚运会历史上第一块跆拳道金牌，2007年又成为世锦赛冠军。2011年5月，吴静钰在世锦赛49公斤级争夺中，以两次关键的"踢头"攻势连克两位劲敌，摘得金牌。

> **跆拳道品势**
>
> 品势又称"型"，相当于我国武术界所说的套路，即将一定数量的动作编排串连，形成一套具有一定特点和难度的统一模式套路。跆拳道套路统称为品势。这样演练起来，既能融会贯通，腿、脚、身、臂俱练，又能互相结合、互相配合。跆拳道中的各种品势已知的约有十一型25套，每一套又都有其规定的动作数量和演武路线，相当规范。

# 第2节　跆拳道的基本技术

**问题导引**

跆拳道的基本技术有哪些？如何才能把动作做得更准确？

跆拳道的基本技术可分为进攻技术、防守技术和反击技术三大类。完成技术动作的肢体部位主要包括手的技术、腿的技术、手腿组合技术等。

## 一、准备姿势（格斗势）

准备姿势也称实战姿势或预备姿势，是跆拳道比赛中双方开始时的基本站立姿势。准备姿势应便于进攻和防守反击以及步法的移动。

1. 动作过程

（1）两脚开立与肩同宽，两臂垂与体侧。

（2）左脚或右脚向另一脚的前方迈出，两脚相距一步距离前后站立，使身体侧对对方，同时两手半握拳，沉肩，两臂屈肘自然垂放（左脚在前、右脚在后是右架准备姿势，如图19-1所示，右脚在前、左脚在后是左架准备姿势，如图19-2所示）。

（3）重心落在两脚之间，膝部略弯曲，眼睛平视对方面部，下颚微收。

2. 要领

（1）两臂所放位置不是固定的，也可以一臂下垂或两臂下垂。

（2）两脚之间的距离和重心的高低可根据具体情况进行调整，原则上是在移动时能最快调整好身体重心。

（3）若重心下降，大小腿之间的夹角几乎等于90°时，则为低位姿势。

图19-1　右架准备姿势　　　　图19-2　左架准备姿势

## 二、基本步法

跆拳道技术体系中，步法是重要的一环，尤其在运动员刚开始接触跆拳道这项运动时，要用较多的时间来进行专门的步法练习。由于竞赛跆拳道规则的限制，在比赛中运动员主要是用腿攻击和防守反击，因此运动员的步法是否灵活在一定程度上决定了他的进攻和防守或反击是否能够达到目的，这也使得步法训练在跆拳道训练中占据着重要地位。

### 1. 上步

（1）动作过程：右架准备姿势（以下简称"右架"）站立，右脚向前上一步，成为左架准备姿势（以下简称"左架"）；反之左架亦然。

（2）要领：上步时通过向左拧腰转髋完成，两臂在侧，自然上下移动，重心不要上下起伏过大。

（3）实战使用：上步时，常用于逼迫对方后撤，或引诱对方进攻，而当对手使用上步时，自己可立即使用进攻技术进攻对方。

### 2. 后撤步

（1）动作过程：右架站立，左脚向后撤一步，成为左架准备姿势；反之左架亦然。

（2）要领：后撤步时重心保持平稳移动，通过向左拧腰转髋完成，两臂在体侧，自然上下移动。

（3）实战使用：后撤步时，常用在对方使用前旋踢时，当对方准备继续进攻时，可用前腿的侧踢或鞭踢或下压阻击对方。

### 3. 前跃步（前进步）

（1）动作过程：右架站立，两脚同时向前跃进一步，保持右架准备姿势；反之，左架亦然。

（2）要领：向前跃步时，重心不宜起伏过大，尽量使重心平稳移动，两脚稍离地即可。

（3）实战使用：前跃步时，常用在快速接近对方以使用旋踢或下压等进攻动作；当对方前跃步时，可用前腿的劈腿或后踢或后旋踢迎击对方，但有时对方使用前跃步是为了引诱自己反击后要调整重心时再进攻得点，因此，此时自己可随自后撤一步而不被对方所利用。

### 4. 后跃步（后撤步）

（1）动作过程：右架站立，两脚同时向后回撤一步，保持右架准备姿势；反之左架亦然。

（2）要领：向后回撤时，重心不宜起伏过大，尽量使重心平稳移动，两脚稍离地即可。

（3）实战使用：后跃步常用在对方进攻而自己需要快速与对方拉开距离时，此时由于自己有一个向后撤的惯性，再用进攻的动作就一定有难度，一般是使用迎击动作，如后踢或后旋踢等。因此若对方使用后跃步时，自己要防止对方的阻击动作；如果自己使用组合动作，在对方后跃步时，自己一般使用侧踢、推踢或外摆下压等动作。

> **跆拳道比赛的获胜方式**
> ○ 击倒胜（K·O胜）。
> ○ 主裁判终止比赛胜。
> ○ 比分或优势胜（判定胜）。
> ○ 对方弃权胜（弃权胜）。
> ○ 对方失去资格胜（失格胜）。
> ○ 主裁判判罚犯规胜（犯规胜）。

## 三、基本腿法

跆拳道是一种以腿法为主的武技，实战中步法的灵活运用对充分发挥腿的威力、取得实战的胜利具有极其重要的意义。

### 1. 前踢

（1）动作规格：以右架实战姿势开始。右脚向后蹬地，身体重心前移至左脚；右脚蹬地顺势屈膝提起，左脚以前脚掌为轴外旋约90°，同时右腿迅速以膝关节为轴伸膝、送髋、顶髋，把小腿快速向前踢出，力达脚尖或前脚掌。踢击目标后右腿迅速放松弹回，落回原地仍成左架实战姿势，如图19-3所示。

（2）动作要领：膝关节上提时大小腿折叠，膝关节夹紧，小腿和踝关节放松，有弹性。踢击时顺势往前送髋；高踢时往上送髋。

图19-3 前踢

### 2. 横踢

（1）动作规格：右脚蹬地，重心移到左脚，右脚屈膝上提，两拳置之于胸前；左脚前脚掌辗地内旋，髋关节左转，左膝内扣；随即左脚掌继续内旋转180°，右脚膝关节向前抬置水平状态；小腿快速向左前横踢出；击打目标后迅速放松收回小腿。右脚落回成实战姿势，如图19-4所示。

（2）动作要领：膝关节夹紧，向前提膝，尽量走直线；支撑脚外旋180°；髋关节往前顺，身体与大小腿成直线，严格注意击打的力点正脚背；踝关节放松，击打的感觉是"面团"、"鞭梢"。横踢攻击的主要部位有头部、胸部、腹部和肋部。

图19-4 横踢

### 3. 侧踢

（1）动作规格：实战姿势开始。右脚蹬地，重心移至左脚。同时，右腿以髋关节为轴屈膝上提，两手握拳置于胸前；随即充分送髋，上提膝关节至胸部，左脚以前脚掌为轴外旋约90°，同时右腿迅速以膝关节为轴伸膝、送髋、顶髋，把小腿快速向前蹬出，力达脚跟。蹬击目标后，右腿迅速放松弹回，落回原地仍呈左架实战姿势，如图19-5所示。

（2）动作要领：膝关节上提时，大、小腿折叠，膝关节夹紧，小腿和踝关节放松，有弹性，踢击时顺势往前送髋。侧踢攻击的主要部位有头部、胸部、腹部和肋部。

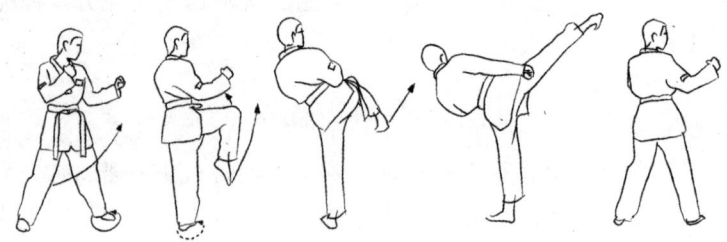

图19-5 侧踢

### 4. 后踢

（1）动作规格：左脚掌为轴内旋约90°，上身旋转重心移到右脚，屈膝收腿直线踢出，重心前移落下，如图19-6所示。

（2）动作要领：起腿后上身与小腿折叠成一团。动作延伸，用力延伸。转身，踢膝，出腿一次性完成，不能停顿。击打目标在正前方稍偏右。

图19-6 后踢

### 5. 下劈

（1）动作规格：实战姿势开始。右脚蹬地，重心前移至左脚。同时，右腿以髋关节为轴屈膝上提，两手握拳置于胸前；随即充分送髋，上提膝关节至胸部，右小腿以膝关节为轴向上伸直，将右腿直举于体前，右脚过头。然后放松向下以右脚后跟（或脚掌）为力点劈击，一直到前面，成实战姿势，如图19-7所示。

（2）动作要领：腿尽量往高、往头后举，要向上送髋，重心往高起；脚放松往前落，落地要有控制；起腿要快速、果断；踝关节要放松。劈腿的主要攻击部位有头顶、脸部和锁骨。

图19-7　下劈

### 6. 推踢

（1）动作规格：实战姿势开始。右脚蹬地，重心前移，右脚以髋关节为轴提膝前蹬，用右脚脚掌向前蹬推，力点在脚掌，推力向正前方，如图19-8所示。

（2）动作要领：提膝后尽量收紧膝关节；重心往前移，利用身体的重量为力量；推的时候腿往前伸展、送髋；推的路线水平往前。推踢的攻击目标是腹部。

图19-8　推踢

### 7. 后旋踢

（1）动作规格：实战姿势开始。两脚以两脚掌为轴均内旋约180°，身体随之右转约90°，两拳置于胸前。上体右转，与双腿拧成一定角度。右脚蹬地将蹬地的力量与上体拧转的力量全在一起，将右腿向后上以髋关节为轴直腿摆起，右腿继续向右后旋摆鞭打，同时上体向右转，带动右腿弧形摆至身体右侧，右腿屈膝回收；右脚落至右后成实战姿势，如图19-9所示。

图19-9　后旋踢

（2）动作要领：转身、旋转、踢腿连贯进行，一气呵成，中间没有停顿；击打点应在正前方，呈水平弧线；屈膝起腿的旋转速度要快；重心在原地旋转360°。后旋腿攻击的主要部位有要额和胸部。

### 8. 双飞踢

（1）动作规格：从实战姿势开始。攻方先用右横踢攻击对方左肋部，同时左脚蹬地起跳，身体腾空右转，腾空高度在膝关节以上，但不宜过高；左脚起跳后在空中用左横踢迅速踢击对方胸部或腹部；左右脚交换，右脚落地支撑，左脚横踢目标后迅速前落，成左势实战姿势，如图19-10所示。

（2）动作要领：右腿横踢目标的同时，左脚蹬地跳。左脚起跳后迅速随身体右转横踢目标。两腿在空中交换，右脚先落地。

图19-10 双飞踢

### 9. 旋风踢

（1）动作规格：从实战姿势开始。左架站立（右脚前、左脚后），攻方以右前脚掌为轴脚后跟外旋，重心移至右腿；身体左后转约360°，左腿也随着转动；身体稍后仰；左腿下落的同时右脚蹬地，使用右横踢向前击打；击打后，双脚自然落下，仍成左架准备姿势，如图19-11所示。

（2）动作要领：提起左腿向后转身时，左腿应尽量贴支撑腿，转后应前提左膝盖。这样能够保证速度，及时身体制动不至于转动不停。为保持重心及便于最后横踢发力，躯干应稍后仰；左脚横踢时，右腿向下落地，要快落站稳，即横踢目标的同时右脚落地。

图19-11 旋风踢

## 四、基本防守技术

### 1. 向上格挡

左手握拳由下至上，用左（右）前臂向上格挡，抬臂要迅速，前臂弯曲上架，头部不要与上架的臂在一个直线上，以免对方力量太大，自己前臂不能有效格挡时，面部不至于被对方打中。根据对方来拳或来脚的方位决定左或右臂上架，如图19-12所示。

动作要领：抬臂要迅速，前臂弯曲上架，不要臂与面部垂直，格挡时手臂有向外横拨的动作。

双臂格挡法：当对方运动员攻击力猛，连续攻击自己的头部上方或颈两侧时，可同时用左右臂上举防住对方的两侧攻击。

图19-12 向上格挡

> **跆拳道比赛中的有效得分**
>
> 得分的含义是指使用允许的技术，准确有力击中有效得分部位。
>
> ◎ 有效得分的部位：躯干（骨盆到锁骨之间，除四肢外）；头部（两耳垂向下连线，耳尖向上与百会穴连线前部）。
>
> ◎ 比分为三局比赛得分的总和。
>
> ◎ 有效得分分值：躯干—1分，头部—2分，击倒（主裁判开始读秒）再加1分。

### 2. 中段防守

中段保护区为肩关节以下至髋关节部位。当对方的拳或脚攻向自己的中段位时，用左（右）臂向内或向外格挡对方来拳或来脚。防守时两臂分开的距离以肩宽为度，两臂外旋，手心向前，如图19-13所示。

双臂格挡法：左脚前迈，同时两臂交叉置于胸前，随左右步的落地，两臂迅速阻挡两侧的拳与腿。

### 3. 下段防守

右脚向后成弓步后，左（右）臂由屈到伸向斜下外截，用外臂格挡，右拳置于腰间，如图19-14所示。

双臂交叉格挡法：左脚前迈，两臂交叉于体前，手心向内，两臂至胸前交叉推出，挡住对方由下而上的攻击，格挡时身体下沉，以增加下截的力量。

图19-13 中段防守　　　　图19-14 下段防守

# 第3节 跆拳道采风

跆拳道是经过东亚文化发展的一种朝鲜民族武术,以东方心灵为土壤,承继长久传统,以"始于礼,终于礼"的武道精神为基础。从字面含义可以看出,跆拳道比赛是手脚并用的武术搏击,但在有些竞技比赛中,如奥运会,部分技术特别是手技,出于保护运动选手、增强比赛观赏性等原因而被限制,具体要求即手的攻击动作只可使用正击拳(直拳),且只能攻击躯干部分被护具保护的位置。

## 一、跆拳道礼仪

跆拳道中的"礼仪"是跆拳道基本精神的具体体现。跆拳道练习虽然是以双方格斗的形式进行,但是不管它怎样激烈,由于双方都是以提高技艺和磨炼意志品质为目的,所以在双方各自内心深处都必须持有向对方表示敬意和学习的心理。因此,在练习或比赛前后都一定要向对方敬礼,即跆拳道运动始终倡导的"以礼始,以礼终"的尚武精神。"礼仪"是跆拳道运动必不可少而且十分重要的组成部分。

### 1. 廉耻

要学会分辨是非。如果做错了事,在良心上不管是对三岁孩童还是任何平凡之人都应自觉惭愧,无地自容。

### 2. 忍耐

忍即是德。有句古语说,忍一百遍能使家庭和睦,可得到幸福与繁荣。无论是持有高段的人还是技术完美无缺的人,想做任何一件事,首先要设一目标,再以持久的忍耐力不断地向所设目标迈进,才能如愿以偿。

### 3. 克己

不论道场内外,克制自己是至关重要的问题。假如在自由对打时,因某些失误,被下级或同僚打时,若不能克制自己,感情用事加以攻击,有可能会造成事故。而且,不谦虚不节制,

---

**跆拳道实战四大禁忌**

◎ **闭眼与眨眼**:闭眼与眨眼是日常生活中人体本能的保护性反应,可以起到保护眼睛的作用。初学者要在平时注重眼睛的训练,做到实战中不眨眼、不闭眼,注视对手身上的一个点,并用余光观察他的全身。随着实践次数的增加和正确的努力,你一定能在拳脚齐飞的跆拳道实战中练就一双明察秋毫的双眼。

◎ **不敢靠近对手**:这也是初学者易犯的毛病。只要对方一动,他就会跑远,不会向两侧移动,更不敢去接近对手使用招法,唯恐遭到对手的打击。可以多进行有条件限制下的实战练习,逐步适应打斗时的近身。

◎ **不敢做动作**:这种心里上的顾虑,造成了行动上的缩手缩脚,有技术也无法发挥,结果十分被动。出现这种现象很大程度上不是技术水平问题,而是疑虑太多造成的,往往是把对手想象得太过强大。若能冲出这个误区,大胆地去进攻或反击,就会发现到对手并非所想象的那样可怕。

◎ **盲目乱打**:要在真正的实战中取胜,单凭自己的想象去用招,仗着一股莽汉之勇和不惜"粉身碎骨"的精神是不行的。应多动脑筋,把自己的"盲目乱打"变成"聪明巧打",攻中有防,防中有攻,努力使自己变得有勇有谋,达到在实战中游刃有余的境地。

过没有分寸的生活，盲目羡慕他人，爱慕虚荣也会失去作为武道人的资格。

### 4. 不屈

一个真正的跆拳道人是谦虚、正直的。若是一个有正义感的人，若需要时，不论对方是谁或其人数有多少都应毫不畏惧、不犹豫，向着既定目标，以百折不屈的精神，正直地倾注一切精力，就鲜有失败。

跆拳道尊崇"内外兼修"的宗旨，它既是一种技击术，也是将处事态度、人生价值紧密联系在一起的一种思想境界。而跆拳道的礼仪正体现了这项运动的精神实质，不只是增强技艺和磨炼意志，更是培养着一种近乎理想的人性。

## 二、跆拳道的级别和段位

跆拳道的升级和升段不仅需要考核跆拳道的各种技术，还要审查人格、耐性、勇气、诚实性等精神修养。

跆拳道分为九个级和九个段。九级是最低的级别，一级是最高的级别，然后进入段位。一段是最低的段位，九段是最高的段位。

### 1. 跆拳道的级和段

白带：10级　白黄：9级　黄带：8级　黄绿：7级
绿带：6级　绿蓝：5级　蓝带：4级　蓝红：3级
红带：2级　红黑：1级　黑带（品带）：1~9段

### 2. 腰带颜色的象征意义

白带：白代表纯洁。练习者没有任何跆拳道知识和基础，一切从零开始。

白黄带：练习者经过一段时间的训练，已经了解跆拳道的基本知识，并学会一些基本技术，开始由白带向黄带过渡。

黄带：黄是大地的颜色。黄带指练习者就像植物在泥土中生根发芽一样，在此阶段要打好基础，并学习大地厚德载物的精神。

黄绿带：介于黄带与绿带之间的水平，练习者的技术在不断上升。

绿带：绿是植物的颜色。绿带代表练习者的跆拳道技术开始枝繁叶茂，跆拳道技术在不断完善。

绿蓝带：由绿带向蓝带的过渡带，练习者的水平处于绿带与蓝带之间。

蓝带：蓝是天空的颜色。随着不断的训练，练习者的跆拳道技术逐渐成熟，就像大树一样向着天空生长，练习跆拳道已经完全入门。

蓝红带：练习者的水平比蓝带略高，比红带略低，介于蓝带与红带之间。

红带：红是危险、警戒的颜色。练习者已经具备相当的攻击能力，对对手已构成威胁，要注意自我修养和控制。

红黑带：经过长时间系统的训练，练习者已修完从10级至1级的全部课程，开始由红带向黑带过渡。

### 3. 黑带级别介绍

黑带是跆拳道高手的象征，是实力的体现，更是一种荣誉和责任。

黑带段位分一段至九段。一段至三段是黑带新手的段位，四段至六段是高水平的段位，七段至九段只能授予具有很高学识造诣和对跆拳道的发展作出重大贡献的杰出人物。黑带一段以上选手有资格参加全国性比赛，二段以上选手有资格参加国际比赛。选手取得黑带后便有资格担任教练指导跆拳道运动。四段以上称为"师范"，五段以上称为"大师"。四段以上有资格申报国际教练、国际裁判，并有资格担任道馆馆长或总教练。

一段至三段的段位，由中国跆拳道协会或其注册认可的团体分会考核颁发。晋升四段至六段，须由世界跆联（WTF国技院）或国际跆联（ITF）晋级委员会考核。晋升七段至九段，须由WTF或ITF特别委员会进行评审。

初段：练习经过2年以上者（必须16岁以上）。

二段：取得初段者（必须16岁以上）。

三段：取得二段者（必须16岁以上）。

四段：取得三段后、3年以上经过者（20岁以上）。

五段：取得四段后、4年以上经过者（20岁以上）。

六段：取得五段后、5年以上经过者（35岁以上）。

七段：取得六段后、6年以上经过者（41岁以上）。

八段：取得七段后、7年以上经过者（48岁以上）。

### 三、跆拳道品势

在跆拳道所称的[太极]，与中国《易经》中的"太极八卦"基本一致，它表示了宇宙哲学的基本道理。跆拳道中的"型"即"品势"以此为根据，将太极的意念形态编入每一动作中，在其进行线中也选择了意味着宇宙根本的阴阳八卦线。套路中的攻击与防守、前进与后退、速度的缓急、刚与柔等等均灵活运用了变化丰富的宇宙太极原理。

太极八章分别对应太极八卦。太极八章之后还有高丽、金刚、太白、平原、十进、地跆、天拳、汉水、一如。

고려（高丽）。高丽人是跆拳道的宗主国，再混合韩国精神，而后用动作表现出来的，即高丽品势。此高丽型之练习进行线路乃采「士」字形，随着动作之演变，展现出朝鲜民族之各种优美姿势形态，且含有精巧奥妙之技术。这一型所表现的乃混合先人之精神，将节度和缓慢性表现无遗。

금강（金刚）。金刚在智、德方面非常坚固，拥有不致受外部强烈攻击而遭受伤害的力量，在庆州石窟庵入口处雕刻着金刚力士像和天下，表露出霸王举鼎的金刚山威容，且将其雄状无比之气势，融入了金刚型之中。

태백（太白）。太白亦称火山，源自太阳之运转演变。光明之处，亦表示神圣及广被雄姿，此间接地将白头山之精神表现出来。白头山是朝鲜民族之胎盘，血脉更象征朝鲜民族之精神。修习之进行线是「工」字行，含天、地、人的开国神话的意义，身体的动作采用很多左外腕上架右内腕侧防等防御身体之动作。此太白型的要点，在于敏捷的速度，更将太白的宏伟雄丽的思想、精神肉体合而为一。

평원（平原）。人类是由原始生活慢慢演进开化的，为了找寻食物，由山上发展到平

原,大平原给予人类食物且改变了生活环境,更唤起了人类的和平共存及支配的欲望。所谓平原,乃是由地球表面之四周延伸到至广至远,是象征和平的创造神的伟大杰作。平原型是以光滑无限且象征和平的平原为根据,混合地心力,再借着动作表现出来的。修习之进行线,选用意味着无限平原的「一」字,其动作以平原为背景,多采用交叉步及金刚防御。

십진(十进)。由原始信仰中演变出来的十长生,即云、山、水、石、木、月、草、龟、鹤、鹿。所谓十进,如同十、百、千、万慢慢延伸的数字,将动作亦要求至无限度变化的境界。修习进行线采取了「十」字线辅手内腕侧防应用甚多。

지태(地跆)。所有生物,介于天地之间,生长、死亡,而使季节发生变化的风,亦形成消灭于天地之间。地跆即上天给予我们的最大的生活处理及安息处。

천권(天拳)。上天是万物之根源,修身之基点,天下之事物最终的完成者。天拳即人类所尊崇的创造万物之神,其看顾人类较软弱无能的心思及那份奥妙,实在是无以言喻的。天拳型含有上天无限方大、奥妙的思想,修炼进行线,采由地表仰望上天的型动作之中亦含很多如同老鹰向下俯冲的展翅式。

한수(汉水)。水是维持万物生命的根源,既无颜色又无味道,用手去拨动力量小,会产生小小的涟漪,但将这些力量融合在一起,就会变成一股庞大的力量;一滴水、一滴水地慢慢融合在一起,终会成为一条河。这种积少成多、滴水成河的真理是我们人类所要学习运用的。虽然水是既不能切断又不能竖立的柔软性物质,但其可借着容器之大小,表现出不同的形状。而跆拳道的精神,与水之适应能力极为类似。

일여(一如)。新罗时候有一位高僧元晓说:必生则种种法生,必灭则骷体不二。神所告诫人类的三界,唯有心存而已,如何能忌得了。所以他的思想学说,即一则一如。一如:是使身体和精神合而为一的意思。一则:即唯一的意思,亦即不论点、线、面都能合而为一。

### 跆拳道品势的五个阶段

◎ 形态:品势练习的第一个阶段是学习动作形态,喊声、视线、构成、角度为重点事项,目标是动作的准确性。

◎ 含义:了解形态以后的重点阶段为中心、力量的强弱、速度的缓急、呼吸、品势线。动作的含义、动作和动作连接的含义、整个品势的含义。

◎ 实用:了解动作的含义以后才能够将动作用于实战。

◎ 消化:用于实战的技术及效果要以自己的体型和速度、力量、爆发力、跆拳道训练重点等来评价和变换,找出最突出、最有效的技术使其成为自身的过程。

◎ 完成:从消化阶段发展而来,了解跆拳道的真正精神。完全消化跆拳道技术来综合完成跆拳道最高境界。

要想获得胜利,必须比别人多流一盆汗。

——穆罕默德·阿里(美国职业拳王)

# 第21章 拳 击

拳击是起源于西方且技术性很强的一项体育运动项目,既是竞技运动,又是很好的健身运动;不但能强身健体、提高攻防格斗能力,更重要的是它能培养勇敢、顽强的意志品质,所以受到越来越多的体育爱好者的青睐。本章简要介绍拳击的基本技术、锻炼方法及比赛知识。

## 精彩案例

### 拳王阿里

拳王阿里,全名穆罕默德·阿里,世界拳坛上的绝对传奇,20世纪60年代最有代表性的人物之一。

1942年1月17号,穆罕默德·阿里出生在美国肯塔基州的路易斯维尔。从12岁开始,阿里就在当地的一家健身房练习拳击。1960年初,刚满18岁的阿里凭优异的表现成为美国代表队的成员,出征1960年的罗马奥运会。在81公斤级的比赛中,阿里三战全胜,顺利进入决赛。他的对手波兰人皮埃茨克斯基,是三届欧洲冠军和1956年奥运会的铜牌得主,而阿里以点数的优势战胜对手,获得了自己唯一一枚奥运会金牌。至1964年,22岁的阿里成为新一代拳王,从此职业拳击进入了阿里时代。

1996年8月2号,亚特兰大奥运会男子篮球决赛中场休息。当时的国际奥委会主席萨马兰奇先生将一枚特制的罗马奥运会金牌挂在了阿里的胸前。尽管当时的赛场内,云集了众多梦三队的篮球明星,但人们依然把最为热烈的掌声献给了他们心中的英雄——穆罕默德·阿里。作为前奥运会的拳击冠军,阿里因为反对美国政府曾施行的种族歧视政策,将自己的金牌扔进了大海。而这枚失而复得的金牌,不仅圆了阿里的一个心愿,更说明了人们对这位拳王不畏强权、扶危济困的赞赏与肯定。

在拳击赛场,最后站着的人是胜利者,而这个胜利者就是阿里。他带给我们的不只是一代拳王的传奇,更是作为一个人去追求公正和力量的传奇。

## 第1节 拳击简介

**问题导引**

拳击是一项怎样的运动？现代拳击项目的主要内容是什么？业余拳击和职业拳击有什么区别？

拳击是一项在正方形绳围的比赛场中，佩带特制的柔软手套，在一定规则和条件限制下进行的对抗性运动项目。现代拳击项目分为业余拳击和职业拳击两大系统。业余拳击主要的比赛为奥运会和世界拳击锦标赛。职业拳击组织主要有四个：世界拳击协会（简称WBA）、世界拳击理事会（简称WBC）、国际拳击联合会（简称WBF）、世界拳击组织（简称WBO）。这四大国际拳击组织有各自不同的章程和系统，有自己的比赛和世界冠军，但它们之间也经常进行同等级别的冠军比赛。比赛时一方必须战胜对手三次以上的挑战，才能成为公认的世界拳王。

职业拳击和业余拳击在比赛规则和方法上有很大区别。职业拳击比赛一般是实行10～12回合制，每回合3分钟，回合中间休息1分钟。职业拳击比赛主要靠强烈攻击或将对方击倒判定胜负。比赛时职业拳手的手套小而且薄，赤裸上身、头部不戴头盔进行比赛。

业余拳击比赛一般采用5回合制，每回合2分钟，回合之间休息1分钟。运动员用拳直接击打在对方头部或腰以上部位的正面或侧面，为有效击中，每击中一次得1点。每一回合结束后，占优势的运动员可得20分，处于劣势的运动员得分相对减少；如果双方实力不分高低，也可各得20分。裁判员根据双方在5个回合中所得的总分判定名次，如总分相等，则判比赛中处于主动地位或技术风格较好的运动员获胜。当一方运动员被击倒后，裁判员要开始数秒，从1数到10，并用手势表示秒数，如裁判员数到10，该运动员还不能站起来，则判对方获胜。业余拳击比赛主要靠技术得分来判定胜负，所用拳击手套大而且厚，比赛时运动员要穿背心、短裤、软底拳鞋、戴护头盔。

在规则方面业余与职业拳击要求相同的是，所有选手必须佩戴护手绷带和护齿（牙

**世界拳击协会**

世界拳击协会（The World Boxing Association，简称WBA）成立于1967年，现主席是曼多萨。WBA原是在美国成立的国立拳击运动协会，以对抗纽约州体育运动委员会。它主要是一个美国机构，基本控制着整个美国的拳击比赛。这个组织宣布有它自己的世界拳击冠军，经常与世界拳击理事会发生冲突抵触。阿里、弗雷泽、福尔曼被称为20世纪"70年代重量级拳坛三巨头"，是当之无愧的拳王，他们得到的金腰带都刻有WBA字样。

套），赛事主办方有义务为选手提供这两项护具。此外，业余拳击比赛设有12个级别，职业拳击比赛设有17个级别。

**世界最好的重量级拳击手之一泰森**

迈克·泰森，1966年6月30日出生于美国纽约市，职业拳手，曾获世界重量级冠军，被认为是世界上最好的重量级拳击手之一。在其全盛时期，他以毁灭性的风格多次击败了著名的对手，一度是最具威胁性的拳击手之一。但其事业前景却因个人问题、缺乏训练和两次收押而中断。在监狱他曾企图恢复职业生涯，但在与众多对手比赛中却没有获胜。2005年6月11日，泰森与学徒拳击手凯文·迈克布莱德打了最后一场比赛，亦以失败收场，因此决定永远从拳坛退休。

## 第2节 拳击的基本技术

**问题导引**

拳击运动的主要基本技术有哪些？如何正确地进行练习？

### 一、拳击的基本姿势

拳击的基本姿势是最基础的技术动作。正确的基本姿势不仅是维持平衡和脚步移动的重要条件，也是进攻、防守、反攻最理想的姿势。拳击的各种击打技术都是从基本姿势开始的。对于初学者来说，正确地掌握基本姿势的动作要领对于进一步学习各种拳法及全面掌握拳击运动的技术至关重要。

**1. 基本姿势的具体动作（以正手为准）**

两脚前后站立，横向宽度大约与肩同宽，身体重心处于前、后两脚中间；前脚应全脚掌着地，且脚尖内扣，膝关节微屈；右脚脚跟抬起，始终以前脚掌着地，膝关节弯曲；两脚前后的位置应该是使两脚踝的连线与面对的正方向（对手所在方向）呈45°角，这样有利于移动重心。上体应弯腰、含胸，收紧下颚，双臂贴于两肋旁；左肘臂约屈90°，左拳略高于肩，拳防护左侧腮面，左臂防护左侧肋部；右肘臂小于90°，右拳置于右腮面旁，右肘臂防护右侧肋旁，如图20-1所示。

**2. 拳的握法**

四指并拢内屈，拇指放在中指和食指的第二骨节上，拳头稍内扣，拳面要平，拳背与腕部稍隆起，这样打击才有力。为了避免臂肌过于疲劳，握拳不要太用劲，但在拳击对方的要害部位前一刹那，要用力握拳，如图20-2所示。

图20-1 基本姿势

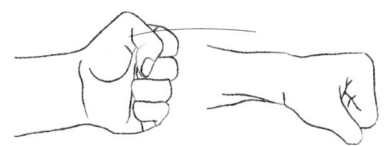
图20-2 拳的握法

## 二、拳击的基本步法

拳击的步法是拳击技术中十分重要的组成部分，没有步法，上肢的各种拳法将失去意义。在实战练习与比赛中，运动员要利用步法来维持身体重心平衡，轻松迅速地移动身体，使自己处于进攻和防御的最佳位置上。

拳击的基本步法有五种，即滑步、刺步、侧步、环绕步、撤步等。

### 1. 滑步

滑步包括前滑步、后滑步、左滑步和右滑步。以前滑步为例：右脚掌蹬地，左脚稍离地面向前滑进20~30厘米，后脚轻擦地面跟进。移动的步幅稍大于肩距。两脚以脚掌着地，身体重心始终保持在两腿之间。通常用于与对手调整攻击距离，逼近对手出击或诱惑对手出拳，制造可以攻击的空隙，是一种稳健的步法，如图20-3所示。

### 2. 刺步

左脚平放在地面上，着力点在前脚掌上，右脚前脚掌着地，足跟稍抬起，左脚急速向前迈进40~50厘米，右脚随着跟上一步，仍保持拳击攻防姿势。刺步与前滑步动作相似，只是速度更快。当对手暴露防卫上的空隙时，如不迅速地使用这种快速步法抓住时机袭击，就会坐失战机。它是敏捷快速突然袭击对手的一种步法，通常配合左右直拳连击使用，如图20-4所示。

### 3. 侧步

对手打右直拳时，右脚向右后侧转，左脚以足尖为轴，足跟向左侧转动40°~60°，人站在对手的右直拳外侧；对手打左直拳时，右脚向右侧上一步，左脚以足尖为轴，原地向右转100°~120°，人站在对手左直拳外侧。用于避开对手的直拳攻击，为自己创造有利的攻击位置，如图20-5所示。

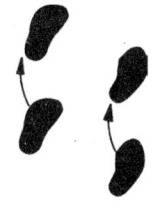
图20-3 滑步

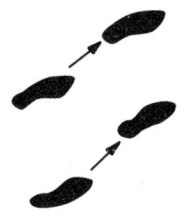
图20-4 刺步

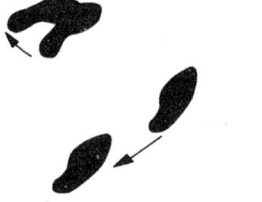
图20-5 侧步

### 4. 环绕步

环绕步有两种：左环绕步，左脚先动，右脚随即跟上，身体迅速右转；右环绕步，右脚先动，左脚随即跟上，身体迅速左转。这是以对手为中心，绕对手迂回的步法，目的是转移进攻方向,寻找进攻机会,或是为了闪躲对方,使对手快速直线进攻失效,以便让自己调整呼吸,作短暂的休息,如图20-6所示。

5. 撤步

前脚掌用力撑地,后脚先后撤一大步并且几乎同时迅速收回前脚,以保持好拳击的攻防姿势。用于避开对手重拳攻击,或撤出近距离战斗,调整战斗位置,如图20-7所示。

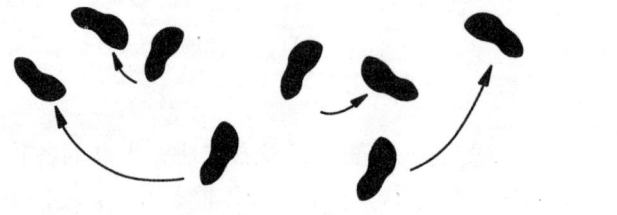
图20-6 环绕步

图20-7 撤步

**世界第一位黑人重量级拳王乔·路易斯**

路易斯是历史上最为成功的重量级拳击运动员之一,他曾让25名拳手败在自己的拳下。他是世界第一位黑人重量级拳王。1938年,路易斯击败了德国拳手施姆林,使其赛后整整在医院里住了3周,成为了美国的拳击英雄。当时德国在希特勒的统治下,因此路易斯的胜利意义更加重大。不过,从1942年到1945年,路易斯加入美国军队。第二次世界大战之后,路易斯仍然称霸拳坛相当长时间。

### 三、拳击的基本拳法

拳击的基本拳法的名称,是按照拳臂形状、击打动作方向、击打动作方法命名的,主要有直拳、摆拳、勾拳等。

1. 直拳

直拳是最基本的动作,也是关键的动作。直拳击打路线轨迹呈直线,从肩部出击,途径短,它的做功距离和做功时间比刺拳长,易被对手发现和防范,但拳头分量重、威力大,一旦击中目标往往能取得决定性胜利,所以,一般运动员喜欢用直拳作为自己的主力拳。直拳打得好的运动员,不会被对手冲进来逼近打。直拳可分为左直拳和右直拳两种。

(1)左直拳。

左直拳也称抢先拳,在拳击运动中是运用得最多的一种拳法。由于它的位置偏前,所以速度快,具有一定打击力,可以目测到对手之间的距离,限制对手前进、进攻,动作突然、简单,可以先发制人。所以说,会不会使用左直拳是决定拳击者能否取胜的关键。

技术要领:首先做站立姿势,从自己鼻尖向对方画一个假想直线,同自己两肩直线呈45°。出左直拳时,把自己左肩转动到这个假想直线,即把左拳向内转动45°;与此同时,左脚向前一步,迅速向对方出拳。出拳时,胳膊与肩部的肌肉要放松,不能过分紧缩,当要击打到对方要害部位时才能紧握拳头。出左拳时,收腹含胸,左肘在心窝口部

位，右手放到下颌的位置，下颌也要往里收，以防对方反击，如图20-8所示。

（2）右直拳。

右直拳是长距离拳法，击打路线也是直线，其做功时间和距离比左直拳长，但打击力量大。由于它击打路线长，容易被对方发现，所以一般都要利用左手的假动作来转移或破坏对方的防御，分散对方的注意，一旦对方露出破绽，立即打出右直拳。

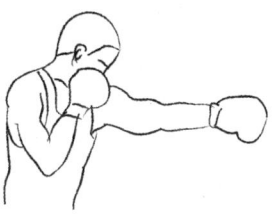

图20-8　左直拳

技术要领：以站立姿势把右肩向内转135°，将右拳向前直击，左肩稍低一点，右脚尖用力蹬地，右膝盖几乎接触到左膝盖。出拳的同时，前脚向前迈一步，以前脚掌负担身体重量，足跟平浮于地面，后足跟踮起，在前脚掌完成支撑一瞬间，后脚迅速跟上一步。右直拳的发力主要靠出拳速度、身体向前运动的速度及送肩动作，如图20-9所示。

图20-9　右直拳

### 2. 摆拳

摆拳是从侧面袭击对手的有力拳法。摆拳的动作不如直拳、勾拳和刺拳的速度快，它是借用身体向相反方向移动出拳，以分散对手的注意力，其行走路线比较长、幅度大，离心力大，如打得准则有很大的破坏力；如打不准则疲劳度大，且易被对手发觉，受对方反击。学习摆拳要研究如何缩短拳的路线轨迹和发力技巧，并预防对手直拳迎击。摆拳分为左摆拳和右摆拳两种。

左摆拳技术要领：由基本姿势开始，将拳由自己的左肩前，从左侧向前成弧形路线移动击打目标，肘臂屈度增大到150°左右，拳背向上，拳峰内扣，虎口向自己，要求臂与肩平，在击中目标前的一瞬间，利用腿、腰、胯发力，以身体为转动纵轴，把拧腰和送肩的合力汇集到拳中打出，如图20-10所示。

右摆拳的技术要领与左摆拳大致相同，右摆拳动作幅度大，腿、腰、胯的发力动作较左摆拳更为明显，所以右摆拳的威力更大，如图20-11所示。

图20-10　左摆拳　　图20-11　右摆拳

### 3. 勾拳

所谓勾拳，就是打出去的拳臂似勾形。它是近距离击打的拳法，通常配合直拳或摆拳构成组合拳进攻对手，或先放过对手打过来的直拳，而后进行交叉反击，攻击对方的侧面部或腹部。它的运动路线短，发力迅猛，勾拳用得好，对手往往会应声而倒。勾拳分为上勾拳和平勾拳两种。

（1）上勾拳。

左上勾拳技术要领：由实战姿势开始，身体稍向左侧转，接着迅速拧转上体，左脚掌用力蹬地，左拳随之向下、向前、向上，前臂外旋直冲对方腹部或下颌处，此时前臂与上臂弯曲类似勾状，右拳保持原姿势不变，击打后按原路线收回，如图20-12所示。

右上勾拳技术要领与左上勾拳技术动作要领大致相同，如图20-13所示。

（2）平勾拳。

左平勾拳技术要领：由基本姿势开始，身体重心略向前移，随即左肘抬起约与肩平，肘臂部弯曲90°左右，利用腰、肩部突然转动的力量，使左拳前送并向横向从左往右摆动。以腰带肩，以肩带臂，将力量达于拳面，击打对方的右侧面部，击打完后身体迅速还原成基本姿势，如图20-14所示。

右平勾拳技术要领与左平勾拳技术动作要领大致相同，如图20-15所示

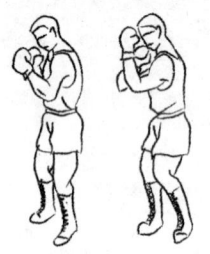    

图20-12　左上勾拳　　图20-13　右上勾拳　　图20-14　左平勾拳　　图20-15　右平勾拳

### 4. 掩护法

运用掩护法时，应低头、含胸、收腹，将头藏在两拳臂中间，借双臂进行掩护，并从两拳臂缝中监视对手伺机还击，一般只有处在极度疲乏或被对手击中一时无力反击的情况下使用。当然，如果有意识地用掩护法作为战术来使用，又另当别论。

技术要领：屈肘收臂紧护胸、肋、腹，下颚藏于两拳之间，两肩耸起掩护两肋面，两眼注视对手，如图20-16所示。

图20-16　掩护法

# 第3节　拳击采风

大家一定还记得美国小说家杰克·伦敦笔下的老拳击手：为了一块牛排，一顿早餐，仍然参加比赛；也因为一块牛排，一顿早餐，失去了比赛。在拳击运动中表现出的人世浮沉，让人唏嘘。而杰克·伦敦为什么选择一个老拳击手作为主角呢？因为拳击运动本身的特点更能激发人们对老拳击手的同情。

拳击作为一项体育运动，既具有一般体育项目的运动特点，又具有自己的独特性。在技术上虽然有攻防技术的特性，即将技术寓于拳击运动之中，同时它又能磨炼意志，培养道德情操；能娱乐观赏，丰富文化生活。现代拳击运动已不再仅是男人的天地，女子拳击运动已在世界各地悄然兴起，且被列入2012年奥运会正式项目。

## 一、拳击手套的选购与保养

拳击手套（图20-17）要根据自己的体重来选择，磅数过大会导致出拳不顺，贻误战

机。戴上手套时首先要看有没有阻碍手腕血液流通现象。双手向下无规则摇摆，看看会不会松动，然后向空处打次拳，两个次拳接一个后手拳，打两组，如果发现没有由于拳套的自身重量来拉扯自己的拳头就可以了，说明拳套适合你。

颜色也是一个比较令人在意的事情。一个经验丰富的选手，绝对不会随便选择颜色，要根据自己的对手来选择颜色。一般来讲，要备同磅数的两副手套，红色让人看到容易产生兴奋，如果想得到特别激烈的对抗建议使用红色；黑色一般是防守使用，能给对手造成压抑的感觉。

图20-17 拳击手套

手套的保养也很讲究，用软布蘸一点清水，擦掉手套上的汗，千万不要直接擦，那样会把汗水直接涂抹在手套上，时间长了会腐蚀，导致手套上面全是沙眼；当然，也不要用消毒纸巾擦。切记不可用水漂洗，只可用软布蘸一点清水擦拭之后晾晒。一副好的手套其内部变形时间很慢，所以不必急于更换。

## 二、国际公认的拳击组织

### 1. 世界拳击协会（The World Boxing Association，简称WBA）

世界拳击协会成立于1967年。原是在美国成立的国立拳击运动协会，基本控制着整个美国的拳击比赛。阿里、弗雷泽、福尔曼被称为"70年代重量级拳坛三巨头"，是当之无愧的拳王，他们得到的金腰带都刻有WBA字样。

### 2. 世界拳击理事会（The World Boxing Council，简称 WBC）

世界拳击理事会成立于1963年，总部设在墨西哥城。这个组织由美国大多数民族和国际管理团体组成，并得到了纽约州体育运动委员会的支持，同时它联合了欧洲拳联、英国拳联、拉丁美洲拳联、美国部分州的拳协和亚洲、非洲的一些国家拳联，它更倾向为一个世界性的、更具包容性的组织。目前已经成为世界上知名度最高、实力最强的职业拳击组织。阿里、霍利菲尔德、刘易斯、克里钦科等都是世界拳击理事会旗下的著名拳王。

### 3. 国际拳击联合会（The International Boxing Federation，简称 IBF）

国际拳击联合会成立于1983年，总部设在美国的新泽西州。IBF是一个与WBC对立的组织，这个组织成立的目的在于夺取被美国把持的颁奖权利。IBF有一句名言"一个理想，现在是实现的时候了"。在这一思想指导下，IBF为国际拳击事业的发展作出了很大贡献。当今世界，很多著名拳王都曾是IBF冠军得主,如重量级的迈克·泰森、左撇子拳王穆勒、中量级的霍普金斯等等。

### 4. 国际业余拳击联合会（The Association Internationale de Boxe Amateur，简称 AIBA）

国际业余拳击联合会于1946年11月28日在伦敦成立，总部设在主席所在国（现为美国）。现在该联合会拥有209个协会成员。国际拳联主管的比赛有奥运会拳击比赛、世界锦标赛、世界杯赛、地区和洲锦标赛、世界少年锦标赛。

## 中国拳头的力量

邹市明，48公斤级拳击运动员，2000年成为国手，拿过48公斤级20个全国冠军，是国内在该级别上最有实力的选手。他开创了"海盗式"拳击。所谓"海盗式"拳击，就是拳击时如同海盗一样迅捷、勇猛，其表现为"一击命中，立即遁开"和"防守撤退时，突然出拳反击并得分"。在2008年北京奥运会拳击48公斤比赛中，邹市明获得金牌。

当年，只有13岁的邹市明不顾家人劝说毅然走入武校开始习武打拳。1997年他代表遵义参加了省运会和全国少年锦标赛，获得了省运会第二和全国少锦赛第三名的成绩。同年他被招入贵州省集训队。

进入省队那年他的体重还只有45公斤，很多教练员并不看好身材和能力尚不出众的邹市明。幸运的是张传良教练排除众议留下了他。邹市明清醒地意识到自己的不足，因为力量还不足以和别人抗衡，他就不断移动、突然反击、再移动，一刻不停地游走。渐渐地，他具备了很强的移动和反击能力，锻炼出属于自己特点的打法。

1999年因为他的打法酷似国外选手而被召入国家集训队，成为48公斤级的一名带训队员。2003年7月，邹市明终于迎来了第十二届曼谷世界拳击锦标赛，首轮他就爆出了本次大赛最大的冷门，淘汰了上届冠军——来自古巴的名将Bartelemi Yan。随后的比赛中他依然势不可挡，一路过关斩将，直杀到决赛。虽然决赛中惜败于俄罗斯名将，但一年后的雅典奥运会也成了他下一个要追逐的目标。奥运赛场的竞争是惨烈的，邹市明在四分之一决赛再次遭遇老对手——古巴名将Bartelemi Yan，一路领先的邹市明在第三回合让对手抓住了一个机会而失掉比赛，这一次他输在了经验和战术上。

回国之后，深知大赛经验欠缺的邹市明开始疯狂地参加国际比赛，在阿塞拜疆的传统赛事乔杜里杯、法国举办的国际邀请赛和世界大学生拳击锦标赛上，他囊括了全部的冠军。在夺得第十届全运会金牌之后，他迎来了等待已久的第十三届世界拳击锦标赛。

在有80多个国家选手参赛的绵阳世锦赛上，邹市明将水平发挥得淋漓尽致，不仅再一次战胜老对手Bartelemi Yan，而且一路高歌，为祖国赢得了第一个拳击大赛的冠军，也圆了自己心中的梦。那一刻他笑了，笑得是那么灿烂；他也哭了，那是幸福的泪水。

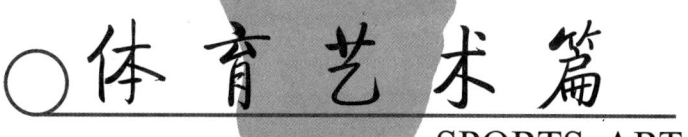

# ○体育艺术篇
## SPORTS ART

> 相貌的美高于色泽的美,而秀雅合适的动作的美又高于相貌的美。这是美的精华。
>
> ——培 根(英国哲学家)

# 第22章 形 体

颈部伸直,下颌微收,沉肩挺胸,收腹立腰,这是形体课上最基本的姿态,它让人摇身一变,亭亭玉立。形体课通过各种训练来梳理修整自然体态,再加上舞蹈组合,提高形体的美感,培养良好的气质,陶冶美的情操,提高审美品位。本章就带同学们一起学习形体,了解它的发展、基本动作和音乐,体验一种优雅、一种挺拔、一种青春的气息。

## 精彩案例

### 奥运礼仪小姐是怎样练成的

北京奥运会让世界铭记中国,颁奖仪式中的礼仪小姐举手投足间流露出中国女性之美,凭借自信、美丽、大方的仪态征服了各国友人。这些奥运花蕾是经过千锤百炼才绚烂绽放的。要气质如兰、高贵优雅,形体训练必不可少。奥运颁奖礼仪小姐形体训练教师马妮一再跟姑娘们说:"要挺起高贵的胸,拉长美丽的颈。我们要的是一个谦和而有尊严的形体感觉。"

奥运颁奖志愿者是国家形象的传递者之一,是国家的名片。她们的站姿、行走、转身、微笑都有严格要求,因此接受的培训也是严格和多面的。三百多名奥运会颁奖仪式专业志愿者要进行行进步伐、站姿、颁奖礼仪动作、颁奖流程、形体训练等强化训练,而形体训练是重中之重。

岁月会让容貌失色,但是气质却会沉淀下来,它成于中而形于外。令人如沐春风、如饮醇酒一般优雅的气质是一点一滴培养起来的,形体训练是培养气质的良好途径,也是对身体"温柔"的锻炼。它发展人体的柔韧、协调、灵巧、力量,还可以提高人体音乐素养和艺术修养,陶冶性情,使人具有良好的风度和身体姿态。

# 第1节 形体训练简介

**问题导引**

形体训练为什么是所有运动项目的基础？形体美的标准有哪些，你都符合吗？芭蕾形体训练的起源与发展如何？

年少时，你是否在心里悄悄种下一个"天鹅梦"：有一天，要像白天鹅一样拥有优雅的身姿，自信昂扬？但日复一日，时光让这个梦失却了光彩。对身材不满意的你，为什么不尝试一下形体训练？这项优美、高雅的健身项目，让你经过舒展优美的舞蹈基础练习（以芭蕾为基础），加上古典舞、身韵、民族民间舞蹈进行综合训练，持之以恒，拥有优美的体态，高雅的气质的"天鹅"也许就在镜子里了。

## 一、形体训练简介

通过形体训练纠正不正确的姿势，是所有运动项目的基础。它是构成动作语汇最基本的单位，是通向艺术教育的必经之路。形体训练的主要特征是以人体生理科学原理、美学原理为指导，以身体训练为主要手段，以发展专项素质为基础，以塑造健康优美的形象为核心，以提高形体的控制力与表现力为重点，以培养良好个性与高雅气质为目的。形体训练是对同学们进行艺术美育教育的过程，是获得形体美和心理美以及美的表现的主要途径。将形体训练说成是"优美体态的建筑师"恐怕并不为过，这项运动可以提高形体的美感，培养良好的气质，陶冶美的情操，提高审美品位。

### 芭蕾的起源与发展

芭蕾一词来源于意大利语，意为"跳舞"。它是中世纪文艺复兴时期，出现于意大利和法兰西的一种艺术形式。1713年，巴黎建立了第一所舞蹈学校。芭蕾舞成熟于俄罗斯。俄罗斯芭蕾不仅吸收了其他舞蹈学派的艺术精华，而且结合了本民族的人体、形体特点和审美观，创立了一套全新的教学体系，至今还影响着世界。古典芭蕾的女演员用足尖点地作为舞蹈的主要特征。近几年来，在我国，芭蕾业余教育正在蓬勃发展，因为人们意识到芭蕾不仅在人的形体健美上、手脚灵敏上、步伐轻盈上有着特殊的作用，同时在培养人的思想、品德、修养、情操、仪表、礼节以及艺术品位鉴赏能力等方面都有不可忽略的作用。

从舞蹈中同学们能看到情感、故事，甚至心灵。舞蹈的基础是舞蹈语汇——手势、舞姿、造型、队形变化，而舞蹈语汇的基础又是形体语汇，层层探源，形体的木桩便在基础这个词上牢不可摧地打下。在所有舞蹈体系中，芭蕾舞的形体训练体系比较严谨和完整，所以形体训练撷取芭蕾舞基础训练的精髓，潜移默化地提升着训练者的气质。

形体训练的方法不一而足，但芭蕾形体训练的方法最值得信赖，不仅是舞蹈界的公共课程，而且也成为模特、体操运动员、影视演员等共同的形体训练方法。芭蕾形体训练还是一种心智培养训练，让人们拥有一种与众不同的控制力和高贵的气质。

芭蕾被称为"腿脚的艺术"，所以芭蕾形体训练的独特之处也就在脚上，它要求双脚的外开成"一"字的训练，这样就把人体重心强制后移到脚跟，骨盆由前倾变为直立，腰部和脊柱变得笔直。同学们可以试验一下，脚跟并拢，双脚外开180°成"一"字，姿态要比平时挺拔得多，这让芭蕾形体训练的方法立竿见影。芭蕾形体训练体力消耗较一般的有氧运动小，与大家相伴的还有流淌的舒缓音乐，配上流畅舒展的动作一呼一吸间，与身体自在对话，神圣的和谐美也随之降临，岂不舒哉？

### 你的形体美吗

- 头部五官端正、面部红润、眼光有神、头发光泽、颈部挺直而灵活，并与头部配合协调。
- 双肩对称，男宽女窄。
- 两臂修长，两臂之长与身高相等。
- 胸部宽厚，比例协调，男性胸肌圆隆，女性乳房丰满，挺而不垂。
- 腰部是连接上下体的主柱，呈现圆柱形，细而有力。
- 腹部应扁平。
- 臀部圆满，微显上翘，不下坠，男性鼓实，女性健而隆起。
- 大腿修长，小腿长而腓肠肌位置高，并稍突出。
- 人体骨骼发育正常，无畸形，身体各部位比例匀称。
- 男子形体强调上肢力量及肌肉发达，整个体型呈倒梯形；女子形体强调身体比例匀称，线条流畅，整个体型呈曲线形。均匀的体型与正确的姿态能塑造形体美。

# 第2节 形体训练的基本动作和练习方法

> **问题导引**
>
> 形体基本姿态有哪些？形体训练基本内容包含哪些？芭蕾手位、脚位各是什么？弹簧步、足尖步、变换步、华尔兹步、柔软步如何练习？

## 一、基本姿态练习

### 1. 立姿

立姿是脊柱周围的肌肉收缩和韧带固定来维持的优美、挺拔的站立姿势。

正确的站立姿势：两腿伸直并立，两脚自然成小八字，头颈、躯干、腿在一条垂直线上，直颈，挺胸，立腰，收腹，夹臀，提气，两肩放松下垂，目视前方。

练习方法：

（1）靠墙立。脚跟、腿、臀、肩胛骨和头紧靠墙。

（2）分腿立。两腿在小八字立的基础上分开与肩同宽，双手叉腰，两肘微向前扣。训练臀、腹及上体的正确感觉。

（3）单腿立。在正确立姿的基础上，一腿支撑，另一腿屈膝上抬，绷脚贴于支撑腿，双手叉腰，上体微微向侧转。训练腿的挺直及控制力。

### 2. 坐姿

优美端庄的坐姿可分为端坐式、双脚前坐式、脚恋式、伸屈式，如图22-1所示。

正确的坐姿：在双腿没有体重负担、身体重心落在臀部时，身体各部位不能过分松弛，要挺胸收腹，立腰提气，肋骨上提，头颈向上伸，微收下颚，肩放松，四肢摆放要注意规范端正，切不要摆得太开，给人举止粗鲁的印象。

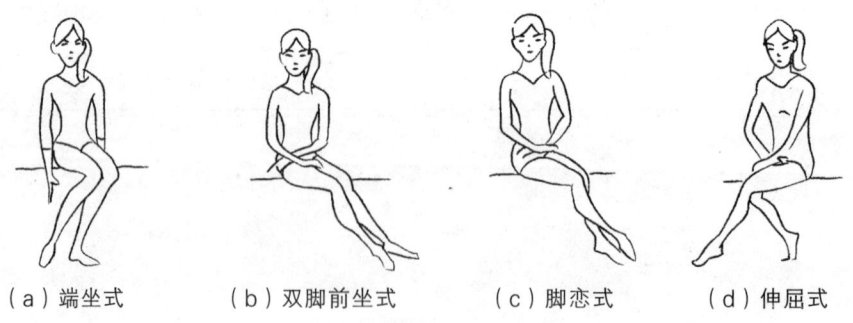

(a) 端坐式　　(b) 双脚前坐式　　(c) 脚恋式　　(d) 伸屈式

图22-1　坐姿

### 3. 走姿

走姿是在正确的站立姿势基础上形成，要注意步履轻盈，两脚在一条直线的左右侧交替前移,膝关节正对前方,两臂自然下垂,前后协调摆动;肩部下沉稍后展,挺胸抬头,两眼平视前方。注意避免内外八字脚及上体拧转、摇晃、弓腰、腆肚,盈步走来,应有端庄大气之感。

练习方法:

提踵走:提脚跟,用前脚掌行走,提高足、膝、胯的力量,增强身体行走的控制能力。

## 二、基本内容

### 1. 手臂训练

手臂的基本训练首先要掌握正确的基本手位即芭蕾的七个手位,以及手型、手臂应控制的弧度等,并通过手臂的摆动练习和波浪练习来领会上臂带动前臂的发力方法,体会手臂发力的最终结束点——指端,似有动作余味未尽之感。通过训练,克服手的紧张度,手臂有刚柔适度、自然优雅的韵味。

(1)芭蕾手臂的7个基本位置,如图22-2所示。

一位:两臂弧形体前自然下垂,指尖相对掌心稍向内。

二位:两臂弧形前平举略低于肩,掌心相对。

三位:两臂弧形上举,稍偏前,掌心相对。

四位:一臂弧形上举,一臂弧形前举。

五位:一臂弧形上举,一臂弧形侧举。

六位:一臂弧形侧举,一臂弧形前举。

七位:两臂弧形侧举,掌心向前下方。

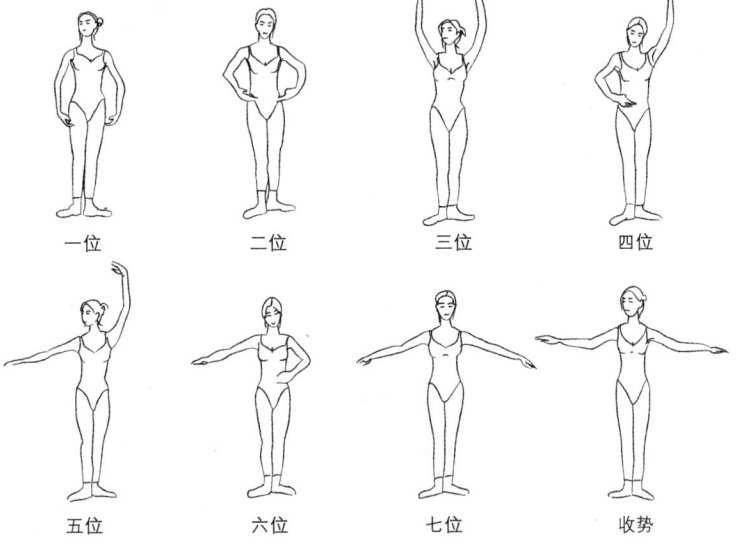

图22-2 芭蕾七个手位图

收势:同一位动作。

(2)芭蕾手臂的基本要求:肩放松,肘、腕自然微屈,手臂保持弧形。

(3)芭蕾手形:手指并拢,自然伸长,拇指与中指稍向里合。

### 2. 脚位训练

(1)芭蕾脚的5个基本位置,如图22-3所示。

一位:两脚跟靠拢,脚尖向两侧,两脚成一横线。

二位:脚尖向两侧,两脚跟左右距离约一脚,两脚成一横线。

三位:脚尖向两侧,一脚跟相叠在另一脚弓处,平行横立。

四位：两脚前后平行，脚尖向两侧，两脚间距离约一脚。

五位：两脚前后平行相靠，脚尖向两侧。

要点：髋、膝关节充分外开，身体重心平均在两脚上。

动作规格：站立平稳，姿态正确，两脚在一横线上或前后平行。

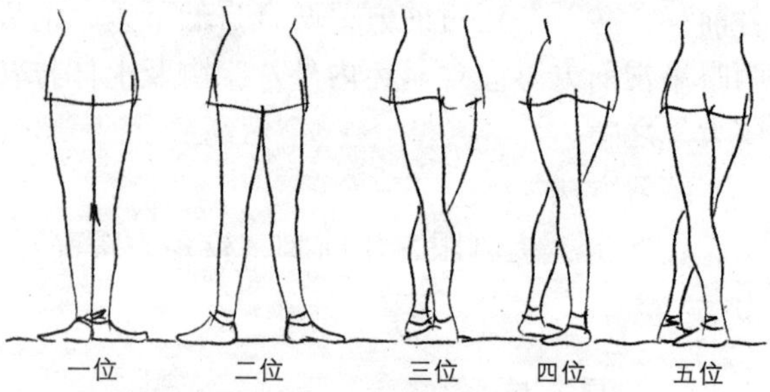

图22-3 芭蕾中脚的5种基本位置

（2）站立姿势：

松样挺拔，如树扎根，形体的基本骨架是站立姿势，它直接影响动作的美感。站立姿势训练是形体训练中的第一步，贯穿于形体训练的全过程。

形体训练的正确站立姿态：头部端正，眼平视，挺胸，收腹，立腰，立背，紧臀，膝伸直，腿夹紧，脚跟并拢，脚尖开立45°~60°。站立训练可通过背靠墙、立踵等练习方法来达到站立的动作规范。

（3）腿部训练：腿部训练主要是使腿部线条更长、更健美。可通过芭蕾的把杆练习，如划弧、屈伸腿及各种脚位的立、蹲、移重心等练习，还可以通过直膝、绷脚尖、外旋即"开胯"练习来提高腿部肌肉的感觉，以及小踢腿、大踢腿等练习来提高腿部肌肉控制的能力。

3. 波浪练习

体柔如波浪，灵活韧道，波浪动作的特点是参加运动的身体各关节间的屈、伸要按顺序呈依次连贯的推移运动。通过波浪练习，可以锻炼身体的柔韧、灵活及协调运动的能力。波浪练习包括手臂波浪和身体波浪，可向前、后、侧进行，动作可大也可小。

手臂波浪是以臂部各关节按顺序做柔和的屈伸动作。手臂波浪动作的幅度可大可小，并可在前举、上举及斜举等不同部位做，也可两臂同时或两臂依次进行。手臂波浪的技术要点：由肩部开始发力，使肘、腕、掌、指关节由屈至伸，形成依次连贯的推移运动。手臂波浪动作要求动作圆润、连贯、舒展，如图22-4所示。

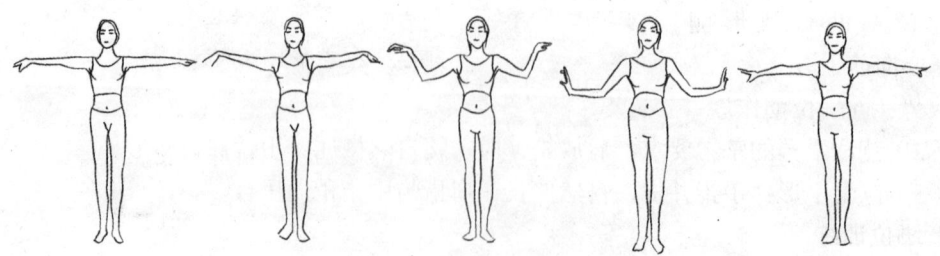

图22-4 手臂波浪

身体波浪一般有躯干波浪和全身波浪两种。全身波浪有向前、向后、向侧波浪。身体波浪的技术要点：躯干各关节的屈伸要连贯不断地依次推移过渡，要求动作圆润、连贯、舒展，如图22-5所示。

**4. 摆动练习**

摆动是以身体某一关节为轴，做自然、柔和的钟摆式摆动动作。一般包括手臂摆动、腿的摆动及躯干摆动（图22-6）。

图22-5 全身波浪　　　　　　　图22-6 躯干摆动

手臂摆动：以肩为轴，向同方向或不同方向，同时也可依次进行，如图22-7所示。

腿的摆动主要是以髋关节为轴，向前、后、侧各方向的摆起动作。可原地做，也可行进间做。动作形式包括自然摆动和快速有力的踢腿，如图22-8所示。

图22-7 手臂摆动

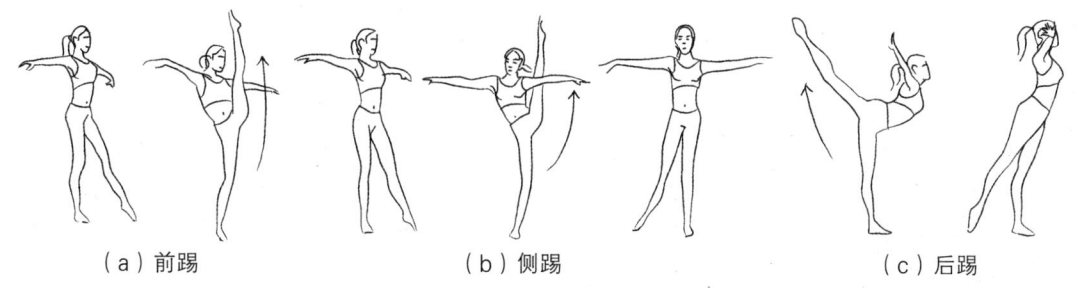

（a）前踢　　　　　　（b）侧踢　　　　　　（c）后踢

图22-8 腿的摆动

**5. 基本舞步练习**

在芭蕾把杆训练的基础上结合进行各种基本步伐、跳跃、转体，从单个动作到组合动作进行练习，以及进一步进行各种节奏操、波浪操、韵律操等身体各部位的综合练习，使头、手、脚协调配合，提高身体的肌肉感、节奏感、韵律感和协调能力，从而具有较规范的基本姿态表现力。基本舞步练习是形体训练的徒手动作的主要内容之一，可培养协调性、节奏感和表现力。

（1）柔软步（图22-9）：

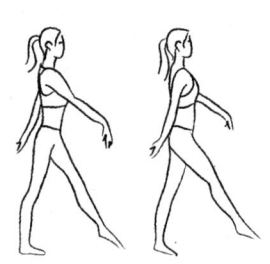

图22-9 柔软步

预备姿势：自然站立。

动作要领：一脚向前伸出，绷脚尖，脚外旋，随即从前脚掌过渡到全脚掌着地，重心前移，两腿依次交替进行。

要求：向前抬腿时，脚面膝盖向外打开并充分绷直。动作要自然、柔和。注意收腹、挺胸、立颈，手臂摆动要协调、自然。

（2）弹簧步（图22-10）：弹簧步是表现腿部弹性特点的步法，也是单脚立踵舞姿及跳的基础动作，一般二拍完成，包括普通弹簧步、前屈膝弹簧步和跳的弹簧步。

动作要领：一脚向前伸出，绷脚尖，然后柔和地由脚尖过渡到全脚掌落地，有控制地依次弯曲踝、膝关节，接着依次充分伸直膝、踝，重心向上成提踵立，上体正直，收腹立腰，步幅不宜过大。整个蹲起过程保持稳定的重心。

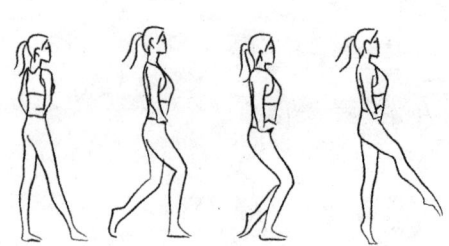

图22-10 弹簧步

（3）足尖步（图22-11）：

预备姿势：两脚并立提踵，两手叉腰。

动作要领：左腿直膝绷脚面向前伸出（脚尖稍向外），由脚尖过渡到前脚掌落地支撑，重心前移，两腿交替进行。

图22-11 足尖步

要求：身体正直，收腹立腰，步幅均匀不宜过大，支撑腿脚踝充分向上立。

（4）变换步：一种常用的舞步，具有柔和、舒展的特色，动作变化多样，包括普通变换步、前屈膝变换步、后举腿变换步、转体变换步及跳的变换步。一般用两拍完成，可采用2/4或4/4的舒缓乐曲。

预备姿势：自然站立，两臂侧举。

动作要领：第1拍上半拍，左脚向前柔软步；第1拍下半拍，右脚与左脚并成自然位，同时两臂成一位。第2拍左脚向前柔软步，重心前移，右脚伸直后点地。脚面绷直稍向外旋，同时右臂前平举，左臂侧举。

要求：收腹立腰，上身正直，髋要正，后腿伸直点地，膝与脚外旋。

（5）华尔兹步：华尔兹步是常见舞步，它具有轻盈、优美、流畅的特色，动作形式变化多样，可向前、向后、向侧、转体及跑动行进。华尔兹的动作以3拍完成，做时采用3/4节拍的华尔兹舞曲。

向前华尔兹步（以左脚为例），如图22-12所示。

预备姿势：两脚并立提踵，两臂侧举。

动作要领：第1拍左脚向前做一次柔软步，

图22-12 向前华尔兹步

落地稍屈膝，重心随之前移。2~3拍右脚开始向前做两次足尖步。在3拍动作过程中，配合左臂做一次波浪。两腿交替进行。

要求：3步的步幅均等，动作起伏自然，收腹立腰，重心随出步而移动。

## 第3节 形体训练采风

对女性来说，姣好的形体美可以提升自身气质。在形体训练中，还有一些值得我们去关注的，如形体课的音乐、舍宾运动等。

### 一、形体课的音乐

音乐与形体运动密不可分，音乐为形体插上了翅膀，与形体和谐共生。

那么，在选择音乐的时候应该注意些什么呢？首先，应考虑到年龄、技术水平、音乐素养多方面情况。乐曲选择应该以能更好地发挥个人特点及动作风格和艺术表现力为出发点，从而使动作和音乐配合协调。初学时，简单的音乐片段或熟悉的曲子就好，会增加亲和力。由易到难，有一定基础之后，可选择一些结构较为复杂、速度稍快的乐曲，在与形体动作的搭配中体会并融合音乐的情绪，伴随节奏、旋律、节拍、速度、力度、音色、和声、复调等音乐手段塑造形象、抒发内心情感。其次，音乐的选择会影响形体动作的风格、速度节奏等，好的音乐会激发出练习者的运动激情，所以音乐与形体动作相一致就变得格外重要。例如，波浪、绕环等舒展的动作适合选用3/4拍的乐曲或中速、缓慢的4/4拍音乐，而转体和跳跃等热情流畅的动作则适合选用小快板、2/4拍的音乐。《水边的阿莲蒂娜》、《云》、《天鹅湖》等都是让形体课乐声袅袅的好曲目。

### 二、舍宾

你知道舍宾（shaping）吗？在形体运动领域，它越来越流行，如图22-13所示。

舍宾是英文shaping的译音，源自20世纪90年代的俄罗斯，其含义就是形体整型、塑造或雕塑。它包括形体测试系统、形体锻炼系统、形体营养处方系统、形体模特服装、发型优化系统、软组织运动雕塑程序方法体系。它是有别于健美操、有氧操的一种全方位追求形体美和形象美的运动，盛行于俄罗斯、独联体和欧洲地区。短短几十年，舍宾体系连锁俱乐部已迅速发展到20多个国家，遍及约300个城市，现在中国也非常流行。

图22-13 宾舍训练

当你走进舍宾训练房，教练不会直接带你到训练场地，而是把你领到测评机前面，通过电脑测评系统来确定你的身体状况及体脂分布，对照"标准模型"，找出你的各部分差距,同时对你进行体能测试和医学测试,将这些测试的信息输入计算机,最终给出一个只属于你个人的形体训练计划。用最科学精准的方法雕塑你的形体。

调适运动、侧身运动、伸腿运动、展臂运动、弓腿运动、踢腿运动、平衡运动、举臂运动、协调运动等悉数上场,除此之外还有营养饮食搭配计划,舍宾形体运动致力于雕塑完美形体。

### 三、形体测量与衡量指数

形体健美在很大程度上取决于身体各部位体围的尺寸和相互间的比例。

**1. 测量方法**

准备一条软尺,把全身主要重点正确测量出来,加以记录,判断自己的形体。

（1）身高/体重：身高和体重在一日之内就有微妙的变化,尤其是体重,饭前饭后差别很大。故在早晨起床后身体还没活动之前测量。

（2）胸围：测量时,身体直立,两臂自然下垂。皮尺前面放在乳头上缘,皮尺后面置于肩胛骨下角处。先测安静时的胸围,再测深吸气时的胸围,最后测深呼气时的胸围。一般成人呼吸差为6~8厘米,经常参加锻炼者的呼吸差可达10厘米以上。呼吸差可反映呼吸器官的功能。测量未成年女性胸围时,应将皮尺水平放在肩胛骨下角,前方放在乳峰上。测量时不要耸肩,呼气时不要弯腰。

（3）腰围：测量时,身体直立,呼吸保持平稳,两臂自然下垂,不要收腹,皮尺水平放在髋骨上、肋骨下最窄的部位（腰最细的部位）。

（4）臀围：测量时,两腿并拢直立,两臂自然下垂,皮尺水平放在前面的耻骨联合。

（5）手臂：手臂与手腕是比较纤细的部分,基本上而言,上臂围是肘至肩部最粗的部位,比颈围（下巴抬起,颈部细长的状态）细4.5公分是最理想的。

> 女人最美的是颈部,最高贵的是胸部,媚在女人的眼睛,傲在女人的下巴和嘴角。
> ——马妮形体理念

（6）颈围：测量时,身体直立,测量颈的中部最细处。

**2. 形体美的衡量指数**

（1）女性形体美衡量指数：

标准体重：计算公式为[身高（厘米）-100]×0.85（千克）。

上下身比例：以肚脐为界,上下身比例应为5:8,符合"黄金分割"定律。

①胸围应为身高的1/2。

②腰围标准围度比胸围小20厘米。

③臀围应较胸围大4厘米。

④大腿围应较腰围小10厘米。

⑤小腿围应较大腿围小20厘米。

⑥足颈围应小于小腿围10厘米。

⑦手腕围应较足颈围小5厘米。

⑧颈围应等于小腿围。

⑨肩宽：两肩峰之间的距离，应等于胸围的1/2减去4厘米。

（2）男性形体美衡量指数：

标准体重：计算公式为[身高（厘米）-100]×0.9（千克）。

①身体的中心点应在股骨大转子顶部。

②向两侧平伸两臂，两手中指尖的距离应等于身高。

③肩宽应等于身高的1/4。

④胸围应等于身高的1/2加5厘米。

⑤腰围应较胸围小15厘米。

⑥髋围应等于身高的1/2。

⑦大腿围应较腰围小22.5厘米。

⑧小腿围应较大腿围小18厘米。

⑨足颈围应较小腿围小12厘米。

⑩手腕围应较足颈围小5厘米。

⑪上臂围等于大腿围的1/2。

⑫颈围应等于小腿围。

健美操要长久地发展，最需要的是个性和美感。

个性美感的获得，需要运动员知识文化水平的积累和提升。

——敖金平（世界健美操大赛冠军）

# 第23章 健美操

音乐流转，青春起舞，动感十足，充满力量，被誉为"运动场上的舞蹈"的健美操是人体的健、力、美的综合展现。健美操中的伸、展、屈、振、绕、转、跳，在乐律中，在一个空间中跃动出多个层次，行云流水，热情奔放，感染着每一位观赏者。本章将介绍这项简单易学运动的基本知识、起源发展、基本动作、精彩赛事赏析，帮助同学们增进身心健康，培养正确的身体姿势，塑造健美形体，以及培养终身体育的能力，体验健美操的独特魅力。

## 精彩案例

### 健美操精灵——黄晋萱

黄晋萱，健美操的精灵，现在中国健美操届的"一姐"，国家队唯一的女孩子。看看她的成绩就知道了，光2009年这一年，她就在国内赛场所向披靡，国际赛场战绩辉煌：第八届世界运动会黄晋萱勇夺铜牌，她又和老搭档何世剑拿下混双第三名；亚洲室内运动会、铃木杯国际健美操邀请赛和世界杯墨西哥站比赛，黄晋萱都强势摘金。

黄晋萱单人操水平目前能在世界上排在前三位。问及中国健美操和国外健美操的差别，她说："我们国家健美操讲求完成的操化统一，动作难度的追求；国外更多地注重艺术表现力，比如巴西选手，她们的桑巴风格很热烈、感染人。"

黄晋萱在稳固难度动作和完成质量的同时，加大力度提升自己的艺术表现力。2010年的法国世锦赛，是她继世运会后的又一个梦想追求。黄晋萱经过努力拼搏，最终勇摘银牌。

# 第1节 健美操运动简介

> **问题导引**
>
> 古希腊、古印度、古中国很早就有健美操了吗？是谁让健美操风靡世界？国际上的健美操组织有哪些？健美操分为哪几类？

美国闻名的健美操发起人之一简·方达说过："健美操是改善形体和心理感觉的体操。"健美操的英文名称为"Aerobics"，即有氧体操，是有氧运动的一种。它融体操、舞蹈、音乐为一体，以有氧练习为基础，以健、力、美为特征。出色的健美操练习者会知道健美操给他们带来了健康、美丽、窈窕身姿和难以抵挡的青春气息。

## 一、追根溯源

人类对健与美的追寻是共通的。很早以前，古希腊人对人体美的崇尚便已经举世闻名，他们提出了"体操锻炼身体，音乐陶冶精神"的主张；古印度的瑜伽术，包括站立、跪、坐、卧、弓步等姿势，与现代健美操接近；我国汉代"导引图"（图23-1）中彩绘人物所做的站、立、蹲、坐、臂屈伸、方步、转体、跳跃等各种动作更和当今健美操动作高度相仿……悠久、丰富的历史素材给健美操的产生创造了肥沃土壤。

图23-1 汉代"导引图"

现代健美操的种子是在20世纪60年代初开始萌芽的，最初是美国太空总署医生库帕博士为太空人设计的体能训练阿洛别克（Aerobic）项目，1969年杰姬·索伦森综合了体操和现代舞创编了健美操，70年代健美操点燃了美国，掀起热潮。

简·方达，美国人，是健美操史上不可磨灭的闪亮名字，她为健美操在世界的推广作出了杰出的贡献。在她的感召下，健美操在世界各地迅速兴起，健身俱乐部、健身中心如雨后春笋般蓬勃发展。

近十几年来，美国以健身、健美为主的健美操和以比赛为主的竞技健美操，一直处于世界领先地位，为世界的健美操发展作出了很大贡献。

目前，国际上共有7个健美操组织，其中最有影响的是国际健美操联合会（IAF），总部设在日本。国际健美操健身联合会（FISAF）总部设在美国。1994年国际体操联合会（FIG）这个资格最老的体育单项联合会成立了专门的健美操委员会，并于1995年12月在法国巴黎首次举办了比赛。

### 简·方达与健美操

简.方达1937年生于纽约，是20世纪70年代崛起的好莱坞电影明星，两次获得奥斯卡金像奖和金球奖，获得第30届戛纳国际电影节最佳女主角。为了苗条她采用了"节食"、"呕吐"、服用利尿剂等方法进行减肥均不理想。由此，她走上了通过健美操减肥的道路。她成功了，并根据自己的体验撰写了《简·方达健身术》一书。该书自1981年首次在美国出版以来，一直畅销不衰，并被译成20多种文字在30多个国家发行。

## 二、健美操的种类

根据健美操的特点、发展状况和发展趋势，应按不同的目的和任务来划分健美操的种类。归纳起来，健美操可分为健身性健美操、竞技性健美操两大类。

### 1. 健身健美操

健身性健美操，也称大众健美操，主要目的在于"健身"，通过锻炼增强体质、促进身体健康发展，是集健身、娱乐、防病为一体的群众性、普及性健身运动。它的动作简单，实用性很强，音乐速度较慢，能保证一定的运动负荷和锻炼的全面性，适宜不同年龄结构的人都参与学习和锻炼。

### 2. 竞技性健美操

竞技性健美操，主要目的是比赛。依据竞赛规则和规程的要求，在参赛人数、比赛场地、成套动作的时间特性等方面都有严格规定，对运动员的体能、技能水平和表现力均提出了更高的要求。

### 竞技性健美操的比赛项目

竞技健美操比赛共设5个项目：男子单人、女子单人、混合双人、三人（男三、女三、混合三人）、混合六人（3男3女、4男2女、2男4女）。成套动作必须在音乐伴奏下进行，音乐速度在24拍/10秒以上，成套动作完成时间：单人、混合双人、三人项目均为110~130秒，六人项目为150~180秒。成套动作必须有三类特定动作和两项特定要求。特定动作：连续4次高踢腿、连续4次俯卧撑、连续4次仰卧起坐。特定要求：连续30秒跑跳、四个八拍操化动作（有健美操特色的对称动作）。不得出现违例动作，如空翻、托举等。六人项目成套动作中不得少于5次不同的队形变化。

## 第2节 健美操的基本动作和练习方法

> **问题导引**
>
> 健美操有哪些基本手形？徒手动作、基本步法有哪些？怎样才能练好健美操的基本功？

要想用健美操展示身体的美与力，练好健美操的基本功至关重要。健美操基本动作是健美操的核心，健美操的任何组合动作都是以它为基本元素进行编排的。健美操基本动作内容丰富，动作相对比较简单，适宜初学者练习和掌握。

### 一、健美操基本手形和基本徒手动作

（一）健美操基本手形（图23-2）

健美操的手形有多种，常用的大致分成四类。

1. 掌

掌包括并指掌、分指掌、屈指掌、推掌等。

（1）并指掌（直手）：五指伸直，相互并拢。大拇指微屈，指关节贴于食指旁。

（2）分指掌（撑掌）：五指用力伸直，充分张开。

（3）屈指掌（推掌）：手掌用力上翘，五指用力弯曲。

（4）合掌：拇指、食指相对伸直，其余三指互握。

2. 拳

拳包括实心拳、空心拳等。握拳，拇指在外，指关节弯曲，紧贴于食指和中指第二关节处。

3. 指

指包括剑指（单剑指、双剑指）、响指、健美指等。

（1）剑指：握拳（空心拳），食指伸直或食指与中指并拢伸直。

（2）响指：拇指与中指摩擦和食指打响，无名指、小指屈指。

（3）健美指（西班牙舞手势）：小指、无名指、中指自掌指关节处依次屈，拇指稍内扣。

（4）其他：包括芭蕾手形等。芭蕾手形：五指并拢，自然伸长，拇指与中指稍向里合。

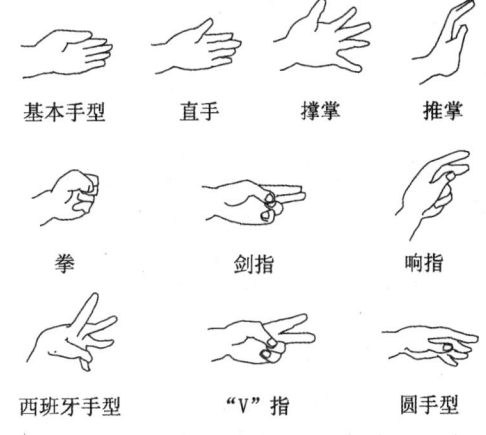

图23-2 健美操基本手形图

## （二）健美操基本徒手动作

健美操基本徒手动作是根据身体各部位确定的。

### 1. 头颈动作（图23-3）

包括头颈屈、转、绕及绕环。

（1）头颈屈：颈关节角度的弯曲。运动形式为前屈、后屈、左右侧屈。

（2）头颈的转：头颈部绕身体垂直轴的转动，运动形式为左、右转。

（3）头颈的绕及绕环：以颈为轴心的弧形和圆形运动。运动形式为左、右绕和绕环。

要求：做各种形式头颈动作时，节奏一定要慢，上体保持正直。

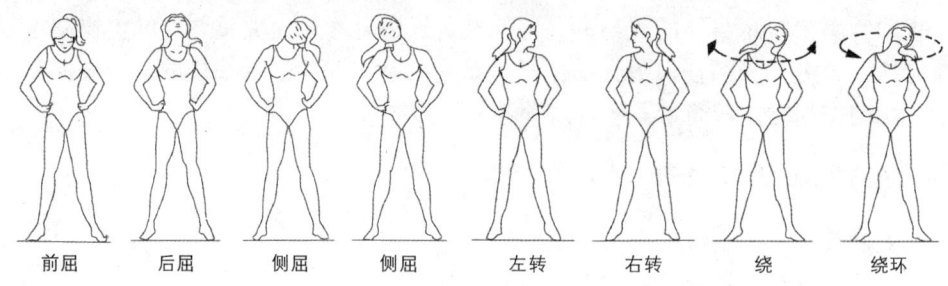

图23-3 头颈动作图

### 2. 肩部动作（图23-4）

包括提肩、沉肩、肩的绕及绕环。

（1）提肩和沉肩：提肩是指肩胛骨做向上的运动；沉肩是指肩胛骨做由上而下的运动。运动形式为单肩、双肩和左右依次提肩、沉肩。

（2）肩的绕和绕环：以肩关节为轴做小于360°的弧形运动（绕）或大于360°的圆形运动（绕环）。运动形式为单肩、双肩向前、向后的绕及绕环。

要求：提肩、沉肩时两肩在同一额状面尽量上下运动。绕和绕环时，动作充分，手臂放松。

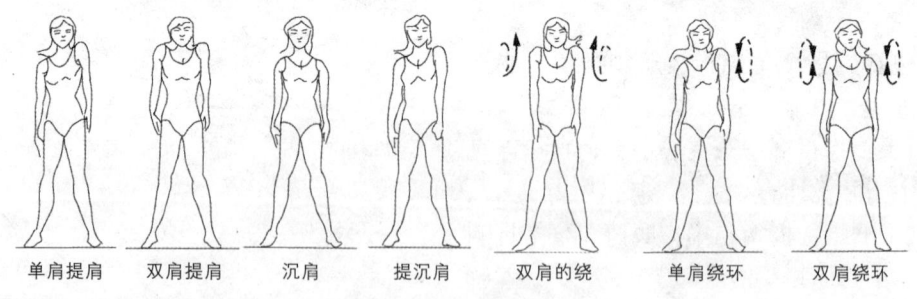

图23-4 肩部动作

### 3. 胸部动作（图23-5）

包括含胸和展胸。

（1）含胸：两肩内合，胸廓内收。

（2）展胸：挺胸，肩外展。

要求：练习时，收腹、立腰。

### 4. 上肢动作

包括举臂、臂的屈伸、臂的摆动、振臂。

（1）举臂（图23-6）：以肩关节为轴，由低向高举起，活动范围不超过180°而停止在某一位置的动作。运动形式为单臂或双臂的向前、向后、向左、向右及各中间方向的举。

（2）臂的屈伸（图23-7）：臂部肌肉收缩，使关节产生屈和伸的活动过程。运动形式为单臂或双臂的同时或依次向前、向后、向左、向右、向上、向下及各中间方向的屈伸。

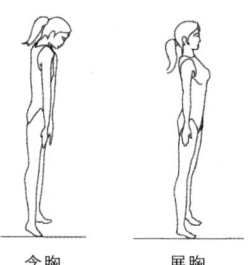

含胸　　展胸

图23-5　胸部动作

前举　　上举　　前上举　　前下举　　后举　　下举　　侧举　　侧上举　　侧下举

图23-6　举臂方位图

胸前屈　　胸前平屈　　肩侧屈　　肩上侧屈　　肩下侧屈　　肩上前屈　　腰侧屈　　头后屈

图23-7　臂的屈伸

（3）臂的摆动（图23-8）：以肩关节带动手臂完成臂的摆动动作。运动形式为单臂或双臂的上举后振、下举后振、侧举后振。

要求：做臂的举、屈伸时，肩下沉；做臂的摆动时，肩拉开用力；做手臂的练习时，部位要准确、路线要清晰。

### 5. 腰部动作（图23-9）

包括腰屈、转、绕及绕环。

（1）腰屈：下肢固定、上体沿矢状轴和水平轴的运动。运动形式为向前、向后、向左、向右屈。

上举后振　　下举后振　　侧举后振

图23-8　臂的摆动

（2）腰转：下肢固定、上体沿垂直轴的运动。运动形式为向左、向右的转。

（3）腰的绕和绕环：下肢固定、上体沿垂直轴做弧形和圆形运动。运动形式为向左、向右的绕和绕环。

要求：要前屈、转时，上体立直；要绕和绕环时，速度放慢。

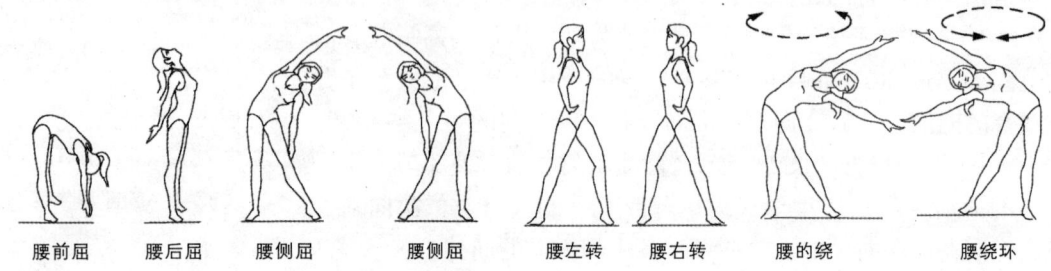

图23-9　腰部动作

### 6. 髋部动作（图23-10）

包括顶髋、提髋、摆髋、髋的绕及绕环、行进间正髋（反髋）走。

（1）顶髋：髋关节做急速的水平移动动作。运动形式为向前、向后、向左、向右的顶髋。

（2）提髋：髋关节做急速向一侧上提的动作。运动形式为向左、向右的提髋。

（3）摆髋：髋关节作钟摆式的连续移动动作。运动形式为向前、向后、向左、向右的摆髋。

（4）髋的绕和绕环：髋关节做弧形和圆形移动。运动形式为向左、向右的绕和绕环。

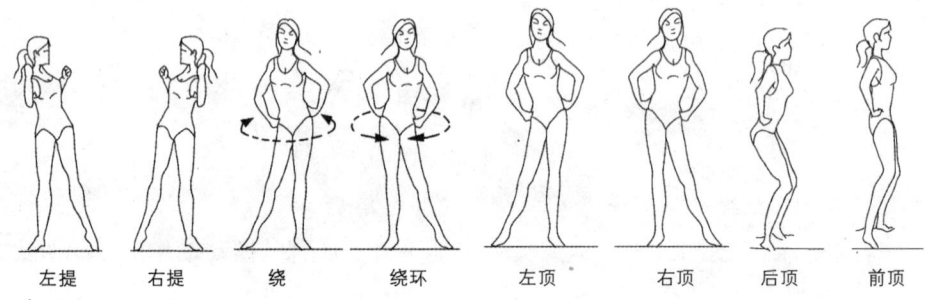

图23-10　髋部动作练习

## 二、健美操基本步法

健美操基本步法是健美操练习者进行下肢基本姿态练习的主要手段，通过步法练习既能提高练习者心血管系统的机能，又能培养灵活性、协调性、节奏感以及下肢的爆发力等。因此，健美操基本步法的练习非常重要。

在介绍健美操基本步法之前，首先要了解健美操的一个基础动作——弹动。即髋、膝、踝各关节有节奏地依次完成屈和伸的动作。它既是健美操最重要的基本技术，又最能体现健美操的基本特征。它能有效减小运动对关节的冲击力，从而减少运动损伤。因此在进行健美操练习时，要着力体会健美操的弹动动作，使动作更富有节奏性。

（一）无冲击力动作（Non-impact moves）

### 1. 半蹲（Squat）

左脚向侧迈一步，同时屈膝半蹲，左脚蹬地收至右脚。

技术要求：半蹲时，收腹立腰，屈膝外开，重心在两腿之间。

### 2. 提踵（Calf raise）

脚跟抬起，以前脚掌支撑身体。

技术要求：脚跟上顶，夹腿提臀，收腹立腰。

### 3. 弹动（Spring）

弹动包括踝弹动、膝弹动、踝膝弹动。

技术要求：两膝与踝关节自然屈伸。

### 4. 弓步（Lunge）

两脚前后分开，下蹲。

技术要求：屈膝腿大腿与地面平行，另一腿伸直，重心落于两腿之间，上体保持正直。

（二）低冲击力动作（Low impact moves）

### 1. 踏步类

（1）踏步（March）：两腿依次高抬，落地时由脚尖过渡到脚跟着地，屈膝，髋微收，握拳、屈臂前后自然摆动。

技术要求：落地时髋、膝、踝各关节依次缓冲。

（2）走步（Walk）：迈步向前走时，脚跟先落地，过渡到全脚掌；向后走时则相反。

技术要求：落地时，踝、膝关节有弹性地缓冲。

（3）一字步（Easy Walk）：左脚向正前方迈一步，右脚上步并于左脚，左脚后撤一步，右脚后撤并于左脚。

技术要求：并腿时注意膝关节的节奏弹动。

（4）"V"字步（V step）：左脚向前方约45°迈一步，右脚向前方约45°迈一步，左脚收回原位，右脚并于左脚。

技术要求：两脚间距略宽于肩，两膝弯曲，膝关节外展，与脚尖方向一致。

（5）漫步（Mambo）：左脚前上一小步，重心随之前移，右脚原地踏一步，重心移至右脚，左脚后撤一小步，重心随之后移，右脚原地踏一步，重心移至右脚。

技术要求：紧腰直背，重心移动要灵活。

（6）恰恰步（Qia qia qia）：有平移和转体的恰恰步；有向前、向后、向侧的恰恰步。

技术要求：在2拍节奏中，快速踏步3次.

### 2. 点地类

（1）脚尖前点地（Tap forward）：一腿稍屈膝站立，另一腿伸出，脚尖点地，然后还原到并腿姿势。

技术要求：支撑腿始终保持屈膝站立，并且随动作有弹性地屈伸。

（2）脚跟点地（Heel）：一腿稍屈膝站立，另一腿伸出，脚跟点地，然后还原到并腿姿势。只可做向前和向侧的脚跟点地。

技术要求：支撑腿始终保持屈膝站立，并且随动作有弹性地屈伸。

### 3. 迈步类

（1）并步（Step touch）：一脚迈出，另一脚随之并拢屈膝点地，再向反方向迈步。

技术要求：两膝保持弹动，动作幅度和力度以动作风格而定。

（2）迈步点地（Step top）：一脚向侧迈一步，两脚经屈膝移重心，另一腿在前、侧或后用脚尖或脚跟点地。

技术要求：两腿有弹性地屈伸，重心移动轨迹呈弧形；上体不要扭转。

（3）迈步后屈腿（Step curl）：一脚迈出一步，另一腿后屈，然后向相反方向迈步。

技术要求：经过屈膝半蹲，支撑腿稍屈膝，重心移动到支撑腿上，后屈腿的脚跟靠近臀部。

（4）迈步吸腿（Step knee）：一脚迈出一步，另一腿屈膝抬起，然后向反方向迈步。

技术要求：经过屈膝半蹲，还原时支撑腿稍屈膝。

（5）侧交叉步（Grapevine）：左脚向侧迈一步，右脚在其后交叉，随之左脚继向侧迈一步，右脚并拢，屈膝点地；反之亦然。

技术要求：第一步脚跟先落地，身体重心快速随着脚步而移动，保持膝、踝关节的弹动。

### 4. 单脚抬腿类（Lift step or lift together）

（1）吸腿（Knee lift）：一腿屈膝抬起，落下还原。

技术要求：支撑腿保持屈膝弹动，大腿上抬至水平，小腿自然下垂，绷脚尖，上体保持正直。

（2）踢腿（Kick）：一腿稍屈膝站立，另一腿抬起，然后还原。

技术要求：抬起腿要有控制，保持上体正直。支撑脚脚跟不能离地，膝关节微屈缓冲。踢腿的幅度因人而易，避免受伤。

（3）摆腿（Leg lift）：一腿稍屈膝站立，另一腿做摆动，然后还原成并步。

技术要求：摆腿时上体顺势前倾、后倒或侧倾。主力腿屈膝缓冲，摆动腿抬起时幅度不要过大

（4）弹踢腿（skip）：一腿站立（跳起），另一腿先向后屈，再向前下方弹踢，还原。

技术要求：腿弹出时要有控制，两膝盖紧靠，弹踢腿，脚尖伸直保持上体正直。

## （三）高冲击力动作 (High impact moves)

### 1. 单脚起跳类（Lift jump or leap）

（1）吸腿跳（Knee lift jump）：一腿屈膝抬起，落下还原，另一脚离开地面，向上跳起。

技术要求：支撑腿保持屈膝弹动，大腿上抬至平，上体保持正直，注意身体的稳定性。

（2）弹踢腿跳（Skip jump）：两腿起跳，单腿落地，另一腿小腿后屈，然后小腿前踢伸直。

技术要求：两脚落地的过程，弹踢腿脚尖伸直，上体保持正直。

### 2. 双脚起跳类（Jumping or jumping jack）

（1）并腿跳（Jump）：两腿并拢同时跳起，屈膝，然后落地缓冲。

技术要求：起跳时，两脚同时用力，落地缓冲有控制。

（2）开合跳（Jumping jack）：由并腿跳起，分腿落地，再由分腿跳起，并腿落地。

技术要求：分腿屈膝蹲时，两脚自然外开，膝关节沿脚尖方向屈，夹角不小于90°，膝关节有弹性地缓冲，脚跟落地。

（3）弓步跳（Lunge jump）：并腿向上跳起，前后成分腿姿势落地，接着再向上跳起，并腿落地。

技术要求：落地时，膝关节有弹性地缓冲，分腿落地时双脚的脚尖都朝前方，并且基本在一条直线上。

### 3. 迈步起跳类（Step jump(Hop) or Scoop）

（1）并步跳（Step jump）：以右脚起步为例。右脚迈出，随之蹬地跳起，左脚并右脚，并腿落地。

技术要求：身体重心随身体迅速移动，落地时注意缓冲。

（2）迈步吸腿跳（Step knee up）：右脚向前迈出一步，之后身体重心跟进，同时左腿抬起，抬起至90°时，两脚起跳。

技术要求：跳起时，上体保持正直，收腹立腰。

动作变化：向前迈步吸腿、向侧迈步吸腿。

（3）迈步后屈腿跳（Step curl jump）：一腿侧迈一步，另一腿向后屈膝，同时两腿起跳，缓冲落地。

技术要求：两腿跳起时，屈膝腿脚尖绷直，落地时，两腿膝关节微屈，不宜伸直。

### 4. 跑步类（Jogging）

（1）后踢腿跑（Jogging）：两脚依次经过腾空后，一脚落地缓冲，另一腿小腿后屈，两臂配合下肢前后摆动。

技术要求：膝、踝关节有弹动地缓冲，落地时由前脚掌着地，屈腿脚后跟尽量贴近臀部。

（2）小马跳（Pony）：以右脚起步为例。左脚蹬地跳起，同时右脚向侧迈步落地，随之左脚并右脚点地，随后反方向做一次，动作相同，方向相反。

技术要求：两脚轻松蹬地，身体重心随之平稳移动，注意膝踝的弹动。

# 第3节　健美操运动采风

健美操不仅有大众健美操，而且作为一项竞技项目也颇受欢迎，健美操的音乐有哪些学问？我们应该如何去欣赏一场健美操比赛？

## 一、健美操的音乐

随乐而动，音乐是健美操的灵魂，一套动感的健美操和音乐密不可分。

健美操音乐要求节奏比较快。一般舞曲的节奏为每分钟120~140拍，而健美操的音乐一般在每分钟140拍以上，大多数在160拍左右。其次，健美操出于锻炼的要求或竞技的需要，要求音乐节奏有一定的稳定性，还可适时地加入一些强化力度的音乐特效来增加动作的感染力。

健美锻炼时配的音乐节奏与心率也有一定关系,健康人理想的脉动节律应为每分钟60次左右,每分钟在60拍左右的节奏(即中速)与人的正常生理节奏正好共振。如果音乐取这种速度的节奏最使人保持心身平衡,血脉呼吸平稳,既不兴奋又无抑制,是调养生理的最佳节奏。

而选择慢于每分钟60拍左右的音乐节奏,就有抑制、延迟人类生理节奏的作用(催眠就是这类节奏)。

反之,如果选择每分钟快于60拍的音乐节奏,就有兴奋性,有促进生理变化的效果,如迪斯科音乐节奏,每分钟120拍左右,这是几乎比生理节奏快一倍的速度,能使机体的生物活性物质被激发,情感也随之兴奋起来。

总之,在健美锻炼时,我们要根据每人的年龄、身体等不同情况,掌握好脉率,选择适宜的音乐节奏,这样才能对机体起到良好的促进作用。

## 二、如何欣赏健美操

健美操比赛表演中能看出力与美,需从以下几个方面欣赏。

### 1. 形体美和着装美

五官端正、身材匀称、具有健与美特征的运动员,配以得体的着装及恰到好处的脸部化妆,会使观众得到视觉和审美心理上的极大满足,这是夺取健美操奖项的必备条件。

### 2. 音乐美

动感是健美操音乐给人最大的感觉。鲜明强劲的节奏让人们过耳难忘,好的音乐会让你随着音乐的旋律按照自己的理解产生联想和想象,在大脑中形成一定的情感意向,忍不住想"舞蹈"起来,进而在精神和听觉上得到满足。

### 3. 欣赏动作美

动作的力度、幅度、准确性、协调性、熟练性及稳定性是健美操项目评判和欣赏的重要方面。

### 4. 特定动作

在欣赏单人完成特定动作时,主要看动作的规范性、准确性及姿态,而双人、三人、六人集体项目完成特定动作时,不仅要看以上内容,而且还要看整体的一致性、整齐性。

### 5. 特定要求动作

特定要求动作包括4个八拍的站立式操化动作组合、连续30秒的跑跳动作。在欣赏这部分动作时,主要看动作的各种变化。

### 6. 难度动作

难度动作可分为支撑类动作、跳跃类动作、转体类动作及俯卧撑类动作。在欣赏这部分动作时,主要看运动员完成动作的质量,如腾空的高度、动作的开度、支撑动作的持续时间变化及稳定性等。集体完成这些动作时,还应看动作的整齐性和一致性。

### 7. 力度

力度是健美操的重要特点之一,与成套动作质量密切相关。男子动作应豪放,力度感强，体现男子的阳刚之气；女子动作应优美，刚柔结合。

### 8. 表现力

运动员在进行健美操比赛时，应表现出朝气蓬勃的精神面貌和喜悦、自信的激情。将音乐、动作深层次的内涵淋漓尽致地表现出来，用眼神和脸部表情与裁判和观众交流，吸引观众，感染观众。

健美操欣赏如图23-11、图23-12所示。

图23-11  健美操欣赏（1）

图23-12  健美操欣赏（2）

我们都会陷入欲望、愤怒、贪婪、迷恋、骄傲、嫉妒的罗网，
这些都是每天常有的情绪变动。
舞者利用这些情绪转换为艺术表现，瑜伽行者则努力克服它们，
如帕坦加利所言，转而培养"友爱、慈悲、喜悦之心，
以及对苦与乐、善与恶的平等心，以导向精神和平"。

——《瑜伽经》第一篇第33节

# 第24章 瑜 伽

没有风的地方，灯火不会闪动；同样，一个能控制自己的大脑、智力、自我的瑜伽修行者，已完全专注于自身内部的精神中。当无休止的大脑、智力、自我通过实践瑜伽所静止，修炼瑜伽的人便通过自身的精神之美寻找到圆满。瑜伽起源于印度，流行于世界，因为它不仅可以塑身，而且可以修心，使人心灵宁静，得到开悟。本章将带你走入瑜伽这一古老又时尚的健身运动，了解它的起源、分类、体式等，揭秘瑜伽。

## 精彩案例

### 瑜伽之光

B·K·S·艾扬格被看做目前在世的全世界最伟大的瑜伽导师，享有国际盛誉。1966年，他的著作《瑜伽之光》首次向全球全面介绍瑜伽的练习方法，在西方国家引起不小的轰动，被评价为"西方人通往东方古老健康艺术的捷径"。该书被称为瑜伽史上的经典名著，已被翻译成19种语言在全球出版。

他是美国《时代》周刊评选的"世界最具影响力的100人"之一。从恶病缠身濒临死亡的孩子，到身心健康、已90岁高龄仍在传播瑜伽的导师，他的存在本身便是瑜伽最生动的表白。因为他不遗余力的教授和推广，瑜伽在西方广受盛誉。他的多种创新已成为今日瑜伽之典范，以他的名字命名的瑜伽已成为当今最广泛练习的一种瑜伽体系。他的努力也让瑜伽在医药领域的可信度得到极大提升。他著有近十本瑜伽著作，并担任印度国家瑜伽联盟首任主席职位。

## 第1节　瑜伽简介

> **问题导引**
>
> 瑜珈是如何起源的？它的发展经过分哪几个阶段？瑜珈的益处有哪些？

薄伽梵歌：沉着地履行责任，放弃对成败的一切执着，这样的心意平衡叫做瑜伽。

奥义书：当感官静止，精神休息，心智不再摇摆不定，这种对感官和精神的稳定控制就叫做瑜伽。

那么，究竟什么才是瑜伽？

"瑜伽"这个词，是从印度梵语"yug"或"yuj"而来，其含意为"一致"、"结合"或"和谐"。瑜伽是一个通过提升意识，帮助人们充分发挥潜能的哲学体系及其指导下的运动体系。瑜伽姿势运用古老而易于掌握的方法，提高人们生理、心理、情感和精神方面的能力，是一种达到身体、心灵与精神和谐统一的运动形式。

### 一、瑜伽的起源

在数千年前的印度，高僧们为追求进入天人合一的最高境界，经常僻居原始森林，静坐冥想。在长时间单纯生活之后，高僧们从观察生物中体悟了不少大自然法则，再将生物的生存法则验证到人的身上，逐步地去感应身体内部的微妙变化。于是，人类懂得了和自己的身体对话，从而知道探索自己的身体，开始进行健康的维护和调理，以及对疾病创痛的医治本能；几千年的钻研归纳下来，逐步衍化出一套理论完整、确切实用的养身健身体系，这就是瑜伽。

考古学家曾在印度河流域发掘到一件保存完好的陶器，上面描画着瑜伽人物做冥想时的形态。这件陶器距今至少已有五千年的历史了，可见瑜伽的历史可以追溯到更久远的年代。

再简单一点来说，瑜伽是生理上的动态运动及心灵上的练习，也是应用在每天的生活哲学。瑜伽的习练目标是达到对自身心灵的良好理解以及调控，能熟知并掌握肉身感官，就如艾扬格在《光耀生命》中强调的达到圆融纯一的状态。感官的集中点就是心意，能够驾御心意，即代表能够驾御感官；通过把感官、身体与有意识的呼吸相配合来实现对身体的控制。这些技巧不但对肌肉和骨骼的锻炼有益，也能强化神经系统、内分泌腺体和主要器官的功能，通过激发人体潜能来促进身体健康。

瑜伽已有数千年的历史，唯一的经典是源自公元前200年的著名瑜伽行者波颠阇利所著的《瑜伽经》。严格地说，瑜伽是一种身心锻炼的统称，好比我国讲的返本归源、导引等，瑜伽在印度也是一个身心修练的通泛名词。有一段时期，进行各种身心修练的人不管任何派别，都被尊称为瑜伽士。

瑜伽是一种非常古老的能量知识修炼方法，集哲学、科学和艺术于一身。瑜伽的基础建筑在古印度哲学上。数千年来，心理、生理和精神上的戒律已经成为印度文化中的一个重要组成部分。古代的瑜伽信徒发展了瑜伽体系，因为他们深信通过运动身体和调控呼吸，可以完全控制心智和情感，以及保持永远健康的身体。

## 二、瑜伽的发展

### 1. 前古典时期

自公元前5000年开始，直到(犁俱吠陀)的出现为止，约有3000多年的时期，是瑜伽原始发展，缺少文字记载的时期。在这一时期，瑜伽由一个原始的哲学思想逐渐发展成为修行的法门，其中的静坐、冥想及苦行是瑜伽修行的中心。

### 2. 古典时期

由公元前1500年《吠陀经》出现，将瑜珈开始系统地记载下来，到《奥义书》更精彩地记载瑜珈，再到《伽梵歌》的出现，完成了瑜伽行法与吠檀多哲学的合一，使瑜伽这一民间的灵修实践变为正统，由强调行法到行为、信仰、知识三者并行不悖。大约在公元前300年时，印度圣哲派坦佳里（pantanjali）创作了《瑜伽经》，印度瑜伽在其基础上真正成形，瑜伽行法正式定为八支体系。

### 3. 后古典时期

自"瑜伽经"以后的瑜珈，为后古典瑜伽，主要包括了"瑜伽奥义书"、密教和诃陀瑜伽。"瑜伽奥义书"有21部。在这些"奥义书"中，纯粹认知、推理甚至冥想都不是达到解脱的唯一方法，它们必要通过苦行的修练技术所导致的生理转化和精神体会，才能达到梵我合一的境地，由此产生出了节食、禁欲、体位法、七轮等，加上咒语、手英身英尚师之结合，这些成为后古典时期瑜伽的精华。

## 三、瑜伽的益处

### 1. 外观与心情的年轻

瑜伽减少面部皱纹，产生天然的"拉皮"效果。这主要归功于倒立。我们通常的直立体位，促使地心引力将肌肉下拉。假以时日，面部肌肉逐出现下塌现象。每日倒立数分钟，我们得以扭转地心引力的作用，使其成为我们回春的助力，令面部肌肉不致松弛，它使皱纹减少，皮肤自然拉平。

瑜伽倒立体位经常能使灰发恢复其原来色泽，并延缓灰发现象。这是因为倒立使得流向头皮内发囊的血液数量增加。这个体位令劲部弹性增加，除去了劲部血管与神经的压力，使得更多血液流向头皮肌肉。也就是说，发囊得到更多营养，产生更丰富的健康头发。

> **瑜伽服的选择**
>
> 瑜伽的动作都比较柔软，而且幅度都比较大，所以就要求瑜伽的练习服装一定不要太紧身。太贴身的衣物，对于动作的伸展性并不好。我们看到的瑜伽服基本上都是上紧下松的，上衣一般相对紧身点，但裤子肯定是宽松的，这是为了方便把动作做到位。上衣只要能够穿出自己的气质就可以了，而裤子以宽松、休闲为主，最好是棉麻抽绳裤。

### 2. 延年益寿、增加活力
瑜伽影响所有长寿的条件：脑部、腺体、脊柱与内部器官。

### 3. 增加疾病抵抗力
瑜伽锻炼出一副健壮的体格，免疫力也增强。这个加强的抵抗力可以对付从感冒到诸如癌症的各种严重病症。

### 4. 改善视力与听力
正常的视力与听力主要是靠眼睛与耳朵得到良好的血液循环与神经传送。供应眼睛与耳朵的神经与血管必须通过劲部。年岁增长时，劲部正如脊柱其他部分一样失去弹性，神经与血管经过颈部时就有可能遇到滞疑难行的状况。如此改变妨碍神经与血液对眼睛与耳朵的供应，因而影响它们的运作。瑜伽体位与瑜伽颈部运动能改善颈部状况，进而加强视力与听力。

### 5. 心智情绪的改善
由于瑜伽使包括脑部在内的腺体神经系统产生回春效果，心智情绪自然会呈现积极状态。它使你更有自信、更热诚且比较乐观，每天的生活也会变得更有创意。

## 第2节 瑜伽的体式

> **问题导引**
>
> 瑜伽常见的二十六种体式有哪些？它们的作用分别是什么？

**第一式：站立深呼吸**

动作：十指交叉，掌心相触，屈肘，将手指顶在下颌，尽量保持两肘并拢在一起，在下面的动作中，保持指关节不要离开下颌，如图24-1所示。

作用：扩大肺活量，增强循环，为下面的练习做准备。

**第二式：半月式**

动作：站立，脚并拢，吸气，从体侧将手臂向上伸直，手指交叉握紧，食指伸直合并，手臂伸直紧贴双耳，呼气，保持此动作向前、后、左、右不同方向练习，如图24-2所示。

作用：振作精神，伸展脊柱，纠正错误姿态，加强腰部线条、臀部、大腿、增强肾功能。

**第三式：笨拙式**

动作：吸气，向前抬手臂与地面平行，手心向下，手指并拢收紧肌肉，保持均匀的呼吸；脚跟固定在地面上，呼气，身体慢慢向下坐，直到大腿与地面平行，就好像在一把椅子上，注意保持手臂平行于地面，半蹲成直角，脚跟不要离开地面，膝盖保持分开；脊柱不要向后弓，分别向上、下伸展脊柱，如图24-3所示。

作用：强壮大腿、小腿，臀部肌肉，伸展髋关节，对缓和下背部疼痛及椎间盘突出有一定的帮助。

### 第四式：鸟王式

动作：屈左膝，让左大腿从外侧缠绕右腿，左脚钩住右腿肚，双臂前平举，右臂在上，左臂在下，互抱肩肘，大臂不动，小臂互相缠绕，双手掌心相对。吸气，延展脊柱向上，呼气，身体前倾。呼气，松开手臂，松开并放落双腿。做反侧的练习，如图24-4所示。

作用：提高身体平衡、协调与专注能力。消除下肢多于脂肪，防止和消除小腿肌肉痉挛。

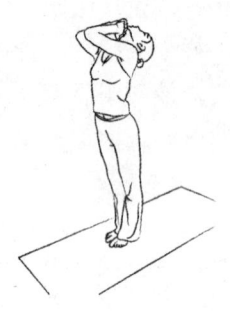   

图24-1　站立深呼吸　　　图24-2　半月式　　　图24-3　笨拙式　　　图24-4　鸟王式

### 第五式：站立头触膝式

动作：双脚并拢站立，然后抬右膝向上，手指交叉，握住脚掌。注意动作过程中要始终伸直双腿，膝关节固定，收紧大腿肌肉，保持呼吸20～80秒。呼气放松右腿，还原站立，再做另外一侧的练习，如图24-5所示。

作用：提高注意力，耐心，决断力的能力，收紧腹部及大腿肌肉，有益坐骨神经，伸展跟腱、肩胛骨。

### 第六式：站立拉弓式

动作：双脚并拢站立，吸气，右手从身体后侧抓住右脚脚踝，将重心移到左腿，上身前倾，右手向右上方拉伸，同时用力向上提升右腿，腰腹用力向右腿方向拉近。保持10秒，呼气上身还原，同时腿部还原站立。换另外一侧腿部练习，如图24-6所示。

作用：促进血液循环，提高心肺功能，让血液充分流向内脏和腺体，促进身体健康；提高注意力、耐心、决断力的能力；强健腹部及大腿。收紧上臂、髋部及臀部肌肉；改善夏北部和全身大部分肌肉的柔韧性及力量。

### 第七式：战士第三式

动作：站立，双脚并拢，手臂尽量向上伸展。右腿向前迈一大步，左脚跟抬起，眼睛看身体前地板上一点，深呼吸。保持髋部水平，收紧肌肉，从手到脚固定成一体，努力向上抬左腿，让上身、左腿与地面平行，右腿膝关节伸直，保持10秒，如图24-7所示。

作用：提高身体的平衡能力。

### 第八式：站立分腿伸展式

动作：双腿分开大约肩宽的两倍，手臂向身体两侧水平打开，向下俯身，双手分别握住两侧的脚后跟，头向下，以额头触地，双腿保持伸展，保持10秒，如图24-8所示。

作用：伸展大腿后侧肌肉和跟腱的韧带，促进腹部脏器腺体的功能，改善便秘、坐骨神经痛，使脊柱更灵活。

图24-5 站立头触膝式　图24-6 站立拉弓式　　图24-7 战士第三式　　图24-8 站立分腿伸展式

**第九式：三角式**

动作：双腿分开大约肩宽的两倍，左侧膝盖弯曲使得大腿与地面平行，同时上半身向左侧弯曲，手指尖触大脚趾，掌心翻转向前。注意右腿伸直，右侧手臂向上，保持其与地面垂直，均匀呼吸，保持10秒钟。换方向再做一遍，如图24-9所示。

作用：有益于身体每块肌肉、关节、腺体、内脏。这是一个加强髋关节和侧腰部伸展和力量的最重要的姿势，可缩减腰围，强壮三头肌、斜方肌、胸大肌。

**第十式：站立分腿头触膝式**

动作：双手向上伸展并拢，上身下俯，头触右小腿或者膝盖，手触右脚前的地板。均匀呼吸，保持10秒钟，然后换方向做一遍。腿部一定要伸直，手臂保持伸直贴在耳边，如图24-10所示。

作用：减少腹、腰、髋、臀、大腿多余的脂肪，伸拉大腿后侧韧带。

**第十一式：树式**

动作：凝视身体前方一点，用左脚保持平衡，慢慢抬起右脚，双手抓住右脚，将右脚放在左大腿上，脚心向上；之后将脚跟靠近胯部，脚背放在腹股沟处，脚尖向前，伸展脊柱，收紧臀部，左膝伸直，将右膝向下、向后，最终与左膝处于同一水平线上；移动双手，胸前合掌，均匀呼吸，保持10秒钟；呼气，放开双手，慢慢伸直右膝，右脚放落在地面；换另一侧腿重复相同动作，如图24-11所示。

作用：加强腿部、背部、胸部肌肉，提高平衡感和专注能力，纠正不良体态，预防疝气。

**第十二式：趾尖式**

动作：采取蹲式，双手放在身体两侧，弯曲右脚尖，使脚掌与脚尖呈直角，右脚置于臀部肛门下，然后将左脚放在右腿上，双眼注视一点，更好地保持平衡，双手合掌置于胸前，保持此姿势以舒适度为准，保持正常呼吸，把意念放在海底轮，返回时放下左腿，放松一会，然后做另一侧腿练习，如图24-12所示。

作用：此式可使你更富有耐心，可以治疗膝、踝、脚部的痛风、风湿病，对痔疮也有较好的效果。

**第十三式：仰卧式**

动作：身体平躺，两臂垂直，放于身体两侧，手掌贴着地面，两腿挺直，脚跟、脚趾并拢，正常呼吸；用鼻孔缓慢深呼吸，然后屏息；尽最大努力将两脚趾向前伸直，慢慢向

图24-9 三角式

图24-10 站立分腿头触膝式

图24-11 树式

图24-12 趾尖式

上抬起双腿，抬到离地面10～12厘米后，停留6～8秒钟，期间一直保持屏息；开始呼吸，并把腿慢慢放回地面，呼气和放腿同时进行，腿放下时，呼气随之完毕；休息5～6秒，同时正常呼吸两次。重复练习，如图24-13所示。

作用：使血液循环恢复正常，身体完全放松。接下来每个动作之后都要做这个姿势。

**第十四式：除风式**

动作：仰卧准备，双手在体侧，掌心向上，双脚放松；吸气，右膝弯曲抬起，双手十指交叉抱住右小腿，将肘靠近身体，肩放松；呼气，手臂拉膝关节向胸部，脚放松，同时用眼睛看胸部；吸气还原右膝，呼气放下右腿。同样的方法做另外一侧以及双腿，如图24-14所示。

作用：按摩腹部内脏，加强腹部肌肉，改善便秘，去除胃部胀气。

**第十五式：仰卧起坐动态伸背式**

动作：仰卧，双手放于身体两侧，手心向上；双手放于头上方地面，伸直手臂，双脚并拢，吸气，保持双腿伸直，脚跟放在地上；用手臂带动身体向前、向上，让上体垂直地面，然后呼气向前弯曲，手抓脚趾；将上身向双腿方向伸展，让头触小腿或膝盖，肘放在腿两侧的地板上。对于初学者来说将头触到小腿或膝盖会有一些困难，不用执着或急于去将头触膝盖，做到你自身的最大限度即可，也可用一条瑜伽带，来帮助身体充分的伸展，如图24-15所示。

作用：收紧腹部，伸拉腿部韧带和脊柱。

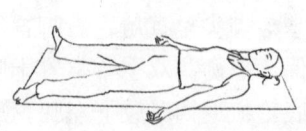
图24-13 仰卧式

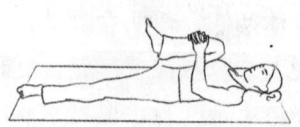
图24-14 除风式

图24-15 仰卧起坐动态伸背式

**第十六式：眼镜蛇式**

动作：俯卧开始，双手置于肩膀下面，前额着地，双腿伸直并拢；吸气，用手作为支撑依次抬起头部、胸部和腰部，保持耻骨的位置紧贴地面，然后保持姿势深呼吸8次；吐气，身体依次放松腰部、胸部和头部，还原，如图24-16所示。

作用：使脊柱保持富有弹性的健康状态，改善各种背痛和比较轻微的脊柱损伤。该式对生殖器官也有好处。它还可调整月经失调及各种女性机能失调,强壮三角肌、斜方肌、肱二头肌。

### 第十七式:蝗虫式

动作:俯卧在垫子上,双手放在体侧,掌心向下,双腿挺直,下巴着地,轻轻向前伸展,吸气,然后屏息,用背部力量抬起左腿,另外一条腿保持挺直,贴近地面,呼气,缓慢地落下,然后换另一侧腿练习,如图24-17所示。

作用:使更多的血液流向脊柱区域,滋养脊柱神经,加强下背部和腰部肌肉,对消化系统以至膀胱和前列腺也有益。

### 第十八式:全蝗虫式

动作:俯卧,双手放于腹部下方,掌心向下,双腿挺直,下巴放在地板上,轻轻向前伸展,吸气,然后屏息,轻轻向上抬起双腿,越高越好,双腿挺直,并拢,额头着地,可用手支撑地板以使腿抬得更高,呼气,缓慢落下,如图24-18所示。

作用:和眼镜蛇式、弓式有相同的功效,强健腰、腹部、上臂及大腿肌肉。全蝗虫式还可缓解甚至消除失眠症,对哮喘、支气管炎和肾功能失调也有很好的改善作用。

### 第十九式:弓式

动作:俯卧地面,双腿伸直并拢,双手放在体侧,掌心向下,然后弯曲双膝,抓住双脚踝,额头着地,弓起背部,抬起大腿,同时向上抬起胸部和头部,保持双臂挺直,然后头向后方仰起,用腹部支撑整个身体,大腿收缩,其他地方放松,返回时慢慢放松大腿肌肉,放下双腿、胸、头,回到放松姿势,如图24-19所示。

作用:要强健全身肌肉,弓式是极佳姿势。它使背部、胸部、腹部肌肉得到加强,髋部、肩部以及关节得到放松,腿、臂、喉、颈、颌缘肌肉全部得到伸展和加强。背部肌肉的增强,可消除由于疲劳而产生的疼痛和僵硬。

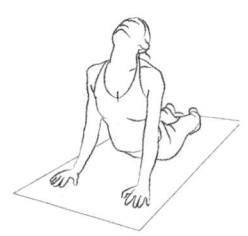   

图24-16 眼镜蛇式　　图24-17 蝗虫式　　图24-18 全蝗虫式　　图24-19 弓式

### 第二十式:卧英雄式

动作:雷电坐(双腿向前伸展,双手在体侧,掌心向下,右腿弯曲置于臀下,臀部落在双脚上),双手从体侧向前抬起,放在身体后侧,指尖朝向臀部,慢慢向后弯曲上身,用一侧手肘支撑身体,头顶着地,背部上拱,双手慢慢抬起,掌心着地,调整头部位置,尝试并拢双膝,双膝着地,如图24-20所示。

作用:对坐骨神经痛、痛风、风湿病有一定的疗效,消除大腿多余脂肪,加强小腿肌肉,伸拉下背部、膝关节、脚踝。

### 第二十一式：半龟式

动作：雷电坐，双手放在双膝上，缓慢深长地呼吸，放松全身，此为准备姿势。吸气时，抬双臂，双手拇指相扣，将手臂伸展在头的两侧，然后呼气，向前弯曲身体，使手臂与身体在一条直线上，慢慢将身体着地，双手和额头着地，在最终体位时短暂屏息，然后吸气，慢慢将身体和手臂回到垂直位置，呼气，返回开始体位，如图24-21所示。

作用：让身体充分放松，改善消化不良症状，有益肺脏，让更多的血液流向大脑，使思维更加敏捷。

### 第二十二式：骆驼式

动作：跪立在地上，两大腿与双脚略分开与髋部同宽；上半身挺直，伸直背肌，双手自然下垂；吸气，上半身向后弯，右手按在左脚脚跟上；吐气，上半身继续向后弯曲，头部后仰，左手向头部后方伸展，眼望上方，意识集中在喉部、腰部与胸部。调整呼吸，还原跪坐姿势，如图24-22所示。

作用：有利于消化、排泄、生殖系统，伸展并强壮脊柱，缓解、消除便秘、背痛、腰痛，纠正驼背、双肩下垂不良姿态，伸展腹部脏器、喉部、甲状腺、甲状旁腺，扩展胸腔，有益肺脏，减少腰、腹多余脂肪。

### 第二十三式：兔子式

动作：小腿与大腿成90º跪坐，上身挺直，在吸气的同时向上高抬双臂，然后向前弯腰，提臀，手臂和头与躯干保持在一条直线上，直至手能平放在地面上，前额触地；几秒钟后前额微抬，并保持几分钟；然后再慢慢吸气，挺直上身，还原至起始位置，如图24-23所示。

作用：最大限度伸展脊柱，滋养脊柱神经，保持脊柱的灵活性及弹性，促进消化，治疗感冒。

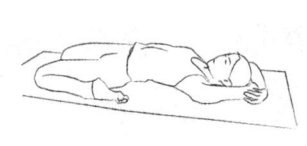

图24-20 卧英雄式　　图24-21 半龟式　　图24-22 骆驼式　　图24-23 兔子式

### 第二十四：单腿及双腿头触膝式

动作：腰背挺直。弯曲右腿收回，脚心贴到左大腿内侧；吸气双手向上舒展，呼气，向前、向下用上体尽量贴左腿；同样的方法做另外一侧以及双腿，如图24-24所示。

作用：伸展坐骨神经、脚踝、膝关节、髋关节，促进肠胃的消化功能，提高肾脏功能。

### 第二十五式：脊柱扭动式

动作：正坐于垫上，左脚内收屈膝，左脚跟靠近右大腿外侧；将右腿屈膝，跨过左腿，放于左膝外侧，深呼吸；向右转体，左肘放于右膝外侧，左手抓住右脚，右手放于左侧腰部，呼气，上体慢慢用力向右转动，吸气，放松，转动时双臂用力，以增加转动幅度。同样方法，做另外一侧的练习，如图24-25所示。

作用：伸展、放松脊柱，放松腰、背、肩、颈各个部位的肌肉群，预防腰、背部疼痛，促进肠蠕动，有利于排泄与吸收。

第二十六式：霹雳坐吸气式

动作：双腿跪坐，脊柱正直，双手放双膝上，用嘴用力呼气，好像在吹蜡烛一样，集中注意力在呼气上；不用考虑吸气，吸气是自然而然发生的。每一次呼气时，做收腹的动作，然后放松，均匀缓慢地重复做60次，休息几秒后，重复再做一遍，速度加快；转动180º，仰卧平躺放松，如图24-26所示。

作用：降低身体温度，伸展、放松腹部脏器，促进循环，强壮腹肌，缩减腰围。

图24-24 单腿及双腿头触膝式　　图24-25 脊柱扭动式　　图24-26 霹雳坐吸气式

## 第3节　瑜伽采风

**问题导引**

瑜珈的最佳运动时间是何时？瑜珈常用的音乐有哪几种？

瑜伽的修行促使我们身体与精神均衡，通过回到我们身体本身——我们的第一个工具，学着运用它，使它达到最大限度的和谐。通过不懈的练习，我们净化和加强身体的每一个细胞，使我们在面对日常的伤害时，能释放它的潜能，避免绝望和死亡。关于瑜伽，你还想知道什么呢？关于它的运动时间、音乐，你知道多少呢？

### 一、瑜伽的运动时间

早晨在太阳出来以前要进行练习，中午在太阳到头顶时进行练习，晚上在日落以后要进行练习，凌晨在入夜12点时要进行练习。清晨，早饭之前是瑜伽锻炼的最佳时间。要保证空腹或完全消化以后进行练习。大体上是饭后三到四小时，喝入流质食物或饮料可在半个小时后练习。

不同时间要练习不同的内容。例如，早晨多练习体位法、晚上多练习冥想等。练习者应该选择对自己最为方便的时间，争取每天都在同一时间内练习。练习瑜伽时，身体保持正常和安静状态；如果此时身体有不适的地方或是病状，尽量不要练习过于强烈的体式，也可以完全不进行练习。要尽可能多地练习瑜伽，当然，绝不可以超出身体的能力。

## 二、瑜伽的练习音乐

### 1. 冥想音乐

冥想音乐分为导入、冥想和唤醒三个阶段。导入阶段，是在音乐和自然之声的引导下，身心逐步放松，排除杂念，自然呼吸，渐渐进入冥想阶段。冥想阶段，身心完全放松，随音乐和自然之声进入朦朦胧胧、似睡非睡或轻轻入睡的自由臆想的美妙境界。此时，身心得到充分休息。唤醒阶段，是在音乐和自然之声的引导下逐步恢复到清醒状态。此时，你会感到头脑清醒、身体轻松、精神愉悦、精力充沛。

### 2. 五行音乐

根据中华医学"五音疗法"理论，运用不同的调式和音色对人体五脏的调节作用，并结合现代音乐疗法而成，具有治疗、保健、欣赏等功效。经常聆听可以祛病强身、养生保健、陶冶情操。

### 3. 梵曲音乐

旋律优美，婉转动听，宁静、清淡、脱俗、高雅，独特风味浓厚，所表达的情感是其他音乐所不能替代的；有些如入梦幻，听之似入云端，有悠闲自得之感，适合静心养性；有练气健身之功效，还有些看破红尘、与事无争、淡泊名利、乐在其中之意。

### 4. 茶道音乐

沉醉于乐韵，会从各种自然音效中"由乐及茶"感受到茶的清、雅、韵、净、明、仙、益、芳的幽香。曲曲优美的茶谣表现出一派茶乡的山水人情和悠悠芬芳。一杯茶一抹情，一支曲一道景。

## 三、饮食

根据传统的瑜伽文献记载，食物分为三类。

### 1. 悦性食物

悦性食物包括水果、大部分蔬菜、牛奶及乳类制品、坚果、五谷、豆类及大豆制品（豆腐、豆浆等）、温和香料及适度绿茶。

这些食物被认为可以使身体变得健康、纯洁、轻松、精力充沛，使心灵得到宁静和愉快，有益身心，并能创造一个更精细、敏锐的身体和神经系统，以使人获得更多智慧。

### 2. 变性食物

变性食物包括咖啡、浓茶、刺激的调味品、酱油、白萝卜、海带、巧克力、可可、汽水等。

这些食物被认为可以提供能量、有益身体，但不一定有益心灵，多吃会引起身心浮躁不安。

### 3. 惰性食物

惰性食物包括肉类、鱼类、洋葱、菌菇类、芥末、葱、蒜、酒类、烟草等，以及所有不新鲜、陈腐的食物。

这些食物被认为容易引起懒惰、疾病和心灵迟钝，对身心无益。

古老的瑜伽观认为，为了达到身心的健康平静，应该多吃悦性食物，少吃变性食物，不吃惰性食物。因此，正规的瑜伽习练者多喜欢食用一切谷物和不含蛋的加工粮食制品，各种豆类及其制品，坚果和种籽类果实，各种蔬菜、奶制品、植物油等。

> 体育舞蹈，它的喜悦在节奏的和谐之中；在人类的灵魂深处，旨在礼赞希望、信任、决心、愿望、生命力、热情与光明。它改变人的意念。
>
> ——Andre Leon talley（美国时尚杂志前任总编）

# 第25章 体育舞蹈

"他们跳跃，旋转，飞翔，爱和泪，在歌声里轻柔地飘扬。"舞蹈是脚步的诗歌，醉在音乐里，人忍不住跟着起舞；跳舞是人与音乐的默契汇合。或许你并不知道，华尔兹、伦巴、恰恰，这些我们常见的舞蹈，其实都属于体育舞蹈的范畴。本章将带你了解体育舞蹈基本理论和基本技术，当你掌握基本的练习方法后，也许会忍不住抖肩、扭胯、旋转，伴随音乐，舞动起来。

## 精彩案例

### 拉丁舞之神——Walter Laird

Walter Laird是拉丁舞界大师级的人物，但是他却不仅仅是一位优秀的拉丁舞者。如果说 Wally Laird 是拉丁美洲舞发展之父并非夸大之辞，数十年来其人其事已经成为传奇。

他曾是三届拉丁舞世界职业比赛的冠军；凭借自己作为拉丁舞选手的先锋意识，他一举为后来建立起国际性的比赛风格；他终其一生都在探索着拉丁舞正统音乐的特质与旋律；此外，Walter Laird更是伟大的拉大舞教授者，是全世界最优秀拉丁舞教材的撰写者。

他撰写的《拉丁舞技巧》（The Laird Technique of Latin Dancing）。此书出版于1961年，随后又在1964年、1972年、1977年、1983年和1988年分别再版。这本教材一开始遵循的也是传统的拉丁舞教材的写法，但从1972年后的修改版起，Walter Laird加入了大量的关于舞蹈技术动作的分析，还使用了系列图表和和圆柱图，以此让读者能以最为直观的方式来理解拉丁舞并掌握其中的技巧。世界上很多优秀舞者都将此书奉为圭臬。

全世界的舞蹈协会几乎都曾颁授予 Wally 荣誉会员，以感谢他对于拉丁舞蹈伟大的贡献。

## 第1节 体育舞蹈简介

**学习提示**

体育舞蹈包括哪10个舞种？黑池舞蹈节在哪里举行？华尔兹的意思是什么？为什么狐步舞并不是模仿狐狸的舞蹈？拉丁舞中最流行的舞种是什么？

一旦起舞，便永不停止。对于很多舞者来说，站在舞台上便无法分辨是梦幻还是现实，因为这已经不仅仅是一种肢体的运动，更是一种身体与心灵的锻炼，是对音乐的一种理解和表现，是生命的过程。

同样，体育舞蹈也有自己的发展过程，它经历了原始舞蹈、公众舞、民间舞、宫廷舞、社交舞、新旧国际标准交谊舞等发展阶段。体育舞蹈的前身就近来说是社交舞，也称为交际舞或交谊舞。

**体育舞蹈名片**

体育舞蹈，又称国际标准舞，是体育与文艺相结合的一种体育项目。它分为两个类别：摩登舞和拉丁舞，共10个舞种。1992年体育舞蹈被列为奥运会表演项目。2010年广州亚运会体育舞蹈首次成为亚运会正式比赛项目。

### 一、体育舞蹈的起源和发展

欧洲、拉丁美洲是体育舞蹈的起源地。体育舞蹈由民间舞蹈演变发展而成，曾叫做"社交舞"（Ballroom Dancing）。欧洲贵族喜欢在宫廷中跳社交舞。社交舞早在14~15世纪就出现在意大利，16世纪传入法国，1768年第一家交际舞厅在巴黎开办。法国大革命后，流传民间至今。第二次世界大战后，美国人将该舞蹈跳到了全球各地，并形成一股跳舞热潮，至今不衰。

1924年，由英国发起欧美舞蹈界人士，在广泛研究传统宫廷舞、交谊舞及拉美国家的各式土风舞的基础上，对此进行了规范和美化加工，于1925年正式颁布了华尔兹、探戈、狐步、快步四种舞的步伐，总称摩登舞，并进行了比赛，继而又推广到世界各国，受到了许多国家的欢迎和喜爱。

1950年，由英国世界舞蹈组织（ICBD）主办了首届世界性的大赛（黑池舞蹈节）（Blackpool Dance Festival 1950），并把规范后的舞蹈命名为国际标准交谊舞；以后每年的五月底，在英国的"黑池"举办一届世界性的大赛（图27-1）。随着此种舞蹈在世界的不断推广，摩登舞中又增加了维也纳华尔兹。

1960年，非洲和拉美一些国家的民间舞经过了规范加工后又增加了拉丁舞的比赛，但摩

图27-1 黑池舞蹈节

登舞和拉丁舞风格迥异。

经历100多年的发展,"社交舞"从"社交"发展为"竞技",将单一的舞种发展为摩登舞、拉丁舞两大系列的10个舞种,并在1904年成立了"英国皇家舞蹈教师协会"。这个组织将当时欧美流行的舞姿、舞步、方向等整理成统一标准,制定了有关舞蹈理论、技巧、音乐、服装等竞技的标准,公布为"国际标准交谊舞舞厅舞",为世界各国所遵循,英国的黑池甚至成了"国际标准舞"的圣地。

### 黑池舞蹈节(Blackpool Dance Festival)

黑池,这个城市,对舞蹈界而言,是所谓的舞林圣地。每年五月全球标准舞界中的佼佼者,都齐聚于黑池一栋名为冬季花园(Winter Gardens)的古老建筑物中一展舞艺。一个多星期的黑池舞蹈节对于狂热的舞蹈爱好者们来说简直太短了。截止到2008年,黑池舞蹈节已成功举办83届。在黑池舞蹈节中,除了扣人心弦的四大重要组别(职业摩登、职业拉丁、业余摩登和业余拉丁)的激烈角逐之外,四国邀请赛可谓极其吸引人的眼球。主办方会邀请四个国家,每个国家选出两对最优秀的摩登选手和两对最优秀的拉丁选手上台表演,最终决出最优秀的国家获胜。2004年度,我国的栾江和张茹获得了职业拉丁新星组第一名,取得了亚洲选手参加黑池英国公开锦标赛以来的最佳成绩。

## 二、体育舞蹈在我国的发展

国际标准交谊舞于20世纪30年代传入我国,80年代发展较快,先后与日、美、英等国家进行交流活动。1986年正式引进后,发展迅速。

1986年,文化部宣布成立中国国际标准舞学会,并举办了第一届全国国际标准舞会演,此后每年举办一届。1987年中国舞协报经中宣部批准,于当年5月举办了首届"中国杯"国际标准舞比赛。1988年4月,中国舞协群众舞蹈研究会在北京主办了"牡丹音响杯"全国第二届国际标准舞大赛。如今,体育舞蹈事业成为我国各级政府关心的社会主义精神文明建设的大项。1991年5月,中国体育舞蹈运动协会成立。从1998年开始,体育舞蹈被列入中国文化部"荷花奖"的评奖单项,国标舞事业从此又开辟了一个崭新的篇章。

目前我国是世界舞蹈及体育舞蹈理事会(WDDSC)的准会员、国际体育舞蹈联合会(IDSF)的正式会员。

## 三、体育舞蹈的分类

体育舞蹈是以男女为伴的一种步行式双人舞的竞赛项目。按体育舞蹈的风格和技术结构不同可分为两大类:摩登舞、拉丁舞;按竞赛项目不同可分成三大类:摩登舞、拉丁舞、团体舞(队列舞)。

摩登舞包括华尔兹、维也纳华尔兹、探戈、狐步和快步舞5个舞种。

拉丁舞包括伦巴、恰恰、桑巴、牛仔和斗牛舞5个舞种。

团体舞（队列舞）包括拉丁集体舞和摩登集体舞。

**1. 摩登舞**

摩登舞除了探戈外，都源于欧洲大陆，它的音乐时而激情昂扬，时而缠绵性感，动作细腻严谨，男士的绅士风度和女士们的妩媚尽显其中。它舞步流畅，轻柔洒脱，舞姿优美，起伏有序；音乐节奏清晰，舞蹈富于技巧性，是老少皆宜的舞系。

（1）华尔兹（Waltz）。

华尔兹一词最初来自古德文"Walzel"具有优美、柔和的特质，意思是"滚动"、"旋转"或"滑动"。它的起源有不同的看法，有德国起源论、法国起源论和意大利起源论。它流行于贵族的宫廷舞会上，但是旋转性的舞蹈早就在民间就出现了。圆舞曲分快、慢步两种，舞时两人成对旋转。17、18世纪流行于维也纳宫廷后，速度渐快，并始用于城市社交舞会。18世纪被誉为"欧洲宫廷舞之王"。19世纪初传入美国波士顿，20世纪重返欧洲，并以新的"慢华尔兹"的形式席卷欧洲大陆，音乐使华尔兹更为完美。莫扎特、肖邦、柴科夫斯基、施特劳斯等音乐大师创作了不朽的华尔兹舞曲，尤其是施特劳斯，他使华尔兹成为"舞蹈之王"。

旋转是华尔兹的精髓所在，甚至可以说是华尔兹的生命。改良过的华尔兹（图27-2），约在第一次世界大战后由英国传出。由于舞姿优美，加上三拍子的音乐又是那么动人，抒情中带有些许的浪漫与哀怨气息，因此极受欢迎。

图27-2 华尔兹

音乐：3/4，重音在第一拍，每分钟32小节左右。

（2）探戈（Tango）。

时动时静的舞步、左顾右盼的眼神、遥远陌生的音乐，使探戈（图27-3）披上了神秘、诡异的外衣。探戈舞步最显著的特点是"蟹行猫步"。当舞步需要前进时，舞者却作横行移动；当舞步需要后退时，舞者却作横向向前斜移。同时，探戈舞者的舞步常常随音乐节拍的变化而时快时慢，探戈也因此被称为"瞬间停顿的舞蹈"。探戈舞步具有欲进还退、快慢错落、动静有致的特点。此外，探戈舞者讲究上身垂直，两脚脚跟提起，两膝微弯，所有的动作都是力量向下延伸的感觉，舞姿十分沉稳有力。探戈舞步华丽高雅、热烈狂放且变化无穷，交叉步、踢腿、跳跃、旋转令人眼花缭乱。

图27-3 探戈

音乐：2/4或4/4，每分钟大约33小节。

（3）狐步舞（Fox Trot）。

狐步舞（图27-4）起源已不可考，但一般认为起源于美国黑人舞蹈。1941年演员哈利·福克斯模仿马在慢步行走时的动作，并设计了一种舞蹈形式，即在美国大为流行，人们因此称狐步舞为"福克斯"。现在国际上跳的狐步舞是英国的约瑟芬·宾莉改编的。狐

图 27-4 狐步舞

步舞的舞步相当具有美国风,行云流水的动作中,充满悠闲、轻松、流畅及优美的特性。比赛中的狐步舞与上述略有不同,虽然音乐同样恬静柔美,行云流水,舞风依旧,然而因竞技所延伸出的一些高难度动作,已经与美式简单轻松的狐步舞背道而驰。一般选手皆认为狐步是最难拿捏的一项舞种,要诠释出狐步舞的流畅特性,须有深厚的基础才行。

音乐:4/4,重音在第一及第三拍,每分钟约28小节。

(4)快步舞(Quick Step)。

快步舞(27-5)由美国民间舞"P.E.E.P BODY"改编而成,为摩登舞中较快速的一种舞蹈。早期快步舞吸收了快狐步动作,后又引入芭蕾的小动作,使动作更显轻快灵巧。现在国际上跳的是英国式的快步舞。

图 27-5 快步舞

如果华尔滋以旋转为主体,快步舞则是以直线轻快移动为主轴。由于快步舞音乐节奏较快,一般人会误解,舞动时也须满场飞舞。其实,高明舞者都会恰如其分地掌握音乐节奏,快慢有序,即所谓"静如处子,动如脱兔",更能淋漓尽致地展现快步舞的魅力。因此舞步不宜急着向前冲刺,太大步的移动,将有失控之虞,反而无法表现其轻快活泼的本质。

音乐:4/4,每分钟约50小节。

(5)维也纳华尔兹(Viennese Waltz)。

如果你见到一种舞蹈,它的步法不多,多半以快速的左右旋转动作交替,绕着舞池飞舞,间或加入原地左右旋转动作,舞者裙摆飞扬,华丽多姿,那么它多半是维也纳华尔兹(图27-6)了。它是社交舞中历史最悠久的舞种,又称为圆舞曲或宫廷舞,起源于奥地利北部山区农民舞,因其具有欢愉及自由气氛,故极受欢迎。由于施特劳斯曾为维也纳华尔兹撰写了不少动听舞曲,更使得这项舞蹈风靡整个欧洲。其风格特点是动作舒展大方,连绵起伏,节奏清晰,旋律活泼,动作优美,舞步轻快、流畅,旋转性强。

音乐:3/4,每分钟约56小节。

**2. 拉丁舞**

图 27-6 维也纳华尔兹

与摩登舞的优美流畅相比,热情奔放、充满激情是拉丁舞的代名词。拉丁舞除斗牛舞外,都源于美洲各国和非洲。舞蹈动作豪放粗犷,速度多变,手势和脚步内容丰富。它的音乐热情洋溢,极具节奏感;以淋漓尽致的脚法律动的引导,自由流畅,动人入情,气氛迷人。

(1)伦巴(Rumba)。

伦巴舞(图27-7)起源于古巴,故又称为"古巴伦巴"。它被称为"演绎爱情的舞蹈"。四五百年前，非洲黑人被白种人送至美洲沦为奴隶。非洲黑人远离家园，生活困苦，加以思乡情切，因而产生出哀伤的民歌。慢慢地，这种悲伤的曲调因受当地气候的影响而演变成慵懒的音乐风，再加上拉丁美洲特有的打击乐器，使得伦巴舞曲更富有罗曼蒂克的气氛。在古巴的非洲人即随着这种音乐起舞，借以发抒心中郁闷的情绪，从而形成伦巴舞。20世纪30年代，皮埃尔夫妇在英国表演和推广古巴伦巴舞受到极大欢迎，风行欧洲。伦巴舞的特点是音乐缠绵，舞态柔美，舞步动作婀娜摇摆。其舞蹈动作受雄鸡走路启发。

伦巴的音乐浪漫抒情，力度要求一张一弛、快慢结合，讲究压、拉、收、发。在伦巴舞中经常会看到这样的经典镜头："压"的时候似将万千柔情浓缩于一点，"拉"的时候又像把思念无限牵引，而"收"的时候是久别重聚，"发"的时候正是浓情爆发，最后当一切都远去，依然四目相对、脉脉柔情。

图 27-7 伦巴

音乐：4/4，第二拍起跳，每分钟为30~40小节。

（2）恰恰恰（Chachacha）。

体育舞蹈中还有模仿企鹅姿态创编的舞蹈，这就是曼波舞（Mambo）的变形——恰恰舞（恰恰恰，见图27-8）。它起源于中美洲的墨西哥、古巴等地，但今日的恰恰比曼波更流行、更受欢迎，主要是因为这种舞给人一种明朗轻快的感觉。因南美洲的土人将曼波的音乐演奏得更快，并加进打击乐器使之成为今日的恰恰恰。曼波的舞姿较柔和，腰部扭动较大；恰恰恰的舞姿较为活泼，步法干脆利落，不拖泥带水。在动作编排上一反男子领舞的习惯，男女动作不求统一整齐，且多半是男子随后。恰恰恰由于名称动听，节奏欢快易记，邦伐斯鼓和沙球的咯咯沙沙与动作相吻合，舞蹈又有诙谐、花俏的风格，所以备受欢迎，是拉丁舞中最流行的舞蹈。

图 27-8 恰恰恰

音乐：4/4拍，4拍跳5步，每分钟29~32小节。

（3）桑巴（Samba）。

桑巴（图27-9）起源于巴西的里约热内卢，1929年传入美国，而后又传至各地。它是非洲人和南美人的综合产物。最早用吉他演奏，节拍较缓慢，带有小夜曲式的情调，兼富热情活泼的气氛。后来英国舞蹈家专程赴里约热内卢去观察搜集当地桑巴舞，回国后将桑巴舞作一番整理并制定步法名称及统一跳法，从而成为目前的桑巴舞。它的风格特点是动作粗犷，起伏强烈，舞步奔放、敏捷、富有强烈的感染力。它属于移动性舞蹈，像探戈、华尔兹一样，移动时沿舞程

图 27-9 桑巴

线绕场进行，因此它是拉丁舞中行进性的舞蹈。

音乐：4/4或2/4拍，每分钟48~56小节。

（4）斗牛舞（Paso doble）

图27-10 斗牛舞

斗牛舞（图27-10）别具特色，在舞中，男舞伴是斗牛士，女舞伴则是斗牛士手中的斗篷，随着斗牛士的动作而不停舞动。

斗牛舞本为西班牙的进行曲，音乐雄壮威武，舞蹈风格阳刚味十足，是受斗牛所影响而演变出的舞蹈。在斗牛竞技场入口上方的铜管乐队，总是不断地演奏着进行曲，即西班牙所谓的斗牛舞音乐，形成斗牛舞的灵感即来自于这种音乐；同样，也因为这种音乐才激发出斗牛舞本身的脚步。舞蹈表现出男子强壮英武和豪迈昂扬的气概。将斗牛舞归类到拉丁美洲舞，令人觉得不可思议，因为它根本就是纯欧洲式且源自于西班牙。

音乐：2/4拍，一拍跳一步，每分钟60小节。

图27-11 牛仔舞

（5）牛仔舞（Jive）。

牛仔舞（图27-11），又称为捷舞。牛仔舞原是美国西部牛仔跳的一种踢踏舞，盛行于20世纪二三十年代。在第二次世界大战期间，美国士兵将牛仔舞带到了英国，由于战争的影响，使牛仔舞发展到了疯狂的地步。捷舞与吉特巴（Jitterbug）可说是孪生兄弟。吉特巴是典型的美国舞蹈，在1940年最先流行于美国南部，几年间便风行全世界。它有明确的步法，糅合爵士（Jazz）和查尔斯登舞（Charleston）的精华而独创一格。跳法约可分为两种：一般社交场合中是六步吉特巴，而标准舞是八步吉特巴，称为Jive。两者基本上都是以六拍来完成一个基本步，只是六步较为悠闲懒散，而八步较有精神、变化较多。它是一种十分放松自由的舞蹈，舞步带有踢踏动作，节奏快速兴奋，动作粗犷，带有举持和甩动的技巧，是表现牧人强健体魄和自由奔放情绪的舞蹈，具有独特的魅力；舞曲欢快，有跃动感，舞步丰富多变，其强烈的扭摆和连续快速的旋转，常使人眼花缭乱、亢奋热烈。

音乐：4/4，每分钟约40小节。

3. 团体舞

图27-12 团体舞

体育舞蹈的团体舞（图27-12）一般由8对选手组成，将摩登舞或拉丁舞的5种舞蹈运用各种队形的变动，编织出丰富多样的图案。它将音乐、舞姿、队形、图案和选手们的和谐配合融为一体，达到了完美的统一，使体育舞蹈的风格特点得到了更为鲜明的表现。在团体舞中，每个舞种在步法、节奏、技术处理以至风格上都有自己的独特之处。

## 第2节 体育舞蹈的基本动作及技巧

**问题导引**

体育舞蹈的基本姿势有哪些？跳舞时身体的"关键点"是什么？体育舞蹈的四种舞步和十大技巧是什么？

### 一、基本姿势

#### 1. 站立姿势

男女舞伴双足并合，脚尖并对前方，相对平行而立，双方将自己的右脚尖对准对方的双脚中线，间距15厘米；女伴偏向男伴左旁三分之一，做到肩平、背直、腰挺、膝松弛，胸向后倾弯。

#### 2. 持握姿势（以闭式姿势为例）

闭式姿势是体育舞蹈中最主要的舞姿，许多优美的步法都是从该舞姿发展形成的。闭式舞姿要求男女舞伴相对站立，两者正面身体构成封闭状态。女伴身体向男伴右侧约偏三分之一，男女腰部右侧轻贴，均向后倾。男伴左臂向左侧屈肘举起，高度稍超肩部，轻握女伴右手的拇指和其余四指之间。男伴右手环抱着女伴左胛骨下方，五指并拢，手掌呈空心，轻轻平贴在女伴左臂上，女伴左手五指并拢，轻放在男伴右肩上。

摩登舞手的握式姿势：男伴左臂向左侧举起，左手略高于肩，上前臂约成90°角，成V字形；左手与腕部要保持平直，手指要自然并拢，大拇指与食指分开，轻握女伴右手。

拉丁舞手的握式姿势：男伴左手握着女伴的右手，大拇指垂直压着女性的手心，食指和中指捏着女伴的手背；在一次脱步后，拉女伴回来时，将无名指和小指压着女伴的手腕。

#### 3. 半开式姿势

在闭式舞姿的基础上，男女舞伴上身均向外闪开大部分，面向前方，目光通过相握的手向同一方向远视，但男右腰部、女左腰部与闭式舞姿一样，仍然轻贴，不宜距离过大。

**跳舞的身体"关键点"**

"跳舞"时用在肢体上支撑点最弱的地方是颈部和腰部，因为它们处在没有骨骼支撑的位置，比较难控制，线条的表现上也容易变形，所以从腰部以上的线条要特别支撑好。

腰部以下大腿力道的运用要足够，脚跟、脚尖要做清楚，脚形要做漂亮，忌腾空或拿来拿去，腰部带动臀部转动与背肌的运用特性，关系着整个人身体线条的表现与手轴尖的距离支撑。

## 二、基本舞步

### 1. 常步

常步分为前进步和后退步两种。前进时先用脚掌触地，过渡到脚跟擦地向前，着地后过渡到脚趾，身体重心随之移动到前腿上；后退时动作相反，先用脚掌触地，然后用脚尖擦地向后，脚趾着地后再过渡到脚跟，重心随之移到后腿。

### 2. 横步

横步分左横步和右横步两种。左横步为用全脚掌向左旁迈出一步，距离约同肩部宽，右脚用前脚掌向左脚并拢，重心随之移到刚刚并拢的右腿；向右侧横步，动作相反。

### 3. 并步

并步分向前、后、侧三种并步。左脚向前迈一步，右脚用脚前掌在左脚侧点地，身体重心仍在左腿上。

### 4. 摇摆步

摇摆步有左右和前后摇摆两种。左脚向前一步，重心前移，然后重心移向后再向前移、再向后移为前后摇摆；向左再向右，再左移、再右移是左右摇摆。

## 三、十大技巧

### 1. 纵向牵引技巧

纵向牵引技巧亦称体态要求。即全身松弛状态下寻找一种头顶天花板的挺拔感觉，一种沿腰椎、颈椎直达头顶的纵向牵引效应，收腹展胸，背部平整，腰胯上拉，肩部下沉，膝盖向内，垂直地面。对摩登舞而言，还有两点特殊要求：一是手臂握持、环绕的构架永不变形；二是头部略向左，上身略后倾。

### 2. 平面牵引技巧

平面牵引技巧是实现重心转移的关键。其要领是无论向前、向后、向左或向右，都以腰胯发力带动腿脚：脚随身动，身到脚到，身随胯动，胯到身到；即使身脚同时到，但脚随身动还是身随脚动，不同的意识会带来绝然不同的效果。只有脚随身动，才会产生龙（蛇）摆尾和行云流水般的效应。

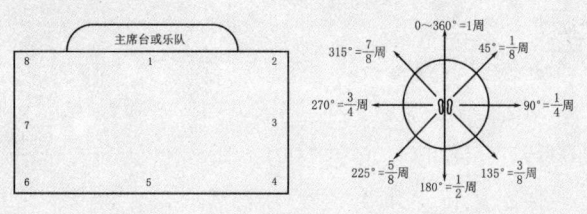

**角度与方位**

在每个舞步开始、结束时所站立的方向，旋转过程中的方位、角度，都有一定的规定。旋转角度的认定：旋转时以每转360°为一周，旋转90°为1/4周，旋转135°为3/8周，旋转180°为1/2周，旋转225°为5/8周。在做旋转动作时，均标明旋转的方向，即左转或右转，然后标明旋转角度。跳舞时，为了便于辨别方位和检查旋转的角度，根据国际上记录各种舞蹈的惯例，在舞场上要规定一定的方位：

### 3. 不漏痕迹技巧

不漏痕迹技巧是重心转移的高境界。其要领是脚底内侧着力，避免双脚同时承担体重，尽量缩短双脚分担重心的时间，让人看不出单脚到双脚、双脚到单脚重心交替的痕迹；即使遇到并步，也是由并拢脚到位后的最后一刹那（华尔兹），或最初一瞬间（探戈）完成的。

### 4. 全脚滚动技巧

所谓滚动，是指人体重心集中点在脚底位置的移动过程，无论脚尖滚向脚跟还是脚跟滚向脚尖，都应流畅和平稳，不得只用脚掌。这种滚动的意识还应有膝关节柔韧性配合，呈现一种只见人体流动不见重心交替的状态。这种滚动带来的起伏与人为生硬的颠簸不可同日而语。

### 5. 反身技巧

所谓反身，就是以腰轴旋转意识带动上半身的（不完全）转动，犹如扭秧歌："左腿向前（后），身向左（右）转；右腿向前（后），身向右（左）转"。它的作用在于帮助人体重心推出，重心刚一到位，反身便消失在自然倾斜中。反身不但是旋转舞步的前奏，而且是其他舞步间衔接的过渡。没有反身技巧，身体就会显得僵硬；有了反身，重心转移就会锦上添花。

### 6. 倾斜技巧

这里所说的倾斜，是以人体纵轴偏离垂直坐标为特征展开的。其作用是通过腰轴发力促进人体流动，伴随反身动作展现曲线美的造型。同反身一样，需要注意肩部扭曲和腰部弯曲。

### 7. 摆动技巧

以腰胯发力而实现的摆动感，其作用是加大运步的步幅，增强身体的流动。为获取摆动感，需要在腰胯发力的同时运用脚掌推力以及膝关节的配合，从而实现身体在空中的挪动。

### 8. 升降技巧

以促进重心转移，实现平面牵引为目的的升降，即脚掌为中心，先使脚跟微微离地，在脚跟上升过程中逐步伸直膝盖，使身体上升到最高，然后随着膝关节弯曲使脚跟逐渐落地。

### 9. 领舞、跟舞技巧

领舞、跟舞技巧应当是一种全身信息的传递和反馈。腰部发力统帅全身所有这些信息，依靠永不变形的手臂握持，向对方传递和反馈。华尔兹等摩登舞，还应借助腰胯接触点，更有效地传递与反馈。同时双方必须各自保持重心稳定的相对独立，不能有丝毫依赖对方的动机。领舞者须准确果断，跟舞者不得自作主张。

---

**体育舞蹈中的呼吸**

在体育舞蹈学习中，掌握正确的呼吸方法是一个很重要的技术环节。有不少人在跳舞时会因为追求身体的挺拔和肌肉的延伸，而不自觉地把气息憋在胸腔之上。特别是一些初学者，使劲地憋着气跳舞，时间一长，就会产生嘴唇发乌、面红耳赤、表情狰狞等不良反应，进而影响整个舞蹈的学习进程。

正确的呼吸是将气息往下沉于丹田处，使气息的走向与肌肉的走向形成一种对抗的状态，这样一来，气息就可以从鼻进入肺部，然后到达胸腔，再反向由胸腔经过肺部，从口鼻中排出，就形成了一个不间断的气息循环体系。

**10. 节奏处理技巧**

舞者除了踩准脚步这一基本要求外，还应当对原有的节拍加以处理，使之丰富多彩。如我们将华尔兹的两个弱拍融化在一起，形成"嘭嚓.嚓"的附点性变化，随着最后一刹那升到最高，飘逸的风度淋漓酣畅。至于斗牛舞曲跳探戈、牛仔舞曲跳恰恰、传统中四跳狐步、传统慢四跳伦巴，会是别有一番韵味。

# 第3节 体育舞蹈采风

随音乐起舞，仿佛生命吮吸到新鲜空气，身体不自觉舞动。体育舞蹈不仅是体育竞技项目，而且深受民众的喜爱，曲乐飘徐，舞姿翩翩，谁都可以是舞池中闪耀的明星。

## 一、体育舞蹈的舞服

很多女生心中都有一个灰姑娘的梦，想有一天自己也可以穿上水晶鞋和公主礼服去和王子跳一支爱情之舞，旋转，跳跃，裙角涟漪荡漾，缀珠璀璨夺目，美梦酣甜，不愿苏醒。

在舞蹈中，舞服是点睛之笔。国际标准舞的比赛中，舞服占有一定的分数，因为国际标准舞所要表现的是整体美，所以服装和舞者仪容都要重点打造。

以摩登舞来讲，男士穿传统式的燕尾大礼服、白色衬衫及黑色领结，燕尾服主要为黑色或深蓝色（偶尔有其他颜色，但比赛中很少见，在表演性节目中颜色变化比较多）。女士则为及地晚礼服，颜色、款式五花八门。

拉丁舞在服装变化上比摩登舞更加多姿多彩。拉丁舞的风格热情洋溢，在服装方面男性舞服要紧身。燕尾服的缝制难度在于后背要够挺直，能表露出身体的曲线，呈现T字型。款式方面没有特别的限制，唯一的条件是绝对不可以穿宽身的舞衣。

女士的舞服无论是摩登或拉丁舞，不管是在设计还是颜色的运用上，耀眼夺目是关键词。摩登舞服类似晚礼服，大方，高贵，温柔，优雅，如图27-13所示；拉丁舞服，则性感、妩媚、颜色鲜艳如桃红色、鲜黄色等，如图27-14所示。而选一块漂亮、适合的布料也尤为关键，摩登与拉丁舞一般会选用"Lycra"的布质，它优越的伸缩性让舞者就算跳舞时有什么大动作也不用担心。

亮片、珠片、假钻让舞服更加闪亮耀眼，点缀其上，起舞跃动，美不胜收。很多服装都会选择来自

图27-13 女士摩登舞服

图27-14 女士拉丁舞服

奥地利的"Swarovski"。"Swarovski"是很有名的假钻，但是品质好所以价钱也不菲。一般会在舞服上加上一些亮片、假钻，也会用这些假钻来做成耳环，以搭配整套舞服。耳环及手套的颜色与舞服的颜色要协调。除了耳环及手部饰品外，有很多女舞者也喜欢带发饰，或者颈上加条丝巾，舞动时增添飘逸的美感。

## 二、体育舞蹈的观赏

一场高品质的体育舞蹈比赛也需要高素质的欣赏者，体育舞蹈的比赛应该怎样来欣赏呢？三个角度，供你选择。

### 1. 观赏形体美

体育舞蹈不同于其他比赛的地方就是"以貌取人"。选手优美的形体外貌会给自己加分不少，再加上精湛的技艺，在这个美与力的较量中才更能脱颖而出。良好的着装、迷人的微笑、窈窕的身姿都会给裁判留下深刻的印象。

### 2. 欣赏音乐美

每个舞者身体里都蕴涵着力量与美。在音乐中，他们释放着自己的激情和感受；音乐的内涵也在他们身上流淌，并且引导着舞者用肢体演绎。因此，我们在观赏时，可以随着音乐的旋律产生联想与想象，进而在自己头脑形成富有一定情感的臆想，在情绪中受到感染和陶冶。我们观看体育舞蹈比赛，要欣赏音乐与动作的有机结合，动作必须符合音乐的特点，巧妙地把技术动作、乐曲的旋律、节奏以及个人的风格和谐地组织起来。

### 3. 观赏动作美

体育是竞技性运动，所以由动作、技术和战术综合表现的动作美是观赏体育竞赛的核心内容。体育舞蹈比赛中，运动员利用自己的身体条件和表演风格，把具有各自特色的动作表演得娴熟、完成足够数量的精彩的难度动作组合，做到动中有静、静中有动、舒展流畅、连绵不断，使外表的动作与内在的情感融为一体，加上优美动听的音乐，令人陶醉在美的艺术享受之中。体育舞蹈的编排既要体现出舞种的基本风韵，又要含有一定的技术难度。

## 三、体育舞蹈组织

### 1. 世界舞蹈及体育舞蹈理事会

世界舞蹈及体育舞蹈理事会，简称WDDSC。1950年9月22日在英国苏格兰的爱丁堡成立，现有52个会员协会，注册地为英国伦敦。

### 2. 国际体育舞蹈联合会

国际体育舞蹈联合会简称IDSF。1935年成立于布拉格，现有85个会员协会，注册地为瑞士洛桑，于1997年获得国际奥委会的正式承认。

## 休闲运动篇
LEISURE SPORTS

> 定向运动中有一句话："人生如定向，定向如人生。"
> 其实，定向运动给我们的是一种经营人生的理念。
>
> ——汤万辉（中国定向越野第一人）

# 第26章 定向运动

斯堪的纳维亚半岛广阔茂密的森林松涛阵阵，声音沿着崎岖不平的路来到名叫"吉兰特"的童子军领袖组织中，1918年，他们正在玩一次"寻宝游戏"，在林中湖畔弯曲的小路中，拿着地图和指北针完成拟定的任务，找到游戏中的宝藏。这就是雏形的定向运动，发展百年，依然老少皆宜。本章将介绍定向运动的基本知识，引导同学们了解它的装备、所需技能并且爱上它。

## 精彩案例

### 魅力定向

看过《西点军校女学员》之类的电影吗？如果看过，那么这样的画面一定不陌生：一群人手拿指南针和地图，在杂草丛生的乡郊野外气喘吁吁地寻找着方向和出路。没错，这些元素正是定向运动中必不可少的。

中国定向协会拓展与露营专业委员会的吴军生主任说："参加定向运动既要有跑马拉松的体力，又要有下围棋的智慧，是智力与体力并重的运动。"

定向运动国家级运动员王鑫奇说："定向运动区别于其他运动主要在于它的目标性强，一场比赛可以将它分成多个目标点，这样就不会因为全程的距离长而感到气馁，我们反而更有了动力。定向如人生。"

"定向运动已经成为一项风靡全球的户外运动，它融挑战、刺激、智慧于一身，既考验参赛者的体力，又检验其思维判断能力，将体育项目的激烈竞争和休闲探索的乐趣完美结合在一起。"

定向不只是生活的一部分，定向就是生活。定向运动是一项充满魅力的运动，与自然融合，触发生命的动感，让人在寻找道路与达成目标中体验人生的智慧。

# 第1节　定向运动简介

> **问题导引**
>
> 定向运动起源于哪个国家？它的游戏规则是怎样的？定向运动的分类如何？它必不可少的装备有哪些？我们能从定向运动中得到什么？定向运动地图的知识你知道多少？

## 一、定向运动概述

定向运动是一项充满乐趣和挑战性的运动，一旦与它触电，快乐细胞就会被激发出来。

"定向"（Orienteering）这个词在1886年首次使用，意为在地图和指南针的帮助下越过不被人所知的地带。简单来说，定向运动就是利用地图和指南针到访地图上所指示的各个点标，以最短时间到达所有点标者为胜。地点设定很灵活，定向运动通常设在森林、郊外和城市公园里进行，也可在大学校园里进行。

世界上有这样一个地方，800万人口中就有150万积极的定向运动员和150万业余爱好者，全国有700多个定向俱乐部，每年组织1000多场正式定向比赛，而这个国家的国王是

### 定向运动的游戏规则

想象一下，你正在参加一次定向运动比赛，那么你就会在起点处领取定向地图和电子打卡器（或点标卡片），当你听到出发指令后就即刻出发，按顺序到访定向地图上标明的所有点标，这个过程中就要考验你读地图和在陌生地域辨别方向的能力了。在你快速判断的果断行动下，在所有的点标处都留下了足迹，那么就可以在终点处将定向地图和打卡器（或点标卡片）交回，并记录下时间，领取你的成绩单了。

点标与点标之间的路线并不指定或固定。运动员应该自己作出选择，路线选择能力以及借助于地图和指北针在森林和公园辨明方向，并以最快速度按顺序到达目的地的能力便是定向运动的精髓所在。

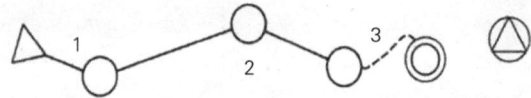

注：一条标准的定向运动路线包括一个起点（用△表示）、一个终点（用◎表示）和一系列点标（用○表示）。这些点标已在地图上用阿拉伯数字标明。

定向运动最权威的支持者和保护翼；众多政界要人、商业巨头、媒体名人为定向运动的钟爱者和积极参与者；所有学校学生及军队服役人员必须学习定向运动，这已经是一门必修课程，是教育和训练的一部分，甚至已成为一种生活方式。这就是定向运动的故乡——瑞典。

1895年真正的定向比赛在瑞典斯德哥尔摩和挪威奥斯陆的军营区举行，标志着定向运动作为一种体育比赛项目的诞生。为什么先在军营区流行开来？这是因为在斯堪的纳维亚半岛的莽莽林海中，如果不具备在山林地辨别方向、选择道路和越野行进的能力，军人们就不能完成保卫国家的重任。

定向运动像孩子一般长大成熟，不断完善自己。定向运动的开展始于20世纪初的北欧，到20世纪30年代已在芬兰、挪威、瑞典、丹麦立足。1932年举行了第一次世界定向运动比赛。1961年国际定向联合会（IOF，见图21-1）在丹麦哥本哈根成立，现有63个成员国。国际定向联合会是世界定向运动的行政实体，是国际体育联合会总会之一。定向运动也是国际承认的奥林匹克体育项目。目前起源于瑞典的定向运动已延伸到世界各地。定向运动中少不了指南针，那又怎么能少得了指南针的发明地——中国。1998年，世界公园定向运动组织（PWT）来到中国，带着来自全世界25个国家最优秀的定向运动员从繁华的国际大都市香港跑到古老又现代的北京城，受到热烈欢迎，成功地挑起了中国人对定向运动的热情与兴趣。

图21-1　国际定联标志

被这份热情所打动，PWT决定再次重返中国，在各大城市举行定向知识讲座，制作定向地图，组织定向比赛。1999年PWT共带12名中国大学生运动员免费参加了PWT在世界各地举行的循环赛及其他主要国际定向赛事，使中国运动员有机会与世界精英学习、比赛、交流。2001年PWT为更多的中国人争取机会到世界各地参加定向赛事。

中国人具有从事定向运动极佳的体能和智能，而且中国地域辽阔，自然条件优越，山区、森林、郊外、城市公园及大学校园是开展公园定向运动最理想的天然场所，同时也是一种非常好的教育娱乐方式。像公园定向运动创始人之一高友远（Gavert Waag）先生和PWT组织副主席、定向运动世界冠军岳根强（Jorgen Martensson）先生说的：通过大家的努力，中国运动员一定会在不久的将来与世界精英共同角逐世锦赛。

## 二、定向运动的分类

定向运动的衍生类别五花八门，让人眼花缭乱，无论男女老少，只要你喜欢野外活动，一定有适合你的那一款定向运动。

**1. 按运动工具不同分类**

（1）徒步定向：如传统定向越野、接力定向、积分定向、夜间定向、五日定向、公园定向等。

（2）工具定向：如滑雪定向、山地车定向等。

## 2. 按性别不同分类

按性别不同可分为男子组和女子组。

## 3. 按年龄不同分类

按年龄不同可分为青年组、老年组和少年组。

## 4. 按技术水平不同分类

按技术水平不同可分为初级组（体验组和家庭组）、高级组和精英组。

## 5. 按活动形式不同分类

按活动形式不同可分为亲子定向（适合家庭）、外语定向（适合各种外语爱好者和对交外国朋友感兴趣的人群）、野外生存定向（适合学生的暑寒假活动）、野外休闲定向（适合城市白领）、交友定向（适合少男少女）。

定向运动技巧容易掌握，上至80岁，下至三五岁，都可以参加定向运动。因此，全世界男女老少很多人成了定向运动的"fans"，各个阶层、各个年龄段的人都广泛参与进来。

### 三、定向运动的益处

定向运动是一项非常健康的智慧型体育项目，是智力与体力并重的运动。它不仅能强健体魄，而且还能培养独立思考、独立解决所遇到困难的能力及在体力和智力受到压力下作出迅速反应、果断决定的能力。

定向运动是一项学生体育项目，因为它能培养人们独立分析解决问题的能力和良好的逻辑思维能力。

定向运动是一项家庭体育项目。周末一家人回归自然，可以放松身心、自娱自乐、融洽关系、增加乐趣。

**定向地图相关知识**

黑色——人造景观（建筑物、道路和小径）。

棕色——等交线（表示山丘和小坑），沥青、砾石路面，包括高速公路、主干道、宽行人道和篮球场等。

蓝色——任何有水的地方（湖泊、溪流和泥沼）。

白色——普通的林区，易通过。

绿色——植被，浓密而难通过的地区。

黄色——空旷地。

黄绿色——禁入私人区、果园、花坛。

紫色——路线。

地图上的等高线指地形高度的差距，它们表示哪里有山、哪里有坑谷以及地形的陡缓。每一条等高线之间的距离在图上用等高距表示，通常为3～5米，不同地图的等高距不同。在一张地图上，等高线越紧密，坡越陡，等高线越稀疏，坡越缓。

定向运动是一项商务体育项目，具有时尚、自然、精英的特点，使其在商业领域有着巨大的商业价值，通过举办特别主题的商务定向活动，传递一种健康、环保、自然、崇尚运动的理念。

定向运动是一项精英人才体育项目，因为它基于挑战，勇于尝试从未被尝试过的方案，并要求全身心以最高时效达到世界顶级目标。

定向运动是一项非常重要的世界军事体育项目，拥有自己的世界锦标赛。

定向运动是一项自然环境体育项目，因为它教会人们如何在大自然中把握自己的行为，爱护自然，遵守郊野公园守则。

定向运动是一项不需多大花费的群众性体育项目，所需的只是一张好的定向地图和一个指南针；服装可穿着定向专业套装，也可只是普通运动服装。

定向运动是一项探险寻宝体育项目，给人们惊险刺激的人生经历。

定向运动是一项广交朋友的社交性体育项目。在这里，不论男女老少，也不论种族背景、文化阶层、社会地位有何不同，都可以相互交流，共享人生。

## 四、定向运动所需装备

### 1. 地图

定向运动中需要的装备并不多，地图则是必不可少的东西，被称作定向运动的灵魂。定向运动专用的地图最大的特征就是它有运动专用的指北线，这些线用蓝色或者黑色标识（所谓的指北线是依据地球的磁力线画出的平行线）。两条指北线之间显示的距离是500米。定向地图必须详尽记录地面的情况，利用等高线表示山的形状及升高，利用各种颜色表示前进的易难、植被分布等。当今大多数森林定向图的比例尺为1∶10000，大多数公园定向图为1∶5000。2009年全国学生定向越野锦标赛地图如图21-2所示。

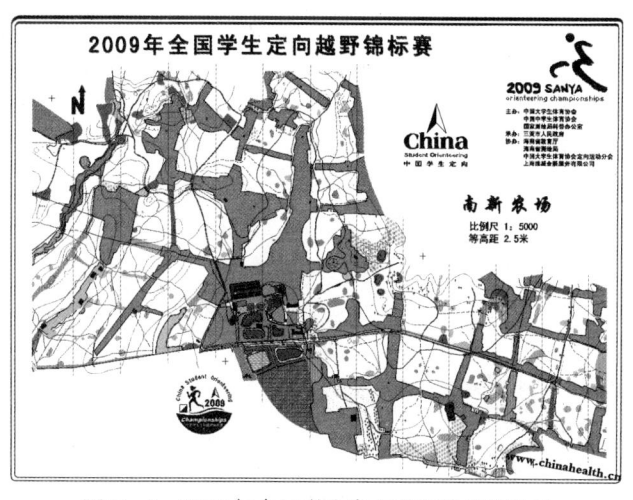

图21-2　2009年全国学生定向越野锦标赛地图

### 2. 指北针

找到正确方向的最有用的工具是指北针。它是定向运动可使用的唯一合法帮助。应用于定向越野比赛的指北针有两种类型：一种是带有基板的（图21-3），另一种是套在拇指上的（图21-4）。世界冠军在比赛时通常是两种并用的。

指北针的使用方法：

（1）正置地图使地图跟地面环境互相配合，使地图北向正北面。

方法：把地图转移至指北线与磁针同时指向北方。（磁针将与地图指北线平行）

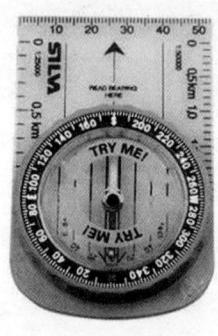 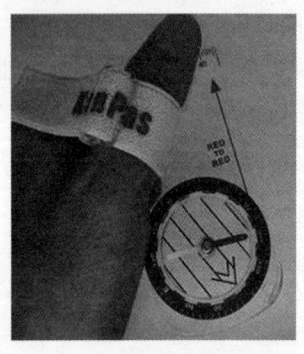

> **指北针为什么不叫指南针**
>
> 许多户外爱好者或者定向运动爱好者，喜欢称指南针为指北针。北半球地区距离磁北极比较近，而且专业制图需要考虑地理北极与磁北极的偏角（磁偏角），所以现在大多称呼指北针。
>
> 其实，两者是一回事。

图21-3　基板的指北针　图21-4　套在拇指上用的指北针

（2）测量前进方位协助我们找出前进的方向。

方法：将指北针放于地图上，基板边缘连接自己（A）及目标（B）（前进箭咀须指向目标），然后将指北针及地图一并转移直至地图正置，这时前进箭咀指示的方位便是前往目标的方向。

（3）测定自己的位置。

方法：在比赛中，初学者常常忽略了自己的位置，这时候我们应该保持冷静，利用地理环境及指北针找出自己在地图上的位置，再定出前往目标的路线。

### 3. 其他装备

定向运动有时需要翻山越岭、长途跋涉，所以有一身适当的衣服和一双鞋子便显得十分重要，应以轻便、舒适及易于活动为佳。鞋子方面可穿旅行靴，保护脚腕。有经验的运动员可穿上比赛用的运动鞋。建议穿防水的以及鞋底有凸齿的鞋子，在碎沙地不易滑倒。

组织比赛的话，控制旗、打口器、控制卡是必需的；还有点标旗、点签、哨子及号码布等，一般都会由赛会提供，如图21-5所示。

> **哨子、手表要不要带**
>
> 在定向运动中还应该准备一个哨子，有的指南针上附带有这种哨子。不要小看这个小东西，它是你迷路的时候最可靠的求助手段，尤其是在野外定向中，更是有效的安全保障。而如果参加的是夺分式定向比赛，手表同样也是不可缺少的。

1-号码布　2-指北针　3-检查卡片
4-地图　5-点签　6-检查点

图21-5　定向运动部分装备

## 第2节 定向运动的基本技能与练习方法

**问题导引**

定向运动的基本技能有哪些？你会正确地识图吗？怎样选择最佳路线？怎样正确识别方向？定向运动的精髓是什么？怎样成为定向运动高手？

### 一、识图

**1. 地图正置及拇指辅行法**（图21-6）

（1）明确站立点、路线、到达地；

（2）转动地图，使地图标定，并将拇指贴近站立点一侧（先上大路）；

（3）到大路后转动地图，移动拇指（沿大路跑，看到路旁小屋后向右转）；

（4）再转动地图，移动拇指（沿大路跑，经过右侧路口后在下一路口左拐，可直达检查点）。

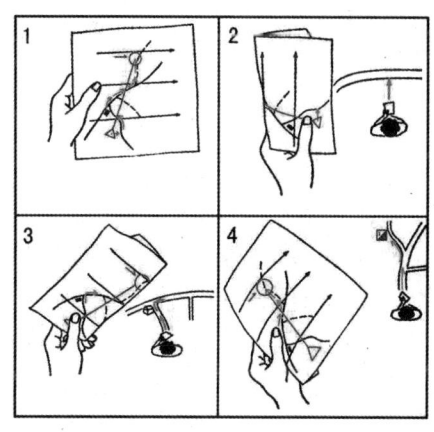

图21-6 拇指辅行法

**2. 利用指北针**（图21-7）

利用指北针，准确地找出目标的方向，每次前往目标前，可先观察目标周围的地势，加深印象，务求快速及准确地到达目的地。

**3. 扶手法**（图21-8）

利用明显地理或人做特征作引导，使前进时更具信心。例如，小径、围栅、小溪涧、山嘴等，皆是有用的扶手。

**4. 搜集途中所遇特征**（图21-9）

辨别前往控制点途中所遇到的地理特征，确保前进方向及路线正确。切勿将相似的特征误认。

**5. 攻击点**（图21-10）

先找出控制点附近特别明显的特征，然后利用指北针，从攻击点准确及迅速地前往控制点。攻击点必须是容易辨认的，如电塔架、小路交点等。

**6. 数步测距**

先在地图上量度两点间的距离，然后利用我们的步幅准确地测量要走的路程。方法：先量度100米我们所需步行的步数（设120步），当我们在地图上发觉由A点到B点的距离是150米便可伸算出应走180步。为了减少数步的数目，我们利用"双步数"，只数右脚落地的一步，便可把步数减半。上面的例子双步数为90步。

**7. 目标偏测**（图21-11）

利用指北针前进，把目标偏移，当到达目标的上面或下面时，才沿"扶手"进入目标。

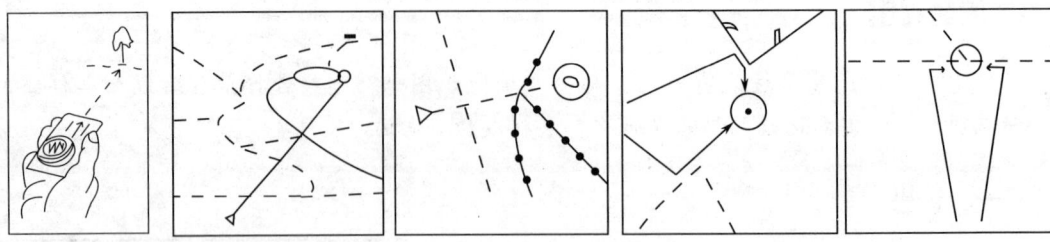

图21-7 利用指北针　图21-8 扶手法　图21-9 搜集途中所遇特征　图21-10 攻击点　图21-11 目标偏测

## 二、选择正确的路线

当了解了地图和指北针后，你必须在两个点标之间选择一条最佳行进路线。

选择路线应遵循如下原则：

（1）有路不越野。

应尽量选择沿道路行进，这是因为在道路上容易确定站立点，使运动员更具信心；地面相对光滑、平坦，有利于提高奔跑速度。

（2）"走高不走低"原则。

定向比赛中如果不得不越野，当目标点在半山腰周围又没有明显地貌地物时，应选择从山顶向下寻找的方法。这就是人们常说的"从上到下法"。

（3）"提前绕行"原则。

阅读地图时要注意通观全局提前绕，特别是检察点之间有大的障碍不易穿越时，不能等抵近障碍再作折线绕行，而应该全面分析地貌地形，提前选择好最佳迂回运动路线。

> **定向运动的精髓**
>
> 必须识图，明辨方向
> 在点与点之间做最聪明的选择
> 必须独立寻找所有点标
> 必须按正确的顺序打卡
> 以最快速度。

## 三、正确判定方向

**1. 利用地物特征**

下述地物可以帮助我们辨别方向：

房屋：房屋一般门朝南开，在我国北方尤其如此。

庙宇：庙宇通常也南向设门，尤其是庙宇群中的主要殿堂。

树木：树木通常朝南的一侧枝叶茂盛，色泽鲜艳，树皮光滑，向北的一侧则相反。同时，朝北一侧的树干上可能生有青苔。

凸出地物：如墙、地埂、石块等，其向北一侧的基部较潮湿并可能生长苔类植物。

凹入地物：如河流、水塘、坑等，其向北一侧的边缘（岸、边）的情况与凸出地物相同。

### 2. 利用太阳与时表判定

上午9时至下午4时之间按下面这句话去做，就能较快地辨别出概略的方向："时数折半对太阳，'12'指的是北方"。如在上午9时，应以4时30分的位置对向太阳；如在下午2时40分（即14时40分），则应以7时20分的位置对向太阳，此时"12"字的方向即为北方。为提高判定的准确性，可在"时数折半"的位置上竖一细针或草棍，并使其阴影通过表盘中心。

需要注意的是，"时数"是按一日24小时而言的，如下午1时，就是13时；在判定方向时，时表应平置（表面向上）；此方法在南、北纬度20°30'之间地区的中午前后不宜使用；要注意时差的问题，即要采用"以标准时的经线为准，每向东15°加1小时，每向西15°减1小时的方法将标准时间换算为当地时间。

### 3. 利用指北针

当指北针的磁针静止后，其N端（通常都有标志）所指的方向即为北方。

利用指北针辨别方向是十分简便快捷的，但是需要注意：尽量保持指北针水平；不要距离铁、磁性物质太近；不要错将磁针的S端当做北方，造成180°的方向误判。

### 4. 夜间利用星体

利用北极星：北极星位于正北天空，观察时，其距离地平面的高度约相当于当地的纬度。寻找时，通常要根据北斗七星（即大熊星座）或W星（即仙后星座）确定。北斗七星是七个比较亮的星，形状像一把勺子，将勺头甲乙两星连一直线向勺口方向延长，约为甲乙两星间隔的五倍处有一颗略暗的星，即北极星（图21-12）。当地球自转，看不到北斗七星时，则可利用W星寻找。W星由五颗较亮的星组成，形状像个"W"字母，向W字缺口方向延伸约为缺口宽度的两倍处，就是北极星。

利用南十字星：在北纬23°30'以南的地区，夜间有时可以看到南十字星，它也可以用于辨别方向。南十字星由四颗较亮的星组成，形同"十"字。在南十字星的右下方，沿甲乙两星的连线向下延长约该两星的四倍半处（无可见的星），就是正南方。

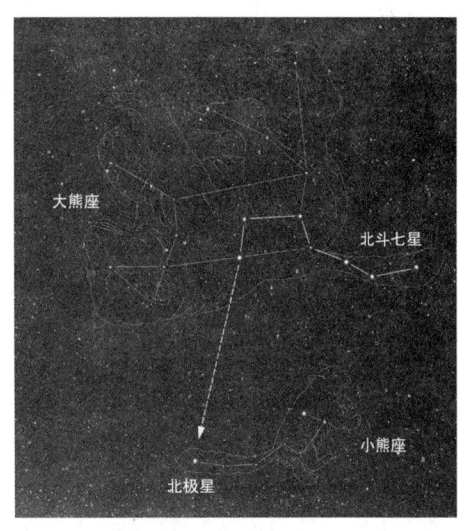

图21-12 北极星识别

## 四、使自己成为定向运动高手

### 1. 方向感的培养

方向感在定向运动中扮演重要角色。那么，怎样才能培养出更强的方向感呢？

在初级训练中，我们选择一个具有代表性的地形进行方向感的训练，最开始时进行单

点训练，要在出发前知道自己应该往哪里走、怎么走。这个动作可分为三步来完成。第一步，必须将地图归北，让实地与地图对得上号。第二步，面对找的标记点的方向，看看四周的环境是否与地图对上号了，并知道应该往哪里走。第三步，要选好路线，在脑子里形成一种概念，就是在从起点到标记点上时要经过哪些明显的参照物，这些参照物与路线的关系是什么样的，要自己口述出来。

反复练习这个过程就会养成一种良好的动作习惯。在进入高级训练后，方向感的训练主要以方位角为主。

### 2. 参照物的选择

有句话说：选择了好的参照物，就成功了一半。但好参照物也并不容易选择，窍门是"大优先，明显优先，易记优先"。参照物分为近距离参照物和途中参照物，近距离的参照物可以从检查点说明中得知，而途中的参照物就只能通过自己的判断来决定，一段弯道明显的路、一个水塘、一片空旷地、一个独立房、一棵独立树或是一片树林等都是非常好的参照物，要注意发现和利用。

### 3. 地图记忆选择

如果能将地图默记于心，那么定向技能便离炉火纯青不远了。刚开始时，可以从单点记忆开始，出发前，看15~30秒的图，然后说出在行进中要走的路线和所记的参照物，并说出这些参照物的特征。经过一段时间后，可以进行两个点、三个点的训练。刚开始时，不要有难度，距离也要近一些的，逐步地把难度加大、距离加长，直到一次能记3~5个检查点且看图时间短，记忆训练就结束了。

### 4. 距离感的培养

距离感的培养不是一朝一夕能练出来的。要知道同样的距离平路要用多少时间，下坡要用多少时间，上坡要用多少时间，并把目测距离（图上距离和实距离）融会贯通。也就是说，给出一段已知的距离，在出发前要目测图的距离是多少，目测实地的距离是多少，并估计出所需的时间，用最快的速度去完成这段距离的训练。经过反复多次的不同地形、不同距离的训练，距离感就会在有意识的训练中慢慢形成。

### 5. 空间感的培养

看到地图时，发现不是一般的地图，而是一个立体的影像，平面的地图已经变成了立体化的地形图，这时，你的空间感便建立起来了。

这种感觉的培养很难，沙盘训练有助于这样感觉的培养。

沙盘，是根据一定的比例尺进行制作的，有关植被、道路、水域、人工地物都可以进行比较准确的描述。这样，运动员就可以很直观进行等高线的分析、地形地貌的综述；再结合同样地形的地图，模拟在地图和沙盘中进行越野训练，找到平面图与沙盘的共同点与地图取舍；经过这种训练，用图、识图能力和立体分析地图的能力就会很快提高。

### 6. 窗口训练法

窗口训练法是一种比较高级的训练方法，这种方法的主要训练目的是提高到位率、方位角运用的精确性和对距离的目测与估计。

平时训练的地图都是一张完整的图，而进行窗口训练时，看到的不是一张完整的图，而是在完整的图的基础上进行了特殊的处理。应先把训练图的点标在完整图上标出来，然后用一张白纸覆盖在标了点的图上，用小刀把点的位置（以检查点为中心，400~800平方米，比例尺为1：10000的地图）刻出来，用连线把各个点连接起来，再进行复印，这时得到的图就是一张完整的窗口训练图，整张上只有检查点的四周的图而没有详细的图了。这就要求在训练时必须要死记活用方位角、目测估算距离和点的四周的地形地貌的特征。

### 7. 定向运动心理

定向运动是要求运动员独自一人在野外独立地完成比赛任务。在此期间，不可能得到任何提示或帮助，顽强、理智、冷静是一名优秀的定向运动员的品质。因此，在训练和比赛中要强调运动员不管在什么地方耽误了多久、走了多少冤枉路，都要自始至终满腔热情地把比赛进行完。

## 第3节 定向运动采风

### 一、定向运动几大赛事

（1）O-Ringen瑞典五日：世界最大规模的定向运动赛事/旅游节，每年七月吸引世界各国20000名男女定向运动员相聚瑞典。

（2）世界定向越野锦标赛：最权威的传统森林定向比赛。每隔一年举行一次。

（3）Jukola：芬兰24小时白昼接力赛——世界最大的定向接力赛。每年6月2000多个队在芬兰白昼地区持续 比赛24小时。

（4）Tio-mila：世界最刺激的夜间定向接力赛。每年4月末在瑞典举行。

（5）世界公园定向循环赛：每年在世界各地公园巡回举行职业精英赛。设总奖金及总排名。只有世界排名前25男和25女有资格参赛。

（6）定向越野世界杯赛。

（7）世界青年定向越野锦标赛。

（8）世界大师定向越野锦标赛。

### 二、世界公园定向运动组织

世界公园定向运动组织（Park World Tour orienteering，以下简称PWT）是于1995年在国际定向联合会（IOF）注册的一个国际组织。每年在世界各地公园举行职业定向精英巡回赛，并设总奖金及排名。它的主要宗旨是创造一种全新的定向运动概念，即定向运动不仅可以在传统的森林里进行，而且还可以在城市的公园及大学校园里进行，从而将世界上最富有挑战的体育运动带到观众与摄像机的面前，使观众不仅现场感受到定向的动感及激烈战况，还可以使电视机前的观众一起分享这份刺激与乐趣，真正使定向运动成为一种任何人在任何地方都可以从事的群众性体育运动。这样，定向运动已从森林走向城市。

为推动定向运动的发展，增进人们对定向运动的兴趣及了解，发展新的群体，扩大其在新闻媒介中的影响，并将定向运动引入新的国家，PWT将大多数世界循环赛设在城市的郊外及公园里进行，而且路程较短，点标设置亦独具匠心，从瑞典的野生动物园到威尼斯的水上迷宫，从芬兰的赌场到奥地利的音乐大厅，从捷克的城堡到奥斯陆的购物中心楼顶，整个赛事紧张激烈，聚集了全球顶级定向运动精英，将定向运动推向更高水准。观众不仅可沿途观赏赛事，并可亲身体验，可谓妙趣横生、乐趣无穷。

PWT所组织的每一次国际赛事均是与当地的定向俱乐部或该国定向联合会共同组织的，一个共同的目标就是使定向运动成为奥林匹克运动比赛项目之一。

PWT在其存在的短短4年里，以其精专的赛事组织安排和现代化的设备技术风靡全球。1998年已有包括来自南美在内的30个国家申办PWT世巡赛，征服了数以万计的人们，使他们成为积极的参与者和优秀的定向运动员，为使定向运动迈入奥运会踏出了重要的第一步。

PWT将继续将定向运动———项挑战智力和体力的运动介绍到全世界观众的面前。

### 三、拥抱定向，让心靠近

比赛中的竞争让人燃烧斗志，不以比赛身份出现的定向运动也同样充满魅力，在与自然的亲近中，放下工作的重担，忘却生活的烦恼，专注于运动中的快乐。其间，人与人的互动，让心靠得更近。

**镜头一：亲子定向**（图21-13）

图21-13 亲子定向

"我们要先看地图，再去打卡寻宝，知道了吗？""好的，爸爸，我们现在是在地图上的这里吧，向东北方向进发，冲啊！"亲子定向中，父母好像回到了童年，孩子开始像大人一样思考，在前进的路上，挑战、沟通、激励，潜移默化地让孩子自信心大增，欢呼雀跃中和爸爸妈妈玩到一起，大手牵小手，幸福灿烂。

**镜头二：情侣定向**

"无论你是男主人公的他，还是女主人公的她，都应该为彼此的爱情做一件事，让这件事成为记忆永恒。'亲爱的，一起运动吧！'"2009年首届情侣定向寻宝活动上情侣们在运动中坚定彼此的心。

男朋友的机智，女朋友的细心，在定向运动的过程中重新发现心爱的人身上从未闪

---

**"定向"婚礼**

1987年3月1日，香港一对热爱定向运动的伉俪举行了一个浪漫的、有纪念意义的定向婚礼。新郎并没有像所有婚礼那样与新娘挽手迈入教堂，而是收到新娘的一封粉红色"密令"。里面有一张地图，几个固定的地点。只有在实际位置中将这几个点逐一找出，过五关斩六将，才能抱得美人归。但这根本难不倒玩惯了定向的新郎，不到40分钟就顺利完成了任务，在莽莽山野中找到了自己的新娘，但是主婚人可惨了，漫山遍野里被弄得晕头转向，差一点就丢了。

现的魅力。过程中的互相体贴与关怀，两人坚持到最后的决心，也同样会让两人难忘。

**镜头三：野外定向**

玩野外定向的一个女孩说："太累了！不过，看到所有队员都没有掉队，我咬了咬牙，你看，这不，我也胜利到达目的地了，我们的成绩还不错呢！很久没有这样长时间的运动了，觉得浑身的筋骨都舒展开了。这里没有都市的喧闹，没有工作的压力，没有复杂的人际关系，大家齐心协力，为自己团队的每一次小小的胜利而欢呼。这种感觉真好！我们几乎都绝望了，最后我们结合几个队员的想法，试了试，果真完成了。"野外定向中，一些小白领在这里相逢，他们是陌生人，但是因为定向运动组成一个团队，同时考验自己的生存能力和沟通能力，谁能说这样一个周末没有在家里宅着来得痛快有意义呢？

拓展的人,他的生活世界必定无限宽广。

——钱永健(中国拓展培训师联盟主席)

# 第27章 拓展训练

"你本不是天生的王子或公主,但你却一下子就习惯并喜欢上坐在明亮、恒温的办公室,出差时享受着星级酒店的豪华和舒适。你志得意满,无所畏惧,却未曾想在自己设置的障碍前裹足不前。如果你没有拖鞋就不会在晚上走路,如果你没有只属于自己的干净脸盆就不会洗脸,如果你和三人以上同居一室就不能睡觉,如果你没有空调就不知道该穿几件衣服,对不起,那你真的需要去拓展一下自己了,因为你作茧自缚却浑然不知。人生路上有些东西是必备的,但你却搞不清楚应该是什么。你要去的是一所学校,是一个军营,但肯定不是你早已习惯的酒店。"这是美国柯达(中国)公司一位经理致参加拓展训练同事的一封信中的内容。社会人需要的素质:团队协作、果敢、坚毅、进取,同样也是我们需要在自己精神上和身体上灌注的,而拓展训练正旨在于此。本章,将简要介绍这一新兴的体验式运动形式的起源、环节和特点,重点推介信任背摔等实践活动,在活动中你会体验不一样的体育课,挖掘潜能,熔炼团队,完善人格……

## 精彩案例

### 听中国拓展第一人讲拓展训练的那些事儿

北京大学的一节拓展课结束后,钱永健老师聊起了拓展训练场地的事儿。他说:"立柱最下面的活动梯子是我灵感一现后产生的'专利',梯子最下面的横木可以拆卸,这也算是为拓展训练的场地安全作了点贡献。在这位"中国拓展第一人"的眼里,拓展训练兼容并包,改善心理状态,提高抗挫能力,培养积极态度,拓展训练是培剂促进身心发展的良方,因此引入学校体育教育也是大势所趋。

钱永健曾说:"拓展训练引入体育课堂是对传统体育教学一个必要的补充,是一个将多学科与体育结合进行教育的尝试。通过理论课的学习,使学生了解拓展训练的概况、发展以及课程的模式等。通过实践课的学习,使学生熟练掌握拓展训练的训练方法和保护方法,增强学生的个人能力、团队协作精神和安全意识。"这也是所有高校"拓展人"的共识。

休闲运动篇

# 第1节 拓展训练简介

**问题导引**

拓展训练的真正含义是什么？它和第二次世界大战是怎样联系到一起的？它的起源与发展是怎样的？拓展训练在中国、在大学生中又是怎样发展的？拓展训练的五个环节是什么？它们的特点各是什么呢？

一只小船驶离平静的港湾，义无反顾地投向未知的旅程，去迎接一次次挑战和考验——这就是拓展训练（Outward bound）的原意。我们每个人多么像那只小船，在人生的旅程中经受磨砺锻炼，所以有人说，拓展训练就是人生的训练。"人类对听到的大约可以记住10%，对看到的大约可以记住25%，对亲自经历过的大约可以记住70%。"在拓展训练中，你会亲自经历各种各样特定的境遇，也许是你自己身临的"危险"，也许是你在队友遇险时必须做出的选择，也许是被蒙上双眼时安全感的缺失，这时你该怎么办？在拓展训练中，模拟的场景会使你收获真实的心理体验，反思之后会成为自己重要的人生经验。

## 一、拓展训练的起源

拓展训练起源于第二次世界大战。当时，盟军在大西洋的船队屡遭德国纳粹潜艇的袭击。在船只被击沉后，大部分水手葬身海底，只有极少数人得以生还。英国的救生专家对生还者进行了统计和分析研究，他们惊奇地发现，生还者并不是他们想象中的那些年轻力壮的水手，而是意志坚定、懂得互相支持的中年人。经过一段时间的调查研究，专家们终于找到了问题的答案：这些人之所以能活下来，关键在于他们有良好的心理素质。于是，专家们提出了"成功并非依靠充沛的体能，而是强大的意志力"这一理念。当时德国人库尔特·哈恩提议，利用一些自然条件和人工设施，让那些年轻的海员做一些具有心理挑战的活动和项目，以训练和提高他们的心理素质。此后，其好友劳伦斯在1942年成立了一所阿德伯威海上训练学校，以年轻海员为训练对象，这是拓展训练的雏形。

在英国出现的一种叫做Outward Bound的管理培训，更接近现代意义上的拓展训练。这种在第二次世界大战之后兴起的训练利用户外活动的形式，旨在模拟真实情境，对管理者和企业家进行心理和管理两方面的培训。

现代意义上的拓展训练已经和管理培训紧密地结合在一起，突破了起初狭义的拓展训练的概念和范围。由于拓展训练具有非常新颖的培训形式和良好的培训效果，它很快就风靡整个欧洲的教育培训领域并在其后的半个世纪中发展到全世界，训练对象也由最初的海员扩大到军人、学生、工商业人员等各类群体，训练目标也由单纯的体能、生存训练扩展到心理、人格、管理训练等。

拓展培训不同于普通形式的培训，其他培训注重知识技术技能的积累，而拓展培训则注重人的态度、心理状态的培养，它创造一个仿真的环境使人们不必经历真实的艰险、紧张、自我怀疑、他人的嘲笑以及失败的挫折，就能够领悟和发现真理。拓展培训并不是将知识直接灌输到学员脑中，而是通过一个个精心设计的项目，让学员们认识自己、激发潜能、领悟团队合作的重要性。总之，拓展培训改变人的态度，态度改变行为，行为改变命运！

**Outward Bound的创始人——库尔特·哈恩**

　　对于海员幸存者的研究，有一位德国籍教育学家库尔特·哈恩（Kurt Hahn）博士作出了许多贡献，并将研究结果用于对人的生存训练，尤其以应对海上危机为主。

　　19岁那一年他严重中暑，太阳灼伤了他的小脑，威胁他四肢的正常功能，为了配合治疗，他在黑暗的房间里呆了一年。为了让困在房中的日子更有意义，同时为了磨练自己的意志，他设计出成套的体育活动自己练习，原地跳高成为他练的最好的项目，据说还打破了当时的记录。

　　哈恩是位天生的老师，在夏天，他召集年轻人到帐篷里，给他们读一些英雄探险故事，还经常带领他们到地形复杂的地方远足。

## 二、拓展训练在我国

　　拓展训练，新颖时尚，于1995年进入我国并逐渐流行开来。短短几年的发展，拓展训练备受推崇，逐渐被列入国家机关、外资企业和其他现代化企业的日常培训日程，而且在我国的西北部等经济欠发达的地区也有了很大的发展。

　　为什么拓展训练会受到格外关注呢？这是因为，现代社会中人们面临更多的压力和挑战，对从业者提出了更高的要求。一个人有了良好的业务素质和明确的职业规范还远远不够，健康的心理素质、坚强的意志、敢于进取、冒险、创新的精神和良好的人际关系、团队意识及组织协调能力，都成了企业招聘中的常见字眼，而这些都需要从实践中或从强化培训中培养。体验式训练（图25-1）由于适应了时代完善人格、提高素质和回归自然的需要，成为了素质教育的新时尚。经济越发达，要求人的素质越高，而日益激烈的竞争也使企业越来越重视对员工的培训。体验式培训寓教于乐的形式和长久的效果保持率是其迅速发展的重要保证，而根据需求度身定制课程的服务更让培训公司有了争取市场的利器。

　　北京大学、中国人民大学、北京师范大学、中国海洋大学、中国地质大学、北京科技大学等几十所高校都成了"尝鲜"的行动者。许多学校由于没有开展拓展课，每年都会花费大量的人力、财力组

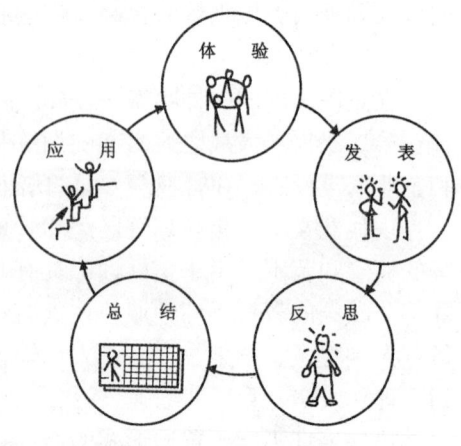

图25-1　体验式训练过程

织学生参加培训机构组织的拓展活动，以此满足同学们的需求。拓展训练侧重对同学们生理与心理健康和社会适应能力的培养，由于课程的独特创意和训练方式，近些年来逐渐被推广，深受大学生和学校教育人士的推崇和喜爱。据不完全统计我国每年参加拓展训练的人数多达百万，尤其是大学生的参与越来越多。

### 三、拓展训练的特点

#### 1. 综合活动性

拓展训练的所有项目都以体能活动为引导，引发出认知活动、情感活动、意志活动和交往活动，有明确的操作过程，要求学员全身心地投入。

#### 2. 挑战极限

拓展训练的项目都具有一定的难度，表现在心理考验上，需要学员向自己的能力极限挑战，跨越"极限"。

#### 3. 集体中的个性

拓展训练实行分组活动，强调集体合作，力图使每一名学员竭尽全力为集体争取荣誉，同时从集体中吸取巨大的力量和信心，在集体中彰显个性。

#### 4. 高峰体验

在克服困难，顺利完成课程要求以后，学员能够体会到发自内心的胜利感和自豪感，获得人生难得的高峰体验。

#### 5. 自我教育

教员只是在课前把课程的内容、目的、要求以及必要的安全注意事项向学员讲清楚，活动中一般不进行讲述，也不参与讨论，充分尊重学员的主体地位和主观能动性。即使在课后的总结中，教员也只是点到为止，主要让学员自己来讲，达到自我教育的目的。

#### 6. 综合素质的提高

认识自身潜能，增强自信心，改善自身形象；克服心理惰性，磨炼战胜困难的毅力；启发想象力与创造力，提高解决问题的能力；认识群体的作用，增进对集体的参与意识与责任心；改善人际关系，学会关心他人，更为融洽地与群体合作；学习欣赏、关注和爱护大自然。

---

**拓展训练的五个环节**

体验、分享、交流、整合、应用是拓展训练的五个环节，并循环往复。

体验。参加者投入一项活动，并以观察、表达和行动的形式进行，是一把打开吸收之门的金钥匙。

分享。三人行必有我师。参加者要与其他体验过或观察过相同活动的人分享他们的感受或观察结果。

交流。把这些分享的东西结合起来，再与其他参加者探讨、交流，以反映自己的内在生活模式。

整合。从经历中总结出原则或归纳提取出精华，并用某种方式去整合，以帮助参加者进一步定义和认清体验中得出的成果。

应用。策划如何将这些体验应用在工作及生活中，而应用本身也成为一种体验，有了新的体验，循环又开始了。因此参加者可以不断进步。

## 第2节 拓展训练项目

**问题导引**

拓展训练主要有哪些项目？高台演讲训练的是什么能力？盲人方阵你能走出来吗？信任背摔要注意什么？求生墙危险吗？

在拓展训练开始之前，需要记住——忘记身份、忘记年龄、忘记性别。

拓展训练一般由高空项目、低空项目和地面项目三类组成，下面就几种常见的拓展项目作一介绍。

**1. 信任背摔**（图25-2）

信任背摔是最为经典的拓展训练项目之一。想象一个场景：探险分队来到一断崖前，除了从断崖处跳下，看来别无选择。这要冒一定的风险。

这项游戏主要考验队员们间的相互信任程度和挑战自我的勇气，是一项以锻炼学生心理素质为目的趣味心理素质拓展活动。

规则：

（1）所有人都必须摘掉手表、戒指及带扣的腰带等尖锐物件，并掏空衣兜里面的东西。

（2）一名选手被蒙上眼睛、系上双手或双手抱胸，站在1.5米高的位置，然后直挺挺倒下去，由该组其他成员在下面合力接住，这需要选手的胆量和队员之间的合作。

（3）监护者：保证背摔者正确倒下，协助承接者传送背摔者，以及检查队伍排列是否合理。

（4）背摔者：让监护员知道他什么时候准备倒下，并且只有听到"倒"的命令之后，才可以倒下。

（5）承接者：精神高度集中，力量灌注双臂。

（6）队尾的两名承接者要始终抬着背摔者的身体，直到他双脚落地。

图25-2 信任背摔

**2. 生死电网**（图25-3）

生死电网是一个场景模拟的团队挑战项目。描述的是团队从敌人集中营逃生的过程中，遇到敌人设置的通上高压电的封锁网，任何人身体的任何部位一旦触及，将会有生命危险。

规则：

> 看不见的风险远比看得见的风险可怕，但是人不能靠本能做事情，要用意志力战胜本能，而信任又是一切关系的开始；充分的沟通与交流是建立信任的平台，而信任是合作的基础。只有在信任基础上产生的合作才能产生最佳的组织绩效。

图25-3 生死电网

（1）电网上、下、左、右分别以四条线为界，向各个方向无限延伸，不可以通过，一旦任何人误入禁区，将被隔离五分钟。

（2）网洞有大有小，每个网洞只准使用1人/次。

（3）任何人身体的任何部位（包括头发、衣角等）碰触电网，该网洞将被封死，队员要求原路返回（包括帮助、保护的队员）。

（4）在整个活动过程中，出现任何危险动作时，培训师会及时制止。

（5）帮助队友过或接住过网队员时，不能猛推或急于撒手，待过网队员安全着陆后，方可放手。

### 3. 盲人方阵

盲人方阵也叫做黑夜协作，是一个以团队挑战为主的项目。

规则：

（1）为了真实地表现情境，所有人戴上眼罩，为了使活动有价值，必须确认完全不能看到亮光。

（2）在附近不超过5米的范围内有一堆（捆）绳子，宣布开始后把它找到，并在40分钟内把它围成一个最大的闭合的正方形，围好后，所有人相对均匀地分布在这个正方形的四条边上。

> 社会学家研究结果表明，"在公众面前讲话"是人们最害怕的八件事之一。

（3）所做的这个正方形是一件价格极高的产品，其他许多队伍也做了同样的正方形，要和他们一起竞标，并以足够的理由证明产品的优势。

（4）整个活动中任何人不得摘去眼罩，戴上眼罩后应将双手放置于身前，不得背手行走，严禁蹲坐在地上。

（5）当确认提前完成后，将绳踩在脚下，并通知拓展教师，得到准许后才可以按照拓展教师的要求摘下眼罩。

### 4. 翻树叶

翻树叶，也叫做翻帆布，是一个以团队挑战为主的项目，挑战我们团结协作的能力。

规则：

（1）假如我们是一群雨后受困的蚂蚁军团，我们有幸发现了一个大树叶，当我们站上树叶后发现树叶正面有毒。只有在30分钟内将树叶翻个面，我们才能获得安全，否则每个人都有生命危险。

（2）整个过程必须站在叶子上，身体的任何部分都不得接触叶面以外的地方，否则必须从头再来。

（3）活动中可使用的资源是大家的身体和聪明才智，不得借助其他物体。

（4）活动中注意安全，适当地身体接触有助于我们完成任务，但对队友的反对不得强求。

## 5. 高台演讲

高台演讲是在设定的高台上，面对下面的众多人，按照既定题目利用规定的时间、方式进行演讲，以此锻炼自己在特殊情境下的逻辑思维和语言表达能力。有人说，演讲就是生产力，也有人说，演讲是领导力最重要的组成要素。

规则：

（1）为了表现特殊压力下的情境，所有人轮流站到高台上进行演讲；

（2）演讲从双脚站到台上开始，时间是3分钟，到3分钟必须停止；

（3）用1分钟讲讲你的过去，用1分钟讲讲你的现在，用1分钟讲讲你想象中的未来。

（4）如果演讲结束而时间未到，请继续保留在台上，可以随便讲些其他话题。

## 6. 求生墙

求生墙也叫做海难逃生。因为经常将它安排为最后一项活动，因此也叫做毕业墙或胜利墙，国外常称14英尺墙。这个活动可以让我们懂得个人目标与团队目标的关系，只有团队获得胜利才是真正的胜利。

规则：

（1）所有成员都要在40分钟之内爬上这面4.26米（国内习惯高度为4米）高墙，如有人没上去则视为团队未成功。

（2）不允许借助任何可以延长肢体的工具，如衣物、腰带等。

（3）这个墙面是大家攀爬的唯一通道，不许利用墙的侧边及周围台阶。

（4）没有上去的人不能事先从旁边上去，已经上去的人不能再从旁边梯子下来帮忙（人员过多时提前下来的学员必须站在指定地点），允许已上去的学员从原路退下。

注意：学员人数不应少于10人，其中男士不应少于20%。

### 求生墙玩家，注意了

如果大家要采取搭人梯的方法，要采用马步站桩式，不要将身体靠在墙上，注意腰部用力挺直，用手臂弯曲推墙固定保持人梯牢固：

学员攀爬时不可踩人梯的头、颈椎、脊椎，只可以踩肩、大腿。

拉人时不可拉衣服，拉手时要手腕相扣（老虎扣），不可将被拉学员的胳膊搭在墙沿上，只能垂直上提，当肩部以上高过墙沿时可以靠在墙上，从侧面将腿上提。

当攀爬者摔落或人墙倒塌，应迅速在保护自己的同时做出如下动作：当攀爬者顺墙滑下，应顺势将其躯干按在墙上（不得按头）；当攀爬者在不高的地方屈膝向后坐下或脚下滑落，应上前托住；当攀爬者从高空向外跃出，应顺势接住，将其放在垫上。

## 第3节 拓展训练采风

"在现代文明中,年轻人在童年时就被五种社会疾病困扰着。由于现代动力机车的发展,身体素质越来越差;由于看热闹的毛病迅速扩展,进取心减弱;由于传统技工项目的减少,人在细心和技巧方面比较缺乏;由于镇静剂和兴奋剂的始终存在,人的自控能力在下降;此外还有激情的沦落,这不啻精神死亡。"这是拓展训练创始人库尔特·哈恩的一段话。

进取心、自控力、激情、健康,这些宝贵的东西如何拯救?我们无意识之中丧失了人之为人的品性,网络磨掉了意志,工作占据了我们的运动时间,是不是好久都没有进行过一次酣畅淋漓的运动了?拓展训练也许可以帮到你。也许过不了多久,"你拓展了吗?"就会变成人们新的问候语。

关于拓展训练,还有些什么有趣的话题呢?

### 一、兔子快跑——HASH

你玩过HASH吗?兔子、猎狗和啤酒,光是这些关键词就让人充满好奇。当你了解了这项运动,你会发现它简直是户外拓展和酒文化的完美结合。

HASH(全称为Hash House Harriers,又称HHH或H3)是一项世界性的休闲健身活动,在全世界184个国家几千个城市中都有开展,包括我国的北京、广州、上海、深圳、乌鲁木齐等城市。HASH是一种休闲锻炼方式的称呼,HASH活动并没有固定的模式,各个城市的做法也各有不同,HASH活动中也不存在固定的HASH成员和组织。这个名称代表的是一种健康、真实、自然而又稍带一点另类气息的生活态度,这也是参加HASH的人们所认同崇尚的生活方式。

HASH怎么玩?简单说:"兔子"先跑,"猎狗"按箭头追,谁输了就要坐在冰堆上喝啤酒。

玩法灵活多变,大体是这样的:每次活动都有一两名参加者志愿充当"兔子"(hare)的角色,事先在野外设置好错综复杂的路线,而自称为猎狗(harriers)的参加者则要根据兔子留下的记号追踪而至,狡猾的兔子还会在有的岔路口放上好几个指引方向的箭头,这时猎狗们就要分头行动,以求最快地找到正确的道路。遇上沟沟坎坎或荆棘刺丛的时候,还要互相帮助。

HASH活动过程中不准从事商业活动,不准打手机,不准谈工作,所有参加者都以绰号互称。

### 二、拓展训练国际组织

#### 1. 外展训练国际组织(OBI)

1983年,第一届Outward Bound(OB)国际会议在新西兰召开。到2005年底,OBI作为全球规模最大、历史最悠久、从事户外体验式教育的非营利机构,已跨越了32个国家,成立了逾50家Outward Bound训练中心和学校。

### 2. 美国户外领队学校（NOLS）

由于OB和探险活动在英国实施的结果得到肯定，美国于1960年引入OB，1962年6月16日在科罗拉多州成立了第一所美国OB学校，并强调通过教师的素质来改善美国的教育制度。NOLS提供全面的户外技能教育，在全世界建立了11个分支机构，提供从2周到12周的长期远足活动。

### 3. 体验教育学会（AEE）

1977年组建的一个较为专业的组织，目的是更好地发展体验教育，支持其专业方面的进步和理论方面的提高，以及对世界各地体验教育模式进行评估。

### 4. 挑战课程技术协会（ACCT）

1993年正式成立。协会最初的任务之一就是建立绳索课程的行业标准，成立时ACCT面向的是课程建筑者，目前它的服务对象主要是绳索课程教师、开展课程的大学教师、项目管理者、保险公司代表等。

### 5. 原野教育协会（WEA）

克莉斯蒂于1977年在西伊利诺大学成立原野使用教育协会，1980年改组为原野教育协会（WEA），WEA的课程强调户外的体验教育并注重判断力和决策能力，不仅要了解人的能力，还要认识并尊重人的局限性。

### 6. 摩尔拓展（MOL）

摩尔已成功地集合了国内外拓展培训经验，形成了如基地拓展、野外生存、定向越野和丛林野战（真人CS）、冰雪拓展、水上训练、军事特训等以基地培训为主，多种培训形式相结合的训练机构；集室内、场地、冰雪、野外、水上等各类拓展训练活动为一体，可提供四季全天候体验式培训成为摩尔独有的特色。摩尔为打造学习型个人、组织及社会，不遗余力地贡献着自己的力量。

---

**高校体育教学开展拓展训练应注意的问题**

师资。良好的师资水平是开设拓展训练课的基础，负责教学大纲的制定、教学进度的安排、教学内容的传授等，决定着教学质量的优劣。有条件的学校可配备助理教师。

场地设施、器材。必要的场地设施、教学器材能够保障教学内容的丰富，保障学生的人身安全。

学生人数。鉴于拓展训练体验、分享、总结等环节的的重要性，同时为了增强其趣味性、竞技性，建议每班学生控制在30~40人。

> 只有不停地冒险，我们才活着。
>
> ——威廉·詹姆斯（美国著名哲学家、心理学家）

# 第28章 极限运动

"在急速下坠的视角里，景物飞快掠过，恐惧迅速膨胀，肾上腺素成倍分泌，失去重心的同时也失去了思考。然而就在到达临界点的刹那，一切戛然而止，顿时，死里逃生的喜悦占据了整个身心。重心回位，思考回位，一切如常，而心，犹在怦怦乱跳。"一位高空蹦极体验者永远也忘不了这第一次尝试带给他的感觉。高空蹦极只是极限运动中的一种，大街小巷、高山溪流、蓝天大海都是极限运动者的表演场所。本章将简单介绍极限运动、极限运动中的自我保护等，以及攀岩和跑酷这两种常见极限运动，它们在我们身边，但一般人却并不敢轻易尝试，它们充满挑战，这就是极限运动的意义所在。本章我们将走近极限运动，了解极限运动。

## 精彩案例

### 极限运动爱好者的盛会——CX极限赛

你知道什么是CX吗？这是年轻一代的时尚运动狂欢盛会。

这个关于极限运动的英文缩写全拼是China X games，这是中国本土历史最久、规模最大、水平最高、最具影响力的极限运动"顶级赛事"。它通过富于挑战、进取和超越精神的极限运动，为年轻人开创一个自我挑战、自我超越、自由展现的广阔天地。让年轻人通过参与极限运动来锻炼和证明自己的魄力与胆识，培养勇于面对挑战、内心勇敢乐观、不断突破进取的人生态度与精神。极限运动，让挑战无极限，快乐无极限。

"这项运动最重要的是从中得到自由和快乐，和朋友们一起交流，不要给自己太多压力。"这是18岁深圳BMX车手张智勇在接受央视记者采访时说的一段话。自由和快乐可以让我们爱上这项运动，而爱才是参加这项运动最持久的动力。

# 第1节 极限运动简介

**问题导引**

极限运动为什么被称为未来的体育运动？有哪些运动是极限运动呢？极限运动中应该怎样做好自我保护？

极限运动充满刺激和危险，人类就是在不断向极限的冲刺中前进的，不断向极限挑战才会不断突破自己，追求完美也是向极限挑战。

## 一、极限运动概述

极限运动的英文为Extreme-sports，是指人类在与自然融合的过程中，借助于现代高科技手段，最大限度地发挥自我身心潜能，向自身挑战的娱乐体育运动。它除了追求竞技体育超越自我生理极限"更高、更快、更强"的精神外，更强调参与的勇敢精神，追求在跨越心理障碍时所获得的愉悦感和成就感；同时，它还体现了人类返璞归真、回归自然、保护环境的美好愿望，因此又被人们誉为"未来体育运动"。

极限运动有夏季、冬季两大类，运动领域涉及"海、陆、空"多维空间。极限运动主要的比赛和表演项目有难度攀岩、速度攀岩、空中滑板、高山滑翔、滑冰、激流皮划艇、摩托艇、水上摩托、蹦极跳、滑板（轮滑、小轮车）的U台跳跃赛和街区障碍赛等运动项目。由于极限运动有"融入自然、挑战自我"的"天人合一"特性，使得极限运动在欧美各国的风靡程度简直可以用疯狂、魔力来形容；在我国出现后也成为许多人士休闲娱乐的至爱项目。

为什么极限运动能够风靡全球、长盛不衰？为什么人们对惊险、刺激的极限运动如此着迷？有人这样解释：现代社会竞争越来越激烈，人的压力与日俱增，生活节奏越来越快，生存空间却感觉越来越小，紧绷的情绪急需释放，他们希望并开始追求更为强烈的刺激，从而获得所需要的感觉。而极限运动的兴起，正好满足了人们的这一需求。

居住在水泥森林里的都市人越来越慵懒，疲于人际关系的处理，商场和网络成了他们消遣娱乐的地脚。但是，仍有一些人在自然里找到新的乐趣，自然中新鲜的空气、单纯的人际关系、欣欣向荣的生命力量让人从心底产生快乐。按捺不住心情的人们，冲破都市文明的封锁，去自然里撒欢，展现人类最本质、最原始的力量，极限运动的兴起，正好满足了他们的欲求。

"在大自然这个博大精深、美丽而凶险的演练场里，我们抛弃了现代文明带来的舒适与慵懒，拥有了与自然共存的能力，充分体会到一种回归人的本性与初衷、检验人的智慧与力量的乐趣……有什么比求生更能体现人与自然界中的万物生灵所共有的本能呢？"激流皮划艇让他们在万流奔腾中历经一泻千里、惊涛骇浪的激越；水上摩托使他们充分体

验在蓝天碧水间风驰电掣、搏击海浪的潇洒；蹦极跳、攀岩运动又使他们感受到了"跃向重力、扶摇直下"的惊险；还有山地自行车与野外历险也是对人类意志、毅力的一种考验……极限运动，释放活力与潜能。

## 二、几种极限运动简介

### 1. 自行车越野

记得2011年央视元宵晚会上"旋风极限"组合的极限小子们的表演吗？在央视舞台2米多高的升降舞台上，只有几平方米的场地，他们不停地来回跳跃，用小轮车展现了超强的技巧性，难度甚至超过一些杂技表演。自行车越野（Bicycle motocross, BMX），是在20世纪70年代中后期在美国兴起的一种自行车越野运动，如图26-1所示。这项运动很快在青年人中流行起来，到了80年代中期大多数年轻人深受滑板文化的影响，觉得只在泥地里比赛太过单一了，于是开始把BMX拿到平地、滑板的场地里玩，而且玩的花式比滑板更多、跳得更高，更刺激了。它的名字也变成了BMX FREESTYLE（自由式BMX自行车）。

图26-1 自行车越野

### 2. 蹦极

跳跃者站在约40米（相当于10层楼）高度的桥梁、塔顶、高楼、吊车甚至热气球上，把一端固定的一根长长的橡皮条绑在踝关节处，然后两臂伸开，双腿并拢，头朝下跳下去，如图26-2所示。绑在跳跃者踝部的橡皮条很长，足以使跳跃者在空中享受几秒钟的"自由落体"运动。当人体落到离地面一定距离时，橡皮绳被拉开、绷紧、阻止人体继续下落，当到达最低点时橡皮再次弹起，人被拉起，随后又落下。这样反复多次直到橡皮绳的弹性消失为止，这就是蹦极的全过程。

图26-2 蹦极

**土族妇女与蹦极**

公元500年前后，西太平洋瓦努阿图BUNLAP部落。一位土族妇女为逃避丈夫的虐待，爬上了高高的可可树，用一种当地具有弹性的蔓藤牢牢绑住脚踝，她威胁其丈夫要从树上跳下来，随后爬上来的愚蠢丈夫也说要跟着跳下去。于是，柔嫩的蔓藤救了女人的命，而暴虐的丈夫则命丧黄泉。该部落为了纪念这位勇敢的妇女，将绑藤从高处跳下发展为一种风俗习惯。他们依山建起一座由树桩和蔓藤捆扎而成20~30米的高塔，年轻的男子从上面俯冲而下，象征他们的成熟，成为了他们的成年礼，并向他们信奉的图腾祈愿部落的平安和丰收。

1979年4月1日，英国牛津大学冒险俱乐部成员从当地245英尺高的克里夫顿桥上利用一根弹性绳索飞身跳下，拉开了现代蹦极运动的帷幕，随后风靡欧美和太平洋地区，而这项运动传入中国则是近几年的事。

### 3. 溯溪

所谓溯溪，是由峡谷溪流的下游向上游，克服地形上的各处障碍，登山之巅的一项探险活动，如图26-3所示。在溯溪过程中，溯行者须借助一定的装备，具备一定的技术，去克服诸如急流险滩、深潭飞瀑等许多艰难险阻，充满挑战性。溯溪活动还需要具备团队精神，和大家一起去完成艰难的攀登，对于溯行者是一种考验，同时又会得到一种信任和满足，一种克服困难后的自信与成就感。

### 4. 水上摩托

水上摩托是爱水的人都偏爱的一项极限运动，它带来的刺激是任何一个喜欢速度的人都想去尝试并超越的，如图26-4所示。在比赛中，水上摩托主要以竞速比赛为主，其比赛形式为闭合水上摩托赛场的竞速，主要的技术环节有起步加速、超越和冲刺等。

图26-3 溯溪

图26-4 水上摩托

## 三、极限运动中的自我保护

参加极限运动和其他运动一样，需要把安全作为头等大事。因为极限运动挑战的是极限，往往在极其危险的环境下完成极具挑战而危险的动作，因而运动者在运动时要承担更大的风险。为避免事故的发生，运动前的准备和运动中的自我保护相当重要。

（1）头盔、护膝、护肘等自我保护工具必不可少。

（2）训练应该先从基本动作抓起，然后再转入复杂和高级的动作。

（3）高强度的训练不一定最好，有层次和科学性的适应个人的计划则很有帮助。

（4）良好的食谱对于提高训练效果显而易见。

（5）不要怕摔跤，但摔跤也要注意和保证摔跤的姿势正确，以保证身体的安全。

（6）胆怯时不要运动，运动中切勿胆怯而分心。

（7）运动之前一定要做好热身运动。

> 对于极限运动，如果心脏承受能力比较弱，需慎重。比如说蹦极，心脏病、高血压、低血压患者不宜参加。还有像高度近视的人也要注意。现在有种说法，蹦极有可能会造成视网膜脱落。

## 第2节 攀岩

**问题导引**

人类最早的攀登记录在什么时候？阿尔卑斯山对攀岩的意义是什么？攀岩的基本技术有哪些？攀岩所需的装备及注意事项是什么？如果想攀岩你可以去哪些地方？

在加利福尼亚的约塞米蒂国家公园，有一堵名叫埃尔·卡皮坦的垂直岩壁，其高度相当于三座埃菲尔铁塔，并因此而得名"天路"。28岁的生物学家让·巴普蒂斯特·克鲁泽曾挑战过这堵岩壁，他说："这不是冒险，而是自我启迪。在这堵高达1000 m的岩壁上，世间的一切都具有了不同的意义。"

### 一、起源与发展

最早的攀岩者是谁、攀岩起源于什么时间，我们无从考证，但是可以想见，远古的人类为了躲避猎食者或者敌人，而在某个危急的时候纵身一跃，攀岩的故事也便由此开始了。

人类最早的攀登记录，是公元1492年法国国王查理三世命令两个人去攀登一座石灰岩塔，高度为304米，当时他们就带着简单的钩子和梯子，凭着经验和技巧登顶成功。那座山后来被命名为mt.Aiguille，那次攀登成为历史上第一个有记录并使用装备的攀岩事件。然而之后长达几百年的时间里，历史上一直没有再留下人类新的攀登记录。

其实，作为极限运动，在登山中攀岩是少不了的。直到17世纪中期，人们攀登高山的活动开始重新被记载下来。冰河地形以及雪山成为这些早期登山者主动迎接的挑战，而他们的足迹遍布了阿尔卑斯山区。至1850年，登山者已经发明出一些简单的攀登工具，以帮助他们通过岩壁和一些冰河地形，比如有爪的鞋子和改良过的斧头和木斧，这些都是现在冰爪和冰斧的前身。

在阿尔卑斯山区，另外一些人尝试运用他们自己的身体来攀登高山，而不是过多依赖工具。1878年乔格温克勒没使用任何工具成功首攀Vajolet Tower西面。虽然乔格温克勒使用了钩子且鞋子也经过改良，但他仍算是开创了自由攀岩。

当今世界攀岩水平数欧美特别是法国与美国最高，法国相对在人工岩壁上占优，美国在自然岩壁称强。在亚洲，日本、韩国水平较高，他们有些选手已达到世界水平。我国大陆、香港及台湾的攀岩水平大体相当，同属亚洲中流水平。

### 二、攀岩分类

**1. 自由攀登**

不借助保护器械（主绳、快挂、铁锁等）的力量，只靠自身力量攀爬，器械只用来保护，如图26-5所示。

### 2. 器械攀登

借助器械的力量攀登，在大岩壁攀登（big wall）中较为常用，对于难度超过攀登者能力范围的路线有时也借助器械通过，如图26-6所示。

### 3. 顶绳攀登

在岩壁上端预先设置好保护点，主绳通过保护点进行保护，攀登者在攀登过程中不需进行器械操作，如图26-7所示。

图26-5 自由攀登

图26-6 器械攀登

图26-7 顶绳攀登

### 4. 先锋攀登

路线预先打上数个膨胀钉和挂片，攀登过程中将快挂扣进挂片成为保护点，并扣入主绳保护自己，攀登者需要边攀登边操作，如图26-8所示。

### 5. 传统攀爬

自己建立保护点自由攀爬，如图26-9所示。

### 6. 抱石

攀登路线短、高度低、难度大的线路，不使用主绳、安全带等保护装备，代之以抱石垫作为坠落时的缓冲，如图26-10所示。

图26-8 先锋攀登

图26-9 传统攀登

图26-10 抱石

## 三、装备的使用和注意事项

### 1. 安全带

安全带是人与装备的连接枢纽。攀岩安全带是分大小号的，调整的范围都比较小，也比较舒适。登山的安全带也可以用。使用时注意腰间的主扣一定要反打一下（现在BEAL有一款安全带供攀岩或登山使用的不用打反扣）。

### 2. 主锁

主锁是带丝扣的，保证关上锁门后，不会因不小心被轻易打开，使在其中的绳套或器械脱出，危及生命安全。两个主锁保证在岩壁上使用器械时可轮换打开，交替使用。在岩壁上两个主锁不可同时打开，打开一端时一定确定另一端保护可靠。

### 3. ATC或下降器

ATC或下降器用来保护同伴和下降时使用，用主锁与安全带相连接，其作用是增大主绳的摩擦力来确保同伴脱落时的安全和自身下降时速度的快慢。ATC或下降器使用前一定要先学好基本动作和操作方法。

### 4. 头盔

头盔可以在攀登中从头到尾保护头部不受高空落石和意外坠落给头部带来的伤害。

### 5. 攀岩鞋

攀岩鞋（图26-11）可以在岩壁上有很大的摩擦力，并且可以舒服地踩在很小的点上，让你在岩壁上充分发挥攀登的才华。

### 6. 镁粉袋

装镁粉的袋子，可以在手出汗时使用。

图26-11 攀岩鞋

## 四、攀岩的技术与练习方法

### （一）攀岩的基本技术

抓：用手抓住岩石的凸起部分。

抠：用手抠住岩石的棱角、缝隙和边缘。

拉：在抓住前上方牢固支点的前提下，小臂贴于岩壁，抠住石缝或其他地形，以手臂使身体向上或向左、右移动。

推：利用侧面、下面的岩体或物体，以手臂力量使身体移动。

张：将手伸进岩缝里，张开手掌或手指，以此抓住岩石的缝隙作为支点，移动身体。

蹬：用前脚掌内侧或脚趾的蹬力把身体支撑起来，减轻上肢的负担。

跨：利用自身的柔韧性，避开难点，以寻求有利的支撑点。

挂：用脚尖或脚跟挂住岩石，维持身体平衡使身体移动。

踏：利用脚前部下踏较大的支点，减轻上肢的负担，移动身体。

### （二）攀岩的基本方法

三点固定法是攀岩的基本方法，身体的姿势和手脚的配合非常重要。

**1. 身体姿势**

要想身体放松就要根据岩壁的陡缓程度，让身体和岩壁保持一定的距离，靠得太近会影响观察攀岩路线和选择支点，但在攀登人工岩壁时要尽量贴近。

攀登时，上、下肢要协调舒展，有节奏。上拉、下蹬要同时用力，身体重心一定要落在脚上，保持面向岩壁、三点固定支撑、直立于岩壁上的攀登姿势。

**2. 手臂的动作**

手在攀登中是抓住支点、维持身体平衡的关键，手臂力量的大小直接影响攀登的质量和效果。根据支点不同采用不同的用力方法，如抓、握、挂、抠、扒、捏、拉、推、压、撑等。

**3. 脚的动作**

攀登技术发挥得好坏，关键是两腿的力量是否能充分利用。

脚的动作要领：两腿外旋，大脚趾内侧贴近岩面，两腿微屈，以脚踩支点维持身体重心。切记：膝部不要接触岩石面，在用脚踩支点时，切记用力过猛，并要掌握用力的方向。

**4. 手脚配合**

上、下肢力量的协调非常重要。如果上肢力量差，攀登时就容易疲劳，表现为手臂无力，酸疼麻木，逐渐失去抓握能力。失去抓握能力后，即使有好的下肢力量，也难以继续维持身体平衡。

### （三）保护事项

**1. 保护者**

保护者应密切关注攀爬者的动作，注意攀爬者脱落的信号和身体表现出来的预示；指出攀爬者可能产生危险的错误动作，如用手抓挂片、在危险部位头朝下、快挂挂反了、绳子钩住了、脚在绳子的里面、抽绳的方向不对等。保护者在攀登者上升时不断给绳（或者收绳），在攀登者失手时，拉紧绳索制止坠落。一旦发生突然坠落时，冲击力很大，直接手握绳索很难拉住，但通过绳索与铁锁及下降器的摩擦力可抵消。

**2. 攀爬者**

攀攀爬者要注意落下的物品和碎石；对于身上的装备一定要确认挂住了才松手（特别是绳子和下降器）；遇到物品落下应使用保护人能听懂的语言，尽量保持口齿清晰。

脱落时保持镇定，身体控制住，可以用脚适当蹬岩壁，一手抓住离安全带最近的那段绳索，另一只手和两脚弯曲，准备撞到岩壁时给予缓冲。

## 五、攀岩采风

在我国，攀岩运动还是新生事物，想攀岩的人，可以试试以下这些人工攀岩场地。

**1. 上海同济大学极浪运动工场训练基地**

位于上海同济大学内，为国内首家室内极限运动场馆，可进行攀岩、滑板、自行车、轮滑等极限运动项目。

**2. 国家登山队训练基地**

位于北京怀柔县城，是国内最早的人工场地，高15米，钢筋混凝土材料。主要用于国家登山队登山、攀岩队员训练，同时也对外开放。10人以上的团体去活动较合适，那里有国家级教练和国内一流水平的攀岩高手作现场表演或指导。

**3. 中国地质大学（北京）训练基地**

位于北京市区，高15米，玻璃钢面。主要用于大学攀岩队训练及教学，同时对外招收大学攀岩俱乐部成员。

**4. 北京大学训练基地**

位于北京市区，高15米，玻璃钢面。主要用于大学攀岩队训练及教学，同时对外招收大学攀岩俱乐部成员。

**5. 长春科技大学训练基地**

位于吉林长春，框架高25米，岩面高16米，玻璃钢面。主要用于大学攀岩队训练及教学。

**6. 大港油田训练基地**

位于天津大港油田，是国内最大的人工攀岩场地，高15米，玻璃钢面。主要用于大港油田攀岩队训练。

**7. 雁栖湖训练基地**

位于北京怀柔雁栖湖风景区，距怀柔县城10千米，高15米，玻璃钢面。

**8. 生存岛训练基地**

位于北京怀柔生存岛，距怀柔县城3公里，高15米，玻璃钢面。

至于自然岩壁，由于受攀岩水平、装备等多种因素的制约，现在我国攀爬自然岩壁的人数较少。不过，我国幅员辽阔，各种风格的悬崖峭壁随处可见，随着攀岩运动在国内的进一步普及推广，相信会有许多经过清理、打好保护的路线供广大攀岩爱好者攀登。目前北京郊区的百望山、怀柔黄土梁、延庆滴水壶等已开辟了多条难度不一的攀登路线，由于它们都作为风景区内的一个项目，是营业性的。

# 第3节　跑酷

### 问题导引

你见过跑酷吗？如何进行跑酷这项运动？跑酷自身的哲学内涵是什么？

## 一、跑酷简介

有一群穿跃城市的精灵，他们是跑酷（Parkour）一族，如图26-12所示。对他们来说，上蹿下跳是一种生活方式，飞檐走壁是一种生活态度，在他们看来，"生活就像是由障碍和挑战所组成的，要克服这个过程，如果你精通Parkour，那你的人生就会得到更多的东西，了解Parkour的哲学比表现出简单的动作要重要得多，这可以算是一生中重要的课程"。

图26-12　跑酷

跑酷诞生于20世纪80年代的法国。"Parkour"一词来自法文的"parcour"，有"超越障碍训练场"的意思。Parkour运动把整个城市当做一个大训练场，一切围墙、屋顶都成为可以攀爬、穿越的对象，特别是废弃的房屋。Parkour的动作是结合了所有自由的动作提升创意，并且鼓励人们去找到属于自己的信仰。在2006年才由"奈落"带入我国，并在我国推广。目前在我国喜欢跑酷的人越来越多。

有句话说，跑酷队员想刷街，就像穷人家的孩子盼过年。在Parkour的世界里，练习者称谓"Traceur"，意即法文的子弹。他们会荡过树枝、跳跃房子、飞越栏杆、跑上围墙等高难度动作。对于他们来说，在街头疾走，不仅是运动，而且是艺术。它帮助你只用本身的力量穿越任何障碍物，或到达一个目的地。跑、跳、攀爬中的自由灵魂在运动中无限伸展，这的确是一门艺术，要优美，要富有控制力，具备运动的高效性，同时进行自我的展现。它自由，是因为没有规则，水泥森林也不能阻止他们寻求自由的脚步，房屋建筑不是真正的障碍，在他们眼里这些是辅助而已，心里说"挑战它"，就跑在征服的路上了。他们大概爱上了这种驾驭的感觉——就像在驾驶舱的感觉一样，会突然发现能控制自己瞬间腾空的身体。

跑酷是人类根深蒂固的本能反应，这种本能就是运动，是一种需要真正勇士精神的运动。人体是从事这项运动的唯一工具，当然，灵活性和控制性是必不可少的。跑、跳、攀爬等这些人原始的自然技能在这里被唤醒。归根结底，跑酷是训练人体快速移动能力的一种自然的方式，它将我们周围任何可以利用的环境设施"为我所用"，这种"移动的艺术"既不需要特别的设备，也不需要专门训练。

## 二、起源

你看过法国电影《暴力街区》吗？这部电影展示的就是跑酷（Parkour）街头文化，主角大卫·贝利（David belle）是跑酷运动的创始人之一。"跑酷"最初由越战中的法国士兵们发起，2002年在英国开始盛行，后来大卫·贝利把它发扬光大。他认为"跑酷"能使人利用自身的本能，通过运动来增强身心对紧急情况的应变能力，这点和武术近似。不同之处是武术旨在格斗反击，而跑酷旨在紧急脱逃。 跑酷不只是对身体有利，对思想也很重要，在练习时要非常专注，并能让人渐渐明白怎么克服自己的恐惧和加强克服困

> 自然之道的精神不只在肌肉与呼吸之中，而是一种力量，一种引导与控制身体肌肉的意志力。
> ——乔治·赫伯（George Hebert）

难的能力，了解人是能不断提升自己和突破障碍的。

### 三、如何跑酷

与体操比较，跑酷里较少指定动作，也没有全部动作的列表。Parkour的动作是结合了所有自由的动作，并且鼓励人们去找到属于自己的信仰。

跑酷的技巧是依靠快速的体重分配以及使用惯性动量，在身体快速移动的情况下，做出看似困难或不可能的动作。吸震和分配能量也是重要的因素，如着地时的翻滚动作可以减少对双腿及脊椎的冲击力，让运动者可以比一般的体操运动员更能忍受从更高的高处落下。对新手来说，有很多技巧可以用做训练灵活度及动作的效率，最重要的是跳跃及着地的技巧。翻滚经常被认为是最重要的技巧之一，因为可以用做减少下坠的撞击力，同时将人的动量转向前。

跑酷的基本功要求、简单的动作要求及锻炼方法：

（1）韧带要求最重要的项目，尤其是针对腿（劈腿）、手臂和腰部（拱桥）而言。

（2）弹跳能力——可以利用蛙跳来锻炼。慢慢地从矮到高从近到远，而且要锻炼着地的准确性。

（3）落地即起——十分强调距离感的项目。人在远处或高处跳跃落地时，再利用侧滚马上站起来或继续下一个动作。

（4）手/肘弹跳——在奔跑的过程中碰到角落及障碍物，或要加大跳跃距离时，同时利用手或肘部在墙壁上的推动来增加跳跃的距离。

（5）准确/精确跳跃——锻炼从一个目标跳到另一个目的地。从开始的近距离到最远的距离跳跃，是为了锻炼着地的准确性。

（6）翻墙——最基本的锻炼。一阵轻松的助跑之后，快到目标时力量开始上提，先利用一个脚顶着墙壁，然后手抓着墙；再马上用另一只脚推墙，将第一只踏墙的脚顶上去，双手再助力一下。一般分成正面双手按跳上去和背坐式转身上去。

（a）

（7）登壁跳远（TIC-TAC）——锻炼时最常用到在避开一些障碍物的普通手法。速度不能减低太多，在跑的过程中，当你前面出现一口井，那就踏着井口附近的树或墙面弹过去再继续向前跑。整个过程只能用脚，手不能用！高手可以踏四五次翻过去。当跑步方向与墙面平行，比如巷道里边，如果前面路被挡住，则借助墙面，在墙上跑几步，然后落地继续，如图26-13所示。

（8）猫式手/肘弹跳——锻炼手的反应速度。利用手跳之后马上再利用手继续快速地抓住下一个目标；也可以用一手跳一手抓或两手从一个墙壁推弹后去抓另一个墙壁等。

（b）

图26-13 登壁跳远

（9）降落练习——高运弹跳之后，落地时只利用双腿来缓冲，而不能利用侧滚来继续下一个动作。

（10）盲跳——这个比较危险。在熟练准确性跳跃之后，在某些情况下的跳跃过程中可以闭上眼睛，但是照样能感觉到自己要降落的目的地。只要你跳跃之前已经扫描过目标位置，然后在跳跃的过程中根本就不去理会目的地，这个就是盲跳。

（11）前空翻及后空翻——要求是在做完360°的前空翻及后空翻都要尽量回到原位。

（12）前翻及后翻——可以用手来支撑。要求也是在做完360°的前翻及后翻都要尽量回到原位。

（13）平衡感——最常见的是用手倒立。最好的方法就是倒立后往反方向用手走到目的地。

（14）侧空翻——有180°、360°和540°等，也有交叉翻或空中定型翻（就是空中翻到一半时，在空中突然慢下来再着地）。

（15）猫跳跃——学猫的动作那样。从一面墙跳到另一面墙时学猫的降落方法，一般有两种方法：脚滑法和手抓法。

（16）猩猩跳跃——常见的基本功。像猩猩一样，在奔跑的过程中用我们的双手按着障碍物然后双脚打开跨过去。

（17）精确度及平衡训练——在一根管子上来回行走及学猫爬。

（18）急冲式撑物跳跃——在奔跑的过程中利用单脚或双脚甚至身体任何一个部位先开始冲进一个进口处，如天窗、窗口等。

（19）空翻／手翻过障碍——一般先从侧翻开始。高度都是以腰部的高度先开始的，刚开始可以先用手撑一下或让朋友在旁边帮忙推一推。

（20）单杠练习——可以用来锻炼手抓力量。对一般想练空翻的朋友来说，先从单杠中找出在空中翻身或转身的感觉是最安全的。

### 四、跑酷采风

跑酷很危险，但为什么那么多人迷恋它？难道仅仅是因为跑酷非常炫，可以让路人看得目瞪口呆？其实，跑酷蕴涵着更深刻的思想。生命充满危险和障碍，不管我们怎么努力都不会逃过这样一个事实，那就是危险绝不会消失、风险无处不在，我们无处可逃，但是我们可以学着正确地控制危险，并把它减到最小，要学会保护自己。专业训练并不是为竞技做准备，而是在为生命中的某些时刻、某些短暂却不可避免的时候做准备，就是你必须从危险中逃脱的时刻。

如果你也想玩跑酷，不要忘记要有愉悦的心情，这也是Parkour的重点，还有：

（1）穿着上面，尽量穿宽松的上衣和裤子（最好是卫衣、卫裤），鞋子要买专业的跑步鞋，记住买鞋时一定要注意减震效果、抓地力强、透气、很轻、舒适这些功能。

（2）在任何正式和非正式的训练之前必须要热身，避免韧带的拉伤。

（3）不要在湿滑的地面或者障碍物上训练。

（4）不要单独或做没有把握的跑酷动作。

（5）在挑战一个障碍物时，务必检查障碍物本身是否存在危险。

（6）在训练中受伤一定要及时报告，或检查，或休息，千万不要带伤训练，使小伤扩大。

（7）准备必要的护具，如护腕、护指、护掌、护膝等。

> 没有人开发什么，你是被启发，而且你有的时候还能够提升你自己。
> —Sebastien Foucan （Parkour思想的开创人）

在轮子上舞动青春，在桩的空隙里说明活力，
在摔倒的瞬间证明我们的坚强。

——轮滑爱好者

# 第29章 轮滑类运动

  轮滑类运动以其独特的魅力吸引着人们，上到70多岁的老人，下到五六岁的孩子，都爱上这样行走如风、快乐自由的运动。玩轮滑的说："轮滑是我们的最爱，叫醒沉睡在脚尖的精灵，释放被禁锢的身体，随同最动感的节拍，用热忱去奔驰，去跳舞，去跳跃！"玩滑板的说："没有身高、体重、年龄、性别的规定，Jon Comer已经证明哪怕用一条假腿，你仍可以随心所欲地在滑场上叱咤风云。你可以在任何时候任何地点玩滑板，只要场地表面平整光滑。"无论是轮滑还是滑板，都会让向往自由的你在轮子上起舞，划出属于自己的弧线。本章将为你介绍轮滑类运动项目，让你领略精彩的轮上世界。

## 精彩案例

### Jon Comer：轮滑界的"假腿滑手"

  他叫Jon Comer，1976年出生于美国德克萨斯州，四岁时不幸发生了车祸，七岁时因小腿截肢装上假肢。腿上装钉，就像一个海盗。但他不是海盗，他是酷爱滑板的热血青年。有谁能想象，他不仅仅是一名滑板爱好者，而是一名职业滑手。他第一次参加职业U台赛就获得第10名，还曾经为Vans Warped Tour做了5年滑板表演，也是Powell & Gringo Skateboards的滑板模特。滑板就是他的生活，他早已与滑板融为一体。2004年以他的故事为题材的纪录片《never been done》记述了jon是如何克服困难在失去一条腿的情况下依然选择坚持实现自己的梦想，这个谦逊而低调的英雄用影像激励着世界各地的人们，也打动了亿万观众的心。滑板手Andy McDonald曾评价他："他的滑板技术非常好，以至于让人常常忘了他少了一只腿。" 而Jon自己则说："我不认为我所做的是惊人的，因为对我来说，这只是我的生活，我并不想打动任何人，我只是玩滑板并获得乐趣。"他赢得了全世界的尊重和感动。

休闲运动篇

# 第1节 轮滑

**问题导引**

轮滑中"刷街"是什么？轮滑的起源与发展是怎样的？如何挑选轮滑鞋？轮滑鞋怎样保养？轮滑的基本技术有哪些？多大的儿童适宜轮滑？在轮滑运动中应如何进行自我保护？

你羡慕能"刷街"的人吗？什么是"刷街"？这来源于溜冰中轮子和地面摩擦时所发出的声音，同时也称溜冰鞋为"刷子"，称在马路上溜冰为"刷街"。轮滑（Roller skating）又称"滚轴溜冰"、"滑旱冰"，是穿着带滚轮的特制鞋在坚硬的场地上滑行的运动。目前多数的滚轴溜冰者都使用直排轮，又称"刷刷"，这是轮滑爱好者对它的爱称。因此，直排轮也几乎成为了轮滑运动的代名词。轮滑是一项休闲运动，同时也是竞技项目，随着它的不断完善，目前已形成多项轮滑竞技项目，奥运会已出现了轮滑的身影。现代轮滑运动分为速度轮滑、花样轮滑和轮滑球三大项。另外，还有极限轮滑：利用U形台、滑杆等做各种各样惊险、复杂技巧的表演动作，分为街道赛和半管赛，它也是轮滑竞技项目中最吸引人的一项。

## 一、轮滑的起源与发展

轮滑运动的前身是滑冰运动，轮滑是在18世纪由荷兰人发明的。最初是一位荷兰的滑冰运动员，为了在不结冰的季节继续进行训练，尝试把木线轴安在皮鞋下，试图在平坦的地面上滑行，他的试验在不断失败和改进后终于取得成功，创造了用轮子鞋"滑冰"的历史，从此轮滑运动在欧洲诞生、兴起并得到了较快的发展。

1860年，比利时一位技工和一位乐器制造工人约瑟夫默林用手工制作了一双轮滑鞋，但是当他们把自己的杰作带到英国伦敦的世界博览会上展示给热情的伦敦观众时，却出现了意外，他由于无法刹车而把一面大镜子打破了，人也受伤。因此，轮滑运动也被视为一项"危险的运动"。

**孩子几岁学轮滑最好**

3～6岁的孩子身体和四肢的基本动作比较自如，由于骨骼、肌肉系统的发展，大脑控制能力的增强，他们已能掌握各种大动作且身体柔软性好。加之他们喜欢模仿，甚至能不厌其烦地重复同一动作，不怕失败，因而只要能积极地加以引导训练，就可以学得很快。所以，3～6岁是学习溜冰的最佳年龄。

1861年，轮滑项目在巴黎世界博览会上的精彩表演，确立了其在体育运动大家庭中的地位。

真正的轮滑是由美国的詹姆斯·普利姆普顿于1863年发明的。他用金属轮子代替木质轮子，滑行起来具有更多的优越性，他的发明推动了各国轮滑运动的发展。1866年，詹姆斯在纽约投资开办了第一座室内轮滑场，并组织了纽约轮滑运动协会，首次将轮滑运动正式列入体育运动的正式比赛项目。同时轮滑运动迅速传到欧洲各国。

1879年，英国成立了国家滑冰协会，4年后，轮滑运动也隶属于该会管辖。

1884年美国理查森和雷蒙德发明了滚珠轴承，对改进轮滑技术起了极大的作用。同年，英国首次举办了全国轮滑锦标赛。

1892年4月1日，国际轮滑联盟在瑞士成立，使得轮滑运动向正规化、国际化进一步发展。

1875~1937年间，滑冰运动对轮滑影响很大。在轮滑运动的发展中，逐渐演化为花样轮滑、速度轮滑（图28-1）和轮滑球三种不同形式的运动项目。

1924年，英国、法国、德国和瑞士四国代表在瑞士成立了国际轮滑联合会，从此轮滑运动开始有计划、有组织地飞速发展。20世纪30年代，速度轮滑、花样轮滑欧洲锦标赛开展起来，规模仅次于奥运会。1981年，美国举行的首届世界运动会将轮滑运动列入正式比赛项目。1985年，伦敦的世界运动会又将速度轮滑、花样轮滑和轮滑球列入正式比赛项目，广受大家喜爱。

图28-1　速度轮滑

美国的轮滑运动发展迅速，在花样轮滑方面，美国、德国、英国实力较强，轮滑球则阿根廷、意大利、巴西等水平较高，轮滑运动于1877年由美国传入日本后风靡亚洲。

## 二、轮滑运动的装备

### 1. 轮滑鞋

轮滑鞋包括单排轮轮滑鞋和双排轮轮滑鞋两大类。

单排轮轮滑鞋：由塑料外壳和海绵衬袜组成，鞋底部装有底板、夹轮板、轴承、轮子和制动器。其特点是支点窄而长，可在粗糙地面滑行，对踝关节的力量要求较高。

双排轮轮滑鞋：由皮革制成，鞋勒较高，鞋底部由底板、马脚、轴承、轮子和制动器组成。其特点是支点较宽，容易控制身体重心；对踝关节有固定作用，但做内翻动作时踝关节的力量发挥受到限制；对地面平整度要求较高。

选择轮滑鞋时，要与自己的脚长

---

**教你挑轮滑鞋**

要学会轮滑，鞋子的质量是第一位的。

听声音：好鞋滑行起来声音非常小，鞋落地的声音敦实而低沉。

试弹性：把鞋提起几公分落地若感觉到非常有弹性，说明质量好，。

看材质：好鞋的支架应该是钢、塑钢或铝合金这样可靠、安全。

试穿：买鞋一定要试穿。好鞋更容易让人站稳，即使还不会滑，也主要是前后重心不稳；而劣质鞋容易左右倒。

相当，不能太大，也不宜过紧。轮子尽可能选择耐磨、耐热的聚合物材料，轴承滑度（轮子转动时间越长）越大越好。

### 2. 头盔

头盔具有高强度、流线型的坚硬外壳并有许多条形孔，其厚度不少于1.5毫米，头盔内垫有泡沫海绵。选择头盔时，要戴在头上试一试，不能过紧，也不能过松，然后看海绵是否柔软、外壳是否够厚度。

### 3. 护具

护具包括护肘、护腕、护膝。护具多采用多层结构，从内向外分别是海绵、皮革、坚硬的塑料外壳。选择护具时，其大小、长短、宽窄应与身体相匹配。

> **轮滑自我保护方法**
>
> 没成为高手，是因为没摔够，但是做好必要的自我保护是非常重要的。在滑行过程中，如果向前或向侧摔倒时，应屈膝下蹲，用双手撑地，减轻摔倒的力量；如果向后摔倒，要屈膝下蹲，顺势倒下，使臀部先着地，并低头团身以免摔伤头部。

## 三、轮滑技术和练习方法

轮滑技术的口诀：滑需团身，弯曲求稳，重心稍后，欲进先侧，斜中求正，先倾后蹬，先蹬后落，胯部摆动，三点对齐。

### （一）陆上模仿练习

陆上模仿练习是指在不穿轮滑鞋的情况下，在平地、草地或沙地上进行正确的轮滑姿势和技术动作的模仿练习。利用这种方法可以使初学者在不受由轮滑鞋带来的平衡影响的情况下掌握正确的技术，从而避免练习时跌倒，少走弯路。

#### 1. 基本姿势

上体微前倾，小腿微前弓，脚踝成约80°角。全身自然放松，两脚间距15～20厘米，身体重心落在两脚之间。

#### 2. 静蹲

上体前倾，腰背部放松，含胸屈膝，两脚平行开立相距5～10厘米，两臂自然下垂或背于腰后，眼看前方，重心落在两脚中间。

#### 3. 侧蹬

在基本姿势或静蹲的基础上，上体向左侧倾倒，重心落在左腿上，左膝关节位于胸下方，右腿向侧平行伸出，蹬直后再以大腿带动小腿收回原位，换左腿侧蹬出。

### （二）轮滑的基本站立

#### 1. "丁"字脚站立

两脚成"丁"字靠拢站立。前脚跟靠住后脚弓，上体稍前倾，重心略偏于后脚。

#### 2. 外"八"字脚站立

两脚尖外展成"八"字，脚跟靠住站立。上体稍前倾，重心落在两脚中间。

#### 3. 平行站立

两脚平行分开稍窄于肩，脚尖稍内扣，膝部微屈，重心落在两脚中间。如果练习者是穿单排轮滑鞋做此练习，则还要注意站立时两脚略向内侧倾倒，有利于稳定站立。

### （三）移动身体重心练习

1. **原地移动身体重心练习**

（1）原地左右移动身体重心：两脚平行站立，上体稍向一侧倾倒，逐渐将重心完全移动至一条腿上支撑，待稳定后再向另一侧移动。

（2）原地抬腿练习：两脚平行站立与肩同宽，两腿微屈，上体稍前倾。身体重心移至左腿，右腿稍抬起、放下；然后身体重心移至右腿，左腿稍抬起、放下。练习时要注意放腿时应保持脚下的轮子同时着地。

（3）原地蹲起练习：两脚平行站立，做下蹲并站起动作。可先做半蹲，逐渐加大下蹲的程度和速度，直至快速深蹲并做短时间的静蹲后再站起。练习时要注意在屈伸踝、膝、髋三个关节的协调配合。

**轮滑怎样保持平衡**

◎ 原地踏步，练习静平衡，熟悉轮滑的性能。

◎ 用互助法和扶助法练习平衡，即两个人相互扶助或双手扶在身边的横杆或其他物体上，前后左右移动，练习平衡技术。

◎ 牵引法，借助外力练习平衡，比如可以通过对静止物体的反作用力使自己滑动；让别人用力将自己推动；抓住正在移动的人或其他物体上，使自己前进或后退。

在初步掌握了上述平衡技巧后，便可以自己滑行上路练习，然后进一步掌握急停、转弯和后退等技巧。轮滑虽然是一种容易掌握的休闲运动，但危险随时存在，很容易致外伤，因此须有安全意识。一般情况下，手掌、肩肘、膝部、脚踝及头部容易受伤。所以，在轮滑时，必须佩带护具。

2. **外"八"字脚行走练习**

两脚尖外展成外"八"字脚站立，重心移至左脚上并前移，右脚稍抬起并向前迈进一小步，重心随之移至右脚上，然后抬左脚向前迈进一步，重心随之移至左腿上。反复练习，逐渐加快迈步频率和迈进距离。注意放脚时应尽量保持脚下的轮子同时着地。

3. **侧向迈步练习**

两脚平行站立与肩同宽，重心向左侧移动，随之左脚向左侧横跨一步，右脚迅速靠拢，待稳定后再进行向左侧的下一步。

4. **侧向交叉步练习**

两脚平行站立与肩同宽，重心向左侧移动，先将重心移至左腿上并继续向左移动稍超出左腿支撑点，收右腿，向左腿前外侧迈步成双腿交叉姿势，重心随之移至右腿上，成右腿支撑重心，接着收左腿左侧跨一步，呈开始姿势。

（四）初步滑行练习

1. **行走滑行练习**

在向前外"八"字脚行走的基础上，每次连续走几步就会产生一定的惯性，然后两脚迅速成相距15~20厘米的距离平行站立，两膝微屈，借助惯性向前滑行一段距离。当快要停下来时，再走几步，再做两脚平行站立的滑行练习。如此反复进行。

2. **单脚蹬地双脚滑行练习**

两脚成外"八"字脚站立，两膝微屈，右脚用内刃蹬地，将重心推送至向前滑行的左腿上，右脚蹬地后迅速并向左腿，成相距15~20厘米的平行站立，两脚滑行。接着用左脚蹬地，将重心推送至向前滑行的右腿上，左脚蹬地后迅速与右腿并拢两脚滑行。

### 3. 交替蹬地交替滑行练习

两脚成外"八"字脚站立，两膝微屈，重心移至右腿上，右脚用内刃蹬地，将重心推送至成半蹲向前滑行的左腿上，重心迅速移向左脚并成左脚支撑滑行，接着向前收右腿，同时左脚用内刃蹬地，把重心推送至成半蹲支撑惯性滑行的右腿上，重心迅速移向右脚并成右脚支撑滑行。

（五）初步弯道滑行练习

### 1. 走步转弯

在向前行走或半走半滑时，如要向左转弯，则每一次迈步落脚时向左转动10°~15°，使滑行路线逐渐成弧线形，身体也随之向左转弯。若向右转弯，则方向为向右，动作方法相同。

### 2. 惯性转弯

（1）双排轮滑鞋的惯性转弯练习：当向前滑行有一定速度时，两脚平行，两膝微屈，向左转弯时，左脚略靠前，重心落在两脚间前三分之一处，左腿略弯曲，右腿伸直。身体重心向左倾斜，体重压在左脚的两个外侧轮和右脚的两个内侧轮处，借助惯性向左滑出一条弧线。这时身体就会向左转弯了。

（2）单排轮滑鞋的惯性转弯练习：

① "A"型惯性转弯练习：当向前滑行有一定速度时，两脚与肩同宽，两膝微屈，向左转弯时，右脚尖内扣，以轮子的内刃着地，重心落在两脚中间略偏向右脚处，这时两脚成"A"型；左腿略弯屈放松并跟随向左转动，借助惯性向左滑出一条弧线。这时身体就会向左转弯了。

② 平行惯性转弯练习：当向前滑行有一定速度时，两脚平行，两膝微屈，成双腿支撑滑行，重心落在两脚中间。如向左转弯时，头和肩向左转动，带动上体和髋部进而带动两脚向左转动，借助惯性向左滑出一条弧线，这时身体就会向左转弯了。

③ 短步转弯：在惯性转弯的动作基础上，如向左转弯时，降低身体重心并完全落在左腿上或超出左腿支点，右脚向右后方蹬地后迅速收回，靠近左脚落地做非常短暂的支撑重心，此时左脚迅速向左稍转脚尖，右脚迅速向侧蹬地。连续做此动作即可向左滑出一条弧线，使身体转弯。

（六）制动方法

轮滑的停止方法与轮滑的简单滑行、轮滑的简单转弯并称为轮滑初学阶段的三项必学技术。当遇到障碍或其他问题而必须减速或停止滑行时，如没有掌握应有的轮滑制动方法，将不可避免地会发生冲撞甚至受伤。因此，下面我们来学习轮滑的一些制动的方法。

### 1. 连续转弯减速法

在需要减速或停止时，可做连续的惯性转弯或短步转弯动作来消耗滑行的速度惯性，逐渐减速，达到制动的目的。

### 2. "A"型制动法

在滑行中需要减速或停止时，两脚与肩同宽或稍宽于肩，两膝微屈内扣，以轮子的内刃着地，两脚尖内扣成"A"型，重心落在两脚中间略偏脚跟处，脚跟用力向外张挤，利用轮子的内刃与地面的摩擦来起到减速制动的作用。这种方法由于两脚的形状与犁刀相似，因此又称其为"犁式"制动法。

3. "T"型制动法

在向前滑行中，将重心放在左脚上，左膝微屈，同时抬起右脚，右脚脚尖外转，横放在左脚后成"T"型，以右脚的四个轮内侧面摩擦地面，减缓滑行速度。此时重心下降并逐渐移向右脚，加大摩擦直到停止滑行。

4. 制动器制动法

双排花样轮滑鞋的制动器因其安装在鞋尖的前下方，因而它的制动方法是外转并以制动器摩擦地面达到减速制动的目的。

单排轮滑鞋因制动器是装在鞋的后跟处，所以在快速滑行时不可突然用此方法，而应在采用其他方法减速后再用此方法做最后的急停。其方法是在较慢速滑行时将装有制动器的脚放在前面，两脚前后开立，重心降低并移到后腿上，上体直立同时前脚前伸，脚尖抬起用鞋后跟的制动器着地并用适当的力量压地，使制动器与地面摩擦，达到降速制动的目的。

**轮滑菜鸟，请让我告诉你**

了解自己的"极限"，且保持在"极限"范围内。

在平坦的表面练习新技巧。

戴头盔及护具。

远离滑行的危险区域：沙、树枝、叶子、碎石、油渍、水滩、会吃轮子的格子地。

如果危险区域是不可避免的低地，则试着将重心放在脚跟，保持直行滑过或跨过。

弄清滑行方向。

遇到矮墙时，先完全停下来，以横步方式跨过。

在公路上滑行需特别小心！有时汽车、出租车和自行车是不可预测的，要给自己留有足够的空间。注意司机动向，以判断他的路线，且要预防车门突然打开。国内大城市的马路都是限制人们穿溜冰鞋上路的。

了解前后的交通状况，最好穿醒目的衣服。

在光线不够的地方要戴上反光护具及小灯。

溜冰时勿戴耳机，以免影响自己的注意力。

## 四、注意事项

（1）和参加所有的体育运动一样，在进行轮滑之前先要做好准备活动，准备活动除了轻、慢地滑行外，拉韧带、活动髋、膝、踝关节是必不可少的，至少要进行5~10 min才可以真正将韧带、关节活动开。

（2）运动的护身装备也是必需的。因为轮滑难免摔倒，要保护好自己的身体不要受伤。一般来说，轮滑的整套装备包括头盔、护肘、护膝、护掌，大家最好购买专业厂家的护具，它在防震和坚固性、舒适性上更有保障。

在护具中以护膝最为重要，不论是初学者还是轮滑高手，膝盖是摔倒时着地几率最高、最容易受冲击的部位；头盔也很重要，万一摔倒，头部是最需要保护的部位，保护不当，常会造成很严重的伤害。在西方许多国家，不带护具进行轮滑是要受到处罚的。

（3）要选择安全的场地，如不要在车道、过往行人很多的地方玩轮滑。要选择比较平坦的地面，坑洼不平、有斜坡、有积水的地面都不适合轮滑。

### 五、轮滑采风

（一）宝刀未老

**镜头一**：《华西都市报》报道了70岁的高永禄，经常从双流踩轮滑至成都土城区。

高永禄（图28-2），可能是中国年龄最大的轮滑者了。

一名网友将其踩轮滑回双流的情景拍了下来，放在网上。很快，这段视频被点击播放13万余次，有近600名网友在视频后留言。高永禄被网友称为最牛"轮滑帝"。

事实上，高永禄学轮滑不过3年，轮滑技术并不高，在家人反对的情况下，他也坚持每天"滑行"几千米。"我一天不滑心里就堵得慌，滑了就畅快了。"他这样说。

**镜头二**：无独有偶，在英国也有一个像高永禄一样的老人，名叫格兰·乔思林·泰勒，已经是一位83岁的老奶

图28-2 轮滑老人高永禄

奶了，7岁就开始练滑冰的泰勒曾连续9次夺得英国滑冰大赛冠军。退役后，泰勒还经常去滑冰。轮滑运动渐渐在英国流行开来，泰勒也脱掉冰鞋换上轮滑鞋。她不但能做一些简单的基本动作，甚至能穿着轮滑鞋完成平地都很难做到的"朝天蹬"，真是人老心未老。

# 第2节 滑板

> **问题导引**
>
> 你知道什么是极限运动的鼻祖吗？滑板的基本动作有哪些？怎样挑板子？滑板的装备包括哪些？国际滑板日是哪一天？

### 一、滑板的起源与发展

滑板（Skateboard）可谓是极限运动的鼻祖，许多极限运动项目均由滑板延伸而来。20世纪50年代末60年代初由冲浪运动演变而成的滑板运动，在当今已成为地球上最"酷"的

运动，越来越多的年轻人热衷于滑板运动，投身其中尽享滑板带来的激情与快乐，如图28-3所示。

从找地点，尝试动作，受伤，再尝试，失败，再尝试，直到成功，这些都是每一位滑板人成长的必然过程。

滑板运动是冲浪运动在陆地上的延伸。冲浪运动受地理和气候条件的限制，而滑板运动则有更大的自由度。阳光明媚的南加州海滩社区的居民们制出了世界上第一块滑板。第二代的滑板诞生于1962年，是由橡木多层板压制而成的15厘米×60厘米厘米的板面、轮滑转向桥和塑料轮子组成的。和第一代滑板相比，这种滑板无疑是技术上的一个飞跃。但是这种滑板的塑料轮的性能依然不很理想；过小的附着摩擦力使滑板急转弯时会失控；而它的低弹性则使滑板遇到即使微小的障碍物也会戛然而止，把滑手摔下来；同时，它的耐磨性也不太好。但这种滑板仍然受到滑手们的普遍欢迎，因为相对第一代宽大的板面第二代使滑手们更容易站立和操纵。

图28-3 滑板少年

1973年，一个叫弗兰克·纳斯沃西的滑板爱好者第一次把聚氨酯轮子安上他的滑板并取得了意想不到的效果。他随即开始把这种叫"卡迪拉克"牌的轮子卖给他的滑板朋友们。这种柔韧的轮子不仅耐磨，而且可以使滑板能安全稳当地急转弯，轻而易举地碾过地上的小障碍物。第三代滑板就这样发明诞生了。由于滑板从冲浪衍生的原因，20世纪70年代初的滑板文化基本上是带有冲浪印记的。滑板爱好者和滑板公园的建设者们一开始建造了不少模拟冲浪的地形。后来，他们意识到，由于滑板比冲浪板的阻力小、重量轻，可以建立不同于冲浪而更适合滑板的地形以取得更大的速度、机动性和自我表现能力。

20世纪70年代中期是第三代滑板飞速发展的时期。预感到一种新型的体育运动就要应运而生，无数个由滑板和冲浪爱好者建立的小型滑板公司如雨后春笋般涌现，并开始在技术质量上展开全面的竞争，聚氨酯轮子的潜力被充分挖掘出来。不断改进的聚氨酯轮子使滑板附着摩擦力加强、速度增加，甚至可以滑上垂直表面。此外，对滑板材料的研究开发也达到了穷尽一切的地步。硬塑、铝合金、玻璃纤维，甚至高科技的碳素复合材料都被用来试制滑板。最终，抗冲击性能好、重量轻的加拿大糖枫担负起了新一代滑板材料的历史使命。另外，由Powell公司发明的跨越大障碍物的聚氨酯轮子和斯蒂文森专利的凹型滑板尾部使第三代滑板更上一层楼。

20世纪80年代末，由于滑板运动本身的发展和滑手们对滑板技巧要求的提高，以及为了适应U型池双向滑行的需要，一种与前三代滑板形状完全不同的两头翘起、形状对称的滑板出现了，这就是第四代滑板。第四代滑板改用硬岩枫重量更轻，弹性更好；滑板轮硬度高，弹性好，更适合高速滑行。由于重量平衡，第四代滑板更适合各种翻转动作。

20世纪90年代初，滑板运动走入了一个低谷时期。由于正处于滑板换代的时期，滑板从一头改为两头，因而出现了许多前一代滑板不可能完成的动作。这个时期是滑板运动的技巧性动作时代，滑手们发明了很多新动作。同时为了使滑板更容易翻转，滑板板面变得很窄，轮子变得很小。这个时期一块典型的滑板宽度只有7英寸（17.78厘米），而轮子直径只有39毫米左右。这样的滑板虽然更易于做出复杂的动作，但是较小的轮子却妨碍了它的滑行性能。

## 二、基本滑行姿势

1. 正常姿势（normal）

左脚在前的regular姿势与右脚在前的goofy姿势。

2. 倒滑姿势（fakie）

以regular姿势向板尾方向滑行。

3. 反脚（switch）

以与正常姿势相反的姿势（如你本来是regular则换为goofy）做各种动作。

4. 蒙古脚（mongo）

以前脚滑行而将后脚置于板上的一种滑行方式。

5. 空中转体（body varial）

此动作极简单，即身体跳起后于空中转体180°再落于板上，一般与其他动作如踢翻等结合。

6. 豚跳（ollie）

用双脚带板起跳，如图28-4所示。这个动作是进入滑板自由世界的门槛。

7. 外跳转（frontside 180 ollie）

做ollie后，在人与板上升过程中，带板向身体背侧转体180°后再落地。

8. 内跳转（backside 180 ollie）

与上一个动作类似，只是转向身体的内侧。

9. 滑后轮（manual）

滑行并保持一定的速度后，以后脚压板尾抬起前轮（板尾不着地）仅以后两轮滑行。ollie manual则指ollie后再做此动作。

10. 滑前轮（nose manual）

与上一动作类似，只是以前两轮平衡滑行（ollie nose manual则指 ollie 后再做此动作）。

图28-4 豚跳（olliie）

11. 倒板（pop shoveit）

一般指向内倒板。站立姿势如同ollie，后脚用力下压板尾，然后以前脚拨板，使之转动，紧接着身体跃向空中，耐心等待板转过180°，身体回到板上，曲膝以缓冲。

12. 踢翻（kickflip）

这是马路式的基本动作。学习此动作前，必须练会ollie。后脚置于板尾（脚掌重心置于板尾中心），前脚置于前桥螺钉附近，与板边缘大致成45度，两脚跟最好置于板边缘以外。如同ollie，后脚压板打地，前脚向上带板。不同的是在前脚脚尖到达板头时轻轻向前外侧踢出，同时身体跃向空中。耐心等待板转过360°，以后脚接板，然后身体站回板上，屈膝以缓冲。

### 13. 脚跟翻（heelflip）

与上一动作类似，但前脚站姿不同：前脚尖应置于前桥螺钉后一点的位置，以感觉舒适为宜，脚趾头位于板边缘以外。ollie后以前脚脚跟向前内侧踢出，注意用力别太大，同时身体离开滑板，待板垂直转动360°后以后脚接板即可。

### 14. cabalero

这一动作由steve cabalaro首创而得名。具体做法：以倒滑姿势滑行，后脚猛踏板尾后，前脚如同ollie向上带板，使人与板同时向内转动360°。这个动作有一定难度，关键是要快。

### 15. 前脚抽出板外放再放回（no comply）

手抓板，以适当速度滑向障碍，在轮子将要接近障碍时，前脚离板，同时后脚踩板尾，将脚试图踏上障碍，手试图抓板头。完成上步所述动作，动作不停，前脚试图跳回板上，前脚落于前桥附近，准备下落，屈膝平衡。

### 16. 360flip

后脚置于板尾，前脚略靠前；后脚用力压板尾，同时有拨的动作，前脚如踢翻般使板旋转，等待板在你两腿间旋转360°，以后脚接板，屈膝以缓冲，如图28-5所示。

图28-5　360flip

#### ollie的来历

ollie这一动作由美国滑手Allan Gelfand首创，而他的小名就叫"ollie"。1979年，15岁的Allan在佛罗里达州的好莱坞市的一个滑板公园中练习，在一个碗形游泳池中，他发现自己居然可以不用手抓板而带板腾空。他的同伴就将这个动作称为"ollie"。Allan后来成为当时最劲的白骨队成员，但他只作了两年职业选手（pro）就转行搞赛车了，但这个创造的意义不言自明。

### 17. 反脚豚跳（nollie）

这个动作是在ollie的基础上，前脚置于板头，后脚置于板中部，前脚用力下压板头，同时后脚向上提拉，感觉板已到最高点后，将板拉平，屈膝以缓冲。

### 18. 外跳转5050

以小角度接近一障碍，做内跳转，使板落于障碍物上，两个桥此时均位于障碍物上，前脚置于前桥处，后脚置于后桥与板尾之间，注意不要前仰后合。由于惯性板将滑行，想落下或滑到头时轻压板尾，犹如manual落地，落下后注意屈膝保护。

### 19. 大转（big spin）

快速滑行，后脚位于板尾，前脚置于板中部略呈外八字，如同作popshuvit，做内跳转180°的同时，后脚拨板使之转动，在板横向旋转时，运用前脚避免出翻板，待板旋转360°后，身体也已转过180°。身体落回板上，屈膝平衡。

### 20. 倒滑翻板360

以倒滑姿势滑行，脚姿势如同一般翻板360，板尾打地，如同做倒板，但前脚像踢翻一样踢出，身体跃起，待板面向上时，将脚放回板上。

### 21. 外跳转360

这个动作有点像做外跳转，但前脚要稍向后点，作ollie前将肩向外侧转过一点角度，以舒服为宜，做跳转，尽力转过360°。

### 22. 磨后桥（5-o）

用后桥支撑在障碍物上滑行，如图28-6所示。身体平行于障碍物滑行并接近。以ollie开始这一动作，跃上障碍时重心后倾，保证后桥落于障碍物。

图 28-6　磨后桥（5-o）

### 23. halfcab

练习这个动作前最好学会倒滑ollie。面向障碍以倒滑姿势滑行，打板尾前先向障碍方向转身，后脚打板尾后，努力使板随你的身体走，转过180°，落地屈膝以平衡。

### 24. 难翻（hardflip）

屈膝下蹲，肩与板平行并且尽量ollie高些，后脚作向外倒板，前脚如同作踢翻，人向高跃起留出空间让板旋转，以脚接板，使之停转，落地滑走。

### 25. 倒板360°

以脚蹬板以产生速度，前脚置于前桥后（熟练后可朝后放），后脚置于板尾，此动作主要以后脚完成，如同ollie，后脚压板尾，随之以后脚向身后踢出拨板，但力度要比一般倒板大些，使板多转180°，待板转动时，离开跃起，待板转动360°后，以后脚接板，屈膝以平衡。

#### 26. 跳台阶的技巧

以合适的速度滑向台阶，但不能太慢，快接近台阶时，作ollie，以较低的姿势较好但亦不能太低，身体与板平行非常重要，切记心里紧张。

#### 27. 180°跳跃（frontside ollie）

在你已经非常熟悉跳跃后，身体稍微向后倾，后脚稍微压下翘起处让板子刷出去，前脚顺势拉回来，一开始练板子一定会常常飞出去。要记住脚在跳之前要比一般跳站的分开一点，最好是后脚站在翘起处，而前脚站在四个螺丝上（前脚脚尖要超出板子边缘一点）。熟练后，可以试试将前脚站的跟"跳跃"一样的位子，那样会跳很高地转180°。

### 三、滑板采风

（一）装备

#### 1. 滑板鞋

滑板鞋的好坏，对一名滑手来说非常重要。一般情况下，选择滑板鞋有以下要注意的地方：

（1）滑板鞋的鞋底和鞋帮的材料最好是聚胺脂的，鞋面最好是厚实的翻毛牛皮，这样比较耐磨。要注意你平时ollie带板时所用到的鞋的位置，在选鞋时尽量避开这些位置有接线的鞋，这样可防止板鞋过早因脱线而损坏。

（2）对于一些技巧细腻的滑手，他们比较喜欢用较溥的板鞋。这些板鞋鞋底比较薄，但通常都有比较厚或带气垫的鞋垫，鞋面所用的皮质比较软，做动作时能清楚地感受到板面上的砂贴着脚面而过。而做动作比较猛的滑手一般都选择比较厚实的滑板鞋，比如鞋底带气垫或油垫，鞋舌比较厚实，这样穿着起来感觉比较裹脚。

#### 2. 滑板服装

滑板服装主要以宽松为主，板手大多选择滑板公司的T恤或Hiphop风格的服装。

#### 3. 滑板

选择适合自己的板身尺寸和弧度很重要。板面一般由五层、七层或九层的木板用高压压制而成。木板可以是加拿大枫木、中国枫木或是桦木。选择砂纸必须要"黏"脚的，这样可以增加鞋和板面之间的摩擦力。轮子的尺寸用毫米计算，最普遍的是52~56毫米。比如说一个5331的轮子，前面两个数字（53）是轮子的直径，后面两个数字（31）是轮子的宽度。轮子越大就越快，小的轮子比较适合玩花式。大部份轴承都是用ABEC系数去表达快慢，分别是ABEC1、ABEC3、ABEC5和ABEC7。ABEC7是目前为止最快的轴承。对于初学者来说，在光滑的地面上（如大理石地面或平整的水泥地面）练习滑板，可以选择ABEC1~3的轴承；如果在比较粗糙的地面（如带有防滑纹的路面）上练习滑板，最好使用ABEC3以上的轴承。

**4. 护具**

滑板护具包括头盔、护膝、护腕（护肘）等，建议初学者采用，或者做难度动作时使用，一般在比赛中都要求佩带护具。

**（二）世界滑板日**

每年6月21日是世界滑板日，由IASC（International Association of Skateboard Companies）组织发起，这天是美国学生放暑假的第一天，所以大家会在放假的第一天尽情滑，这也是当初选择滑板日的初衷。

**滑板小子——夏雨**

青岛男孩夏雨是地道的滑板小子，想当年正是因为在青岛大街上玩滑板而被星探姜文看到。当年姜文正打算拍摄他的第一部电影作品《阳光灿烂的日子》，看到了长相酷似自己年少模样的夏雨决定把这个男主角给夏雨，夏雨也凭借这部片子赢得了影帝称号。

夏雨与滑板的缘分很早就开始了，在接受采访时，夏雨提到："滑板改变了我很多东西。比如说我原来胆子很小，像上个房揭个瓦这些事都不敢去干。身体也比较瘦，我小时候营养不良，长得跟豆芽菜一样，体育从来没有及格过。是滑板改变了我，特别是对生活的态度，滑板给了我很大的帮助。"

# 附录1 大学生体质测试评分标准及评分办法

## 一、大学生《国家学生体质性康标准》测试项目及评价指标

（一）测试项目

大学生测试项目为必测项目3个、选测项目3个，合计需要测试6个项目。身高、体重、肺活量为必测项目。从台阶试验、1000米（男）、800米（女）中选测1项；从坐位体前屈、仰卧起坐（女）、引体向上（男）、掷实心球、握力中选测1项；从50米跑、立定跳远、跳绳、篮球运球、足球运球、排球垫球中选测1项。

（二）评价指标

评价指标见附表1。

附表1 评价指标

| 必评指标 | 选评指标 | 备注 |
| --- | --- | --- |
| 身高标准体重<br>肺活量<br>体重指数 | 1000米跑（男）<br>800米跑（女）<br>台阶试验 | 选评1项 |
| | 坐位体前屈<br>仰卧起坐（女）<br>引体向上（男）<br>掷实心球<br>握力体重指数 | 选评1项 |
| | 50米跑<br>立定跳远<br>跳绳<br>篮球运球<br>足球运球<br>排球垫球 | 选评1项 |

## 二、大学生《国家学生体质健康标准》测试操作方法

（一）身高

测试目的：测试学生身高，与体重测试相配合，评定学生的身体匀称度，评价学生生长发育及营养状况的水平。

（二）体重

测试目的：测试学生的体重，与身高测试相配合，评定学生的身体匀称度，评价学生生长发育的水及营养状况。

（三）肺活量

测试目的：测试学生的肺通气功能。

（四）50米跑

测试目的：测试学生速度、灵敏素质及神经系统灵活性的发展水平。

（五）800米或1000米跑

测试目的：测试学生耐力素质的发展水平，特别是心血管呼吸系统的机能及肌肉耐力。

（六）立定跳远

测试目的：测试学生下肢肌肉爆发力及身体协调能力的发展水平。

（七）引体向上

测试目的：测试学生的上肢肌肉力量和耐力的发展水平。

（八）仰卧起坐

测试目的：测试腹肌耐力。

（九）坐位体前屈

1. 测试目的

测量学生在静止状态下的躯干、腰、髋等关节可能达到的活动幅度，主要反映这些部位关节、韧带、肌肉的伸展性和弹性及学生身体柔韧素质的发展水平。

2. 场地器材

坐位体前屈测试计。

3. 测试方法

受测者两腿伸直，两脚平蹬测试纵板坐在平地上，两脚分开10~15厘米，上体前屈，两臂伸直向前，用两手中指尖逐渐向前推动游标，直到不能前推为止。测试计的脚蹬纵板内沿平面为零点，向内为负值，向前为正值。记录以厘米为单位，保留一位小数。测试两次，取最好成绩。

4. 注意事项

（1）身体前屈，两臂向前推游标时两腿不能弯曲。

（2）受试者应匀速向前推动游标，不得突然发力。

（十）台阶试验

1. 测试目的

测试学生在定量负荷后心率变化情况，评价学生的心血管机能。

2. 场地器材

台阶或凳子、节拍器(或录音机及磁带)、秒表、台阶实验仪。

3. 测试方法

男生用高40厘米台阶(或凳子)，女生用高35厘米的台阶(或凳子)。测验前测定安静时的脉搏，然后受试者做轻度的准备活动，主要是活动下肢关节。上、下台阶(或凳子)的频率是30次/分钟，因而节拍器的节律为120次/分钟(每上、下一次是四动)。受测者按节拍器的节律完成试验。

被测试者从预备姿势开始：

（1）被测试者一只脚踏在台阶上；

（2）踏台阶的腿伸直成台上站立；

（3）先踏台阶的脚下先下地；

（4）还原成预备姿势。

用2秒上、下一次的速度（按节拍器的节律来做），连续做3分钟。做完后，立刻坐在椅子上测量运动结束后的1~1.5分钟、2~2.5分钟、3~3.5分钟的3次脉搏数，并用下列公式求得评定指数，计算结果包含有小数的，对小数点后的1位进行四舍五入，取整进行评分。评定指数=踏台上、下运动的持续时间（秒）×100/2（3次测试脉搏的和）。

4. 注意事项

（1）患有心脏病的学生不能测试。

（2）按2秒上、下一次的节奏进行。当受试者跟不上节奏时应及时提醒。如果三次跟不上节奏应停止测试，以免发生伤害事故。

（3）上、下台阶时，膝、髋关节都应伸直。

（4）被测试者不能自己测量脉搏。

（5）如果受试者不能完成3分钟的负荷运动，以实际上、下台阶的持续时间进行计算，计算公式和方法同上。

（十一）掷实心球

1. 测试目的

测试学生的上肢爆发力。

2. 场地器材

长度在30米以上的平整场地一块，地质不限，在场地一端画一条直线作为起掷线。实心球若干，测试球重为2千克。

3. 测试方法

测试时受试者站在起掷线后，两脚前后或左右开立，身体面对投掷方向，双手举球至头上方稍后仰，原地用力把球向前方掷出。如两脚前后开立投掷，当球出手的同时后脚可向前迈出一步，但不得踩线。每人投掷三次，记录其中成绩最好的一次。记录以米为单位，取一位小数。丈量起掷线后缘至球着地点后缘之间的垂直距离。为了准确丈量成绩，应有专人负责观察实心球的着地点。

发现踩线等犯规时，则此次成绩无效。三次均无成绩者，应允许再投，直至取得成绩为止。

（十二）握力

1. 测试目的

测试学生上肢肌肉力量的发展水平。

2. 场地器材

电子握力计或弹簧式握力计。

3. 测试方法

受试者两脚自然分开成直立姿势，两臂自然下垂。一手持握力计全力紧握(此时握力计不能接触衣服和身体)。记下握力计指针的刻度(或握力器所显示的数字)。用有力(利)手拥两次。取最大值，以千克为单位，测试时保留一位小数。

4.注意事项

保持手臂自然下垂姿势，手心向内，不能触及衣服和身体。

（十三）跳绳

1.测试目的

测试学生的下肢力量和身体协调能力。

2.场地器材

地面平整、干净的场地一块，地质不限。主要测试器材包括秒表、发令哨、各种长度的跳绳若干条。

3.测试方法

两人一组，一人测试，一人记数。受试者将绳的长短调至适宜长度，听到开始信号后开始跳绳，动作规格为正摇双脚跳绳，每跳跃一次且摇绳一回环（一周圈），计为一次。听到结束信号后停止，测试人员报数并记录受试者在1分钟内的跳绳次数。测试单位为次。

4.注意事项

测试过程中跳绳绊脚，除该次不计数外，应继续进行。

（十四）篮球运球

1.测试目的

测试学生的综合身体素质和篮球运球的基本技能水平。

2.场地器材

测试场地长20米，宽7米，起点线后5米设置两列标志杆，标志杆距同侧边线3米。各排标志杆相距3米，共5排杆，全长20米，并列的两杆间隔1米。测试器材包括秒表（使用前应进行校正，要求同50米跑）、发令哨、30米卷尺、标志杆10根、篮球若干个。测试用球应符合国家标准。

3.测试方法

受试者在起点线后持球站立，听到出发命令后，按箭头所示方向单手运球依次过杆，每次过杆时需换手运球。发令员发令后开表计时，受试者与球均返回终点线时停表。每名受试者测两次，记录其中成绩最好一次。以秒为单位记录测试成绩，精确到小数点后一位，小数最后第二位数作"0"时进1。

4.注意事项

（1）测试中篮球脱手后，如球仍在测试场地内，受试者可自行捡回，并在脱手处继续运球，不停表。

（2）测试过程中出现以下现象均属犯规行为，取消当次成绩：出发时抢跑、运球过程中双手同时触球、膝盖以下部位触球、漏绕标志杆、碰倒标志杆、人或球出测试区域、未按图示要求完成全程路线、通过终点时人球分离等。

（3）受试者有两次测试机会，两次犯规无成绩者可再测直至取得成绩。

### （十五）足球运球

1. 测试目的

测试学生的综合身体素质和足球运球的基本技能水平。

2. 场地器材

在坚实、平整场地或足球场上进行，测试区域长30米，宽10米，起点线至第一杆距离为5米，各杆间距5米，共设5根标志杆，标杆距两侧边线各5米。测试器材包括足球若干个（测试用球应符合国家标准）、秒表（使用前应进行校正，要求同50米跑）、30米卷尺、5根标志杆。受试者站在起点线后准备，听到出发口令后开始向前运球依次过杆。受试者与球均越过终点线即为结束。每人跑两次，记录其中成绩最好的一次成绩。以秒为单位记录测试成绩，精确到小数点后第一位，小数点后第二位数作"0"时进1。

4. 注意事项

（1）测试过程中出现以下现象均属犯规行为，取消当次成绩：出发时抢跑、漏绕标志杆、碰倒标志杆、故意手球、未按要求完成全程路线等。

（2）受试者有两次测试机会，两次犯规无成绩者可再测直至取得成绩。

### （十六）排球垫球

1. 测试目的

测试学生的综合身体素质和排球的基本技能水平。

2. 场地器材

在坚实、平坦的场地或排球场上进行，测试区域为每人3米×3米，测试器材为排球。测试用球应符合有关国家标准。

3. 测试方法

受试者在规定的测试区域内原地将球抛起，个人连续正面双手垫球，要求手型正确、击球部位准确、达到规定的高度，球落地即为测试结束，按次计数。受试者每次垫球应达到的高度，大学男生为2.43米，大学女生为2.24米。每名受试者测试两次，记录其中成绩最好的一次。测试单位为次。

4. 注意事项

（1）测试过程中如出现以下现象均只作为调整，不计次数：采用传球等其他方式触球、测试区域之外触球、垫球高度不足等。

（2）为方便判定垫球高度，可将排球场的球网调整到相应的高度，或者在测试区域外相距0.5米处插两根标杆，标杆顶端用橡皮筋或标志线相连，将标杆调整到相应的高度，测试时通过比较垫球的高度与球网或标志线的高度进行判定。

## 三、评分标准

评分标准见附表2、附表3、附表4、附表5、附表6。

附表2 大学一年级至四年级男生身高标准体重（体重单位：千克）

| 身高段（厘米） | 营养不良 50分 | 较低体重 60分 | 正常体重 100分 | 超重 60分 | 肥胖 50分 |
|---|---|---|---|---|---|
| 144.0 ~ 144.9 | <41.5 | 41.5 ~ 46.3 | 46.4 ~ 51.9 | 52.0 ~ 53.7 | ≥53.8 |
| 145.0 ~ 145.9 | <41.8 | 41.8 ~ 46.7 | 46.8 ~ 52.6 | 52.7 ~ 54.5 | ≥54.6 |
| 146.0 ~ 146.9 | <42.1 | 42.1 ~ 47.1 | 47.2 ~ 53.1 | 53.2 ~ 55.1 | ≥55.2 |
| 147.0 ~ 147.9 | <42.4 | 42.4 ~ 47.5 | 47.6 ~ 53.7 | 53.8 ~ 55.7 | ≥55.8 |
| 148.0 ~ 148.9 | <42.6 | 42.6 ~ 47.9 | 48.0 ~ 54.2 | 54.3 ~ 56.3 | ≥56.4 |
| 148.0 ~ 148.9 | <42.6 | 42.6 ~ 47.9 | 48.0 ~ 54.2 | 54.3 ~ 56.3 | ≥56.4 |
| 149.0 ~ 149.9 | <42.9 | 42.9 ~ 48.3 | 48.4 ~ 54.8 | 54.9 ~ 56.6 | ≥56.7 |
| 150.0 ~ 150.9 | <43.2 | 43.2 ~ 48.8 | 48.9 ~ 55.4 | 55.5 ~ 57.6 | ≥57.7 |
| 151.0 ~ 151.9 | <43.5 | 43.5 ~ 49.2 | 49.3 ~ 56.0 | 56.1 ~ 58.2 | ≥58.3 |
| 152.0 ~ 152.9 | <43.9 | 43.9 ~ 49.7 | 49.8 ~ 56.5 | 56.6 ~ 58.7 | ≥58.8 |
| 153.0 ~ 153.9 | <44.2 | 44.2 ~ 50.1 | 50.2 ~ 57.0 | 57.1 ~ 59.3 | ≥59.4 |
| 154.0 ~ 154.9 | <44.7 | 44.7 ~ 50.6 | 50.7 ~ 57.5 | 57.6 ~ 59.8 | ≥59.9 |
| 155.0 ~ 155.9 | <45.2 | 45.2 ~ 51.1 | 51.2 ~ 58.0 | 58.1 ~ 60.7 | ≥60.8 |
| 156.0 ~ 156.9 | <45.6 | 45.6 ~ 51.6 | 51.7 ~ 58.7 | 58.8 ~ 61.0 | ≥61.1 |
| 157.0 ~ 157.9 | <46.1 | 46.1 ~ 52.1 | 52.2 ~ 59.2 | 59.3 ~ 61.5 | ≥61.6 |
| 158.0 ~ 158.9 | <46.6 | 46.6 ~ 52.6 | 52.7 ~ 59.8 | 59.9 ~ 62.2 | ≥62.3 |
| 159.0 ~ 159.9 | <46.9 | 46.9 ~ 53.1 | 53.2 ~ 60.3 | 60.4 ~ 62.7 | ≥62.8 |
| 160.0 ~ 160.9 | <47.4 | 47.4 ~ 53.6 | 53.7 ~ 60.9 | 61.0 ~ 63.4 | ≥63.5 |
| 161.0 ~ 161.9 | <48.1 | 48.1 ~ 54.3 | 54.4 ~ 61.6 | 61.7 ~ 64.1 | ≥64.2 |
| 162.0 ~ 162.9 | <48.5 | 48.5 ~ 54.8 | 54.9 ~ 62.2 | 62.3 ~ 64.8 | ≥64.9 |
| 163.0 ~ 163.9 | <49.0 | 49.0 ~ 55.3 | 55.4 ~ 62.8 | 62.9 ~ 65.3 | ≥65.4 |
| 164.0 ~ 164.9 | <49.5 | 49.5 ~ 55.9 | 56.0 ~ 63.4 | 63.5 ~ 65.9 | ≥66.0 |
| 165.0 ~ 165.9 | <49.9 | 49.9 ~ 56.4 | 56.5 ~ 64.1 | 64.2 ~ 66.6 | ≥66.7 |
| 166.0 ~ 166.9 | <50.4 | 50.4 ~ 56.9 | 57.0 ~ 64.6 | 64.7 ~ 67.0 | ≥67.1 |
| 167.0 ~ 167.9 | <50.8 | 50.8 ~ 57.3 | 57.4 ~ 65.0 | 65.1 ~ 67.5 | ≥67.6 |
| 168.0 ~ 168.9 | <51.1 | 51.1 ~ 57.7 | 57.8 ~ 65.5 | 65.6 ~ 68.1 | ≥68.2 |
| 169.0 ~ 169.9 | <51.6 | 51.6 ~ 58.2 | 58.3 ~ 66.0 | 66.1 ~ 68.6 | ≥68.7 |
| 170.0 ~ 170.9 | <52.1 | 52.1 ~ 58.7 | 58.8 ~ 66.5 | 66.6 ~ 69.1 | ≥69.2 |
| 171.0 ~ 171.9 | <52.5 | 52.5 ~ 59.2 | 59.3 ~ 67.2 | 67.3 ~ 69.8 | ≥69.9 |
| 172.0 ~ 172.9 | <53.0 | 53.0 ~ 59.8 | 59.9 ~ 67.8 | 67.9 ~ 70.4 | ≥70.5 |
| 173.0 ~ 173.9 | <53.5 | 53.5 ~ 60.3 | 60.4 ~ 68.4 | 68.5 ~ 71.1 | ≥71.2 |
| 174.0 ~ 174.9 | <53.8 | 53.8 ~ 61.0 | 61.1 ~ 69.3 | 69.4 ~ 72.0 | ≥72.1 |
| 175.0 ~ 175.9 | <54.5 | 54.5 ~ 61.5 | 61.6 ~ 69.9 | 70.0 ~ 72.7 | ≥72.8 |
| 176.0 ~ 176.9 | <55.3 | 55.3 ~ 62.2 | 62.3 ~ 70.9 | 71.0 ~ 73.8 | ≥73.9 |
| 177.0 ~ 177.9 | <55.8 | 55.8 ~ 62.7 | 62.8 ~ 71.6 | 71.7 ~ 74.5 | ≥74.6 |
| 178.0 ~ 178.9 | <56.2 | 56.2 ~ 63.3 | 63.4 ~ 72.3 | 72.4 ~ 75.3 | ≥75.4 |
| 180.0 ~ 180.9 | <57.1 | 57.1 ~ 64.3 | 64.4 ~ 73.5 | 73.6 ~ 76.5 | ≥76.6 |
| 181.0 ~ 181.9 | <57.7 | 57.7 ~ 64.9 | 65.0 ~ 74.2 | 74.3 ~ 77.3 | ≥77.4 |
| 182.0 ~ 182.9 | <58.2 | 58.2 ~ 65.6 | 65.7 ~ 74.9 | 75.0 ~ 77.8 | ≥77.9 |
| 183.0 ~ 183.9 | <58.8 | 58.8 ~ 66.2 | 66.3 ~ 75.7 | 75.8 ~ 78.8 | ≥78.9 |
| 184.0 ~ 184.9 | <59.3 | 59.3 ~ 66.8 | 66.9 ~ 76.3 | 76.4 ~ 79.4 | ≥79.5 |
| 185.0 ~ 185.9 | <59.9 | 59.9 ~ 67.4 | 67.5 ~ 77.0 | 77.1 ~ 80.2 | ≥80.3 |
| 186.0 ~ 186.9 | <60.4 | 60.4 ~ 68.1 | 68.2 ~ 77.8 | 77.9 ~ 81.1 | ≥81.2 |

(续表)

| 身高段（厘米） | 营养不良 | 较低体重 | 正常体重 | 超重 | 肥胖 |
|---|---|---|---|---|---|
| | 50分 | 60分 | 100分 | 60分 | 50分 |
| 187.0 ~ 187.9 | <60.9 | 60.9 ~ 68.7 | 68.8 ~ 78.6 | 78.7 ~ 81.9 | ≥82.0 |
| 188.0 ~ 188.9 | <61.4 | 61.4 ~ 69.2 | 69.3 ~ 79.3 | 79.4 ~ 82.6 | ≥82.7 |
| 189.0 ~ 189.9 | <61.8 | 61.8 ~ 69.8 | 69.9 ~ 79.9 | 80.0 ~ 83.2 | ≥83.3 |
| 190.0 ~ 190.9 | <62.4 | 62.4 ~ 70.4 | 70.5 ~ 80.5 | 80.6 ~ 83.6 | ≥83.7 |

注：身高低于表中所列出的最低身高段的下限值时，身高每低1厘米，实测体重需加上0.5千克，实测身高需加上1厘米，再查表确定分值。身高高于表中所列出的最高身高段时，身高每高1厘米，其实测体重需减去0.9公斤，实测身高需减去1厘米，再查表确定分值。

附表3 大学一年级至四年级女生身高标准体重（体重单位：千克）

| 身高段（厘米） | 营养不良 | 较低体重 | 正常体重 | 超重 | 肥胖 |
|---|---|---|---|---|---|
| | 50分 | 60分 | 100分 | 60分 | 50分 |
| 140.0 ~ 140.9 | <36.5 | 36.5 ~ 42.4 | 42.5 ~ 50.6 | 50.7 ~ 53.3 | ≥53.4 |
| 141.0 ~ 141.9 | <36.6 | 36.6 ~ 42.9 | 43.0 ~ 51.3 | 51.4 ~ 54.1 | ≥54.2 |
| 142.0 ~ 142.9 | <36.8 | 36.8 ~ 43.2 | 43.3 ~ 51.9 | 52.0 ~ 54.7 | ≥54.8 |
| 143.0 ~ 143.9 | <37.0 | 37.0 ~ 43.5 | 43.6 ~ 52.3 | 52.4 ~ 55.2 | ≥55.3 |
| 144.0 ~ 144.9 | <37.2 | 37.2 ~ 43.7 | 43.8 ~ 52.7 | 52.8 ~ 55.6 | ≥55.7 |
| 145.0 ~ 145.9 | <37.5 | 37.5 ~ 44.0 | 44.1 ~ 53.1 | 53.2 ~ 56.1 | ≥56.2 |
| 146.0 ~ 146.9 | <37.9 | 37.9 ~ 44.4 | 44.5 ~ 53.7 | 53.8 ~ 56.7 | ≥56.8 |
| 147.0 ~ 147.9 | <38.5 | 38.5 ~ 45.0 | 45.1 ~ 54.3 | 54.4 ~ 57.3 | ≥57.4 |
| 148.0 ~ 148.9 | <39.1 | 39.1 ~ 45.7 | 45.8 ~ 55.0 | 55.1 ~ 58.0 | ≥58.1 |
| 149.0 ~ 149.9 | <39.5 | 39.5 ~ 46.2 | 46.3 ~ 55.6 | 55.7 ~ 58.7 | ≥58.8 |
| 150.0 ~ 150.9 | <39.9 | 39.9 ~ 46.6 | 46.7 ~ 56.2 | 56.3 ~ 59.3 | ≥59.4 |
| 151.0 ~ 151.9 | <40.3 | 40.3 ~ 47.1 | 47.2 ~ 56.7 | 56.8 ~ 59.9 | ≥59.9 |
| 152.0 ~ 152.9 | <40.8 | 40.8 ~ 47.6 | 47.7 ~ 57.4 | 57.5 ~ 60.5 | ≥60.6 |
| 153.0 ~ 153.9 | <41.4 | 41.4 ~ 48.2 | 48.3 ~ 57.9 | 58.0 ~ 61.1 | ≥61.2 |
| 154.0 ~ 154.9 | <41.9 | 41.9 ~ 48.8 | 48.9 ~ 58.6 | 58.7 ~ 61.9 | ≥62.0 |
| 155.0 ~ 155.9 | <42.3 | 42.3 ~ 49.1 | 49.2 ~ 59.1 | 59.2 ~ 62.4 | ≥62.5 |
| 156.0 ~ 156.9 | <42.9 | 42.9 ~ 49.7 | 49.8 ~ 59.7 | 59.8 ~ 63.0 | ≥63.1 |
| 157.0 ~ 157.9 | <43.5 | 43.5 ~ 50.3 | 50.4 ~ 60.4 | 60.5 ~ 63.6 | ≥63.7 |
| 158.0 ~ 158.9 | <44.0 | 44.0 ~ 50.8 | 50.9 ~ 61.2 | 61.3 ~ 64.5 | ≥64.6 |
| 159.0 ~ 159.9 | <44.5 | 44.5 ~ 51.4 | 51.5 ~ 61.7 | 61.8 ~ 65.1 | ≥65.2 |
| 160.0 ~ 160.9 | <45.0 | 45.0 ~ 52.1 | 52.2 ~ 62.3 | 62.4 ~ 65.6 | ≥65.7 |
| 161.0 ~ 161.9 | <45.4 | 45.4 ~ 52.5 | 52.6 ~ 62.8 | 62.9 ~ 66.2 | ≥66.3 |
| 162.0 ~ 162.9 | <45.9 | 45.9 ~ 53.1 | 53.2 ~ 63.4 | 63.5 ~ 66.8 | ≥66.9 |
| 163.0 ~ 163.9 | <46.4 | 46.4 ~ 53.6 | 53.7 ~ 63.9 | 64.0 ~ 67.3 | ≥67.4 |
| 164.0 ~ 164.9 | <46.8 | 46.8 ~ 54.2 | 54.3 ~ 64.5 | 64.6 ~ 67.9 | ≥68.0 |
| 165.0 ~ 165.9 | <47.4 | 47.4 ~ 54.8 | 54.9 ~ 65.0 | 65.1 ~ 68.3 | ≥68.4 |
| 166.0 ~ 166.9 | <48.0 | 48.0 ~ 55.4 | 55.5 ~ 65.5 | 65.6 ~ 68.9 | ≥69.0 |
| 168.0 ~ 168.9 | <49.0 | 49.0 ~ 56.4 | 56.5 ~ 66.7 | 66.8 ~ 70.1 | ≥70.2 |
| 169.0 ~ 169.9 | <49.4 | 49.4 ~ 56.8 | 56.9 ~ 67.3 | 67.4 ~ 70.7 | ≥70.8 |
| 170.0 ~ 170.9 | <49.9 | 49.9 ~ 57.3 | 57.4 ~ 67.9 | 68.0 ~ 71.4 | ≥71.5 |
| 171.0 ~ 171.9 | <50.2 | 50.2 ~ 57.8 | 57.9 ~ 68.5 | 68.6 ~ 72.1 | ≥72.2 |
| 172.0 ~ 172.9 | <50.7 | 50.7 ~ 58.4 | 58.5 ~ 69.1 | 69.2 ~ 72.7 | ≥72.8 |
| 173.0 ~ 173.9 | <51.0 | 51.0 ~ 58.8 | 58.9 ~ 69.6 | 69.7 ~ 73.1 | ≥73.2 |
| 174.0 ~ 174.9 | <51.3 | 51.3 ~ 59.3 | 59.4 ~ 70.2 | 70.3 ~ 73.6 | ≥73.7 |
| 175.0 ~ 175.9 | <51.9 | 51.9 ~ 59.9 | 60.0 ~ 70.8 | 70.9 ~ 74.4 | ≥74.5 |

（续表）

| 身高段（厘米） | 营养不良<br>50分 | 较低体重<br>60分 | 正常体重<br>100分 | 超重<br>60分 | 肥胖<br>50分 |
|---|---|---|---|---|---|
| 176.0 ~ 176.9 | <52.4 | 52.4 ~ 60.4 | 60.5 ~ 71.5 | 71.6 ~ 75.1 | ≥75.2 |
| 177.0 ~ 177.9 | <52.8 | 52.8 ~ 61.0 | 61.1 ~ 72.1 | 72.2 ~ 75.7 | ≥75.8 |
| 178.0 ~ 178.9 | <53.2 | 53.2 ~ 61.5 | 61.6 ~ 72.6 | 72.7 ~ 76.2 | ≥76.3 |
| 179.0 ~ 179.9 | <53.6 | 53.6 ~ 62.0 | 62.1 ~ 73.2 | 73.3 ~ 76.7 | ≥76.8 |
| 180.0 ~ 180.9 | <54.1 | 54.1 ~ 62.5 | 62.6 ~ 73.7 | 73.8 ~ 77.0 | ≥77.1 |
| 181.0 ~ 181.9 | <54.5 | 54.5 ~ 63.1 | 63.2 ~ 74.3 | 74.4 ~ 77.8 | ≥77.9 |
| 182.0 ~ 182.9 | <55.1 | 55.1 ~ 63.8 | 63.9 ~ 75.0 | 75.1 ~ 79.4 | ≥79.5 |
| 183.0 ~ 183.9 | <55.6 | 55.6 ~ 64.5 | 64.6 ~ 75.7 | 75.8 ~ 80.4 | ≥80.5 |
| 184.0 ~ 184.9 | <56.1 | 56.1 ~ 65.3 | 65.4 ~ 76.6 | 76.7 ~ 81.2 | ≥81.3 |
| 185.0 ~ 185.9 | <56.8 | 56.8 ~ 66.1 | 66.2 ~ 77.5 | 77.6 ~ 82.4 | ≥82.5 |
| 186.0 ~ 186.9 | <57.3 | 57.3 ~ 66.9 | 67.0 ~ 78.6 | 78.7 ~ 83.3 | ≥83.4 |

注：身高低于表中所列出的最低身高段的下限值时，身高每低1厘米，实测体重需加上0.5千克，实测身高需加上1厘米，再查表确定分值。身高高于表中所列出的最高身高段时，身高每高1厘米，其实测体重需减去0.9公斤，实测身高需减去1厘米，再查表确定分值。

附表4 大学男生评分标准

| 等级 | 单项得分 | 肺活量体重指数 | 1000米（分.秒） | 台阶试验 | 50米跑（秒） | 立定跳远（米） | 掷实心球（米） | 握力体重指数 | 引体向上（次） | 坐位体前屈（厘米） | 跳绳（次/分） | 篮球运球（秒） | 足球运球（秒） | 排球垫球（次） |
|---|---|---|---|---|---|---|---|---|---|---|---|---|---|---|
| 优秀 | 100 | 84 | 3′27″ | 82 | 6.0 | 2.66 | 15.7 | 92 | 26 | 23.0 | 198 | 8.6 | 6.3 | 50 |
| | 98 | 83 | 3′28″ | 80 | 6.1 | 2.65 | 15.2 | 91 | 25 | 22.6 | 193 | 9.0 | 6.5 | 49 |
| | 96 | 82 | 3′31″ | 77 | 6.2 | 2.63 | 14.4 | 90 | 24 | 22.0 | 186 | 9.6 | 6.9 | 46 |
| | 94 | 81 | 3′33″ | 74 | 6.3 | 2.62 | 13.6 | 89 | 23 | 21.4 | 178 | 10.3 | 7.3 | 44 |
| | 92 | 80 | 3′35″ | 71 | 6.4 | 2.60 | 12.5 | 87 | 22 | 20.6 | 168 | 11.1 | 7.7 | 41 |
| | 90 | 78 | 3′39″ | 67 | 6.5 | 2.58 | 11.5 | 86 | 21 | 19.8 | 158 | 12.0 | 8.2 | 38 |
| 良好 | 87 | 77 | 3′42″ | 65 | 6.6 | 2.56 | 11.3 | 84 | 20 | 18.9 | 152 | 12.4 | 8.5 | 37 |
| | 84 | 75 | 3′45″ | 63 | 6.8 | 2.52 | 10.9 | 81 | 19 | 17.5 | 144 | 12.9 | 8.9 | 34 |
| | 81 | 73 | 3′49″ | 60 | 7.0 | 2.48 | 10.5 | 79 | 18 | 16.2 | 136 | 13.5 | 9.3 | 32 |
| | 78 | 71 | 3′53″ | 57 | 7.3 | 2.43 | 10.0 | 75 | 17 | 14.3 | 124 | 14.3 | 9.9 | 29 |
| | 75 | 68 | 3′58″ | 53 | 7.5 | 2.38 | 9.5 | 72 | 16 | 12.5 | 113 | 15.0 | 10.4 | 26 |
| 及格 | 72 | 66 | 4′05″ | 52 | 7.6 | 2.35 | 9.3 | 70 | 15 | 11.3 | 108 | 15.6 | 10.7 | 25 |
| | 69 | 64 | 4′12″ | 51 | 7.7 | 2.31 | 8.9 | 66 | 14 | 9.5 | 101 | 16.6 | 11.2 | 23 |
| | 66 | 61 | 4′19″ | 50 | 7.8 | 2.26 | 8.5 | 63 | 13 | 7.8 | 94 | 17.5 | 11.7 | 21 |
| | 63 | 58 | 4′26″ | 48 | 8.0 | 2.20 | 8.0 | 59 | 12 | 5.4 | 85 | 18.8 | 12.3 | 18 |
| | 60 | 55 | 4′33″ | 46 | 8.1 | 2.14 | 7.5 | 54 | 11 | 3.0 | 75 | 20.0 | 12.9 | 15 |
| 不及格 | 50 | 54 | 4′40″ | 45 | 8.2 | 2.12 | 7.3 | 53 | 9 | 2.4 | 71 | 20.6 | 13.3 | 14 |
| | 40 | 52 | 4′47″ | 44 | 8.3 | 2.09 | 7.0 | 51 | 8 | 1.4 | 64 | 21.6 | 13.8 | 12 |
| | 30 | 51 | 4′54″ | 43 | 8.5 | 2.06 | 6.7 | 49 | 7 | 0.5 | 58 | 22.5 | 14.3 | 10 |
| | 20 | 49 | 5′01″ | 42 | 8.6 | 2.03 | 6.2 | 47 | 6 | −0.8 | 49 | 23.8 | 15.0 | 8 |
| | 10 | 47 | 5′08″ | 40 | 8.8 | 1.99 | 5.8 | 44 | 5 | −2.0 | 40 | 25.0 | 15.7 | 5 |

附表5 大学女生评分标准

| 等级 | 单项得分 | 肺活量体重指数 | 800米跑(分.秒) | 台阶试验 | 50米跑(秒) | 立定跳远(米) | 掷实心球(米) | 握力体重指数 | 仰卧起坐(次/分) | 坐位体前屈(厘米) | 跳绳(次/分) | 篮球运球(秒) | 足球运球(秒) | 排球垫球(次) |
|---|---|---|---|---|---|---|---|---|---|---|---|---|---|---|
| 优秀 | 100 | 70 | 3'24" | 78 | 7.2 | 2.07 | 8.6 | 74 | 52 | 21.1 | 190 | 11.2 | 7.3 | 46 |
| | 98 | 69 | 3'27" | 75 | 7.3 | 2.06 | 8.5 | 73 | 51 | 20.8 | 184 | 11.5 | 7.8 | 44 |
| | 96 | 68 | 3'29" | 72 | 7.4 | 2.05 | 8.4 | 72 | 50 | 20.3 | 175 | 12.0 | 8.6 | 41 |
| | 94 | 67 | 3'32" | 69 | 7.5 | 2.03 | 8.2 | 71 | 49 | 19.8 | 166 | 12.6 | 9.4 | 38 |
| | 92 | 65 | 3'35" | 64 | 7.7 | 2.01 | 8.0 | 69 | 47 | 19.2 | 154 | 13.3 | 10.5 | 34 |
| | 90 | 64 | 3'38" | 60 | 7.8 | 1.99 | 7.8 | 67 | 45 | 18.6 | 142 | 14.0 | 11.5 | 30 |
| 良好 | 87 | 63 | 3'42" | 59 | 7.9 | 1.97 | 7.7 | 66 | 44 | 17.7 | 137 | 14.6 | 11.9 | 29 |
| | 84 | 61 | 3'46" | 57 | 8.0 | 1.93 | 7.6 | 63 | 43 | 16.3 | 130 | 15.6 | 12.5 | 27 |
| | 81 | 59 | 3'50" | 55 | 8.2 | 1.89 | 7.5 | 61 | 42 | 15.0 | 122 | 16.5 | 13.2 | 25 |
| | 78 | 57 | 3'54" | 52 | 8.3 | 1.84 | 7.4 | 58 | 40 | 13.1 | 112 | 17.8 | 14.0 | 23 |
| | 75 | 54 | 3'58" | 49 | 8.5 | 1.79 | 7.2 | 55 | 38 | 11.3 | 102 | 19.0 | 14.9 | 20 |
| 及格 | 72 | 53 | 4'03" | 48 | 8.6 | 1.76 | 7.1 | 53 | 37 | 10.1 | 98 | 19.8 | 15.6 | 19 |
| | 69 | 51 | 4'08" | 47 | 8.7 | 1.72 | 7.0 | 50 | 35 | 8.3 | 92 | 20.9 | 16.7 | 17 |
| | 66 | 49 | 4'13" | 46 | 8.8 | 1.69 | 6.8 | 48 | 33 | 6.5 | 86 | 22.0 | 17.8 | 15 |
| | 63 | 46 | 4'18" | 44 | 8.9 | 1.63 | 6.6 | 44 | 31 | 4.1 | 78 | 23.5 | 19.3 | 13 |
| | 60 | 43 | 4'23" | 42 | 9.0 | 1.58 | 6.4 | 40 | 28 | 1.7 | 70 | 25.0 | 20.8 | 10 |
| 不及格 | 50 | 42 | 4'30" | 41 | 9.1 | 1.56 | 6.2 | 39 | 27 | 1.5 | 66 | 25.8 | 21.2 | 9 |
| | 40 | 41 | 4'37" | 40 | 9.3 | 1.53 | 6.0 | 38 | 26 | 1.3 | 59 | 26.9 | 21.9 | 8 |
| | 30 | 39 | 4'44" | 39 | 9.5 | 1.50 | 5.7 | 36 | 25 | 1.0 | 53 | 28.0 | 22.5 | 7 |
| | 20 | 37 | 4'51" | 38 | 9.8 | 1.46 | 5.4 | 34 | 23 | 0.6 | 44 | 29.5 | 23.4 | 6 |
| | 10 | 35 | 5'00" | 36 | 10.0 | 1.42 | 5.0 | 32 | 21 | 0.2 | 35 | 31.0 | 24.3 | 4 |

注：肺活量体重指数=肺活量÷体重；握力体重指数=（握力÷体重）×100。

附表6 国家学生体质健康标准测试项目权重系数

| 评价指标 | 权重系数 |
|---|---|
| 身高标准体重 | 0.1 |
| 肺活量体重指数 | 0.2 |
| 1000米跑（男）、800米跑（女）台阶试验 | 0.3 |
| 坐位体前屈、掷实心球、仰卧起坐（女）、引体向上（男）、握力体重指数 | 0.2 |
| 50米跑、立定跳远、跳绳、篮球运球、足球运球、排球垫球 | 0.2 |

# 附录2 标准中文定向运动地图图例

张晓威依据IOF《ISOM 2000》编制·徒步定向完全版

## 地貌 Land forms

| | | |
|---|---|---|
| 基本等高线 Contour | 坑洼地 Broken ground | 凹地 Depression |
| 指标等高线 Index contour | 等高线注记 Contour value | 小凹地 Small depression |
| 辅助等高线 Form line | 土墙 Earth wall | 土坑 Pit |
| 冲沟 Erosion gully | 小土墙/破土墙 Small earth wall | 特殊地貌符号 Special land form feature |
| 小冲沟/干沟 Small erosion gully | 丘/山顶 Knoll | |
| 示坡线 Slope line | 小丘 Small knoll | |
| 土坎/土崖 Earth bank | 狭长小丘 Elongated knoll | |

## 岩面与石块 Rock and boulders

| | | |
|---|---|---|
| 不能通过的石崖 Impassable cliff | 岩坑 Rocky pit  山洞 Cave | 石堆 Boulder cluster |
| 可通过的石坎 Passable rock face | 石块 Boulder | 砾石地 Stony ground |
| 崖墩/悬崖 Rock pillars cliffs | 巨石 Large boulder | 沙地 Open sandy ground |
| | 石群 Boulder field | 石坪 Bare rock |

## 人工地物 Man-made features

| | | |
|---|---|---|
| 高级公路 Motorway | 步桥 Footbridge | 单幢建筑 Building |
| 公路 Major road | 有桥通过 Crossing point with bridge | 居民区 Settlement |
| 车路 Minor road | 无桥通过 Crossing point without bridge | 禁区 Permanently out of bounds |
| 车道 Road | 铁轨 Railway | 水泥/沥青地面 Paved area |
| 车径 Vehicle track | 输电线/索道 Power line | 废墟 Ruin  坟墓 Grave |
| 步道 Footpath | 主输电线 Major power line | 射击场 Fining range |
| 小径 Small path | 围墙/石垣 Stone wall | 可通过管道 Crossable pipeline |
| 不明显小径 Less distinct small path | 残破围墙/石垣 Ruined stone wall | 不可通过管道 Uncrossable pipeline |
| 窄马道 Narrow ride | 高围墙 High stone wall | 高塔状物 High tower  小塔状物 Small tower |
| 明显岔路口 Visible path junction | 围栏 Fence | 石牌/石标 Cairn  饲料架 Fodder rack |
| 不明显岔路口 Indistinct junction | 残破围栏 Ruined fence | 特殊人工地物 Special man-0made features |
| 涵洞/隧道 Tunnel | 高围栏 High fence | |
| 建设中的车路 | 出入口 Crossing point | |

## 水体与湿地 Water and marsh

 湖泊 Lake　池塘 Pond

V　O　水坑 Waterhole　井 Well

 不能通过的河流 Uncrossable river

河流 Crossable watercourse

溪流/水渠 Crossable small watercourse

- - - 季节性溪流/水渠 Minor water channel

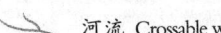 不能通过的湿地 Uncrossable marsh

 湿地 Marsh　泉 Spring

细沼 Narrow marsh

季节性湿地 Indistinct marsh

 特殊水体符号 Special water feature